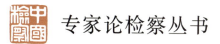

专家论检察丛书

Lun Jian Cha

论检察

徐益初／著

中国检察出版社

◇作者简介

◇徐益初（1929—2011），江苏常熟人

◇中国社会科学院法学研究所研究员、刑法室原主任，著名刑
　事诉讼法学者

◇1956 年至 1957 年在中国人民大学法律系在职学习

◇曾任最高人民检察院检察长张鼎丞同志的机要秘书、政策研
　究室研究员，中国社会科学院研究生院硕士生导师，中国检
　察学会理事，中国法学会诉讼法学研究会理事、顾问

◇主要著作：《刑事诉讼法》、《刑事诉讼法学研究概述》、《外
　国刑事诉讼程序比较研究》、《中华人民共和国检察制度研
　究》等；在《法学研究》、《中国法学》等报刊发表法学文
　章近百篇

出版说明

到 2013 年，人民检察制度已经恢复重建 35 年了。从伴随着 1949 年中华人民共和国的诞生建立检察机关，到"十年浩劫"检察机关被撤销，再到中国共产党十一届三中全会之后检察机关恢复重建并被定位为国家法律监督机关、"护法机构"，我国的检察机关经历了诸多的峥嵘岁月、艰难困苦。它的历史是现代中国法治历程的缩影。

中国的人民检察制度与众不同，尤其是在苏联解体、东欧剧变之后，制度特色日益凸显。人民检察制度，是具有中国特色的：在政治特色方面，它坚持党的领导；在体制特色方面，它作为"一府两院"的组成部分，受人民代表大会及其常委会的监督并对其负责、向其报告工作；在职能特色方面，它与西方的"行政机关"、"公诉机构"不同，以"守护法律"、实施法律监督为其职能核心，是国家重要的司法机关之一；在制度内容方面，与时俱进，一直处在探索、改革和完善的过程中，它将随着中国特色社会主义制度的改革、完善而不断完善。

三十多年来，法学界包括宪法学者、法理学学者，特别是刑事诉讼法学学者，对检察制度进行了长期的研究和探讨；检察机关从王桂五先生开始，几代有志于理论研究和思考的同志也为中国特色检察制度的完善付出不懈的努力和辛劳。为了回顾和总结中国特色检察制度的研究情况和成果，也为关心、关注检察事业和检察理论发展的人们提供一套比较完整的参考书，我们用一年多的时间，完成了"专家论检察"丛书的编辑、出版工作。

呈现在读者面前的，是十几位长年研究检察理论的专家多年的成果荟萃，其从各不同的角度、专业或实践，比较系统地阐述了专家们关于检察，检察与法治，检察与国家政治、经济、公民权利的关系等方面的观点和见解，以及检察改革的方向、原则和路径。十几位专家的著作几乎涉及到了检察的各个方面。这对读者了解检察是十分有益的。当然，这其中，也有对同一问题的不同观点，有的甚至是完全相反的理解和主张。但我们认为，这正是学术的生命之所在。况且，正如前面所说，中国检察一直处于探索的过程中，它将随着社会进步、法治发展、中国特色社会主义制度的不断完善而完善。这样，不同观点的交流、不同见解的交融，是检察制度在不断走向科学的过程中必须经历的。

编者在此需要说明的是，十几位专家的观点，并不代表编者的立场，各位专家文责自负。为了尊重和保留不同时期作者的所思所想，书中保留了写作时原文的观点、翻译习惯、术语词汇、表达方式和援引的法律条文。

由于编者水平所限，在编辑出版方面的疏漏在所难免，欢迎广大读者批评指正，也请各位作者多多包涵。

中国检察出版社

二〇一三年三月

目　录

第一部分
人民检察制度的
理论基础

一、辩证唯物主义和历史唯物主义是建设人民检察制度的根本指导思想[*]

辩证唯物主义和历史唯物主义是马克思主义的世界观和方法论，是指导我们认识世界和改造世界的唯一的科学理论。建设人民检察制度，必须以它作为根本指导思想，才能对人民检察制度的产生与发展及其与国家政治、经济的关系作出科学的说明，并对人民检察制度的性质，以及它在整个政治法律制度中的地位和作用作出正确的规定。只有在它的指导下，才能使人民检察制度的建设保持正确的方向，并使实践活动得以正确进行。

（一）人民检察制度的产生是历史的必然

人民检察制度的产生，绝不是偶然的，它是社会主义政治、经济发展的客观要求。根据马克思主义关于经济基础和上

---

[*] 本部分内容摘自王桂五主编：《中华人民共和国检察制度研究》，法律出版社1991年版，第179~188页。

1

层建筑相互关系的原理，检察制度是政治法律制度的一个组成部分，属于上层建筑。经济基础决定上层建筑，检察制度的产生，当然也要由经济基础决定，包括决定检察制度的性质、特点和发展规律。

检察制度是为保护和发展经济基础的需要而产生的。从历史上看，检察制度产生于封建制国家建立中央集权制的时期，是为了维护封建君主的利益，归根到底是为保护封建制的生产关系（即经济基础），适应建立中央集权制国家的需要。如法国，13 世纪以后，随着商品经济的发展，国家相对集权，有利于经济发展。因而以国王为代表的王权逐渐加强，开始由封建割据向等级君主制过渡。路易九世为加强中央集权，实行司法改革，统一法律制度，逐步取消领主的司法权，在巴黎建立最高法院，称为巴利门。随着许多领地改制为省后，各省也设置了巴利门，隶属巴黎的巴利门。与此相适应，为维护国王的利益，开始由"国王代理人"参加诉讼。从腓力四世起，正式设立检察官，一方面，代表国王对地方当局实行监督；另一方面，以国家公诉人身份，对罪犯进行侦查、起诉。资本主义国家的检察制度，设立国家公诉人，充当公益代表人，也都是为保护资本主义生产关系服务的。资本主义的检察制度是在改造封建制国家的检察制度后，根据它的政治理论（分权学说）建立起来的。行政、司法分立，并实行审检分开，对危害资产阶级统治利益的犯罪案件，由检察官提起公诉，目的是维护资产阶级国家的利益，也就是为保护资产阶级的生产关系服务。

我国人民检察制度的产生，同样是植根于经济基础。在摧毁了以封建主义、官僚资本主义的生产关系为基础的地主、买办阶级的统治之后，建立起以社会主义公有制的生产关系为基础的人民民主专政国家，就需要有一整套政治法律制度来保护新的经济基础，人民检察制度就应运而生了。新中国成立初期，国家的主要任务是彻底变革旧的生产关系，解放社会生产力，其方法主要是依靠人民群众的直接行动，但也有保障这场斗争正确、合法进行的要求，建立检察机关就是为了适应这个需要，通过侦查、起诉等活动，查明犯罪事实，纠正违法行为，从法律上保障这场斗争的正确进行。当新的生产关系已经建立起来，国家的主要任务已是保护新的生产关系，保护社会生产力的顺利发展，斗争的方法也由主要依靠革命群众运动而转变为主要依靠完备的法制，而健全检察制度，正是完备法制的重要组成部分。1954 年制定的宪法和有关法律，对人民检察机关的性质、任务和职权作出了全面规定，检察机关在监督刑事法律和其他法律的实施方面发挥了重要作用。但由于当时受"左"倾思想的干扰，使检察机关的职能非但不能得到全面发挥，反而被逐渐削弱，以至到"文化大革命"中检察机关被撤销。党的十一届三中全会以后，提出把工作重点转移到经济建设上来，集中力量发展生产力，要求发展社会主义民主，加强社会主义法制，来保护生产力和与之相适应的生产关系。正是为了适应这个要求，加强同各种违法犯罪行为的斗争，保障国家法律的正确实施，人民检察制度才得以恢复和发展。

当前，在我国社会主义经济建设中，随着经济体制改革的深入进行，生产力和生产关系方面发生了一系列重大变革。生产资料所有制具体形式的变化和由此引起的人们在生产中地位和相互关系以及分配形式的变化，都需要有相应的法律制度加以确定和保护。由此可见，建立和完善社会主义法律制度是经济基础提出的客观要求，也是社会主义经济政治制度的特殊要求，它需要有体现国家集中统一意志的法律制度的保障。社会主义的法律制度，不仅应当包括立法、执法、司法和守法的内容，还应当有法律监督的内容，才能形成完整的法制体系。这样，建立一个以法律监督为专责的检察机关就是完全必要的了。

国家机关和国家工作人员是国家政权的重要组成部分。国家政权组织以及与此相适应的法律制度，同属于政治上层建筑，都是由经济基础决定，并为经济基础服务的。经济基础能否得到有效的保护和发展，与国家机关和国家工作人员的状况如何，能否切实履行其职责关系极大。当前我国某些国家机关和国家工作人员中，由于受封建专制主义的影响，资本主义腐朽思想的侵蚀，发生以权谋私、失职渎职、贪污受贿等违法犯罪现象，解决这个问题，除应加强行政执法机关自身的监督和政府监察部门的监督外，还应当加强国家法律监督机关的监督。通过纠正违法、惩罚犯罪，来保障国家机关的廉洁。国家机关中存在腐败现象的严酷现实说明，加强法律监督，是纯洁国家机关的需要，也是保护和发展经济基础的需要。检察机关把国家工作人员中的职务犯罪作为检察监督的重点，正是反映了经济基础的客观要求。

一切刑事犯罪都会直接或间接地危害经济基础。同刑事犯罪作斗争，也是保护经济基础的一个不可缺少的重要方面。鉴于刑事犯罪的复杂性，对有关国家机关行使追究和处理刑事犯罪的权力，必须有严格的法律监督。国家设置检察机关，同侦查机关、审判机关之间实行分工负责、互相配合、互相制约的原则，赋予检察机关对刑事诉讼活动和刑事法律的适用是否合法、正确实行监督的权力，有利于及时发现和纠正错误，维护国家和人民利益，保护公民的合法权利，从而达到保护经济基础的目的。

法律制度本身，虽是按照人们的意志创造出来的，但它必须反映经济基础的客观规律的要求。人民检察制度也是一样，它绝不是主观随意的、可有可无的。新中国成立后的历史事实

4

说明，发展生产力，改革生产关系，建设民主政治，都离不开法制建设，也离不开检察机关在保障法制统一中的重要作用。检察机关建设的"三起三落"，撤销以后又重新恢复和发展的事实，有力地说明，要不要检察机关，不是主观意志所能左右的，只有顺应客观规律的要求，才能避免犯主观主义的错误。

（二）人民检察制度必须与经济基础相适应，服务于经济基础

根据马克思主义原理，经济基础决定上层建筑，一切上层建筑都是适应经济基础的需要而产生的，这是经济基础与上层建筑相互关系的基本方面。但是，又必须承认上层建筑对经济基础的反作用，发挥上层建筑保护经济基础的作用，这就决定了上层建筑必须反映并服务于经济基础。斯大林说："上层建筑是由基础产生的，但决不是说，上层建筑只是反映基础，它是消极的、中立的，对自己基础的命运，对阶段的命运，对制度的性质是漠不关心的。相反地，上层建筑一出现，就成为极大的积极力量，积极促进自己基础的形成和巩固，采取一切办法帮助新制度去根除和消灭旧基础和旧阶级。"[1] 因此，作为上层建筑的人民检察制度，必须与自己的经济基础保持紧密的联系，反映它的要求，在保护和完善社会主义的经济基础中发挥应有的作用。

人民检察制度为自己的经济基础服务，主要体现在以下几点：

1. 坚持检察工作为经济基础服务的方向。检察机关应当根据巩固和发展社会主义经济基础的要求确定自己的中心任务。当前，我国正处在社会主义建设新时期，检察机关应当坚持为改革开放服务，为建立社会主义有计划的商品经济新秩序服

---

〔1〕《斯大林选集》（下卷），第 502~503 页。

务，为社会主义现代化建设服务，同各种危害社会主义经济基础发展的违法犯罪现象作斗争，为社会主义建设创造一个良好的社会环境和法治环境。

2. 坚持以法律监督的方式为经济基础服务。检察机关把保卫经济建设和改革开放的顺利进行作为自己的目标和工作重点，反映并服务于经济基础，是通过法律监督的特殊方式来实现的。即运用法律监督手段打击犯罪，纠正违法，维护法律的正确实施，达到保护经济基础的目的。我们不能把为经济建设服务简单地理解为可以脱离检察机关业务的特点，直接去做经济建设的工作，或者把它与法律监督对立起来，以为强调法律监督会妨碍经济建设任务的完成。恰恰相反，检察机关只有通过自己的法律监督职能，去排除妨碍建设社会主义经济和政治生活中的违法犯罪现象，保证它沿着法制的轨道前进，才能起到为经济基础服务的作用，检察机关法律监督作用发挥愈充分，社会主义法制愈加强，经济基础的巩固和发展，就愈有了可靠的保障。

3. 坚持以是否有利于发展生产力作为检验检察工作服务效果的标准。党的十三大提出要把是否有利于发展生产力的发展作为检验一切工作的根本标准，检察工作也不能例外，应当把保护和促进生产力的发展作为实现自己工作任务的总要求。工作的效果如何，归根结底要看是否促进了社会生产力的发展。我们既要看到生产力、经济基础（生产关系）、上层建筑之间的区别，又要注意它们的互相联系。但是，我们把是否有利于发展生产力作为检验检察工作服务效果的标准，也不是要求检察工作直接作用于生产力，创造经济价值。检察工作对生产力的作用，如上所说，只能是通过对经济基础的服务来实现的，也就是说，检察工作主要是从法制上保证社会主义生产关系的巩固和发展，从而推动社会生产力的发展。正因为生产力的发展与经济基础有着密切联系，所以我们在保护经济基础的时候，就不能不考虑所保护的经济基础的一些措施，最终是否对发展生产力有利。不能脱离经济基础，把生产力当成是一个纯技术的概念，片面强调生产力标准。特别是在改革中，由于有些问题法律和政策一时还缺乏明确的规定时，不能不问生产关系的性质，错误认为只要对发展生产有利，都应给予支持和保护。我们不能离开保护社会主义经济基础的总目标，只有在这个大前提下来对待生产力的标准问题，才能使人民检察制度的建设有利于达到保护经济基础和生产力的目的。

（三）人民检察制度要在揭露矛盾和解决矛盾中发展

社会主义社会是存在着各种社会矛盾的社会。其基本矛盾仍然是生产关系和生产力之间的矛盾，上层建筑和经济基础之间的矛盾。社会主义社会就是在这些矛盾的产生、发展和解决的过程中不断前进的。法律和法律监督是解决上述基本矛盾和由此产生的一系列矛盾的重要手段。法律监督本身就是一种揭露矛盾和解决矛盾的活动。人民检察制度正是这种活动的制度化、法律化。因而，人民检察制度也必然要在揭露矛盾和解决矛盾中得到发展和完善。

辩证唯物主义认为，对立统一的规律是自然界、人类社会和人们认识的普遍规律。矛盾对立的双方又统一、又斗争，推动着事物的运动和发展。社会主义社会必然要受这个普遍规律的支配。社会主义社会中生产关系和生产力的矛盾、上层建筑和经济基础的矛盾以及由此派生出来的一系列矛盾的产生和发展，正是这一客观规律的反映。由于社会主义社会的生产关系同生产力的发展要求基本上是适合的；社会主义的上层建筑和经济基础也是基本上适合的，它们之间的矛盾同历史上剥削阶级占统治地位的社会的矛盾性质不同，不具有对抗性。表现在人民内部的矛盾，国家、集体和个人之间的矛盾，都是在根本利益一致基础上的矛盾，不存在根本利益的冲突，不需要通过你死我活的阶级对抗形式去解决，可以在社会主义制度内部，自觉地实行改革，通过自我调整，自我完善加以解决。目前我国进行社会主义现代化建设，有计划、有步骤地进行经济体制和政治体制改革，正是运用这一规律，自我解决内部矛盾的生动范例。建立人民检察制度，也就是自觉运用对立统一的规律，设置对立面，对国家机关的执法活动和公民的守法情况实行监督，运用法律监督的手段，解决因违反法律而产生的一系列矛盾，纠正违法，惩罚犯罪，保障国家法律的正确实施，以保护社会主义生产关系，促进社会生产力的发展。

检察机关参与刑事诉讼，是检察机关法律监督活动的重要方面。刑事诉讼是追究犯罪和惩罚犯罪的活动，整个诉讼活动就是一个围绕着揭露犯罪、证实犯罪而展开的过程，查明犯罪事实本身，就体现了对矛盾的揭露和解决。但是，解决犯罪这个特殊性质的矛盾，不仅体现在实体上，对犯罪事实的调查，作出结论，而且体现在程序上，为此而进行的诉讼活动所形成的多种法律关系，包括有关国家机关相互之间、有关国家机关与诉讼参与人之间、诉讼参与人相互之间的法律关系。随着诉讼活动的进行，在这些法律关系基础上发生的控诉与辩护，诉讼参与人的权利与义务，有关国家机关的互相配合与互相制约，呈现为矛盾双方的对立和统一的状况。通过它们之间对立和统一的斗争活动，从程序上保障国家刑罚权的正确实施。按照我国现行法律规定，检察机关参加刑事诉讼，不仅是在控诉犯罪上起公诉人的作用，更重要的是起法律监督者的作用，监督刑事法律的正确适用和刑事诉讼活动的合法进行。由此可见，设立检察机关的目的，一方面固然是由于同刑事犯罪斗争的重要性和复杂性的需要，国家要有专门的侦查、起诉机关负责这项工作，更为重要的一方面是，有必要在公安机关和人民法院之间增加一道程序，与公安机关和人民法院并立，各司其职，实行互相制约。由法律赋予检察机关法律监督的权力，以权力制约权力，即以侦查监督权制约公安机关的侦查权，以审判监督权制约法院的审判权，通过它们之间的互相制约作用，及时发现和纠正在办理刑事案件中的问题和错误，更好地发挥刑事诉讼程序的自我修正、自我完善的功能。

检察机关对民事、经济、行政法律实行监督，是检察机关法律监督活动的另一个重要方面，监督民事、经济、行政法律的执行，同样是一个揭露矛盾和解决矛盾的过程。在民事、经济、行政活动中发生的违法事实，以及由此而引起纠正违法行为和进行诉讼而形成的各种法律关系，在当事人之间、国家机关和公民之间存在着一系列的矛盾。检察机关对上述法律活动，行使法律监督职权，与有关各方形成的关系，又发生了监督与被监督的矛盾，这些矛盾情况的存在，正是对立统一规律的客观反映。因此，可以说检察机关参与上述法律活动，就是解决在实体和程序中存在的一系列矛盾的活动。是对于违法事实有无和轻重的矛盾，当事人之间权利与义务和侵权与被损害的矛盾，国家机关执法中非法与合法、正确与错误的矛盾等等，检察机关要运用法律监督的手段保障上述矛盾的正确解决。而且，检察机关在参与解决上述矛盾时，又是以对立的一方，与有关各方结成对立与统一的关系，通过互相制约的作用来完成的。由此可见，人民检察制度的建设，就是在不断揭露矛盾和解决矛盾的过程中得到发展的。

辩证唯物主义是科学的世界观和方法论，它既是客观世界发展规律和人们认识的发展规律，又是科学的认识方法。辩证唯物主义作为一种科学的认识方法，最根本的就是矛盾分析的方法。毛泽东指出："辩证法的宇宙观，主要就是教导人们要善于去观察和分析各种事物的矛盾的运动，并根据这种分析，指出解决矛盾的方法。"[1] 检察机关的法律监督工作，面对着各种社会矛盾，为了更好地认识和处理这些矛盾，就必须善于运用科学的工作方法，其中最根本的方法，就是矛盾分析的方法，包括阶级分析和法律分析的方法，对各个具体的矛盾作具体分析，弄清每个矛盾的性质和特点，使处理结论符合客观实际。当前我国社会存在的矛盾大多数不具有阶级斗争的性质，阶级斗争已不是主要矛盾，违法犯罪活动已不都是阶级斗争的直接表现，但由于阶级斗争还在一定范围内存在，因而，在刑事犯罪中，还有反革命犯罪和其他具有阶级斗争性质的犯罪。检察机关在办理刑事案件中，仍然应当坚持阶级分析的方法，对案件作出正确处理。

检察机关在法律监督活动中，更需要采用法律分析的方法。所谓法律分析，就是运用矛盾对立统一的原理，对在诉讼活动或执法活动中产生的法律事实和法律关系等，从法律上进行分析。比如，在办理刑事案件时，运用矛盾的普遍性和特殊性关系的原理，把法律的一般规定和各个案件的具体情况结合起来，具体情况具体分析，通过对罪与非罪、此罪与彼罪、犯罪的故意和过失、犯罪的行为和结果等具体分析，确定案件的性质和罪责。运用矛盾的同一性和斗争性相互关系的原理，全面理解矛盾双方互相依存、互相限制的道理，正确贯彻执行公安、检察、法院三个机关互相配合，互相制约的原则；正确处

---

〔1〕《毛泽东著作选读》（上册），第142页。

理控诉与辩护，维护公共利益和保护被告人合法权利的关系等，运用对抗性矛盾和非对抗性矛盾采用不同解决方式的原理，对违法犯罪行为和性质，作出正确认定，并决定不同的处理方法，以正确执行刑事政策和法律。总之，运用矛盾对立统一的原理进行法律分析的方法，有助于对案件作出正确处理，从而提高检察机关法律监督工作的水平。

二、人民民主专政的理论是建设人民检察制度的政治思想基础*

（一）人民民主专政理论的基本内容

马克思列宁主义关于无产阶级专政理论，是马克思列宁主义的基本理论。将无产阶级专政理论运用于中国实际，形成的人民民主专政理论，是对无产阶级专政理论的继承和发展。我国人民检察制度的建设，始终是在人民民主专政理论的指导下进行的。它是建设我国人民检察制度的政治思想基础。

无产阶级专政的思想和理论，是马克思主义创始人根据无产阶级革命斗争的经验加以科学总结而创立的，并在斗争中不断得到丰富和发展。1845 年，马克思、恩格斯在他们合著的《德意志意识形态》一书中提出，无产阶级必须首先夺取政权。1847 年，马克思在《哲学的贫困》一书中写道："工人阶级在发展过程中将创造一个消除阶级和阶级对立的联合体来代替旧的资产阶级社会，从此再不会有任何原来意义上的政权。"同年，恩格斯在《共产主义原理》一书中提出，无产阶级将建立"直接或间接"的"政治统治"。在英国可以建立"直接"的无产阶级政治统治。因为"那里的无产者现在已占人民的大多

---

* 本部分内容摘自王桂五主编：《中华人民共和国检察制度研究》，法律出版社 1991 年版，第 188 ~ 210 页。

数",在法国和德国可以建立"间接"的无产阶级政治统治,因为"这两个国家的大多数人民不仅是无产者而且还有小农和城市小资产者"。[1] 1848 年,马克思、恩格斯在他们合写的《共产党宣言》中进一步指出:"工人革命的第一步就是使无产阶级上升为统治阶级,争得民主"[2],但上述思想的表述还很抽象,经过对 1848 年巴黎公社革命经验的总结就不一样了,1850 年,马克思在《法兰西阶级斗争》一书中明确指出,无产阶级国家是无产阶级的阶级专政[3],1875 年,马克思在《哥达纲领批判》一书中,更完整地表述了无产阶级专政的思想:"在资本主义社会和共产主义社会之间,有一个从前者变为后者的革命转变时期。同这个时期相适应的也有一个政治上的过渡时期,这个时期的国家只能是无产阶级专政。"[4]

列宁把马克思、恩格斯关于无产阶级专政理论运用于俄国的实际,提出"无产阶级专政是劳动者的先锋队——无产阶级同人数众多的非无产阶级的劳动阶层(小资产阶级、小业主、农民、知识分子等等),或同他们的大多数结成的特种形式的阶级联盟",[5] 并在俄国 1905 年革命中创造了无产阶级专政的形式——苏维埃,于 1917 年十月革命胜利后建立了第一个无产阶级专政的国家。

由此可见,无产阶级专政理论的基本点是:无产阶级必须通过革命斗争,从资产阶级手中夺取政权,建立新型的国家政权;这个新型的国家政权,必须是无产阶级专政;它的任务是,镇压被推翻的剥削阶级和一切敌对势力的反抗和破坏,并

---

〔1〕《马克思恩格斯选集》(第 1 卷),第 219 页。
〔2〕《马克思恩格斯选集》(第 1 卷),第 272 页。
〔3〕《马克思恩格斯选集》(第 1 卷),第 479 页。
〔4〕《马克思恩格斯全集》(第 3 卷),第 21 页。
〔5〕《列宁全集》(第 29 卷),第 343 页。

组织社会主义经济、政治、文化建设，创造消灭阶级对立和阶级差别的条件，过渡到共产主义。至于无产阶级专政的形式，应当根据各国不同的国情来决定，而不应也不可能有一个固定不变的模式。

中国共产党和毛泽东同志把马克思列宁主义关于无产阶级专政的理论与中国革命实践相结合，创造性地提出了人民民主专政的理论。理论来源于革命实践，在我国建立革命政权的斗争中，就已有了人民民主专政的雏形。第一次国内革命战争时期，当时在工农革命运动中，有些地区就建立过工农革命政权组织。在第二次国内革命战争时期，在江西革命根据地成立了工农民主专政的政权——中华苏维埃共和国。到了抗日战争时期，毛泽东同志在总结革命斗争经验的基础上，创立了新民主主义革命理论，并逐步形成了人民民主专政的思想和理论。他在《新民主主义论》中指出："只要是殖民地或半殖民地的革命，其国家构成和政权构成，基本上必然相同，即几个反对帝国主义的阶级联合起来共同专政的新民主主义的国家。"[1] 在《论联合政府》中他又指出："建立一个以全国绝大多数人民为基础而在工人阶级领导之下的统一战线的民主联盟的国家制度。"[2] 在全国解放前夕，毛泽东同志在《将革命进行到底》一文中，第一次使用了"人民民主专政"这一概念，他写道："在全国范围内建立无产阶级领导的以工农联盟为主体的人民民主专政的共和国。"[3] 1949 年 3 月，在党的七届二中全会的报告中，再次提出了这一主张。同年 6 月，他在《论人民民主专政》一文中系统地阐述了人民民主专政的性质、作用和任务，更完整地提出了人民民主专政的理论。他指出："总结我

〔1〕《毛泽东选集》（合订本），第 636 页。
〔2〕《毛泽东选集》（合订本），第 957 页。
〔3〕《毛泽东选集》（合订本），第 1266 页。

们的经验，集中到一点，就是工人阶级（经过共产党）领导的以工农联盟为基础的人民民主专政。"并进一步指出："对人民内部的民主方面和对反动派的专政方面，互相结合起来，就是人民民主专政。"[1] 无产阶级专政在不同的国家可以有不同的形式，人民民主专政是适合我国国情和革命传统的一种形式，其实质就是无产阶级专政。毛泽东同志以人民民主专政的理论丰富和发展了马克思列宁主义关于无产阶级专政的学说。

人民民主专政的理论，在社会主义革命和建设的实践中不断得到发展。党的十一届三中全会以来，在社会主义建设新的历史时期，中共中央和邓小平同志对人民民主专政的理论与实践问题，进行了新的总结，提出了许多新的理论观点，作出了重要贡献。

1. 对新的历史时期阶级关系和阶级斗争形势的变化及其特点作了正确分析和估计，提出在新的历史时期必须坚持无产阶级专政。邓小平在1979年《坚持四项基本原则》一文中指出，社会主义愈发展，民主也愈发展。但是发展社会主义民主，决不是可以不要对敌视社会主义势力实行无产阶级专政。社会主义社会中的阶级斗争是一个客观存在。他说："我们反对把阶级斗争扩大化……但是，我们必须看到，在社会主义社会，仍然有反革命分子，有敌特分子，有各种破坏社会主义秩序的刑事犯罪分子和其他坏分子，有贪污盗窃、投机倒把的新剥削分子，并且这种现象在长时期内不可能完全消灭。"他接着指出，"这种阶级斗争，显然不同于过去历史上阶级社会的阶级斗争"，"但仍然是一种特殊形式的阶级斗争，或者说是历史上阶

---

〔1〕《毛泽东选集》（合订本），第1364、1369页。

级斗争在社会主义条件下的特殊形式的遗留",[1] 在1981年党的十一届六中全会通过的《关于建国以来党的若干历史问题的决议》和1982年新宪法中，都体现了这一思想。明确规定在我国剥削阶级作为阶级消灭后，阶级斗争还将在一定范围内长期存在，对敌视和破坏我国社会主义制度的国内外的敌对势力和敌对分子，仍然必须实行专政。

2. 提出发展生产力，加强人民民主专政的经济基础。党的十一届三中全会决定把全党工作重点转移到社会主义现代化建设上来。邓小平指出，马克思主义的基本原则就是发展生产力。马克思主义的目的是实现共产主义。社会主义是共产主义的第一阶段，是一个很长的历史阶段。社会主义的首要任务是发展生产力，逐步提高人民的物质和文化生活水平。他说："多少年来我们吃了一个大亏，社会主义改造基本完成了，还是'以阶级斗争为纲'，忽视发展生产力，'文化大革命'，更走到了极端。十一届三中全会以来，全党把工作重点转移到社会主义现代化建设上来，在坚持四项基本原则的基础上，集中力量发展生产力，这是最根本的拨乱反正。"[2] 他又说："从1958年到1978年这二十年的经验告诉我们：贫穷不是社会主义，社会主义要消灭贫穷。不发展生产力，不提高人民的生活水平，不能说是符合社会主义要求的。"[3] 党的十三大报告中指出，进入社会主义建设时期，发展生产力已经成为直接的中心任务。国家的富强，公有制和人民民主政权的巩固和发展，都取决于生产力的发展。而坚持无产阶级专政，就是发展生产力的有力保障。

---

[1]《邓小平文选》，第155页。

[2]《建设有中国特色的社会主义》，第120页。

[3]《邓小平文选》，第104页。

3. 提出发展社会主义民主和加强法制。我国社会主义发展中的主要历史教训之一，是没有切实建设民主政治。邓小平指出，过去一个相当长的时间内，民主集中制没有真正实行，离开民主讲集中，民主太少，当前这个时期特别需要强调民主，"没有民主就没有社会主义，就没有社会主义现代化"，[1] 但一定要把民主与专政，民主与集中，民主与法制结合起来。他又说："我们的民主制度还有不完善的地方，要制定一系列的法律、法令和条例，使民主制度化、法律化。社会主义民主和社会主义法制是不可分的。不要社会主义法制的民主，决不是社会主义民主。"[2] 他提出"一手抓建设，一手抓法制"的方针，把法制建设提到战略的高度上来。在党的十二届六中全会通过的《关于社会主义精神文明建设指导方针的决议》中体现了这一思想，并对社会主义法制的性质和作用作了全面阐述。决议指出："社会主义法制，体现了人民意志，保障人民的合法权利和利益，调节人们之间的关系，规范和约束人们的行动，制裁和打击各种危害社会的不法行为。"这就要求大力加强以宪法为根本的社会主义法制，推进和保证经济建设和全面改革的顺利发展。在政治体制改革中，邓小平同志提出党政分开，必须增强法制观念。他说："我们国家缺少执法和守法的传统，从党的十一届三中全会以后，我们就开始抓法制，没有法制不行。""有些属于法律范围的问题，由党管不合适，党干预太多，就会妨碍在全体人民中树立法制观念，法律范围的问题应该由国家和政府管。"[3] 他还提出，必须加强人民民主专政的国家机器，"加强检察机关和司法机关，做到有法可依，

---

〔1〕《邓小平文选》，第154页。
〔2〕《邓小平文选》，第319页。
〔3〕《建设有中国特色的社会主义》，第135页。

有法必依，执法必严，违法必究。"〔1〕 要按照宪法、法律、法令办事，学会使用法律武器（包括罚款、重税一类经济武器），同各种刑事犯罪进行斗争。进行这种斗争，"不能采取过去搞政治运动的办法，而要遵循社会主义法制原则。"〔2〕

上述人民民主专政的理论对建设人民检察制度有极为密切的关系。检察机关进行法律监督活动，不能离开人民民主专政理论的指导，只有深入理解和熟练运用人民民主专政的理论，才能正确发挥法律监督的作用，做好保护人民、惩罚犯罪的工作。

（二）正确掌握人民民主专政理论，充分发挥检察机关的作用

人民民主专政理论与检察机关的工作有极为密切的关系。人民民主专政是关于无产阶级国家制度的基本理论，检察机关是国家政权机关的组成部分，我国的国家政权机关正是以人民民主专政理论为指导建立起来的。人民民主专政理论不仅体现在国家政权的性质和政权机关职能上，而且体现在国家政权机关担负的任务上。它决定了我国的国家政权是人民当家做主的政权，由此建立起来的国家政权机关必须具有对人民实行民主和对敌人实行专政的职能，担负起为建成社会主义现代化国家的历史任务。检察机关作为国家政权机关的重要组成部分，就必须通过法律赋予它的特有职能和全部工作，为实现上述历史任务而发挥作用。正确理解和掌握人民民主专政理论，用于自觉指导检察机关的工作，以充分发挥检察机关的作用，无疑有其极其重要的意义。

---

〔1〕《邓小平文选》，第136页。
〔2〕《邓小平文选》，第330页。

必须准确、全面理解人民民主专政的概念。"专政"一词原意是"独裁者"（dictator），最早出现于公元前五世纪古罗马共和国，国家为了应付紧急危难的需要，将权力集中授予一名行政长官，由他独自迅速、果断地作出决定。在局势恢复正常后，即将权力交回授权机关。以后"独裁者"的职称逐渐演变为"专政"的职能就含有"政权"和"政治统治"的意思，成为统治者个人独揽大权。马列主义讲的"专政"与古罗马时代所说的"独裁者"、"政治统治"已有本质不同。它是指阶级的统治，阶级的独裁。列宁说：无产阶级专政是"掌握在一个阶级即无产阶级手里的国家政权"，[1] 就很清楚地揭示了国家政权的实质。

"专政"一词，现在往往在多种意义上被使用。当我们说无产阶级专政，或人民民主专政时，是指一种国家制度，也就是国体，指社会各阶级在国家中的地位，由无产阶级（工人阶级）占统治地位的国家。但有时我们又把它当作国家的一种职能，如说专政就是依靠暴力实行阶级统治，突出了专政的暴力作用。有时甚至单纯把专政当作国家统治的一种手段，如说某某机关是人民民主专政的工具，专门用于对敌斗争等。因此，需要弄清专政与独裁、专政与民主、专政与镇压的关系。

专政与独裁的关系，如前所述，专政是从独裁演变而来，两者有历史的联系，但不完全相同。独裁是一种统治方式，在剥削阶级占统治地位的国家里，发展成为统治者个人独揽大权，专横武断，实行残暴的统治。专政的含义要比独裁广一些，不仅包含有统治方式的意思，更主要是指一种国家制度，体现整个阶级在国家体制中的统治地位。毛泽东在回答有人骂

〔1〕《列宁全集》（第30卷），第230页。

新中国实行"独裁"时，曾说"我们实行人民民主专政，或曰人民民主独裁"，[1] 这里借用"独裁"一语，还是从阶级统治的角度，指剥夺被推翻的剥削阶级的权力。作为人民民主专政的国家制度，它在人民内部还是实行民主集中制，并不是实行个人的独裁统治。因此，专政有独裁的含义，但独裁不等同于专政。严格限定和使用"独裁"一词，以免曲解人民民主专政的概念。

专政与民主的关系，两者既有密切联系，又互有区别，但并不是互相排斥的。从历史发展看，专政产生于阶级社会。它是随国家的产生而产生，也将随国家的消亡而消亡。民主则不然，它比专政有更长的历史，早在原始社会就有民主的产生，当时需要用民主的方法解决公共事务和人们之间的纠纷。到了阶级社会，发展为阶级民主，与专政相结合。进入共产主义社会，专政不存在了，但在社会生活中仍将有民主的存在。专政与民主虽产生的条件不同，发展的过程也有先后之别，但可以肯定的是，它们在漫长的阶级社会中是互相结合而不能分离的，即使是奴隶制国家、封建制国家，或者资本主义国家，实行的是少数剥削阶级对多数被剥削阶级的专政，但他们在对多数被剥削阶级实行专政的时候，在剥削阶级内部，仍然要实行民主制度，专政与民主还是结合在一起的。在社会主义国家实行无产阶级专政，专政的对象只限于少数被推翻的剥削阶级。在剥削阶级作为阶级消灭以后，专政的范围更限于极少数国内外的敌对势力和敌对分子。而在工人阶级和广大劳动人民内部，必须实行民主，这是另一种性质的专政与民主的结合。毛泽东说："对人民内部的民主方面和对反动派的专政方面，互

---

〔1〕《毛泽东著作选读》（下册），第681页。

相结合起来，就是人民民主专政。"[1] 是最恰当地概括了人民民主专政的内容。我们在理解人民民主专政的概念时，不能只讲专政，不讲民主。民主是专政的基础，离开了民主讲专政，其专政是不巩固的；反过来，专政是民主的保障，离开了专政的民主，民主也不可能充分实现。因而，无论是强调其中的哪一个方面而忽视另一方面，都是不对的。我们应当全面理解和把握人民民主专政的概念。

专政与镇压，两者不是同义词，不能等同起来。任何专政，都包含有暴力的内容。无产阶级专政也具有镇压敌人的职能，但从严格的科学意义上讲，无产阶级专政与对敌专政不是一个概念。对敌专政，镇压阶级敌人，只是无产阶级专政的一种职能，除此以外，无产阶级专政还有其他方面的职能，正如列宁所指出的："无产阶级专政的实质不仅在于暴力，而且主要不在于暴力。"[2] 无产阶级专政还有实现政治民主化、组织社会主义经济建设的职能和历史任务。人民民主专政实质就是无产阶级专政。我们同样不能把人民民主专政与对敌专政等同起来。过去习惯把我国的公安机关、人民检察院、人民法院称为"专政机关"，是对敌专政的工具，也是不够确切的。按照国家机构的设置和分工，公安机关是国家行政机关的组成部分，是负责治安保卫的机关。人民检察院是国家的法律监督机关。人民法院是国家的审判机关。它们都是无产阶级专政的机关，但不能因而简单地认为就是对敌专政的机关。它们负有对敌专政的职责，但都不是单纯的对敌专政的机关，它们还有处理大量人民内部矛盾的职责。以人民检察院来说，追究敌对分

---

〔1〕《毛泽东选集》（第4卷），第1412页。
〔2〕《列宁选集》（第3卷），第859页。

子的刑事责任，具有对敌专政的性质，或者说是对敌对分子的镇压，但这只是检察机关职责的一个部分、而不是全部。检察机关是国家的法律监督机关，它不仅有监督刑事法律实施职责，还具有监督民事、行政法律实施职责。就是在监督刑事法律实施中，追究犯罪分子的刑事责任，具有对敌专政性质的敌对分子，只是其中的一部分。对非敌对分子的追究，以及对诉讼活动实行监督，都不具有对敌斗争的性质。因此，用"对敌专政机关"来概括检察机关的全部工作缺乏科学的根据，如果说，在阶级斗争激烈的年代，强调检察机关的对敌专政的作用，还有其一定的意义，那么到了今天，阶级斗争已不是社会主义的主要矛盾的情况下，再不改变过去在"左"的思想下形成的这种看法，就不符合客观实际了。

人民民主专政是对人民民主和对敌人专政两方面的结合。但民主与专政两相比较，人民民主更具有本质的意义。人民是国家的主人，社会主义的一切成就与发扬人民民主不能分开，没有人民民主就没有社会主义。专政是人民的专政，专政必须以高度的人民民主为基础。没有人民民主，就不能对极少数敌对分子实行有效的专政。

对人民实行民主的核心，是实现人民当家做主，人民真正享有宪法和法律规定的公民权利，能够参与国家的管理和经济的管理，以及社会各个生活领域中的管理。我国社会主义发展中的主要历史教训之一，就是在相当长的一段时间里，忽视了社会主义民主的建设，尤其是没有切实建设民主政治。我们没有把建设高度的社会主义民主当作我们的根本目标和根本任务，而仅把民主看作一种手段、工作方法，因而对如何建设高度民主的政治制度以及如何切实保障公民的民主权利和其他权利，没有给予足够的重视。党的十一届三中全会以来，总结吸取了历史的经验教训，强调没有民主就没有社会主义现代化，强调民主要制度化、法律化，使社会主义民主和法制的建设，进入了一个新的阶段。尤其是党的十三大提出了进行政治体制改革的任务，并采取切实措施，努力克服妨碍发扬人民民主的旧的思想影响，完善社会主义民主政治制度，将更有力地推动社会主义民主的建设。

检察机关必须自觉运用对人民实行民主的理论，指导检察工作的进行，发挥它在促进国家民主化和保障公民民主权利和其他权利中的重要作用。

党的十一届三中全会提出，为了保障人民民主，必须把民主和法制相结合，使民主制度化、法律化。也就是说，国家的民主生活和公民权利，应当由法律规定，形成制度。近年来，国家加强了健全民主制度和保障公民民主权利的立法，颁布了一系列法律，初步建立了保障民主生活和公民权利的法律制度，并在不断加以补充和完善。检察制度的确立，也是民主制度化、法律化的一个重要环节，检察制度本身，就是整个民主制度不可缺少的一个组成部分。因为国家的民主制度和公民权利，不仅要由法律明文规定，还应当由专门机关来保障其实施。检察机关作为国家设立的专门法律监督机关，从监督法律的正确实施方面保障民主制度和公民民主权利的实现，负有不可推卸的重要职责。

检察机关在保障民主和公民民主权利方面的职责范围，由法律规定。检察机关应当依法办事，依法追究一切破坏国家民主生活和侵犯公民民主权利的行为，真正做到有法必依，执法必严，违法必究。

检察机关为民主制度和公民民主权利提供的法律保障，主要体现在以下几点：

1. 保护公民的人身权利和民主权利不受非法侵犯。我国宪法第37条规定："中华人民共和国公民的人身自由不受侵犯。任何公民，非经人民检察院批准或者决定或者人民法院决定，并由公安机关执行，不受逮捕。禁止非法拘禁和以其他方法非法剥夺或者限制公民的人身自由，禁止非法搜查公民的身体。"宪法把保障公民人身自由的重要职责赋予检察机关，检察机关通过审查批捕、审查起诉和办理非法拘禁、非法搜查人身案件，保护公民的人身自由不受非法侵犯。检察机关还通过办理侮辱、诽谤案件；非法搜查和非法侵入公民住宅案件；破坏选举案件等，保护宪法和法律规定公民的人格尊严和其他权利不受非法侵犯。

2. 保护公民的诉讼权利。宪法和法律对当事人和其他诉讼参与人的诉讼权利，作出了明确规定，检察机关参加诉讼，作为法律监督机关的代表，应当保护其权利的合法行使，对在司法活动中是否有侵犯当事人和其他诉讼参与人的合法权利的情况，实行监督。

3. 保护公民的民事权益和其他权利。检察机关通过提起或者参与民事诉讼和行政诉讼，实行国家干预和保障诉讼活动的合法进行。既维护国家和社会的重大利益，又使公民的民事权益和其他权利得到有效保护。

4. 保证公民的控告和申诉权利。公民对国家机关和国家工作人员的违法失职行为提出控告和申诉，是宪法赋予的权利，人民检察院组织法第6条对保证公民控告和申诉权利作出了明确规定，检察机关对于公民的控告和申诉，应当查清事实，负责处理。对有违法行为的，应依法追究其法律责任。

对敌人实行专政，是人民民主专政理论的又一个基本方面，当我们阐述对人民内部实行民主的重要性的时候，不能否定对敌人实行专政的必要性。这两个基本方面是辩证统一的关系，相辅相成缺一不可。没有对敌专政，任凭敌对分子的破坏和捣乱，没有一个安定的社会环境，就不可能实现人民民主；反过来说，也只有依靠人民民主的力量，才能取得对敌斗争的彻底胜利。

正确认识和估计我国当前阶级斗争的形势，是对敌实行专政的一个关键问题。在我国剥削阶级作为阶级消灭以后，阶级斗争不再是我国社会的主要矛盾，但由于国内的因素和国际的影响，阶级斗争还将在一定范围内长期存在，并且在某种条件下还有可能激化。这主要是因为：历史上的剥削制度和剥削阶级在经济、政治、文化、思想等方面的遗毒不可能在短期内完全清除，在适当的条件下还会兴风作浪；我们祖国的统一大业还没有最后完成，我们还处在复杂的国际环境中，某些敌视我国社会主义事业的势力还会对我国进行破坏；随着实行对外开放政策，资本主义的腐朽思想也将乘虚而入，在少数意志薄弱者身上发生腐蚀作用而走向犯罪；我国的经济、文化还比较落后，社会主义制度还有许多不完善的地方，还不可能完全防止某些社会成员以及国家工作人员发生腐败变质的现象，不可能杜绝极少数敌对分子的产生。1989 年，在北京和一些地方发生政治动乱和反革命暴乱就是一个证明。因此，我们对新形势下的阶级斗争特点和规律要有清醒的认识，我们既要反对把阶级斗争扩大化的观点，又要反对认为阶级斗争已经熄灭的观点。必须坚持用马克思主义的阶级观点处理这些带有阶级斗争性质的社会矛盾和社会现象。必须同一切敌视和破坏我国社会主义制度的国内外的敌对势力和敌对分子进行坚决的斗争。人民民主专政国家的对敌专政职能必须加强，绝不能削弱，更不能取消。坚持对敌专政的职能，是保卫社会主义制度的需要，是顺利进行社会主义经济建设的需要。

检察机关必须根据对敌专政的理论，结合检察工作的实际加以贯彻，以充分发挥它在保护人民、打击敌人、惩罚犯罪中的重要作用。

在我国宪法和法律的规定中，体现了对敌专政的思想。宪法第28条规定："国家维护社会秩序，镇压叛国和其他反革命的活动，制裁危害社会治安、破坏社会主义经济和其他犯罪的活动，惩办和改造犯罪分子。"人民检察院组织法第4条规定，人民检察院"镇压一切叛国的、分裂国家和其他反革命活动，打击反革命分子和其他犯罪分子"，检察机关必须通过行使法律赋予的检察权，为实现上述任务而斗争。

对敌专政和惩办犯罪分子，是两个既有联系而又有区别的概念，不能等同和混淆。刑事犯罪分子不都是专政对象。刑事犯罪分子中，有相当数量是属于人民内部犯罪，应当加以区别。毛泽东指出："人民犯了法，也要受处罚，也要坐班房，也有死刑，但这是若干个别的情形，和对于反动阶级当作一个阶级的专政来说，有原则区别。"因为，"专政制度不适用人民内部。人民自己不能向自己专政，不能由一部分人民去压迫另一部分人民"[1] 虽然我们在追究犯罪时，除反革命犯罪外，对其他犯罪，不论是否是专政对象，犯什么罪就按什么罪处罚，适用相同的法律，似乎作这种区分并无多大实际意义。其实不然，我国刑法的制定，就贯穿了人民民主专政理论的指导，对反革命罪规定了较严厉的刑罚。我们对以推翻无产阶级专政的政权和社会主义制度为目的的反革命犯罪，以及严重的刑事犯罪，严重的经济犯罪，不能仅仅看成是一般的犯罪，它

---

〔1〕《毛泽东著作选读》（下册），第683、760页。

们都是新的历史条件下阶级斗争的重要表现，必须依法给予严厉惩处。国家立法机关对这些犯罪多次作出从重从严处罚的决定，就明显地体现了这个精神。明确同这些犯罪斗争的性质，不但具有理论意义、政治意义，而且对现实斗争也有重大的指导意义。当然，对敌斗争，也必须严格依照国家法律和法定程序进行。

检察机关打击敌人，惩罚犯罪的工作，应当做到以下几点：

1. 把镇压一切叛国的、分裂国家和其他反革命活动，打击反革命分子和其他严重犯罪分子的斗争放在检察工作的重要地位。叛国案、分裂国家案以及严重破坏国家政策、法律、法令、政令统一实施重大犯罪案件，其危害程度特别严重，新中国成立后就发生过这类案件。现在阶级斗争虽已经不是我国社会的主要矛盾，但还在一定范围内长期存在，并且在某种条件下还有可能激化，因此发生这类重大的政治案件的可能性依然存在，国家把检察这类案件的职权赋予检察机关，检察机关就应当保持高度的警惕性，以维护国家的统一。现在反革命案件的数量减少了，但同样也不能放松警惕性，不能因数量减少而忽视其危害国家安全的严重性。当前严重的刑事犯罪和严重的经济犯罪，危害社会治安，破坏社会主义经济秩序的情况很突出，检察机关必须加强同他们的斗争，运用侦查、起诉职权，充分揭露、证实其犯罪事实，依法给予严厉的打击，以维护人民民主专政的制度，保障社会主义现代化建设顺利进行。

2. 运用法律监督的职权，保证同刑事犯罪的斗争准确、合法地进行。检察机关办理刑事案件，必须做到犯罪事实清楚，证据确实、充分，定性和运用法律正确，程序合法，既要依法惩罚犯罪分子，又要保障不使无罪的人受刑事追究。检察机关要加强侦查监督和审判监督，对侦查机关的侦查活动和人民法院的审判活动是否合法实行监督，当发现有违法活动或在上述诉讼活动中所作的处理决定有错误时，应当依法提出意见，防止和纠正错误。检察机关既要维护国家、社会的利益和被害人的利益，也要依法保护被告人的合法权利。

3. 加强对刑事判决、裁定的执行和对监狱、看守所、劳动改造机关的监督。根据我国宪法和法律规定，我国对刑事犯罪分子实行惩办与改造相结合的方针，我们不实行单纯的惩办主义和报复主义，无论是敌对分子还是其他刑事犯罪分子，都要通过劳动改造和教育改造，把他们改造成为新人，改造成为自食其力的公民和对社会主义建设有用之材。检察机关应当运用法律监督的职能，监督刑事判决、裁定的正确执行，发现和纠正执行过程中的违法行为。监督监狱、看守所和劳动改造机关对国家法律和劳改工作的方针、政策的正确执行，发现和纠正其违法行为，以保证国家对罪犯的惩罚改造任务的顺利实现。

（三）运用人民民主专政理论指导检察制度的建设

我国的国家制度是根据人民民主专政理论建立起来的，人民检察制度是整个国家制度的一个组成部分，因此，人民检察制度的建设离不开人民民主专政理论的指导。在过去相当长的一段时间里，由于受"左"倾思想的影响和干扰，没有准确、全面地理解人民民主专政的理论，在讲它对检察制度建设的指导作用时，往往强调专政多，强调民主少；强调法律的惩罚作用多，强调法律的保护作用少；强调对刑事活动的监督多，强调对其他法律的监督少，因而造成思想上、理论上的混乱和是非不清，至今尚未彻底解决。总结历史的经验教训，有些理论性问题，需要作进一步探讨，以有利于检察制度的建设。

1. 人民民主专政与检察机关的性质。我国检察机关是什么性质的机关？有两种回答：一种是人民民主专政（无产阶级专政）的机关；一种是国家的法律监督机关。第一种回答虽指出了国家机关的本质，不能说有原则性错误，但似嫌笼统，不能说明检察机关区别于其他国家机关的性质。第二种回答揭示了检察机关的特性，体现了检察机关的性质，我们认为是正确的。人民民主专政是我国国家的本质，因而我国所有的国家机关都可以说是人民民主专政的机关。这是所有国家机关都具有的共同性质。检察机关是国家机关之一，当然也具有这种属性。但确定检察机关的性质，还应当找出能够确定检察机关区别于其他国家机关的特殊性质。有的提出，检察机关是对敌专政的机关，也有把它简称"专政"机关的，这种提法在实行"阶级斗争为纲"的年代颇为流行，直到现在，还在用这种提法。我们认为这种提法不够确切。习惯上把政法机关（包括公安机关、检察机关和审判机关）都称作对敌专政机关，可见这是政法机关共同的性质，并不能说明检察机关特具的性质。我国宪法和人民检察院组织法明确规定"中华人民共和国人民检察院是国家的法律监督机关"，这是法律对检察机关性质的确认。人民民主专政的机关和国家法律监督机关，两者是一般与特殊的关系，共性与个性的关系。毛泽东指出："这种共性，即包含于一切个性之中，无个性即无共性。"[1] 同样；共性也不能离开个性而存在，列宁指出："个别一定与一般相联系而存在。"[2] 国家法律监督机关的特殊性质中，就包含有人民民主专政的一般性质。人民民主专政的一般性质，也只有通过国家法律监督的特殊性质才能体现出来。无个性即无共性，没有国家法律监督机关的特殊性质，也就没有人民民主专政。因

---

〔1〕《毛泽东著作选读》（上册），第161页。
〔2〕《列宁全集》（第38卷），第409页。

此，我们不能只讲共性而不讲个性。只讲检察机关是人民民主专政的机关，而不讲它是国家法律监督机关。用专政来代替法律监督，确定检察机关的性质，就等于否定检察机关存在的必要。历史上发生检察机关可有可无之争，造成组织上合并、撤销的结果，固然有多种原因，但与对检察机关的性质认识的不一致，没有把它的法律监督职权彻底确定下来有重大关系。检察机关与公安机关、人民法院负有共同的对敌专政任务，但如果在工作中，检察机关讲同兄弟机关的配合，不讲法律监督，或者把监督服从于配合，变成单纯的办手续，不能真正发挥法律监督的作用，其结果必然使检察机关在对敌斗争中所担负的工作和所起的作用与兄弟机关并无多大差别，这种只有共性而无个性的状况，必然会导致检察机关被取消。由此可见，只有明确检察机关的法律监督性质，才能真正成为名副其实的社会主义的检察机关，在人民民主专政的国家政权中发挥它应有的作用。

2. 人民民主专政与法律监督职能。人民民主专政与检察机关的法律监督职能是什么关系，两者是对立的，还是统一的，过去在"左"倾思想占统治的时期，这个问题被搞得相当混乱。有一种观点把人民民主专政与检察机关的法律监督职能完全对立起来，认为检察机关是人民民主专政（无产阶级专政）的机关，也就是对敌专政的机关，它是镇压敌人的"刀把子"，而认为法律监督是专门在人民内部"找岔子"，束缚对敌斗争的手足。实行对敌专政，就不能搞法律监督，谁要去监督侦查、审判活动中的违法行为，或者去监督干部的违法行为，就被指责为"篡改检察机关的专政性质"，是倒转专政矛头指向人民内部。或者在口头上承认检察机关有法律监督的职能，但限定法律监督的范围，只能是"在专政前提下的监督，又是为专政服务的"。这里所说的专政，当然是指对敌专政，也就是说，法律监督的范围不能超出专政范围，认为"脱离了专政，就谈不上真正的监督，硬要'监督'的话，矛头必然转向人民内部"。这就是说，法律监督的矛头，只能指向敌人，这种把对国家机关和国家工作人员在执行法律中发生违法行为的监督排除在检察机关法律监督范围之外的解释，完全背离了法律监督的原意。实际上是取消了检察机关的法律监督职能，其结果必然使法律的执行失去有效的监督，削弱了社会主义法制。

人民民主专政与法律监督职能，并不是对立的，而是统一的。按照马列主义的国家学说，无产阶级专政（在我国为人民民主专政）是无产阶级统治国家所采用的一种国家制度。无产阶级在治理国家时，必须制定自己的法律，建立自己的法制，为了保障法律的实施，不仅要有专门的执法机关，还必须有专门监督法律实施的机关。社会主义国家的检察机关，就是以法律监督为专责的机关，法律监督愈有力，法律的统一、正确实施就愈有保障，人民民主专政也就更加巩固。反之，取消法律监督，就会使法律的统一、正确实施失去保障，不能有健全的社会主义法制，也就不利于人民民主专政政权的巩固。由此可见，人民民主专政与法律监督职能是密切结合的，不是互相排斥的，把人民民主专政和法律监督职能对立起来是错误的。造成这种错误的原因，主要是由于对法律和法律监督的理解不正确。我国的法律是反映工人阶级为领导的广大人民的共同意志，由国家制定或认可，并由国家强制力保证其实施的人们的行为规范。它不仅仅是对敌专政的武器，还是调整社会关系，保护人民民主权益的手段，是人人应自觉遵守的行为准则。把法律理解为只是对付敌人的，人民可以不受约束，只承认它的镇压和惩罚的功能，而不承认它的保护和教育的功能，是极其片面的。检察机关的法律监督是对国家法律实施的全面监督。法律不仅是指刑事法律，还应包括民事、经济、行政法律等。法律监督的对象不应只限于敌对分子和其他刑事犯罪分子，还应包括有关的国家机关、国家工作人员和全体公民。检察机关的法律监督职能，不仅体现在对敌专政上，还应体现在人民内部的执法、守法的监督上。因此，只承认对敌对分子破坏法律的活动进行监督，而不承认对人民内部执法、守法的监督是错误的。总之，人民民主专政的国家，实行"以法治国"，必须有法律监督，必须有专司法律监督的机关。作为人民民主专政国家的检察机关，必须有法律监督的职能。法律监督的矛头是双向的，既是对敌人的，也是对人民内部的，任何违反法律的行为，都应受到它的监督。在各个不同时期可以有不同的监督重点，但从理论上讲，法律监督必须是普遍的、全面的。把监督的范围限定在对敌专政之内，是违背人民民主专政理论的，在实践中也是有害的。

3. 人民民主专政与检察机关的任务。人民民主专政理论对制定和执行检察机关的任务有重大指导意义。毛泽东指出："对人民内部的民主方面和对反动派的专政方面，互相结合起来，就是人民民主专政。"它是制定检察机关任务的重要理论根据。根据这一理论，保护民主和打击敌人都是人民民主专政统一的国家职能的两个方面。体现在检察机关的任务上，保护民主和打击敌人，也是两项不可分割的任务。任何片面强调其中一个方面，忽视另一方面都是错误的。保护生产力发展，保障和促进社会主义现代化建设的顺利进行，是新的历史时期国家的总任务，检察机关应当通过行使检察权，为完成国家的总任务服务。现行的人民检察院组织法对检察机关的任务作了全面规定。既规定了"镇压一切叛国的、分裂国家和其他反革命

活动、打击反革命分子和其他犯罪分子"的任务，又规定了
"保护社会主义的全民所有的财产和劳动群众集体所有的财产，
保护公民私人所有的合法财产，保护公民的人身权利、民主权
利和其他权利"的任务，体现了打击敌人和保护人民、保障民
主互相统一的思想。

50 年代后期的"左"倾思想，反映在对检察机关任务的
认识上，只承认检察机关有处理敌我矛盾的任务，不承认有处
理人民内部矛盾的任务。主要是反对对干部违法行为实行监
督。认为检察机关是对敌专政的机关，由检察机关去监督干部
违法问题，是"两个拳头作战，一人拳头打敌人，一个拳头打
人民"，混淆了"敌我界限"。实际中造成的恶果是，大量的人
民内部的违法问题被当作敌我问题，用专政手段处理，犯了
"混我为敌"的错误。刘少奇同志在后来总结这个时期的政法
工作经验时指出，检察院"是不是只处理敌我问题不处理人民
内部问题？这个观念要好好研究一下。是不是也可以处理一些
人民内部矛盾？检察机关对敌人是专政机关，对人民来说，要
成为处理人民内部矛盾的机关。""检察院应该同一切违法乱纪
现象作斗争，不管任何机关任何人。"检察机关"是专政工具，
同时也有教育人民、处理人民内部矛盾的任务"[1]。但是，在
"左"倾思想占统治的年代，这个问题并未得到彻底解决，直
至党的十一届三中全会以后，检察机关保护人民的任务，才在
法律上作出明确规定。

当前，我国进入了新的历史时期，国家的政治、经济形势
发生了重大变化。阶级斗争虽还将在一定范围内长期存在，但
已经不是主要矛盾，国家要以发展生产力为中心，集中力量进

[1]《刘少奇选集》（下卷），第 452 页。

行经济建设，建设成为一个社会主义现代化的国家。检察机关的任务应当适应国家总任务的需要，保障总任务的顺利实现。因此，一方面，检察机关仍应以镇压叛国的、分裂国家和其他反革命活动，打击反革命分子和其他犯罪分子为主要任务；另一方面，检察机关必须把保护人民，保障民主的任务提到重要地位上来，加强对有关国家机关和国家工作人员执法活动的监督。并以经济检察和法纪检察为重点，加强对违法犯罪的国家工作人员的监督，追究侵犯公民人身权利、民主权利和其他权利的法律责任，为做到澄清"吏治"，为政清廉，促进社会主义民主政治的建设服务。

4. 人民民主专政与检察工作的路线。检察工作中必须贯彻执行群众路线，这是由人民民主专政的性质决定的。因为人民民主专政就是依靠广大人民对少数敌人的专政，只有充分发挥人民民主，依靠人民群众的力量，才能巩固人民民主专政。检察工作负有打击敌人和保护人民民主的任务，两者都涉及依靠群众和发扬民主的问题，只有实行群众路线，才能保证上述任务的完成。

群众路线是我国人民司法工作的优良传统，也是检察工作的优良传统。新中国成立以来的检察工作中贯彻执行群众路线收到了良好的效果，积累了丰富的经验，为了加强社会主义法制建设，有必要使群众路线制度化、法律化，现行的人民检察院组织法对此作出了规定。法律规定人民检察院在工作中必须"贯彻执行群众路线，倾听群众意见，接受群众监督"。

检察工作中的群众路线，主要表现在：依靠群众举报，揭露犯罪；依靠群众调查案情，收集证据；听取群众对案件的处理意见和处理后的反映，接受群众监督；依靠群众，宣传法制，提高守法观念，预防犯罪；认真处理人民来信来访，保障公民的控告和申诉权利等。这些内容，虽有些已有法律规定，但贯彻执行群众路线，更为重要的是，检察人员必须加强群众观念，提高执行法律的自觉性，防止和克服形式主义，不能认为群众路线精神已体现在有关法律条文中，只要依照法律条文办事就行了。在工作中必须以对人民负责的态度，忠实于国家法律，忠实于人民利益，虚心听取群众意见，自觉接受群众监督。

贯彻执行群众路线必须和检察工作的专业结合起来。我们历来实行专门机关和群众相结合的路线，实践证明是正确的。同反革命分子和刑事犯罪分子作斗争，不能没有专业工作。检察工作中的侦查、起诉、审讯都是必要的。同时，专业工作也不能离开群众的支持，必须依靠群众，两者不能偏废。我们反对工作中的神秘主义和孤立主义，但又要同林彪、"四人帮"那一套"群专"、"群管"严格划清界限。绝不允许借口"依靠群众"，用"群众办案"一类错误做法代替检察机关的专门工作。对群众提供的证据，必须认真审查和鉴别。对群众提出的意见，也要进行分析研究，坚持实事求是，依法作出正确处理。

总之，人民民主专政的理论要求检察机关必须依靠群众，走群众路线。但实现这一要求，应当密切结合检察机关的专业特点，并使之制度化、法律化，才有利于检察工作任务的完成，从而达到巩固人民民主专政的目的。

三、列宁关于法律监督思想是人民检察制度的重要思想渊源*

我国的人民检察制度是以列宁的法律监督理论为指导思想，结合我国的情况建立起来的。根据列宁的这一理论建立起

---

* 本部分内容摘自王桂五主编：《中华人民共和国检察制度研究》，法律出版社 1991 年版，第 210～225 页。

来的苏联检察机关，以及以后建立的其他社会主义国家的检察机关，以保障法制的统一为目的，行使法律监督职权，在维护本国的法律统一、正确实施中发挥了重大作用。实践证明了它的正确性，对于加强社会主义法制具有普遍的意义。我国在建设人民检察制度的过程中，由于长期受"左"倾思想的干扰，使列宁这一理论未能始终如一地得到贯彻，直到1979年才在宪法和法律上明确规定我国的检察机关是国家的法律监督机关，但对体现法律监督性质的职权未能明确作出全面的规定，致使检察机关的法律监督职权不能得到充分发挥。因此，今天再来学习、研究列宁关于法律监督的理论，对于健全和完善我国的人民检察制度，仍有着重要的现实意义。

（一）列宁关于法律监督理论的基本点

苏联十月社会主义革命的胜利，在人类历史上创建了第一个社会主义国家，苏联废除了沙俄的旧法制，开始建立社会主义的新法制。1917年11月24日公布的《关于法院的第一号命令》，宣布废除沙俄的检察监督制度，但在最初的5年中，还没有成立起新的检察机关。刑事犯罪的追诉和法律监督主要是由设在各地方司法处设置公诉人，担负侦查和提起公诉的任务。对法纪的监督，由国家权力机关和国家管理机关执行。即由全俄中央执行委员会、人民委员会、司法人民委员部、国家监察人民委员部（1920年将此职权移归工农检查人民委员部）执行，在地方则由工农兵代表苏维埃所选举的司法委员会执行，后来改由司法处执行。这种组织结构和职权分工，在执行法律监督上虽也起了一定的作用，但职权分散，使法律监督职能不能充分发挥。1921年军事共产主义结束，开始实行新经济政策，为了牢固地确立苏维埃制度和保障经济建设的顺利进行，有必要加强革命法制建设。列宁在苏维埃第九次代表大会上指出："我们当前的任务是发展民事流转，新经济政策要求这样做，而这样做又要求更多的革命法制。"[1] 1922 年列宁亲自领导制定了苏俄刑法、民法、刑事诉讼法、民事诉讼法、土地法和劳动法等一系列法典，这样监督法律的统一实施就更为迫切。因为当时苏联的各省司法处隶属于省执行委员会，由它来担负监督地方苏维埃等政权机关违反法律行为的职责，就只能对省执行委员会以下所属的各机关发生效力，而对省执行委员会本身就无权履行这一职责。这就在客观上有了建立监督国内法制的特别机关——检察机关的必要。列宁及时提出了建立社会主义检察机关的倡议。1922 年 5 月第九届全俄中央执行委员会在审议《检察监督条例》（草案）时，在检察机关的领导体制问题上，发生了激烈的争论，列宁就是在同各种反对意见的争论中创建了法律监督的理论。

历史上封建制国家和资本主义国家的检察机关或检察官，一般都是作为封建君主的代理人或代表国家，在诉讼活动中充当公诉人或公益代表人，执行提起、参加和支持诉讼的任务。虽然它也具有某种法律监督的职权，在纠正违法、保障法律的正确适用中发挥一定的作用，但并不具有国家法律监督者的地位，法律上也没有明文规定，可以对国家法制的统一实施实行全面监督，因而也就不可能形成完整的法律监督理论。只有在社会主义国家，客观上有了保障革命法制统一的需要和条件，才有可能通过实践产生。列宁从当时俄国的情况出发，系统、深刻地分析了俄国实施革命法制的状况，提出和完成了创建社会主义法律监督理论的任务。

列宁在他的许多涉及法律问题的著作中特别是在《论"双重"领导和法制》、《论新经济政策条件下司法人民委员会的任

---

〔1〕《列宁全集》（第 33 卷），第 148 页。

务》、《怎样改组工农检查院》、《宁肯少些、但要好些》等重要文章中，阐明了社会主义法律监督的基本原理。它的基本点是：

1. 社会主义国家的法制应当是统一的。列宁认为，创立和维护社会主义的文明制度，必须确立全联邦的统一法制。列宁在《论"双重"领导和法制》一文中，分析了当时俄国的法制状况，指出："我们无疑是生活在违法乱纪的汪洋大海里，地方影响对于建立法制和文明制度是最严重的障碍之一，甚至是唯一的最严重的障碍。"列宁还指出，在工农业建设上应当估计到地方的差别和特点，这是进行合理工作的基础，但是，实行法制就不一样，"法制应当是统一的"。"我国全部生活中和一切不文明现象中的主要症结是放任半野蛮人的旧俄国观点和习惯，他们总希望保持卡卢加的法制，使之与喀山的法制有所不同。"列宁认为，法制不应该是卡卢加省一套，喀山省又是一套，而应该全俄统一，甚至应该全苏维埃共和国联邦统一。如果我们不坚决实行全联邦的统一法制，那就根本谈不上什么维护文明制度和创立文明制度了。由此可见，法制的统一与物质文明建设和精神文明建设有密切的关系。建立统一的法制，克服一切落后的不文明的旧习惯势力，不仅是精神文明建设的重要部分，而且也是对建设物质文明和精神文明的重要保障。

2. 检察机关应当成为维护法制统一的专门机关。苏联在1922 年前，尚未设立实行法律监督的专门机关，而是由中央和地方的苏维埃国家权力机关和管理机关担负某些法律监督的职能。根据列宁的指示，苏联逐步调整了国家体制，于 1922 年建立起独立于行政之外的检察机关，担负法律监督的专门职责。列宁指出："检察机关和任何行政机关不同，它丝毫没有行政权，对任何行政问题都没有表决权。检察长的唯一职权和必须做的事情只是一件：监视整个共和国对法制有真正一致的了解，不管任何地方的差别，不受任何地方的影响。"[1] 列宁首次提出了"检察权"的概念。这一概念的内容，不仅包括对刑事犯罪行为和民事违法行为的监督，而且包括对行政机关违法行为的监督，亦即监督国家机关和公职人员是否遵守法律。1922 年 5 月 20 日列宁在给中央政治局的信中，提出建立以保障法制统一为专责的检察机关的意见后，1922 年 5 月 28 日经第九届全俄中央执行委员会通过的《检察监督条例》中，明确规定了检察机关的职权为："（1）以对犯罪人追究刑事责任及对违法决议提出抗议的方式，代表国家对一切政权机关、经济机关、社会团体、私人组织以及私人的行为是否合法，实行监督；（2）直接监督侦查机关和调查机关在揭发犯罪方面的工作，并直接监督国家政治保卫局各机关的活动；（3）在法庭上支持控诉；（4）监督对犯人的羁押是否正当。"[2] 由此可见，列宁所主张建立的检察机关，是实行刑事的、民事的和行政的全面的法律监督，其职能是广泛的，不同于资本主义国家的检察机关主要担负刑事案件的公诉职能。

3. 检察权与行政权分开，检察机关独立行使职权。列宁从维护社会主义法制统一的原则出发，确定苏联检察机关的职权是实行法律监督，坚定不移地在各地方执行中央的决议和命令，不管任何地方的差别并不受任何地方的影响。他指出："检察长的责任是使任何地方政权的任何决定都与法律不发生抵触，检察长必须仅仅从这一观点出发，对一切非法的决定提

---

〔1〕《列宁全集》（第 33 卷），第 326 页。
〔2〕《苏联和苏俄刑事诉讼及法院和检察院组织法立法史料汇编》（上册），第 50 页。

出抗议。"[1] 列宁主张的法律监督具有如下特点：（1）法律监督是检察机关的专门职责，检察机关不具有任何行政的职能，它只是从是否合法的观点上进行监督，而不是从是否适当的行政观点上进行监督。（2）检察机关的法律监督，不具有决定问题的行政权力，但为了彻底纠正违法行为，检察机关有权把案件提交到法院去判决，使用司法手段维护法制的统一。以上的特点是行政机关的监督所没有的，也是其他机关所不能代替的。同时，列宁把法律监督的权力和决定问题的行政权力分开，使检察机关有法律监督的权力，而无决定问题的行政权力。行政机关有决定问题的权力，但必须接受法律监督。这样把法律监督权和行政决定权明确分开，可以避免权力过分集中的弊病，有利于发扬民主、健全法制、改善国家机关的工作。

4. 为了保证独立行使检察权，必须实行自上而下的集中领导。中央检察机关应直接受党中央的领导（当时列宁设想把党和国家的最高领导层合而为一），地方检察机关只受中央的领导。如 1922 年苏俄检察监督条例中规定："各省设检察长，直接隶属于共和国检察长，共和国检察长从中央工作人员和地方领导机关所提出的候选人中任命。省检察长的免职、调动和停职，由共和国检察长实行。"从而在组织上保证实行集中的领导。列宁把检察权称为"中央检察权"，他认为党的中央机关是反对地方影响和个人影响最可靠的保证，建立一个受党中央密切监督的中央检察机关，才能做到充分行使检察权，"实际地反对地方影响，反对地方的其他一切的官僚主义，促使全共和国、全联邦真正统一地实行法制。"[2] 由此可见，列宁关于

---

[1] 《列宁全集》（第 33 卷），第 327 页。
[2] 《列宁全集》（第 33 卷），第 328 页。

社会主义法制统一的原则，实质上包含检察权的统一与集中的思想，即各级检察机关只服从中央领导的思想。

苏联在组织上实现列宁的检察权统一与集中的思想，经历了一个较长的发展过程。根据1922年苏俄检察监督条例规定，开始是在司法人民委员会内设立检察机构。以后又经过多次的体制改革，直至1936年颁布苏联司法人民委员部组织法时，才将所有检察和侦查机关从各加盟共和国司法人民委员会中划分出来，移归苏联检察机关管辖。至此，苏联检察机关的集中统一过程才算彻底完成。1936年苏联宪法对苏联检察机关在维护法制统一中的地位和实行统一、集中的原则作了明确规定，即对各部和部的所属机关、公职人员以及苏联公民严格遵行法律的最高监督权，由苏联总检察长负责行使。苏联总检察长由苏联最高苏维埃任命。各共和国、边区、省检察长以及自治共和国与自治省检察长，由苏联总检察长任命。州、区及市检察长，由加盟共和国检察长报经苏联总检察长批准后任命。各级检察机关独立行使职权，不受任何地方机关干涉，只服从苏联总检察长。

列宁在论述检察权和行政权的区别时，曾提出检察长有权对行政机关的违法决定提出抗议，但无权停止决定的执行。1922年的苏俄检察监督条例中也作了相应的规定："检察长提出的抗议并不停止所抗议的决议或决定的执行。"但在以后的执行过程中，总结实践经验，在立法上已有所改变。1933年的苏联检察署条例中规定，苏联检察长有权对法院的民事、刑事判决，向上级法院提出抗议，停止该判决的执行。在以后的苏联检察监督条例中除规定检察长有权停止各级法院被抗议的刑事、民事判决、裁定和决定的执行外，还规定，"检察长对于有权机关作出的追究某一公务人员行政责任的决定提出抗议后，各该机关在审查抗议以前，应当停止行政处分的执行。"并有权"停止羁押场所管理机构所发布的与法律相抵触的命令和指示的执行，依法定程序提出抗议。"在 1979 年苏联检察院组织法中更作了全面规定，在检察长按照一般监督程序对侵犯法律所保护的公民权利和自由的文件提出抗议时，在审议抗议以前，应当停止该文件的执行。检察长按照监督程序对刑事案件、民事案件或行政违法案件提出抗议的，在对案件按照监督程序审理终结前，停止被抗议的有关判决、裁定和决定的执行。其中对有明显违法的刑事案件，检察长有权在调取刑事案卷的同时，在他们提出抗议以前，停止法院刑事判决、裁定和决定的执行，但不得超过 3 个月。因此，这里所说的停止执行不是最终决定，而是"中止"执行，以待主管机关的最后决定。对拘留所、羁押场所等行政部门的命令、指示和决定，如果发现与法律相抵触，检察长有权停止其执行，并提出抗议。检察长作出的决定和建议，拘留所、羁押场所等有关机关都必须执行。这就使列宁的法律监督理论，在维护法制的统一实施中发挥更大的威力。

（二）列宁关于法律监督的理论在我国检察制度中的运用

列宁关于法律监督的理论，是马克思主义关于法的理论的重要组成部分。他的关于维护法制和保证法制的统一，必须有一个专门监督法制的检察机关的思想，是对社会主义法制理论的重要发展。这一理论对社会主义国家的法制建设具有普遍意义。我国从新中国成立开始，在建设我国的检察制度时，就把列宁的法律监督理论作为指导思想，运用于中国的实际。在确定检察机关的各项职权时，体现了这一思想。1979 年以后，在宪法和法律上，更明确规定我国的检察机关是国家的法律监督机关。1979 年 6 月，彭真同志在第五届全国人民代表大会第二次会议上所作的《关于七个法律草案的说明》中，明确地阐述了这个问题。他指出："列宁在十月革命后，曾坚持检察机关的职权是维护国家法制的统一，我们的检察院组织法就是运用列宁这一指导思想，结合我国实际情况制定的。"

列宁的法律监督理论，体现在我国检察制度中，主要有以下几个方面：

1. 检察机关的性质。确定为国家的法律监督机关，而不是单纯的公诉机关。1949 年的中央人民政府组织法和 1954 年宪法，以及相应的检察机关组织法中，都规定了检察机关对国家机关、国家工作人员和公民是否遵守法律行使检察权。当时虽没有明确提出法律监督的概念，但有关条文已明显体现了检察机关的法律监督性质。以后虽然在检察制度建设中发生了曲折，法律监督的范围随着各个时期国家政治、经济的发展和法制建设的状况而有所变化，但检察机关作为国家的法律监督机关，其性质始终没有改变。1957 年以后虽然发生过关于检察机关性质和职能的激烈争论，并且成为导致检察工作中断的原因之一，但在党的十一届三中全会以后，总结三十年的实践经验，终于在 1979 年的人民检察院组织法中作出了明确规定："中华人民共和国人民检察院是国家的法律监督机关。"并于 1982 年把这一规定写入宪法。检察机关的职权，不局限于对刑事犯罪的追诉，还应有权监督民事、行政的违法行为，追究侵犯国家重大利益，侵犯公民人身权利、民主权利和其他权利者的法律责任，以维护国家法律、法令的统一实施，保障社会主义现代化建设的顺利进行。

2. 检察机关依法独立行使检察权，不受行政机关、社会团体和个人的干涉。检察机关由国家权力机关产生并对它负责，检察机关不是行政机关，也不从属于行政机关，在国家机构中，它和行政机关是平行的关系。这就改变了资本主义国家的检察机关一般隶属于政府司法行政部门的组织结构状况。检察官也不再是行政官，要接受司法部首长的领导，这就在组织上与行政机关彻底分开，免受行政机关及其长官的干涉，真正做到检察机关独立行使职权。

3. 中央和省级检察机关的检察长，对下级检察机关的检察长的产生和任免，具有相对的建议和决定的权限。如省、自治区、省辖市人民检察院检察长的任免，须由最高人民检察院检察长提请全国人民代表大会常务委员会批准。自治州、省辖市、县、市、市辖区人民检察院检察长的任免，须由省、自治区、直辖市人民检察院提请本级人民代表大会常务委员会批准。中央和省、自治区、直辖市人民检察院的检察长有权向本级人民代表大会常务委员会建议，撤换下级人民检察院的检察长等。这种任免程序，不同于各级人民政府行政首长和各级法院院长的任免程序，他们的任免，都不须报上级行政或审判机关提请上级人民代表大会常务委员会批准。为了在组织上保证检察机关独立行使职权，各级人民检察院的人员编制，由最高人民检察院规定，这也是不同于行政机关之处。

上述情况表明，在建设我国的检察制度，确定检察机关的性质和职权以及组织体制等方面，都表明运用了列宁关于检察权应相对独立和统一的思想。但是，我们在运用列宁的法律监督理论，以及借鉴苏联和其他国家的经验时，并不是照抄照搬。我们反对不结合中国实际情况的教条主义态度，而是从实际出发，贯彻理论联系实际的原则，把列宁的法律监督理论和中国的情况相结合，认真总结本国司法实践的经验，有所创造和发展，从而建设成为具有中国特色的社会主义检察制度。这主要表现在以下几个方面：

1. 确定检察机关是专门的法律监督机关，而不是最高监督机关。列宁为检察机关确定的唯一职权是保障法制的统一。列宁一直十分重视法律监督，把法律监督放在保证法律实行的首位，他说过："一般是用什么来保证法律的实行呢？第一，对法律的实行加以监督；第二，对不执行法律的加以惩办。"[1] 并强调指出："如果没有一个能够迫使人们遵守法规的机关，权利也就等于零。"[2] 列宁所说的这个监督遵守法规的机关，不是别的，正是指以法律监督为唯一职权的检察机关。他提出："检察长的唯一职权和必须作的事情只是一种，监视整个共和国对法制有真正一致的了解。"[3] 由此可见，社会主义国家的检察机关是以法律监督为专职专责的。因而确定检察机关是专门的法律监督机关，符合列宁的本意。列宁没有把检察机关所实行的监督称为最高监督。1936 年以前，苏联的检察长监督条例也没有把这种监督称为最高监督。直至 1936 年的苏联宪法中才出现"最高监督权"的提法。以后的苏联宪法和有关法律，以及有些学者的解释，都把检察机关确定为有最高检察权的机关。新中国成立初期在关于检察机关组织的法律中，也使用过"最高的检察责任"的提法。苏联把检察长的监督称为最高监督，其理由主要有两条：（1）从检察长监督的隶属关系和它与主管部门监督的对比来说的，认为检察长监督直接由最高国家权力机关授权，是对那些本身拥有监督和监察权的国家机关是否遵守法律实行监督，因而是居于主管部门监督之上；（2）从检察长监督的范围和采取的监督形式来说的，认为各部的监督只限于对其下级机关或在法律规定的一定范围内进行，

---

〔1〕《列宁全集》（第 2 卷），第 253 页。
〔2〕《列宁全集》（第 25 卷），第 458 页。
〔3〕《列宁全集》（第 33 卷），第 326 页。

而检察长监督是对所有各部是否准确执行法律进行的，其范围远比其他监督广泛得多。检察长还具有多种的最有效的监督形式，预防、揭露和消除违法行为，直至必要时追究刑事责任。我们不采用"最高监督"的提法，而确定检察机关的监督是专门的法律监督，这是根据我国的实际情况决定的。按照我国的国家体制，最高监督的权力属于最高国家权力机关，即全国人民代表大会和它的常务委员会，检察机关的法律监督职权受命于最高国家权力机关，受它的监督，检察机关本身并不拥有最高监督权。根据宪法和法律规定，全国人民代表大会及其常务委员会监督宪法的实施，有权撤销国务院制定的同宪法、法律相抵触的行政法规、决定和命令；有权撤销省、自治区、直辖市国家权力机关制定的同宪法、法律和行政法规相抵触的地方性法规和决议。在整个国家监督系统中，国家最高权力机关的监督才是最高层次的监督。但必须明确，检察机关的法律监督是国家监督系统中的一个重要层次，它既要受国家权力机关的领导和监督，又有权对其他部门的监督活动是否合法实行监督。就其法律属性来说，它不同于各个行政部门的行政监督，不限于对某一部门法的监督，而是对所有法律的实施实行监督，而且是具有最大强制力的监督，直到追究违法者的刑事责任。因此，确定它为专门的法律监督是较为恰当的。

我们不把检察机关的法律监督称为最高监督，绝不是降低检察机关法律监督的地位和作用。我们既不能不适当地夸大其作用，也要反对那种轻视检察机关法律监督的思想。最高还是次高，是相对而言的。检察机关的法律监督和最高国家权力机关的法律监督相比较，后者的法律监督层次无疑高于前者，但是检察机关作为国家的专门的法律监督机关，有权对所有法律的实施是否合法实行监督，它又是高于其他部门的监督，因而不能把它等同于或并列于其他部门的监督。检察机关法律监督的对象和范围，可能随着不同的历史时期政治、经济形势变化和主客观条件不同而有所调整和侧重，但不能因而对检察机关的监督范围和效力产生误解。比如，把它限于对刑事法律的监督，或者把它同刑事诉讼中检察机关与人民法院、公安机关实行互相制约的原则等同起来。检察机关刑事法律的监督，是检察机关法律监督的重要组成部分，检察机关对有关机关执行刑事法律（包括实体法和程序法）是否合法，实行监督，这是检察机关专有的一种权力，其他机关和个人都无权行使。当然，有关机关对检察机关行使法律监督权所作的决定和采取的措施是否适当，可以提出意见，发挥"互相制约"的作用，但这种"制约"与法律监督的性质不同，并不意味着在诉讼过程中，互相都具有法律监督的职能。就当前来说，正确认识检察机关的法律监督职能及其作用，树立检察机关法律监督的权威，充分发挥它在保障法制统一中的应有作用，是十分必要的。

2. 把民主集中制原则应用于检察制度，实行检察委员会合议制与检察长负责制相结合的领导体制。民主集中制，是无产阶级政党和社会主义国家实行的组织原则。列宁在阐述民主集中制原则时，曾指出，民主集中制一方面要同官僚主义集中制相区别，另一方面又要同无政府主义相区别。[1] 民主与集中是辩证的统一，如果只有集中，没有民主，就会是官僚主义的集中，如果只有民主，没有集中，就会成为极端民主化和无政府主义。毛泽东同志说："没有民主，不可能有正确的集中，因为大家意见分歧，没有统一的认识，集中制就建立不起来。"[2] 把民

---

〔1〕《列宁全集》（第 27 卷），第 19 页。
〔2〕《毛泽东著作选读》（下册），第 819 页。

主和集中结合起来，在民主的基础上集中，在集中指导下的民主
就能够做到集思广益，在集中正确意见的基础上，统一认识，统
一行动，充分调动广大群众的主动性和积极性，才能保证国家机
关正确行使职权。对检察机关来说，为了保证正确行使法律监督
的职权，实行民主集中制原则是非常必要的。

　　检察机关设立检察委员会是实行民主集中制原则的组织形
式。概括起来说，就是检察机关与行政机关的性质不同，行使
法律监督职权需要有较高的政策法律水平，在办理重大案件和
决定重大问题时，通过检察委员会的集体讨论，能有效地保证
执行法律的正确。正因为如此，我国宪法和法律，一向把检察
权赋予检察机关，而不是赋予检察长个人，并且设立检察委员
会作为进行检察决策和实行集体领导的机构。但是实行检察委
员会合议制，并不否定检察长个人负责的作用。检察长对外代
表检察院，对内领导全院的工作，他在检察管理工作和组织执
行等方面，仍应发挥其独立负责的作用。并且检察长对集体决
定是否正确，仍有提请本级人大常委会审查决定的责任。这是
一种把检察委员会合议制和检察长负责制相结合的优良制度。
苏联和东欧国家的检察机关，原来都是实行检察长负责制，但
从 50 年代后期开始，他们建立了类似检察委员会的组织，讨
论决定检察工作中的重大问题，以弥补检察长负责制的不足。
这与我国检察委员会在国际上的影响不无关系。

　　3. 把检察职务犯罪作为对国家机关和国家工作人员实行法
律监督的重点，而不直接实行对一般行政违法行为的监督。根
据列宁关于法律监督思想创建的社会主义检察制度，都是把对
国家机关和国家工作人员的监督放在重要的地位。但由于各国
的国情不同，其监督方式各具特点。苏联的检察机关实行一般
监督，即对政府各部及其所属机关、组织、公职人员和公民遵

行法律情况实行监督，重点检察上述机关和组织发布的文件是否符合宪法和法律。我国在 50 年代的立法上，也曾经赋予检察机关一般监督的职权，但经过试行，不少人认为，这种监督方式不符合我国的传统习惯，不易为人们所理解和接受，而某些干部的违法乱纪行为，却是人们所关心的问题，要求检察机关转向同干部的严重违法乱纪行为作斗争。因而在现行宪法和人民检察院组织法中做了改变，把原属一般监督范围的对国务院所属各部、委的命令、指示和规章以及地方性法规和决议是否合法的监督，由国家权力机关负责，而把检察机关监督的重点放在检察职务犯罪方面，形成对干部的司法弹劾制度。

我们不照抄照搬苏联检察机关实行的一般监督的方式，而是使检察机关的法律监督适合我国的特点。但是，法律监督重点和方式的调整和选择，并不意味着我国检察机关性质和职权的根本改变，如果认为我们不采取一般监督的方式，检察机关就不能再对行政机关的违法行为实行监督，这种看法是不对的。我国宪法和法律明确规定，我国的检察机关是国家的法律监督机关，它是以维护国家法制的统一实施为专责的。国家机关的执法状况与国家法制建设的关系极为密切。而在国家机关中，行政机关机构最大，人员最多，工作范围最广，经常而大量地涉及同公民和法人的权利和义务关系，如果行政机关不严格执法，就谈不上健全社会主义法制。因为法制的本来意义，就是行政机关要受法律的约束。而且行政机关的违法行为事实上又不可能完全避免。检察机关如果站在行政执法活动之外，就不是名副其实的法律监督机关，而只能是狭隘的诉讼机关。一般监督的理论是根据列宁关于法律监督的思想产生的，其作用就在于保证行政机关的决定的合法性，以维护法制的统一。对一般监督不能全盘否定，而是应当有分析地吸取其中合理的因素，结合我国的国情，确定适合我国特点的监督重点和方式，这才是正确的途径。

我国检察机关把检察职务犯罪作为法律监督的重点，不应排斥对其他违法行为实行监督。检察机关在检察职务犯罪中，往往涉及民事、行政等违法行为，也会揭露出国家机关的违宪和其他违法行为，检察机关的法律监督就不应只限于对刑事法律的监督。当前在检察实践中，对纠正违法行为采用"检察建议"的形式，其中有些内容就属于原来的一般监督范围，而且涉及的问题比一般监督更加广泛，兼有行政监督和一般监督的性质。这就有力地说明，完全排斥一般监督并不可取，它不符合我国的实际情况，应以检察职务犯罪为重点，同时兼顾对行政违法行为和其他违法行为的监督。对国家机关行政法规和地方性法规等是否符合宪法、法律的监督权，虽然法律赋予了国家权力机关，但检察机关作为国家法律监督的专门机关，也不能撒手不管。检察机关在发现行政机关的违法决定时，应当有对违法行为的调查权，以及要求纠正违法的建议权，并且有责任向国家权力机关反映信息和提出建议，由国家权力机关进行审查和作出决定。实行检察机关的建议权和国家权力机关的决定权的结合，既可以发挥检察机关法律监督应有的职能作用，又可以弥补权力机关在法律监督中缺少职能部门的缺陷，形成具有中国特色的行政法制监督制度。

4. 在刑事法律监督中检察机关与公安机关、人民法院实行分工负责、互相配合、互相制约的原则。资本主义国家的检察机关是公诉机关，主要执行公诉职能，虽在参与诉讼活动中对法律的执行可以起一定的监督作用，但它不具有普遍的法律监督的职能。根据列宁的法律监督思想建立起来的苏联检察机关，把对侦查机关和审判机关执行法律的情况实行监督，作为

49

一项重要职责,检察机关的职权起了根本变化,但也没有完全摆脱传统职权分工的影响。如对刑事案件的侦查,检察机关与侦查机关(包括调查机关)之间有管辖分工,但侦查机关的侦查,要在检察机关的监督下进行。检察长对侦查活动的决定和措施,有批准、变更、终止的权力,实际上是负指挥侦查之责。侦查与起诉,都是作为审判前的准备,没有从程序上严格区分。我国的情况有所不同,刑事案件的侦查,历来由公安机关负责。建立检察机关以后,公安、检察、法院三个机关有明确的分工,各自担负不同的职责。刑事案件的侦查,依照法律规定的管辖分工,主要由公安机关负责进行,检察机关不负具体指挥之责。但公安机关逮捕人犯和侦查终结提出起诉,必须移送检察机关批准和决定。在刑事诉讼中,侦查和起诉从程序上分离,审查起诉作为独立的诉讼阶段,由检察机关对案件事实的认定和适用法律进行全面审查,决定起诉或者不起诉。这样,检察机关对犯罪的追诉和对侦查的监督,都体现了法律监督的职能。由于审查起诉程序是在侦查程序之后又一个独立的程序,在侦查程序中检察机关不具体指挥侦查,进入审查起诉程序后,就可以避免受先入为主的影响。有利于客观公正地进行审查、发现和纠正错误。检察机关与法院之间,实行诉审分离原则。依照法律规定,检察机关行使公诉权,法院行使审判权。在审判程序中,检察机关不仅是以公诉人的身份提起控诉,而且对审判活动是否合法实行监督,两者都体现法律监督的职能。这种在公安、检察、法院三个国家机关之间实行合理分工,既互相配合又互相制约,不仅避免了权力的过分集中,而且保证了准确有效地执行法律。检察机关在刑事诉讼中,已不再是一般地执行控诉职能,而是通过诉讼活动的形式,全面、统一地发挥法律监督的职能和作用。

四、社会主义初级阶段理论是改革我国检察制度的根本依据[*]

(一) 社会主义初级阶段理论的基本内容

社会主义初级阶段的理论，是根据我国三十多年来社会主义建设正反两方面的经验教训，特别是党的十一届三中全会以来在改革和建设实践的基础上，对社会主义和我国基本国情进行再认识作出的科学总结。它丰富和发展了马克思主义科学社会主义的理论，为建设有中国特色的社会主义提供理论根据，是改革我国检察制度的根本依据。

社会主义初级阶段的理论，对我国的基本国情作出了正确的分析和判断，它指明了我国社会现在所处的历史阶段，即社会主义初级阶段。它包含两层含义：（1）明确我国社会的性质已是社会主义社会。其基本依据是，我国已经消灭了剥削制度和剥削阶级，确立了以生产资料公有制为基础的社会主义经济制度，人民民主专政的社会主义政治制度和马克思主义在意识形态中的指导地位。我们必须坚持而不能离开社会主义。（2）明确我国的社会主义社会还处在初级阶段。其基本依据是，由于我国的社会主义脱胎于半殖民地半封建社会，生产力水平不高，社会主义的生产关系虽已确立，但生产社会化程度低，商品经济不发达，自然经济占相当比重，社会主义的经济制度还不完善。建设高度社会主义民主政治所必需的经济文化条件很不充分，封建主义、资本主义的腐朽思想和小生产习惯势力还有广泛影响。这些客观事实决定了实现社会主义现代化必须经历一个相当长的历史阶段。从我国生产资料私有制的社会主义改造基本

---

* 本部分内容摘自王桂五主编：《中华人民共和国检察制度研究》，法律出版社1991年版，第226~231页。

完成，到社会主义现代化的基本实现，估计至少需要上百年的时间。在这个阶段内，实现国家工业化和生产商品化、社会化、现代化，并通过生产力的发展，促使社会主义经济、政治制度的完善。对上述基本国情必须有清醒的认识，它是我们观察和处理现阶段一切问题，包括进行社会主义法制建设，包括改革检察制度的根本出发点。

从社会主义初级阶段的实际出发，我们必须坚持"一个中心，两个基本点"的基本路线，坚持以经济建设为中心，集中力量进行现代化建设，发展生产力，坚持四项基本原则，反对资产阶级自由化。否定四项基本原则，就会使经济建设脱离社会主义的轨道；不坚持改革开放，就不能完善和发展社会主义制度，显示社会主义的优越性。但必须坚持以公有制为主体，发展有计划的商品经济，实行计划经济和市场调节相结合，而不能否定计划经济，实行完全的市场经济。我们的一切工作，都必须围绕这个中心，服务于这个中心，以保证和促进现代化经济建设任务的完成。

建设社会主义民主政治是社会主义初级阶段的基本目标之一。没有民主政治，就没有社会主义现代化。过去我们进行社会主义建设的主要历史教训，就是没有切实建设民主政治。当前政治体制改革的主题，就是实现民主政治，但由于受历史的社会的条件限制，经济发展的不平衡性和封建主义残余等影响，民主政治的建设将是一个逐步发展的渐进的过程。建设民主政治，必须在安定团结的前提下进行。没有安定的社会环境，就不可能顺利进行民主政治的建设。

建立完备的社会主义法制，是建设民主政治的重要保障。在国家的政治生活、经济生活和社会生活的各个方面，民主和专政各个环节上，都要做到有法可依、有法必依、执法必严、违法必究。而建设完备的法制，就必须有完备的检察制度。在加强立法、司法、执法工作的同时，加强法律监督，监督国家法律的统一实施，从法制上保障民主政治的实现。

（二）社会主义初级阶段的理论与改革检察制度的关系

社会主义初级阶段的理论与检察制度的改革有着极为密切的关系。当前在我国经济领域和政治领域里推行的全面改革，就是依据社会主义初级阶段的理论制定的基本路线指导而进行的。检察制度的改革，是政治体制改革的一部分，也必须遵循这个理论和基本路线，与整个经济和政治体制改革的发展要求相适应，才能使检察制度的改革沿着正确轨道前进并取得成效。

社会主义初级阶段理论与改革检察制度的方向的关系。社会主义初级阶段的根本任务是发展生产力，进行经济体制改革和政治体制改革的目的，就是为发展生产力创造条件。检察制度的改革和建设，要为保障经济体制改革和政治体制改革的进行，促进生产力发展服务，而不能脱离这个根本任务孤立地进行。检察机关应当运用法律手段，同一切阻碍生产力的发展，危害社会主义商品经济的行为作斗争，纠正违法，惩罚犯罪，以保护和促进社会主义经济活动的健康发展。目前社会治安中不安定因素甚多，经济领域中违法犯罪现象突出，检察机关正在积极参与整治，为创造一个良好的社会环境，保障改革和建设的顺利进行而斗争。

社会主义初级阶段理论与改革检察制度基本内容的关系。建设完备的法制，以法治国，是社会主义初级阶段实现民主政治的客观要求。检察机关应把强化法律监督职能，维护社会主义法制的统一，作为改革和建设检察制度的重点。因为建设完备的法制，不仅要有完备的法律和一整套立法、执法、司法和守法的制度，而且应有法律监督的制度。如果有了法律，而没有严格的法律监督，就不能保证法律的正确实施。在国家法律制度逐步完备的情况下，有法不依，甚至任意违背法律规定的现象，已成为法制建设中突出的矛盾，因而建立和健全保障法律的正确实施的法律监督制度就显得更为重要和迫切。在整个国家法律监督系统中，检察机关的法律监督处于特殊的重要地位。它是国家的专门法律监督机关，具有极大的权威性，加强检察机关的法律监督，全面发挥它的法律监督职能和作用，而不是仅限于对某一部门法的监督，就能有效维护社会主义的民主与法制，保障民主政治的建设。

社会主义初级阶段理论与改革检察机关工作制度的关系。社会主义初级阶段不同于进入社会主义初级阶段前的过渡时期，在这个阶段中，社会的主要矛盾和国家的中心任务已发生根本变化。在过渡时期阶级矛盾十分尖锐复杂情况下，大规模群众运动中形成和发展起来的一些具体制度，已不适应进行社会主义现代化建设的需要。我国检察机关的工作制度，有些也是在这个时期建立起来的，后来又受到"以阶级斗争为纲"错误思想的影响，有的已经不适应加强社会主义法制的需要，必须加以改革。根据检察机关职能从单一化（只担负刑事法律监督）走向全面化（扩大到实行民事、行政法律的监督），以及领导体制实行党政分开，加强检察系统领导的要求，应在总结实践经验的基础上，逐步建立和完善实行法律监督的具体制度和程序。对过去形成的某些工作制度和习惯做法，应作历史的分析，凡不利于加强社会主义法制，不利于发挥法律监督作用的，应加以革新，以适应加强法制，完善法律监督的要求。

（三）以社会主义初级阶段理论为指导，推进检察制度的改革

社会主义初级阶段的理论表明，我国在消灭剥削阶级之后，阶级斗争仍将在一定范围内长期存在。由于国内和国外的原因，犯罪也会长期存在。国内外敌对势力和敌对分子不会停

止他们的捣乱和破坏，各种危害社会治安秩序和危害经济的犯罪仍会不断发生，在某种条件下，还有可能很猖獗。因此，检察机关必须加强同刑事犯罪的斗争，发挥对刑事法律的监督作用。

检察机关在同刑事犯罪的斗争中发挥法律监督作用十分重要。刑事犯罪和阶级斗争有着密切的联系。社会主义初级阶段的刑事犯罪，有些就是阶级矛盾激化的直接表现。有不少是属于阶级斗争的反映。因此，人民民主专政必须加强，检察机关的专政职能不能削弱。过去实行"以阶级斗争为纲"，把阶级斗争扩大化是不对的，但提出淡化阶级斗争，削弱专政职能也是错误的。检察机关对刑事法律的监督，仍应是法律监督的主要方面，它体现了人民民主专政的作用，绝不能有所忽视和放松这方面的工作。

必须强化检察机关的司法监督。司法监督包括依法对触犯刑律的犯罪分子的追诉和对有关司法机关在诉讼过程中适用刑事法律是否正确、合法实行监督两个方面。强化司法监督，就不仅要依法追究和惩罚犯罪分子，而且要对有关司法机关的侦查、审判活动实行有力的监督。总的来说，我们已经有了一套比较系统而行之有效的刑事诉讼和刑事司法监督制度和程序，但还不够完善。在某些环节上缺乏明确具体的监督程序和法律责任的规定，影响法律监督作用的发挥，应当通过总结实践经验，健全司法监督制度，并克服有法不依、有章不循的现象，使法律真正得到严格的遵守和执行。

在社会主义初级阶段，由于社会上还存在着产生违法犯罪的因素和条件，它必然会反映到我们的国家工作人员中来。我国的国家工作人员虽然绝大多数是好的，能够正确履行职责，奉公守法，但也确有极少数意志薄弱者，经受不住剥削阶级腐朽思想的侵蚀，贪污受贿，以权谋私，或者弄权渎职，侵犯公民民主权利，给国家在政治上、经济上造成巨大损失。因此，检察机关必须以检察职务犯罪为主，加强对国家工作人员的法律监督，以防止国家工作人员由人民的公仆蜕变为人民的主人。当前应把查处贪污、受贿犯罪案件作为工作重点，并通过办案，发现有关部门在执法中的问题和制度上的漏洞，向有关部门提出建议，促进国家机关的廉政建设。同时，积极开展对民事法律和行政法律的监督，通过诉讼活动和其他手段，维护国家的利益，保护公民的合法权益。

为了提高检察监督的效能，应制定和修订必要的制度和程序，以强化和健全检察机制。这种检察机制，应当是在充分考虑我国国情的基础上，既能体现我国检察机关的性质，发挥法律监督职能作用，又是从检察工作实际出发切实可行的。具有性质和职能统一、职权和责任明确，主次分明，互相协调，前后有序的特点。在完善各项制度时，应贯彻长远目标和近期任务相一致的思想。由于受社会主义初级阶段多种主客观条件的制约，民主政治和法制建设，将呈现为一个渐进的过程，与此相适应，法律监督的制度建设，也将是一个逐步发展的过程。因此，我们必须坚持最终建立起一个与法律监督性质和职能相适应的功能齐全的法律监督制度的目标，但在具体步骤和方法上，又应当从现实情况出发，走由小到大、抓住重点、逐步扩展的路子。坚持法律监督的普遍性和监督手段多样性相结合。检察机关进行的一切活动和它所采取的手段，从总体上说，都具有法律监督的性质。因此，检察机关无论是采取参与诉讼的形式或非诉讼的形式，运用强制手段或非强制手段，如何运用这些形式和手段，都应从是否有利于发挥法律监督的作用考虑，由此而建立起来的制度和程序才能发挥它应有的作用，为保障社会主义现代化建设，保障改革、开放，加强社会主义法制作出贡献。

五、人民民主专政理论与我国检察制度[*]

人民民主专政理论，是马列主义关于无产阶级专政理论运用于中国实际而形成的理论。它是无产阶级专政理论的继承和发展。国家制度的建设，离不开人民民主专玫理论的指导。我国人民检察制度的建设，始终是在人民民主专政理论的指导下进行的。在社会主义建设新的历史时期，要不要坚持人民民主专政理论的指导，回答是肯定的。我国人民检察制度的建设，必须继续坚持以人民民主专政理论为指导。但是，如何把这一理论具体运用于检察实际，还是一个没有很好解决的问题。对过去实践中出现的一些有不同认识的问题，需要认真总结，从理论上分清是非。这对于正确运用人民民主专政理论，搞好检察制度建设，无疑具有重大意义。笔者就其中与检察制度建设有关的几个问题谈些看法，供大家进一步研究参考。

（一）与人民民主专政理论本身有关的几个问题

1. 在新的历史时期坚持人民民主专政理论的必要性。人民民主专政理论，不是只适用于阶级斗争激烈的革命年代，同样适用于社会主义现代化建设时期。人民民主专政理论并没有"过时"。

人民民主专政理论，渊源于无产阶级专政的理论。无产阶级专政的含义，马克思作过完整的表述："在资本主义社会和共产主义社会之间，有一个从前者变为后者的革命转变时期，同这个时期相适应的也有一个政治上的过渡时期，这个时期的国家只能是无产阶级专政。"无产阶级专政的基本点，可以

---

* 本部分内容刊载于《政法论坛》1999 年第 3 期。

概括为：无产阶级必须通过革命斗争，从资产阶级手中夺取政权，建立新型的国家政权，这个新型的国家政权，必须是无产阶级专政。它的任务是，镇压被推翻的剥削阶级和一切敌对势力的反抗和破坏，并组织社会主义经济、政治、文化建设，创造消灭阶级对立和阶级差别的条件，过渡到共产主义社会。

毛泽东把马克思主义关于无产阶级专政的理论与中国革命实践相结合，创造性地提出了人民民主专政的理论。他对人民民主专政的性质、作用和任务作了系统阐述，指出："总结我们的经验，集中到一点，就是工人阶级（通过共产党）领导的以工农联盟为基础的人民民主专政。""对人民内部的民主和对反动派的专政方面互相结合起来，就是人民民主专政。"他还指出，专政的目的是为了建设具有现代化工业、农业和科学文化的社会主义国家。

上述在整个社会主义历史阶段必须实行无产阶级专政的观点，专政的任务包括镇压敌对势力和组织社会主义经济、政治、文化建设的观点，对人民实行民主和对敌人实行专政的观点，不仅适用于夺取政权，消灭剥削阶级的时期，也适用于建设社会主义现代化时期。认为人民民主专政理论已经"过时"的观点是错误的。

但是，人民民主专政理论，绝不是僵化的教条，它随着革命和建设事业的前进，也在不断地发展。党的十一届三中全会后，中共中央和邓小平等同志对人民民主专政的理论与实践问题进行总结，提出了新的理论观点。主要有：新时期阶级关系和阶级斗争形势的变化，还存在着特殊形式阶级斗争的观点，社会主义的首要任务是发展生产力，加强人民民主专政经济基础的观点，发展社会主义民主，使民主制度化、法律化和加强法制建设的观点。这些观点发展和丰富了人民民主专政的理论。因此，我们不仅要坚持人民民主专政理论的基本观点，还应对人民民主专政理论在新时期的发展有充分的认识，才能正确掌握和运用这一理论，在实践中发挥重要的指导作用。

2. 关于专政的概念。"专政"一词，现在往往在多种意义上被使用。当我们说无产阶级专政或人民民主专政时，是指一种国家制度，也就是国体，是由无产阶级（工人阶级）占统治地位的国家。但有时又把它当作国家的一种职能，如说专政就是依靠暴力实行阶级统治，突出了专政的暴力作用。有时甚至单纯把专政当作国家统治的一种手段，如说某某机关是专政的工具，用于对敌斗争。因此，有必要弄清它的含义，特别是要分清专政与独裁，专政与镇压的关系。

专政与独裁的关系。专政是从独裁演变而来，两者有历史联系，但不完全相同。专政的原意是"独裁者"（dictator），最早出现于公元前五世纪古罗马共和国。国家为了应付紧急危难的需要，将权力集中授予一名行政长官，由他独自迅速、果断地作出决定。在局势恢复正常后，即将权力交回授权机关。以后，独裁者的职能逐渐演变为专政的职能，就含有政权和政治统治的意思。在剥削阶级占统治地位的国家里，发展成为统治者个人独揽大权，专横武断，实行残暴的统治。可见专政的含义要比独裁广，不仅包含有统治方式的意思，更主要是指一种国家制度，体现整个阶级在国家体制中的统治地位。毛泽东在回答有人骂新中国实行"独裁"时，曾说过："我们实行人民民主专政，或曰人民民主独裁。"这里借用独裁一词，是从阶级统治的角度，指剥夺被推翻的剥削阶级的权力。作为人民民主专政的国家制度，它在人民内部实行民主集中制，并不是实行个人独裁统治。因此，专政有独裁的含义，但独裁不等同于专政。应严格限定和使用"独裁"一词，以免曲解人民民主专政的概念。

专政与镇压，两者不是同义词，不能等同。镇压是对付敌人的一种暴力手段。专政虽有暴力的含义，但专政不等于暴力。列宁有句名言："无产阶级专政的实质，不仅在于暴力，而且主要不在于暴力。"对敌专政，只是人民民主专政的一种职能。它还有实现政治民主化，组织社会主义经济建设的其他职能。过去习惯把我国公安机关、人民检察院、人民法院称为"专政机关"，是对敌专政的工具，是不够确切的。它们是人民民主专政的机关，但不能简单地认为就是对敌专政的机关。它们负有对敌专政的职责，同时也负有处理人民内部问题的职责，都不是单纯对敌专政的机关。以人民检察院来说，追究敌对分子的刑事责任，具有对敌专政、镇压敌人的性质，但追究其他刑事犯罪分子的刑事责任，以及对诉讼活动是否合法实行监督，都不具有对敌专政的性质。检察机关作为国家的法律机关，它还有监督民事诉讼、行政诉讼的职责。因此，不能因检察机关有镇压敌人的职责而把整个机关称作对敌专政机关。

3. 民主与专政的关系。在人民民主专政中，民主与专政有着密切联系。毛泽东所说"对人民内部的民主方面和对反动派的专政方面，互相结合起来，就是人民民主专政"，是最恰当的表述。我们不能只讲专政，不讲民主。民主是专政的基础，离开了民主讲专政，其专政是不巩固的。反过来，专政是民主的保障，离开专政的民主，民主不可能充分实现。无论是强调其中哪一方面，忽视另一方面，都是不对的。但民主与专政两相比较，人民民主更具有本质的意义。人民是国家的主人，社会主义的一切成就与发扬人民民主不能分开，没有人民民主，就没有社会主义。专政是人民的专政，专政必须以高度的人民民主为基础。没有人民民主，就不能对极少数敌对分子实行有效的专政。

我国社会主义发展历程中的主要历史教训之一，是在相当长的一段时间里，忽视了社会主义民主的建设，尤其是没有切实建设民主政治。没有把建设高度的社会主义民主当作我们的根本目标和根本任务。党的十一届三中全会以来，总结吸取了历史的经验教训，强调没有民主就没有社会主义现代化，强调民主要制度化、法律化，使社会主义民主和法制的建设，进入了一个新的阶段。近年来，国家加强了健全民主制度和保障公民民主权利的立法，颁布了一系列法律，初步建立了保障民主生活和公民权利的法律制度，并在不断加以补充和完善。检察制度的确立，也是民主制度化、法律化的一个重要环节。检察制度本身，就是整个民主制度不可缺少的一个组成部分。因为国家的民主制度和公民权利，不仅要由法律明文规定，还应当由专门机关来保障其实施。检察机关作为国家设立的法律监督机关，对监督法律的正确实施从而保障民主制度和公民民主权利的实现，负有不可推卸的重要职责。

检察机关必须自觉运用对人民实行民主的理论指导检察工作，为民主制度和公民民主权利提供法律保障。依法追究一切破坏国家民主生活和侵犯公民民主权利的行为者的法律责任，做到有法必依，执法必严，违法必究。

对敌实行专政，是人民民主专政理论的另一基本方面。当我们阐述对人民实行民主的重要性的时候，不能否定对敌人实行专政的必要性。这两个基本方面是辩证统一的关系，相辅相成，缺一不可。没有对敌专政，任凭敌对分子的破坏和捣乱，就不可能有一个安定的社会环境，从而也就不能实现人民民主，而只有依靠人民民主的力量，才能取得对敌斗争的彻底胜利。

正确认识和估计我国当前阶级斗争的形势，是对敌专政的一个关键问题。在我国剥削阶级作为阶级消灭以后，阶级斗争不再是我国社会的主要矛盾，但由于国内的因素和国际的影响，阶级斗争还将在一定范围内长期存在。这主要是因为：历史上的剥削制度和剥削阶级在经济、政治、文化、思想等方面的遗毒不可能在短期内完全清除，在适当的条件下，还会兴风作浪，我们祖国的统一大业还没有最后的完成，我们还处在复杂的国际环境中，某些敌视我国社会主义事业的势力还会对我国进行破坏，随着实行对外开放的政策，资本主义的腐朽思想也将趁虚而入，少数意志薄弱者会因受腐蚀而走向犯罪；我国的经济、文化还比较落后，社会主义制度还有许多不完善的地方，还不可能完全防止某些社会成员以及国家工作人员发生腐败变质的现象，不可能杜绝极少数敌对分子的产生。1989 年春夏之交的动乱和北京发生的反革命暴乱，就是一个明证。因此，我们对新形势下阶级斗争的特点和规律要有清醒认识，我们既要反对把阶级斗争扩大化的观点，又要反对认为阶级斗争已经熄灭的观点。必须坚持用马克思主义的阶级观点处理这些带阶级斗争性质的社会矛盾和社会现象。必须同一切敌视和破坏我国社会主义制度的国内外敌对势力和敌对分子进行坚决斗争。人民民主专政国家的对敌专政职能，必须加强，不能削弱，更不能取消。坚持对敌专政的职能，是保卫社会主义制度的需要，是顺利进行社会主义经济建设的需要。

检察机关必须运用对敌专政的理论，结合检察工作的实际加以贯彻，以充分发挥其在保护人民、打击敌人、惩罚犯罪中的重要作用。

在我国宪法和法律规定中，体现了对敌专政的思想。宪法

第 28 条规定："国家维护社会秩序，镇压叛国和其他反革命的活动，制裁危害社会治安、破坏社会主义经济和其他犯罪的活动，惩办和改造犯罪分子。"人民检察院组织法第 4 条规定，人民检察院镇压一切叛国的、分裂国家的和其他反革命活动，打击反革命分子和其他犯罪分子。检察机关必须通过行使法律赋予的检察权，为实现上述任务而斗争。

对敌专政和惩罚犯罪，是两个既有联系又有区别的概念。惩办触犯刑律的敌对分子，属于刑事犯罪的范畴，但刑事犯罪分子不都是敌对分子。刑事犯罪中有相当数量属于人民内部犯罪，应当加以区别。虽然我们在追究犯罪时，除反革命犯罪外，对其他犯罪，不论是否专政对象，犯什么罪就按什么罪处罚，适用相同的法律，似乎作这种区分并无多大实际意义，其实不然，我们对以推翻无产阶级专政的政权和社会主义制度为目的的反革命犯罪，以及严重的刑事犯罪，严重经济犯罪，不能仅仅看作一般犯罪，它们都是新的历史条件下阶级斗争的重要表现，必须依法给予严厉惩处。国家立法机关对这些犯罪多次作出从重从严处罚的决定，就明显地体现了这个精神。明确同这些犯罪作斗争的性质，不但具有理论意义、政治意义，而且对现实斗争也有重大指导意义。当然，对敌斗争，对严重刑事犯罪的处理，都必须严格依照国家法律和法定程序进行。

（二）与检察制度建设有关的几个问题

1. 人民民主专政与检察机关的性质。我国检察机关是什么性质的机关？曾有两种回答，一是人民民主专政的机关，一是国家的法律监督机关。前一种回答虽指出了国家机关的本质，却不能说明检察机关区别于其他国家机关的性质。后一种回答揭示了检察机关的特性，体现了检察机关的性质，回答是正确的。人民民主专政是我们国家的本质，是所有国家机关的共同属性。确定检察机关的性质，应当找出区别于其他国家机关的特殊性质。我国宪法和法律明确规定，检察机关是国家的法律监督机关。人民民主专政的机关和国家的法律监督机关，两者是一般与特殊的关系，共性与个性的关系。毛泽东指出："这种共性，即包含于一切个性之中，无个性即无共性。"[1] 在国家法律监督机关的特殊性质中，就包含有人民民主专政的一切性质。人民民主专政的一般性质，也只有通过国家法律监督的特殊的性质才能体现出来。因此，我们不能只讲检察机关是人民民主专政的机关，而不讲是国家法律监督机关。如果用专政机关替代法律监督机关，就是否定了检察机关存在之必要。历史上发生检察机关可有可无之争，造成组织合并、撤销的后果，固然有多种原因，但其中因对检察机关的性质认识的不一致，从而导致法律监督职权的不确定有重大关系。检察机关与公安机关、人民法院都负有对敌专政的任务，但如果检察机关只讲与兄弟机关共同对敌，不讲法律监督，发挥法律监督作用，检察机关担负的工作与兄弟机关并无多大差别，势必产生检察机关有无存在必要的疑问，最后导致检察机关的取消。由此可见，只有明确检察机关法律监督的性质，才能真正成为名副其实的检察机关，在人民民主专政的国家政权中发挥它特定的作用。

2. 人民民主专政与法律监督职能。人民民主专政与检察机关的法律监督职能是什么关系，两者是对立的还是统一的，过去受"左"倾思想的影响，这个问题被搞得相当混乱。有一种观点把人民民主专政与检察机关的法律监督职能完全对立起来，认为检察机关是人民民主专政的机关，也就是对敌专政的

---

〔1〕《毛泽东著作选读》（上册），第161页。

机关,而法律监督是专门在人民内部"找岔子",束缚对敌斗争手足的。因而,要实行对敌专政,就不能搞法律监督。谁主张监督侦查、审判活动中的违法行为,或者去监督干部的违法行为,就被指责为"篡改检察机关的专政性质",是倒转专政矛头指向人民内部。或者虽在口头上承认检察机关有法律监督的职能,但限定其范围,只是"在专政前提下的监督,又是为专政服务的"。这里所说的"专政",当然指对敌专政。也就是说,法律监督的范围,不能超出对敌专政的范围。认为"脱离了专政,就谈不上真正的监督,硬要监督的话,矛头必然转向人民内部"。这种把法律监督的矛头,只能指向敌人,而把对国家机关和国家工作人员违法行为的监督排除在检察机关法律监督范围之外的解释,完全背离了法律监督的本意。实际上是取消了检察机关法律监督的职能,其结果必然使法律的正确实施失去有效的监督,削弱了社会主义法制。

根据马列主义的国家学说,无产阶级专政(即人民民主专政)是无产阶级统治国家的一种国家制度。无产阶级在治理国家时,必须制定自己的法律,建立自己的法制。为了保障法律的实施,不仅要有专门的执法机关,还必须有专门监督法律实施的机关。社会主义国家的检察机关,就是以法律监督为职责的机关。法律监督愈有力,法律的统一、正确实施就愈有保障,人民民主专政也就更加巩固。反之,取消法律监督,就会使法律的统一、正确实施失去保障,不可能有健全的社会主义法制,也就不利于人民民主专政政权的巩固。因此,把人民民主专政和法律监督职能对立起来的观点是错误的。持这种观点的同志对法律和法律监督的理解不正确。我国的法律是反映工人阶级为领导的广大人民的共同意志,由国家制定或认可,并由国家强制力保证其实施的人们的行为规范。它不仅仅是对敌专政的武器，还是调整社会关系，保护人民权益的手段，是人人应自觉遵守的行为准则。把法律理解成只是为了对付敌人的，人民可以不受约束，只承认法律的镇压和惩罚的功能，而不承认它的保护和教育的功能，是极其片面的。检察机关的法律监督是对国家法律实施的全面监督。法律不仅是指刑事法律，还应包括民事、经济、行政法律等。法律监督的对象不应只限于敌对分子和其他刑事犯罪分子，还应包括有关的国家机关、国家工作人员和全体公民。检察机关的法律监督职能，不仅体现在对敌专政上，还应体现在对人民内部的执法、守法的监督上。因此，只承认对敌违法的监督，不承认对人民内部执法、守法监督是错误的。总之，人民民主专政与法律监督并不是对立的，人民民主专政的国家实行"以法治国"，必须有法律监督。作为专司法律监督的检察机关，必须有法律监督的职能。法律监督是为人民民主专政服务的。法律监督的矛头是双向的，既是对敌人的，又是对人民内部的。任何违反法律的行为，都应受到它的监督。在各个不同时期可以有不同的监督重点，但从理论上讲，法律监督必须是普遍的、全面的。把法律监督的范围限定在对敌专政的范围内，是违背人民民主专政理论的，在实践中也是有害的。

3. 人民民主专政与检察机关的任务。根据人民民主专政的理论，对人民实行民主和对敌人实行专政，都是人民民主专政国家的任务。作为国家的检察机关，保护人民和打击敌人，是两项不可分割的任务。现行的人民检察院组织法对检察机关的任务作了全面规定。既规定了"镇压一切叛国的、分裂国家的和其他反革命活动，打击反革命分子和其他犯罪分子"的任务，又规定了"保护社会主义的全民所有的财产和劳动群众集体所有的财产，保护公民私人所有的合法财产，保护公民的人身权利、民主权利"的任务。体现了打击敌人和保护人民、保障民主相统一的思想。

在 50 年代后期曾流行过一种观点，只承认检察机关有处理敌我矛盾的任务，不承认有处理人民内部矛盾的任务，反对对干部严重违法行为实行监督。认为检察机关是对敌专政的机关，由检察机关去监督干部违法问题，是"两个拳头作战，一个拳头打敌人，一个拳头打人民，混淆了敌我界限"。在工作中一度造成的恶果是，大量的人民内部违法问题当作敌我问题，用专政手段处理，犯了"混我为敌"的错误。刘少奇同志在总结这个时期的工作经验教训时指出，检察院"是不是只处理敌我问题，不处理人民内部问题？这个观念要好好研究一下。是不是也可以处理一些人民内部矛盾？"检察机关"对敌人是专政机关，对人民来说，要成为处理人民内部矛盾的机关。""检察院应该同一切违法乱纪现象作斗争，不管任何人。"检察机关"是专政工具，同时也有教育人民，处理人民内部矛盾的任务"。[1] 但是，在"左"倾思想盛行的年代，这个问题并未得到彻底解决，直至党的十一届三中全会以后，才对检察机关有保护人民的任务，在法律上作出明确规定。

当前，我国进入了新的历史时期，国家的政治、经济形势发生了重大变化。阶级斗争虽还在一定的范围内长期存在，但已经不是主要矛盾，国家要以发展生产力为中心，集中力量进行经济建设。检察机关的任务应当适应国家总任务的需要，保障总任务的顺利实现。为此，一方面，检察机关仍应以镇压叛国的、分裂国家的和其他反革命活动，打击反革命分子和其他犯罪分子为主要任务；另一方面，检察机关必须把保护人民、

---

〔1〕《刘少奇选集》（下册），第 452 页。

保障民主的任务提到重要地位上来，加强对有关国家机关和国家工作人员执法活动的监督。以检察职务犯罪为重点，加强对违法犯罪的国家工作人员的监督，追究侵犯公民人身权利、民主权利和其他权利的法律责任，为澄清"吏治"，为政清廉，促进社会主义民主政治的建设服务。

检察工作要为国家在各个时期的中心任务服务，体现了法律与政治的密切关系。建国以来，检察工作在保障国家中心任务的完成中，发挥了重要作用，它是人民检察工作的优良传统。但是，历史经验告诉我们，检察工作为国家的中心任务服务，应主要通过完成自己的专业工作来实现，充分发挥检察机关的法律监督职能的作用，打击犯罪，纠正违法，保护社会主义的各种社会关系。如果放开检察机关的法律监督的职责，打乱部门之间的分工，单纯为完成中心任务而去工作，实行所谓"分片包干"，"下去一把抓，回来再分家"，或者"拧成一股绳"，搞"联合办案"等，其结果是使业务上失去相互制约，削弱法律监督的作用，不但使检察工作任务难以完成，归根结底，也不利于中心任务的完成。正确的做法，应当是把法律赋予检察机关的职责和国家的中心任务紧密结合起来，检察机关根据国家中心任务的要求安排部署自己的工作，使专业工作紧紧围绕着中心工作进行，但又必须切实负起法律赋予的职责，使自己的工作在法制的轨道上进行。

4. 人民民主专政与检察工作的路线。检察工作必须贯彻执行群众路线，这是由人民民主专政的性质决定的。因为人民民主专政就是依靠广大人民对少数敌人的专政，只有充分发挥人民民主，依靠人民群众的力量，才能搞好人民民主专政。检察工作负有打击敌人和保护人民民主的任务，两者都涉及依靠群众路线和发扬民主的问题，只有实行群众路践，才能保证上述任务的完成。

群众路线是我国人民司法工作的优良传统，也是检察工作的优良传统。建国以来的检察工作中贯彻执行群众路线收到了良好的效果，积累了丰富的经验。为了加强社会主义法制建设，有必要使群众路线制度化、法律化，现行的人民检察院组织法对此作出了规定，法律规定人民检察院在工作中必须"贯彻执行群众路线，倾听群众意见，接受群众监督"。

检察工作中的群众路线，主要表现在：依靠群众举报，揭露犯罪，依靠群众调查案情，收集证据；听取群众对案件的处理意见和处理后的反映，接受群众监督；预防犯罪，以及认真处理人民来信来访，保障公民的控告和申诉权利等。这些内容，有些虽已有法律规定，但贯彻群众路线，更为重要的是，检察人员必须加强群众观念，提高执行法律的自觉性，防止和克服形式主义，不能认为群众路线精神已体现在有关法律条文中，只要依照法律条文办事就行了，在工作中必须以对人民负责的态度，忠实于国家法律，忠实于人民利益，虚心听取群众意见，自觉接受群众监督。

贯彻执行群众路线必须和检察机关的专业工作结合起来。我们历来实行专门机关和群众相结合的路线，实践证明是正确的。同反革命分子和刑事犯罪分子作斗争，不能没有专业工作。检察工作中的侦查、起诉、审讯都是必要的，同时，专业工作也不能离开群众的支持，必须依靠群众，两者不能偏废。既要反对孤立主义，又不能群众说啥就是啥，对群众提供的证据，必须认真审查和鉴别。对群众提出的意见，也要进行分析研究，坚持实事求是，依法作出正确处理。

总之，人民民主专政的理论要求检察机关必须依靠群众，走群众路线。但实现这一要求，应当密切结合检察机关的专业特点，并使之制度化、法律化，才有利于检察工作任务的完成，从而达到巩固人民民主专政的目的。

六、检察权性质及其运用*

（一）检察权性质之比较研究

最近，有些文章在论及我国司法体制改革时，提出与检察权有关的一些问题。择其要者，一是认为检察权是行政权，不是司法权，把检察权与审判权并立，不合司法行政分立的现代法治本意。二是认为检察权是追诉权，检察官提起公诉，处于原告地位，又赋予其法律监督权，使控辩失衡，诉审错位，有违诉讼原理。这些观点涉及法理和国家体制等重大问题，不是一篇短文所能阐述清楚的。本文仅就检察权含义及相关问题谈点看法。

从历史上看，检察权不是自古有之，封建社会实行纠问式诉讼，诉审不分，追诉与审判由法官包揽。封建社会后期，西欧有的国家开始设置检察官，参与涉及王室利益的诉讼和追诉某些犯罪，但并不普遍。进入资本主义社会，为保持法官独立、公正的地位，实行诉审分离，刑事案件的起诉主要由检察官负责，各国才普遍建立检察机关，行使公诉权，还承担其他法律规定的职权，但对检察权的性质素有不同看法。有的从权力隶属关系看，认为检察机关受司法行政部门领导和监督，属行政组织系统，行使的自然是行政权。有的从行使权力的方式来看，认为检察官参加司法活动，依司法原则、程序行使权力，应属司法权。如法国称检察官是"站着的法官"。因而不能简单地认为把检察权归属司法权，违反分权理论原则，甚至

---

* 本部分内容刊载于《人民检察》1999 年第 4 期，后收录于孙谦、刘立宪主编：《检察论丛》（第 1 卷），法律出版社 2000 年版。

断言这在西方国家是"绝无仅有"的。就以日本为例，第二次世界大战后，日本检察制度受美国法影响，把附设在法院内的"检审局"从各级法院分离出来，自上而下与法院对应建立"检察厅"，归法务省统辖，由此引起对检察权性质的争论。有的学者认为，检察厅是行政组织的一部分，检察权应属行政权。有的学者则认为，检察厅在本质上不同于一般行政组织，"检察厅是行使准司法权的独立的中立的机关"，应与行政机关有所区别。[1] 后来立法上采纳了后者的观点，于 1983 年修改行政组织法，规定行政组织中可设立不同于一般行政机关的"特别机关"，检察机关被确定为"特别机关"之一。据原日本检事总长伊藤荣树回忆，立法修改的原因，"是考虑到这是与司法权是独立于行政权之外的问题相关联的，检察厅也要求有独立于法务省和法务大臣之外的强烈的独立性"。法律把法务大臣对检察事务的指挥监督权加以限制，限于一般性的指挥监督权，对于每个案件的调查或处分，只能由检事总长指挥。也就是说，法务大臣不能直接指挥检察官办案，体现了检察权的特殊性。[2] 由此可见，即使在西方国家，检察体制和检察权的内涵其活动范围也在不断地发展变化。总的来看，有增强检察权独立性的趋势，以更好地客观、公正执法和发挥司法监督作用。因而，探究检察权的性质应从体制、权力行使对象及其范围等多方面综合考虑，不能只根据分权理论观点划线定性。检察权有其复杂性，说它是行政权，又有司法权的特征，须保持相对的独立性；说它是司法权，又与行政机关相联系，要受行政权的牵制。其实，这不足为怪，社会现实本身是复杂多样

---

〔1〕　龚刃韧：《现代日本司法透视》，中国检察出版社 1991 年版，第 199 页。

〔2〕　〔日〕伊藤荣树：《日本检察厅逐条解释》（中译本），中国检察出版社 1990 年版，第 8 页。

的，不可能像理论推理那样整齐划一。

这种权力交错现象还表现在其他方面。诸如法国的行政法院，英国的行政裁判所，美国的行政管理机构享有"管理权"（委任司法权），都是普通法院管辖之外的司法权力，这种行政系统行使司法权的现象，显然不符合三权分立理论要求，但这是法律认可的事实。当然，举此实例不是说检察权亦应有司法裁判权。检察权不能完全与行政权、司法权相类比，它具有自身的特点。检察权源于行政权，又与司法权结合，也许说它是具有行政和司法双重特性的权力更符合实际。

（二）中国检察权性质之分析与运用

中国的情况有所不同，国家机构不是按"三权分立"的理论框架建立的，检察机关是法律监督机关，行使法律监督权，监督法律的统一、正确实施。严格地说，它既不是行政权，也不完全是司法权，但它含有司法权能。如果一定要在司法权和行政权之间作出选择的话，笔者倾向于把检察权归属司法权的范畴。主要理由是：

1. 从国家体制看。我国实行人民代表大会制，在"一府两院"的架构下，检察院与政府机关已彻底分离，体制上已不存在检察权是行政权的问题。宪法明文规定，检察机关独立行使检察权，不受行政机关的干涉。有人提出检察权历来就属于行政权，检察机关应回归行政系列，可采取美国模式，与司法部合二为一，由于这涉及国家体制的重大变革，又当别论。但只要现行体制基本不变，检察权与行政权已无组织关系，不体现行政权力意志，说它不是行政权是能够成立的。

2. 从司法权的含义看。司法是司法机关依司法程序就具体事实适用法律的活动。从广义上说，它与行政执法相类似，都是国家机关执行法律的活动。但司法在执法的主体、对象、内容和程序上不同于行政执法，方法上更多地表现为是一种适用法律的活动。所谓"适用法律"，有的学者解释是，"把法律适用于具体的事实、具体的人或组织，并作出某种适用法律的文件。通常是指司法机关依法处理各种刑、民事案件的活动"，[1] 它带有间接性特征。而行政执法，一般表现为在其法定权限内行使权力，具有直接性特征。检察机关参加司法活动，在办理有关案件中采取措施，作出决定，是对个案具体事实适用法律的活动，符合司法权的特征。

3. 从诉讼程序看。诉讼是行使司法权的基本方式，检察机关是诉讼活动的主要参加者，检察权较多地采用诉讼的形式进行。以刑事诉讼为例，依我国刑事诉讼法规定，诉讼程序不仅是指审判程序，还包括侦查、起诉程序。检察官行使侦查、起诉等权力，必须依统一的诉讼程序规定进行，是诉讼中行使司法权的重要部分。检察权的司法性质，是由整个诉讼活动的法律性质决定的。检察权和审判权的权限不同，但都是在共同的诉讼活动中，为同一个案件事实进行适用法律的活动。不能以权力行使方式上某些不同的特征为由，改变其基本性质，如把检察权的主动性（积极追诉犯罪）与司法（审判）权的被动性（不告不理）相对立，以此作为否定检察权司法性质的根据。

检察权的另一个问题是，如何认识和处理诉讼中法律监督权与追诉权的关系。尤其是在审判程序中行使公诉权与审判监督权存在的争议。有的人总以为赋予检察监督权会造成诉讼关系复杂化，影响控辩、诉审关系的正常发展。这是一种误解，

---

〔1〕 吴大英、沈宗灵主编：《中国社会主义法制基础理论》，法律出版社 1987 年版，第 61 页。

缺乏对检察监督的正确理解。从历史上看,检察监督并不是我国独创,在诉讼中早已有之,不过是监督的起因和范围各有不同而已。西欧封建社会末期,检察官作为中央王室的代表参加诉讼,就具有监督司法审判,尤其是监督地方领主法庭审判的职责。资本主义社会正式建立检察制度,检察官以国家公诉人名义,对危害国家、公共利益和侵犯公民权益的刑事案件提起公诉,以及以公益代表人身份参与与诉讼有关的活动,针对案件事实或者争议事项提出适用法律的意见,请求法院依法审判,对审判行为违法和不当提出异议,实际就是一种司法监督。所不同的是,西方国家的检察官受命于政府,体现行政对司法的制衡与监督。而我国的检察机关不再隶属行政,监督范围有所扩大,但就司法监督的某些内容而言则是相似的。

诉讼中的检察监督权从总体上说是与公诉权相一致的,对犯罪的追诉本身就包含对违反刑事法律的监督,诉讼中检察监督的内容,基本上与追诉活动有关,两者都是为了法律的正确执行,保障诉讼活动的正确、合法进行。实践中发生的矛盾和问题,有些是由于对检察监督缺乏正确认识,或者是监督方法不当引起。也有的与法律规定不明确,缺乏具体规则有关,主要应当通过总结经验,完善有关制度来解决,而不必走改制重组的路子。

根据法律确定的检察官在诉讼中的法律地位,检察官可以以不同的身份参加诉讼,不限于公诉人一种身份。西方国家亦是如此。如在法国,"在民事案件中,公诉人可以以自己的名义或政府代理人的名义,也可以只作为一名监督人或'法庭之友'出庭"[1]。在英国,检察长可以以"法庭之友"和"介入

---

〔1〕《牛津法律大辞典》,光明日报出版社 1989 年版,第 610 页。

诉讼人"参加私人诉讼。"法庭之友按其本义，不是对方的当事人。法庭之友这种角色是以顾问的身份协助法庭，并提醒法庭注意各项法律权力，以免有所疏忽。"如果以"介入诉讼人"身份出庭，"他就有权提出证据，盘问证人，并且可以不服从判决而提出上诉"。[1] 在日本，检察官以公诉人和公益代表人身份参加诉讼。公诉人在刑事诉讼中的权限不仅是控诉犯罪。因为检察官不只限于原告人，而且是公益代表人，所以要求正确适用法律也是他的义务。检察官作为公益代表人，"对于法院适用法律不仅体现在刑事一个方面，而且应当对法院予以广泛的关心和注视，对于刑事以外的事项，也有要求法院通知或者陈述意见的权限"。[2] 可见，试图把我国检察官参加诉讼限定在公诉人一种身份，而且只能处于控诉者（原告人）地位的看法和做法是不合适的，应借鉴国外的经验，检察官可以与其行使职权相适应的多种名义参加诉讼，并不违反诉讼理论和各国通行的作法，也符合实践的需要。

诉讼中的检察监督依诉讼法规定，针对诉讼中的法律问题陈述意见，应属诉讼行为，是诉讼活动不可分割的部分。认为在审判程序内不能行使检察监督权，对违法审判行为的监督只能在审判程序之外进行，这亦是一种误解。

对检察监督应作广义的理解，检察官对触犯刑事法律的被告人提起公诉和对违法的审判行为提出意见，虽监督的对象、方式不同，但都是检察监督的表现形式，不能把对审判行为的监督排除在诉讼活动之外，而应统一于诉讼程序之中。就是在司法体制不同的西方国家，检察官在诉讼中也不是限于行使公

---

〔1〕 〔英〕约翰·爱德华兹：《英国总检察长》，中国检察出版社 1991 年版，第 196 页。

〔2〕 〔日〕伊藤荣树：《日本检察厅逐条解释》（中译本），中国检察出版社 1990 年版，第 27 页。

诉（控诉）权，检察官同样具有正确适用法律的责任，关注整个诉讼活动的合法进行，有权对违法的审判行为提出异议。如法国刑事诉讼法典规定："检察官可以发表自己认为有利于司法审判的口头意见"（第 33 条）；"检察院有权以法律的名义向法庭提出任何他们认为有益的要求，法庭有责任就此采取措施或者加以讨论。检察院在法庭审理过程中提出的要求，应当由书记官载入庭审笔录"（第 313 条）；"共和国检察官认为有利于公正审判时，应当以法律名义书面或口头提出要求。检察官的书面要求被接纳时，书记官制作的记录中应予载明，法庭也有义务作出答复"（第 458 条）。日本刑事诉讼法规定，检察官在审判程序中享有声明异议权。"所谓声明异议，是在认为法院、审判官的诉讼行为违法或不当时，对该法院提出适当的处理要求。""声明异议的对象，包括开头陈述，证据调查的请求，证据裁定，证据调查方式，审判长讯问的限制等，不问是作为或者不作为。""声明异议后，法院必须及时作出裁定，不得延误。如果作出的裁定理由充足，即达到声明的目的。但如果没有理由而作出驳回异议的裁定，其声明异议及其裁定应在公审笔录中记载。这种裁定有可能成为上诉审的审理对象。"[1] 我国的检察监督，由于宪法确定检察机关的地位、职能不同，它在诉讼中的法律监督职责更为明确。但由于检察官在诉讼中一般是以公诉人身份参加，同时又负有法律监督的职责，给实行监督带来一定的复杂性，因而，根据诉讼活动的特点，选择适当的监督方式是需要的，但绝不是否定监督，把检察监督排除在诉讼活动之外。笔者认为，为适应诉讼活动的规律，检察监督主要应采取诉讼的形式，结合诉讼程序的推进进

---

〔1〕 日本法务省刑事局：《日本检察讲义》，中国检察出版社 1990 年版，第 153 页。

行，但在特定情况下，也可以采取非诉讼形式行使监督权。对于行使检察监督的具体方法和程序，应由诉讼法与其实施细则作出明文规定，以便共同遵守和执行。检察监督实际是一种建议权，对法律的适用提出意见，决定权仍在法院，只要端正对监督的态度，方式适当，不会妨碍审判权的行使，而有助于达到保证法律正确实施的目的。

七、"法律监督"辨 *

（一）法律监督概述

什么是法律监督，现在有多种解释。法律监督不仅仅是个名词解释问题，它涉及确定检察机关法律监督在整个国家监督制度中的地位和检察机关法律监督的范围、对象等问题，因而值得研究。

有一种解释，把法律监督表述为："我国的法律监督包括人民群众的监督、国家权力机关的监督、专门机关的监督和行政监督。"或者表述为："（法律监督）可以分为立法监督、行政监督和司法监督。""还包括党的监督和群众监督。"〔1〕上述解释扩大了法律监督的含义，把有关机关和公民都当成是法律监督的主体，可以对法律实行监督。笔者认为这种解释不能准确反映法律监督的性质。

法律监督，是国家权力机关和由国家权力机关产生的国家检察机关，对宪法、法律的执行和遵守情况实行监督，以保证宪法、法律在全国范围内统一、正确实施的活动。它是宪法、法律赋予特定机关的一种权力，其性质区别于行政监督和其他对特定范围法律、法规的监督，更不同于起一般保证、监督作

＊　本部分内容刊载于《人民检察》1989 年第 6 期。

〔1〕　最高人民检察院编写组：《检察工作概论》，吉林人民出版社 1987 年版，第 3、21 页。

用的党的监督和人民群众的监督。

（二）法律监督和行政监督

法律监督和行政监督都属于国家的监督制度，可以与其他各种监督形式共同形成国家的监督系统，但行政监督并不等于法律监督。所谓行政监督，是指国家行政机关内部的监督。包括行政机关上级对下级、下级对上级的监督和行政机关按业务性质进行的监督。如审计监督、政纪监督和其他各种专业监督。根据宪法和有关法律规定，国家行政机关享有对法规的监督权。即国务院有权"改变或撤销各部、各委员会发布的不适当的命令、指示和规章"，"改变或者撤销地方各级国家行政机关的不适当的决定和命令"。（宪法第 89 条）；县级以上地方各级行政机关有权"改变或者撤销所属各工作部门的不适当的命令、指示和下级人民政府不适当的决定、命令"。（地方各级人民代表大会和地方人民政府组织法第 51 条）如果对"法律"作广义解释，法律包括法规、规章和其他规范性文件在内，以上规定也可以认为是一种法律监督权。但应当明确，它终究是限于法规、规章等的局部性监督，是低于法律（作狭义解）监督层次的一种监督权。从严格意义上说，法律监督权只能由全国人民代表大会及其常务委员会和专门的法律监督机关——国家检察机关行使。

（三）法律监督与司法监督

现在司法监督的概念比较混乱，被运用于不同的情况。一种表述是："司法监督是指司法机关，如检察院、法院对行政机关及其工作人员的监督。"[1]另一种表述是："（司法监督）指人大对人民法院、人民检察院及其工作人员在司法工作中是

---

[1] 应松年，朱维究：《行政法学总论》，工人出版社 1985 年版，第 326 页。

否严格依法办事实施的监督。"〔1〕　再一种表述是："司法监督
包括对公、检、法三机关及其工作人员在执行法律过程中的合
法性的监督","可以分为人民代表大会对人民法院、人民检察
院的监督和公、检、法三机关内部的互相监督"〔2〕　司法监督
中的"司法",应作狭义的解释,是指司法机关对法律的适用、
解释和依照法律处理刑事、民事、行政案件的活动,不包括行
政机关行使司法权的活动。这种活动本身,是对有关国家机关
及其工作人员,以及公民执法和守法的一种监督,是司法监督
的重要内容,但不是司法监督的全部内容。司法监督还包括有
法律监督权的机关对上述司法活动实行的监督。完整的司法监
督概念,应包括有司法机关适用法律等活动和对上述司法活动
是否合法实行监督两个方面的内容。因此,当我们把司法监督
看作是法律监督的组成部分时,是指后一方面的内容,不能把
前一方面的内容也当作法律监督。按照我国宪法和法律规定,
只有全国人民代表大会及其常务委员会,和专门的法律监督机
关才具有法律监督的职权。因此,只有上述机关对司法活动是
否合法实行监督,才属于法律监督性质。这就是说,司法监督
的概念中包含有法律监督的内容,但司法监督不等于法律监
督,不能把司法监督的全部内容都当作法律监督,如果不作此
解释的话,其结果必然得出凡有司法权的机关都具有法律监督
权的错误结论。

基于上述认识,笔者认为,我国人民法院通过司法程序审
理行政案件,对行政机关及其工作人员实行监督,从保障行政
机关依法行政来说,可以称为司法监督。它有监督法律正确实

---

〔1〕　全国人大常委会办公厅研究室:《论人大及其常委会的监督权》,法律出版社 1988
年版,第 55 页。

〔2〕　最高人民检察院编写组编:《检察工作概论》,吉林人民出版社 1987 年版,第 23 页。

施的作用，但不是法律监督。因为我国人民法院的监督职能与西方国家不同，它不具有全面的司法审查职能，虽在审理案件中会涉及对行政机关具体行政行为是否合法的审查，但它无权确认行政法规和一般行政文件的效力，不能宣布这些法规和文件违宪和违法。这方面的法律监督权专属于国家权力机关和其授权机关，以及专门的法律监督机关。我国宪法和法律规定，人民法院、人民检察院和公安机关办理刑事案件，实行互相配合、互相制约的原则。但我们不能把互相制约等同于互相监督，从而把公、检、法三个机关之间的互相制约，都认为是法律监督活动。宪法和法律只将法律监督权赋予人民检察院，唯有人民检察院对侦查、审判活动是否合法实行监督的活动，才属于法律监督。互相制约也好，互相监督也好，从保障法律的正确执行来说，都是必要的。但公安机关和人民法院对人民检察院的制约，不属于法律监督性质，更不能把法院内部上下级之间的审判监督和工作监督看成是法律监督。

（四）法律监督与党的监督

有的同志把党的监督列入法律监督体系，其主要理由是："党不仅领导宪法和法律的制定，而且还负有对宪法和法律在全国统一、正确实施的监督作用。"[1] 不容否认，坚持中国共产党的领导，是我国宪法确认的四项基本原则之一。从总体上说，宪法和法律的实施，当然不能脱离开党的领导和监督。中国共产党党章也明确规定，党的组织应教育和监督党员严格遵守国法政纪，监督各种执法人员不得执法犯法。但是，党的监督虽与法律监督同样对法律的正确实施起保证监督作用，但其性质是不一样的。党的领导和监督，主要体现在制定和执行宪

[1] 最高人民检察院编写组编：《检察工作概论》，吉林人民出版社1987年版，第24页。

法和法律时，把党的意志（表现为方针、路线、政策）转变为国家意志，并监督党的组织和党员模范地执法和守法，对执法和守法中发现的违法问题，提出建议和意见，由国家有关部门依法处理。党员违反国家法律的，还应受党纪处分。党对宪法、法律正确实施所起的是保证监督作用，而不是由党的直接干预，去改变或撤销违法的决定，纠正和处理违法的问题。法律监督权是一种国家权力，是由宪法和法律明确规定赋予有关机关的，并有法定的监督范围，它所采取的措施或决定，对被监督对象具有约束力，这就不同于一般的保证监督作用。依照我国宪法的规定，党必须遵守宪法和法律，党只能在宪法和法律规定的范围内活动。宪法和法律并没有规定党有法律监督的职权，因而不能因党可以对法律的实施起保证监督的作用而认为党也有法律监督的职权。所以，笔者认为，应当把党的监督和法律监督加以区别，不能把党的监督当作法律监督体系的组成部分。

（五）法律监督和群众监督

群众监督是一个含义极为广泛的概念，它不仅包括人民群众直接向有关国家机关，对国家机关和国家工作人员在执法和守法中的违法失职行为提出批评建议和申诉、控告、检举的内容，还包括通过社会团体或舆论机关实行监督的内容。群众监督是我国宪法和法律规定的公民的重要民主权利，是保证国家机关和国家工作人员严格执法和守法的重要的监督形式。但它和法律监督在性质上不完全相同。因为这种监督权并不是根据专门法律的规定、由国家专门授权的，也不能以国家名义实行监督；它只是法律赋予公民向有关国家机关提出批评、建议和申诉、控告、检举的一种民主权利，它本身不具有法律监督职权的效力，它不能直接改变或撤销违法的决定或措施；但它可以作为有法律监督职权的机关的重要材料来源，由法律监督机关依法定程序审查决定，达到监督法律正确实施的目的。因此，笔者认为，在法律监督这个概念里，不能把群众监督和法律监督简单地等同起来，在看到它们之间的联系的同时，还要注意其区别，才能明确而突出法律监督在国家法制建设中的重要地位。

我们要求从严格的法律意义上使用法律监督的概念，并不是要贬低党的监督和群众监督以及其他监督形式的作用和意义。在国家法制建设中，从各个不同方面，采用多种监督的形式，对法律的实施实行监督，形成一个完整的监督系统，或者说组成一个不同层次的监督网络，是十分必要的。上述的各种监督形式也是不可缺少的。我们所以要把法律监督从其他监督形式中区别出来，其目的就在于使人们明确法律监督的概念，弄清法律监督的性质和特点，充分发挥法律监督的作用。如果把法律监督混同于其他的监督形式，并列于其他层次的监督，那样就不利于提高法律监督的权威，不利于确立法律监督机关在保障法律统一、正确实施中的特殊地位和重要作用。

（六）法律监督的范围

还有一个是以检察机关法律监督的范围确定法律监督内涵的问题。现在基本上有三种解释：（1）把检察机关的法律监督限于司法监督。如称作"检察院的司法监督"，具体表述为："检察院的监督只是针对法院、公安、司法行政部门的司法行为的监督。"[1]（2）法律监督以现行法律规定的职权为限。如表述为："人民检察院法律监督的范围，应以法律规定的职权

---

〔1〕 全国人大常委会办公厅研究室：《论人大及其常委会的监督权》，法律出版社 1988 年版，第 22、227 页。

为依据，对于国家机关和国家工作人员以及公民个人的监督，只限于违反刑法，需要追究刑事责任的案件；对于人民法院审判活动和公安机关、国家安全机关的侦查活动实行法律监督，则不限于对刑法、刑事诉讼法实施的监督，还应包括对民法、民事诉讼法和有关行政法规实施的监督。"[1]（3）根据法律监督的性质来确定。如表述为："所谓法律监督，就是对法律的正确执行和严格遵守实行监督。不论国家机关、企业事业单位、社会团体、国家工作人员或其他公民，只要不遵守法律，或者不正确执行法律，检察机关都有责任监督。"[2]

关于检察机关法律监督的范围，是一个长期存在争论的问题，不是一篇短文所能阐述清楚的，笔者只想就上述几种表述中反映出的几个问题谈点看法。

把检察机关法律监督的范围限于司法监督，其不妥之处主要是：

1. 不符合列宁提出的法律监督思想。列宁创建社会主义检察制度的目的，是为了保障社会主义法制的统一实施。彭真同志在1979年6月26日第五届全国人民代表大会第二次会议上所作的关于《中华人民共和国人民检察院组织法（草案）》说明中就明确指出，我们的检察院组织法是运用列宁这一指导思想制定的。检察机关应当以维护国家法制的统一为首要任务，而把法律监督的范围限于司法监督，明显违背立法的原意。如果局限在司法监督的范围内，就只能监督司法制度的实行，怎么能实现保障整个国家法制的统一呢？

2. 不符合宪法、法律的规定。宪法和法律明确规定，检察

---

〔1〕 最高人民检察院编写组编：《检察工作概论》，吉林人民出版社1987年版，第30页。

〔2〕 赵登举主编：《检察学》，湖南人民出版社1988年版，第90页。

机关是国家的法律监督机关。所谓法律监督，当然是指对整个法律的执行和遵守情况的监督，法律并没有把检察机关的法律监督限制在司法监督的范围以内。如果检察机关法律监督的范围确定为司法监督，只能称作司法监督机关，就不再是国家的法律监督机关了。

3. 不符合形势发展的需要。我们党和国家一再强调指出，在社会主义初级阶段，必须加强社会主义民主和法制建设，实现法治。在加快立法，制定出一系列法律、法规之后，随之而来的任务，是保障这些法律、法规的正确实施，真正做到有法必依、执法必严、违法必究。加强法律监督，已成为能否切实保障法律实施的关键。国家设立了专门的法律监督机关，就应成为维护国家法制统一的重要工具，只有充分发挥它的法律监督作用，才符合当前人民群众强烈要求加强法律监督、维护法制统一的迫切需要。如果将检察机关的法律监督限定在司法监督的范围内，检察机关不能在其他领域中发挥监督作用，势必影响我国法制建设的进程。但是，目前这个问题还未被多数人所认识，检察机关只管司法监督的看法还颇有市场。笔者认为，出现这种情况绝不是偶然的，是有其深刻的社会、历史原因的。旧中国的检察制度和西方资本主义国家的检察制度，检察机关就是一个侦查机关和公诉机关，隶属于政府司法部门，我们有些同志在决策和执行中，还没有完全摆脱这个传统观念的影响。加上 50 年代后期以来，我们受"阶级斗争为纲"和"左"的思想的干扰，对检察机关法律监督职能的片面认识和由此而来的错误批判所造成的影响还未完全消除，有些是非也未能完全澄清。我们一直把检察机关当作专政工具，发挥它在打击刑事犯罪中的作用，强化它的侦查职能和公诉职能，而忽视和抑制其法律监督职能的发挥，即使实行法律监督，也基本限于刑事犯罪领域，体现在对刑事犯罪的监督和对公安机关、人民法院在刑事诉讼中违法行为的监督。这一事实给人们造成一种印象，似乎检察机关的法律监督只能在司法工作领域里起作用。再由于人们法制观念薄弱，虽一再呼吁加强法律监督，却不知如何使用国家专门设立的法律监督机关的力量，甚至在检察机关行使法律监督职权遇到阻力时，得不到应有的支持。有些同志在设计法制监督体系时，往往把检察监督归属于司法监督。这种种原因，都影响着正确地、完整地理解和把握法律监督的概念，而不认为有必要在整个法制监督系统中扩大检察机关法律监督的范围，发挥它应有的作用。

以法律规定的检察机关的职权来确定法律监督的内涵，有它的合理性。因为检察机关的法律监督，只能通过行使职权才能实现，如果法律对职权没有作出具体规定，实行法律监督只能是一句空话。以职权决定监督的范围，正是反映了当前检察工作的现实情况。但这种解释存在着局限性。它只能是在法律监督的性质和职权的规定相一致的情况下才是正确的。目前的实际情况却是，我国检察机关法律监督性质和职权的法律规定，明显存在着不协调、不配套的问题，法律主要规定了对刑事法律的监督职权，而对其他法律的监督职权，没有作出具体明确的规定。在这种情况下，以职权定监督范围，就不能全面体现检察机关的法律监督性质了。另一种解释从检察机关的性质上理解法律监督的内涵，明确其监督范围，这在原则上是对的。检察机关的法律监督，是全面的监督，它的监督范围，应当是包括宪法和各种法律，而不是限于某一方面的法律。但是，这并不意味着检察机关必须包揽对一切法律的监督。从理论上明确检察机关法律监督的全面性，并不排斥检察机关与其他有监督权的机关之间的合理分工和互相配合，形成一个多层次的监督体系，从不同的角度、不同的要求实行对某些法律的共同监督；也并不排斥检察机关根据不同时期政治、经济的发展和法制建设状况，确定自己的监督重点。在实践中要求每个法律都由检察机关去监督是不现实的，也是不必要的。正因为法律监督范围是随形势变化而发生变化和发展的，因此，以实践中的监督范围来解释法律监督概念是不可取的，法律监督概念的内涵，基本上应当是稳定的，除非根本改变检察机关的监督性质。只有充分理解和把握法律监督的性质，确立正确的法律监督概念，才有可能去解决目前存在的检察机关的性质与职权规定不相适应的问题，完善监督的制度和程序，建立起名副其实的社会主义检察制度。

八、论列宁的法律监督理论在我国检察制度中的运用 *

我国的人民检察制度是以列宁的法律监督理论为指导思想，结合我国的情况建立起来的。列宁的法律监督理论产生于20世纪20年代初，根据这一理论建立起来的苏联检察机关，以及以后建立的其他社会主义国家的检察机关，以保障法制的统一为目的，行使法律监督职权，在维护本国的法律统一、正确实施中发挥了重要作用。实践证明了它的正确性和对加强社会主义法制的普遍意义。我国在建设人民检察制度的过程中，由于长期受"左"倾思想的干扰，使列宁这一理论未能始终如一地得到贯彻，直到1979年才在宪法和法律上明确规定我国的检察机关是国家的法律监督机关，但对体现法律监督性质的职权未能明确作出全面的规定，致使检察机关的法律监督职权不能得到充分发挥。因此，今天再来学习、研究列宁关于法律监督的理论，对于健全和完善我国的人民检察制度，仍有着重

---

* 本部分内容刊载于《法律研究》1990年第1期。

要的现实意义。

（一）列宁的法律监督理论的产生与发展

苏联十月社会主义革命的胜利，在人类历史上创建了第一个社会主义国家。1917 年公布的《关于法院的第一号命令》，宣布废除沙俄的检察监督制度，但最初的 5 年中，没有成立新的检察机关。刑事犯罪的追诉和法律监督，主要是由各地方司法处担负侦查和提起公诉的任务。对法纪的监督，由国家权力机关和国家管理机关执行。即由全俄中央执行委员会、人民委员会、司法人民委员部、国家监察人民委员部（1920 年将此职权移归工农检查人民委员部）。在地方则由工农兵代表苏维埃选举的司法委员会执行，后来改由司法处执行。这种组织结构和职权分工，在执行法律监督上虽也起了一定的作用，但职权的分散，使法律监督职能不能充分发挥。1921 年军事共产主义结束，新经济计划建设开始，为了牢固地确立苏维埃制度和保障经济建设的顺利进行，有必要加强革命法制建设。列宁在全俄苏维埃第九次代表大会上指出：“我们当前的任务是发展民事流转，新经济政策要求这样做，而这样做又要求更多的革命法制。”[1] 1922 年列宁亲自领导制定了刑法、民法、刑事诉讼法、民事诉讼法、土地法和劳动法等一系列法典。这样，监督法律的统一实施就更为迫切。因为当时苏联的各省司法处隶属于省执行委员会，由它来担负监督地方苏维埃等政权机关违反法律行为的职责，就只能对省执行委员会以下所属的各机关发生效力，而对省执行委员会本身，就无法实施这一职权。这就在客观上有了建立监督国内法制的机关——检察机关的必要。列宁及时提出了建立社会主义检察机关的倡议，但在 1922 年 5

———————
〔1〕《列宁全集》（第 33 卷），第 148 页。

月提交第九届全俄中央执行委员会审议的《检察监督条例》（草案）时，发生了激烈的争论，列宁就是在同各种反对意见的争论中创建了法律监督的理论。

历史上封建制国家和资本主义国家的检察机关或检察官，一般都是作为封建君主的代理人或代表国家，在诉讼活动中充当公诉人或公益代表人，执行提起、参加和实行诉讼的任务。虽然他们也具有某种法律监督的职权，在纠正违法、保障法律的正确适用中发挥一定的作用，但它并不具有国家法律监督者的地位，可以对国家法制的统一实施实行全面监督，因而也就不可能形成完整的法律监督理论。只有在社会主义国家，客观上有了保障革命法制统一的需要和条件，才有可能通过实践产生。列宁从当时俄国的情况出发，系统、深刻地分析了俄国实施革命法制的状况，提出和完成了创建社会主义法律监督理论的任务。

列宁在他的许多涉及法律问题的著作中，特别是在《论"双重"领导和法制》、《论新经济政策条件下司法人民委员会的任务》、《怎样改组工农检察院》、《宁肯少些，但要好些》等重要文章中，阐明了社会主义法律监督的基本原理。它的基本点是：

1. 社会主义国家的法制应当是统一的。列宁认为，创立和维护社会主义的文明制度，必须确立全联邦的统一法制。列宁在《论"双重"领导和法制》一文中，分析了当时俄国的法制状况，指出："我们无疑是生活在违法乱纪的汪洋大海里，地方影响对于建立法制和文明制度是最严重的障碍之一，甚至是唯一的最严重的障碍。"列宁还指出，在工农业建设上应估计到地方的差别和特点，这是进行合理工作的基础，但是，实行法制就不一样，"法制应当是统一的。""我国全部生活中和一切不文明现象中的主要症结是放任半野蛮人的旧俄国观点和习惯，他们总希望保持卡卢加的法制，使之与喀山的法制有所不同。"列宁认为，法制不应该是卡卢加省一套，喀山省又是一套，而应该全俄统一，甚至应该全苏维埃共和国联邦统一。如果我们不坚决实行全联邦的统一法制，那就根本谈不上什么维护文明制度和创立文明制度了，由此可见，法制的统一与物质文明建设和精神文明建设有密切的关系。建立统一的法制，克服一切落后的不文明的旧习惯势力，不仅本身是精神文明建设的重要部分，而且法制的建立，也是对建设物质文明，包括建设精神文明在内的重要保障。

2. 检察机关应当成为维护法制统一的专门机关。苏联在1922 年前，尚未设立实行法律监督的专门机关，而是由中央和地方的许多苏维埃国家权力机关和管理机关担负某些法律监督的职能。根据列宁的指示，苏联逐步调整了国家体制，对于1922 年建立起独立于行政之外的检察机关，担负法律监督的专门职责。列宁指出："检察机关和任何行政机关不同，它丝毫没有行政权，对任何行政问题都没有表决权。检察长的唯一职权和必须做的事情只是一件：监视整个共和国对法制有真正一致的了解，不管任何地方的差别，不受任何地方的影响。"[1]列宁首次提出了"检察权"的概念。这一概念的内容，不仅包括对刑事犯罪行为和民事违法行为的监督，而且还包括对行政机关违法行为的监督，亦即监督国家机关和公职人员是否遵守法律。1922 年 5 月 20 日列宁在给中央政治局的信中，提出建立以保障法制统一为专责的检察机关的意见后，1922 年 5 月23 日经第九届全俄中央执行委员会通过的《检察监督条例》中，明确规定了检察机关的职权，不仅是对犯罪人追究刑事责

---

〔1〕《列宁全集》（第 33 卷），第 326 页。

任，并监督侦查、调查机关的工作，而且要求对一切政权机关、经济机关、社会团体和公民的行为是否合法，实行监督。列宁所主张建立的检察机关，是实行刑事、民事和行政法律的全面监督，它不同于资本主义国家的检察机关主要担负刑事案件的公诉职能。

3. 检察权与行政权分开，检察机关独立行使职权。列宁从维护社会主义法制统一的原则出发，确定苏联检察机关的职权是实行法律监督，坚定不移地在各地方执行中央的决议和命令，不管任何地方的差别和不受任何地方的影响。他指出："检察长的责任是使任何地方的政权的任何决定都与法律不发生抵触，检察长必须仅仅从这一观点出发，对一切非法的决定提出抗议。"[1] 列宁主张的法律监督具有如下特点：第一，法律监督是检察机关的专门职责，检察机关不具有任何行政职能。它只是从是否合法的观点上进行监督，而不是从是否适当的行政观点上进行监督。第二，检察机关的法律监督，不具有决定问题的行政权力，但为了彻底纠正违法行为，检察机关有权把案件提交法院去判决，使用司法手段维护法制的统一。以上的特点是行政机关的监督所没有的，也是其他机关所不能代替的。列宁把法律监督的权力和决定问题的行政权力分开，避免了权力过分集中的弊病，有利于发扬民主、健全法制，改善国家机关的工作。

4. 为了保证独立行使检察权，必须实行自上而下的集中领导。中央检察机关应直接受党中央的领导（当时列宁设想把党和国家的最高领导层合而为一），地方检察机关只受中央的领导。列宁把检察权称为"中央检察权"，他认为党的中央机关

---

〔1〕《列宁全集》（第33卷），第327页。

是反对地方影响和个人影响最可靠的保证，建立一个受党中央密切监督的中央检察机关，才能做到充分行使检察权，"实际地反对地方影响，反对地方的其他一切的官僚主义，促使全共和国，全联邦真正统一地实行法制。"[1] 由此可见，列宁关于社会主义法制统一的原则，实质上包含检察权的统一与集中的思想，即各级检察机关只服从中央领导的思想。

苏联在组织上实现列宁的检察权统一与集中的思想，经历了一个较长的发展过程。1922 年是在司法人民委员部内设立检察机构。司法人民委员兼任共和国检察长。直至 1936 年苏联宪法作出明确规定，对各部和部的所属机关、公职人员以及苏联公民严格遵行法律的最高监督权，由苏联总检察长负责行使。苏联总检察长由苏联最高苏维埃任命。各共和国、边区、省检察长以及自治国与自治省检察长，由苏联总检察长任命。各级检察机关独立行使职权，不受任何地方干涉，只服从苏联总检察长。

列宁在论述检察权和行政权的区别时，曾提出检察长有权对行政机关的违法决定提出抗议，但无权停止决定的执行。在以后的执行过程中，总结实践经验，在立法上已有所改变。1933 年的苏联检察署条例规定，苏联检察长对法院违法的民刑事判决，在向上级法院提出抗议后，有权停止该判决的执行。在以后的苏联检察监督条例中，还规定了检察长对行政机关作出的追究某一公务人员行政责任的决定提出抗议后，有权停止行政处分的执行。到 1979 年苏联检察院组织法中更作了全面规定，在检察长按照一般监督程序对违法的文件提出抗议、审议以前，应当停止该文件的执行。按照监督程序对刑事案件、

---

〔1〕《列宁全集》（第 33 卷），第 328 页。

民事案件或行政违法案件提出抗议的，审理终结前，停止被抗诉的判决、裁定和决定的执行。这就使列宁的法律监督理论，在维护法制的统一实施中发挥更大的威力。

（二）列宁的法律监督理论在我国检察制度中的运用

列宁关于法律监督的理论，是马克思主义关于法的理论的重要组成部分。他的关于维护法制和保证法制的统一，必须有一个专门监督法制的检察机关的思想，是对社会主义法制理论的重要发展。这一理论对社会主义国家的法制建设具有普遍意义。我国从新中国成立开始，在建设我国的检察制度时，就把列宁的法律监督理论作为指导思想，运用于中国的实际。在确定检察机关的各项职权时，体现了这一思想。1979 年以后，在宪法和法律上，更明确规定我国的检察机关是国家的法律监督机关。1979 年 6 月，彭真同志在第五届全国人民代表大会第二次会议上所作的《关于七个法律草案的说明》中，明确地阐述了这个问题。他指出："列宁在十月革命后，曾坚持检察机关的职权是维护国家法制的统一，我们的检察院组织法就是运用列宁这一指导思想，结合我国实际情况制定的。"

列宁的法律监督理论，体现在我国检察制度中，主要有以下几个方面：

1. 检察机关的性质，确定为国家法律监督机关，而不是单纯的公诉机关。1949 年的中央人民政府组织法和 1954 年宪法，以及相应的检察机关组织法中，都规定了检察机关对国家机关、国家工作人员和公民是否遵守法律行使检察权。当时虽然没有明确提出法律监督的概念，但有关条文已明显体现了检察机关的法律监督性质。以后虽然在检察制度建设中发生了曲折的情况，法律监督的范围也随着各个时期国家政治、经济的发展和法制建设状况的不断发展而有所变化，但检察机关作为国家的法律监督机关，其性质始终没有改变。1957年以后发生了一场关于检察机关性质和职能的激烈争论，总结三十年的实践经验，终于在1979年的人民检察院组织法中作出了明确规定，"中华人民共和国人民检察院是国家的法律监督机关。"并于1982年把这一规定写入宪法。检察机关的职能，不局限于对刑事犯罪的追诉，还应有权监督民事、行政的违法行为，追究侵犯国家重大利益，侵犯公民人身权利、民主权利和其他权利者的法律责任，以维护国家法律、法令的统一实施，保障社会主义现代化建设的顺利进行。

2. 检察机关依法独立行使检察权，不受行政机关、社会团体和个人的干涉。检察机关由国家权力机关产生并对它负责。检察机关不是行政机关，也不从属于行政机关。在国家机构中，它和行政机关是平行的关系。这就改变了资本主义国家的检察机关一般隶属于政府司法行政部门的组织结构状况，检察官也不再是行政官，要接受司法部首长的领导。这就在组织上与行政机关彻底分开，免受行政机关及其长官的干涉，真正做到检察机关独立行使职权。

3. 中央和省级检察机关的检察长，对下级检察机关的检察长的产生和任免，具有相对的建议和决定的权限。如省、自治区、直辖市人民检察院检察长的任免，须由最高人民检察院检察长提请全国人民代表大会常务委员会批准。自治州、省辖市、县、市、市辖区人民检察院检察长的任免，须由省、自治区、直辖市人民检察院检察长提请本级人民代表大会常务委员会批准。中央和省、自治区、直辖市人民检察院的检察长有权向本级人民代表大会常务委员会建议，撤换下级人民检察院的检察长等。这种任免程序，不同于各级人民政府行政首长和各级法院院长的任免程序。他们的任免，都不须报上级行政或审判机关提请上级人民代表大会常务委员会批准。为了在组织上保证检察机关独立行使职权，各级人民检察院的人员编制，由最高人民检察院规定。这也是不同于行政机关之处。

我们在建设我国的检察制度，确定检察机关的性质和职权以及组织体制等方面，都表明运用了列宁关于检察权应相对独立和统一的思想。但是，我们在运用列宁的法律监督理论，以及借鉴苏联和其他国家的经验时，绝不是照搬照抄。我们反对不结合中国实际情况的教条主义态度，而是从实际出发，贯彻理论联系实际的原则，把列宁的法律监督理论和中国的情况相结合，认真总结中国司法实践的经验，有所创造和发展，从而建设成为具有中国特色的社会主义检察制度。这主要表现在以下几个问题上：

1. 确定检察机关是专门的法律监督机关，而不是最高监督机关。列宁为检察机关确定的唯一职权是保障法制的统一。列宁一直十分重视法律监督，把法律监督放在保证法律实行的首位，他说过："一般是用什么来保证法律的实行呢？第一，对法律的实行加以监督；第二，对不执行法律的加以惩办。"[1] 并强调指出："如果没有一个能够迫使人们遵守法规的机关，权利也就等于零。"[2] 列宁所说的这个机关，不是别的，就是指以法律监督为唯一职权的检察机关。他提出："检察长的唯一职权和必须作的事情只是一件，监视整个共和国对法制有真正一致的了解。"[3] 由此可见，社会主义国家的检察机关是以法律监督为专职专责的，因而确定检察机关是专门的法律监督机关，符合列宁的本意。列宁没有把检察机关所实行的监督称

---

〔1〕《列宁全集》（第2卷），第253页。
〔2〕《列宁全集》（第25卷），第458页。
〔3〕《列宁全集》（第33卷），第326页。

为最高监督。1936 年苏联的检察长监督条例也没有把这种监督称为最高监督。直至 1936 年的苏联宪法中才出现"最高监督权"的提法。以后的苏联宪法和有关法律，以及学者的解释，都把检察机关确定为有最高检察权的机关。我国建国初期在关于检察机关组织法的法律中，也使用过"最高的检察责任"的提法。苏联把检察长的监督称为最高监督，其理由主要有两条：（1）从检察长监督的隶属关系和它与主管部门监督的对比来说的，认为检察长监督直接由最高国家权力机关授权，是对那些本身拥有监督和监察权的国家机关是否遵守法律实行监督，因而是居于主管部门监督之上；（2）从检察长监督的范围和采取的监督形式来说的，认为各部的监督只限于对其下级机关或法律规定的一定范围内进行，而检察长监督是对所有各部是否准确执行法律进行的，其范围远比其他监督广泛得多。检察长还具有多种最有效的监督形式，预防、揭露和消除违法行为，直至必要时追究刑事责任。

我们不采用"最高监督"的提法，而确定检察机关的监督是专门的法律监督，这是根据我国的实际情况决定的。按照我国的国家体制，最高监督的权力属于最高国家权力机关，即全国人民代表大会和它的常务委员会，检察机关的法律监督职权受命于最高国家权力机关，受它的监督，检察机关本身并不拥有最高监督权。根据宪法和法律规定，全国人民代表大会及其常务委员会监督宪法的实施，有权撤销国务院制定的同宪法、法律相抵触的行政法规、决定和命令，有权撤销省、自治区、直辖市国家权力机关制定的同宪法、法律和行政法规相抵触的地方性法规和决议。在整个国家监督系统中，国家最高权力机关的监督才是最高层次的监督。但必须明确，检察机关的法律监督是国家监督系统中的一个重要层欢，它既要受国家权力机关的领导和监督，又有权对其他部门的监督活动是否合法实行监督。就其法律属性来说，它不同于各个行政部门的行政监督，不限于对某一部门法的监督，而是对所有法律的实施实行监督，而且是具有最大强制力的监督，直至追究违法者的刑事责任。因此，确定它为专门法律监督机关是较为恰当的。

我们不把检察机关的法律监督称为最高监督，绝不是降低检察机关法律监督的地位和作用。最高还是次高，是相对而言的。检察机关的法律监督和最高国家权力机关的法律监督相比较，后者的法律监督层次无疑高于前者，但是检察机关作为国家的专门的法律监督机关，有权对所有法律的实施是否合法实行监督，它又是高于其他部门的监督，因而不能把它等同于或并列于其他部门的监督。检察机关法律监督的对象和范围，可能随着不同历史时期政治、经济形势变化和主客观条件不同而有所调整和侧重，但不能因而对检察机关的监督范围和效力产生误解。比如仅把它当作公诉机关，限于对刑事法律的监督。或者把检察机关的法律监督与刑事诉讼中检察机关与人民法院、公安机关实行互相制约原则混同起来，公安机关、人民法院对检察机关行使法律监督权所作的决定和采取的措施认为有错误，可以提出意见，发挥所谓"互相制约"作用，但这种"制约"与法律监督的性质不同，并不意味着在实施法律中，互相都具有法律监督的职权。总之，正确认识检察机关的地位和法律监督的作用，对于树立检察机关法律监督的权威，充分发挥它在保障法制的统一中的作用，是十分必要的。

2. 把民主集中制原则应用于检察体制。检察机关的业务领导实行合议制，即把集体领导和个人负责结合起来，实行集体领导下的分工负责制，而不实行总检察长负责制。

民主集中制，是无产阶级政党和社会主义国家实行的组织原则。列宁说："我们主张民主集中制，但是必须认清，民主集中制一方面同官僚主义集中制，另一方面同无政府主义的区别是多么大。"[1] 民主与集中是辩证的统一，如果只有集中，没有民主，就会是官僚主义的集中；如果只有民主，没有集中，就会成为极端民主化和无政府主义。毛泽东同志说："没有民主，不可能有正确的集中，因为大家意见分歧，没有统一的认识，集中制就建立不起来。"[2] 把民主和集中结合起来，在民主的基础上集中，在集中指导下的民主，就能做到集思广益，在集中正确意见的基础上，统一认识，统一行动，充分调动广大群众的主动性和积极性，才能保证国家机关正确行使职权。对检察机关来说，为了保证正确行使法律监督的职权，实行民主集中制原则是非常必要的。

检察机关设立检察委员会是实行民主集中制原则的组织形式。从新中国成立开始，当时的检察署就设置了检察委员会。但是在处理检察长和检察委员会的关系上，如何既坚持民主集中制原则，又吸收检察长负责制的某些优点，随着认识的发展和实践经验的累积，曾先后采取过三种不同的做法。（1）新中国成立初期，检察委员会以检察长为主席，委员会意见不一致时取决于检察长，这是一种不完全的民主集中制；（2）1954年人民检察院组织法规定，检察委员会是在检察长领导下，处理有关检察工作的重大问题，检察长有最终决定问题的权力；（3）1979年人民检察院组织法规定，检察委员会在检察长主持下讨论决定重大案件和其他重大问题，委员会意见不一致时实行少数服从多数原则。如果检察长在重大问题上不同意多数

---

〔1〕《列宁全集》（第27卷），第190页。
〔2〕《毛泽东著作选读》（下册），第819页。

人的决定，可以报请本级人民代表大会常务委员会决定。一般认为，这是由不完全的民主集中制逐步发展到完全的民主集中制。这样，既贯彻了民主集中制原则，又尊重了少数人的意见，尊重了检察长的权力，以使对一些重大问题的处理更加正确和符合法制。

在检察机关内部究竟是实行民主集中制，还是实行检察长负责制，历来就有争论，历史上检察委员会和检察长关系的几次变化，一定程度上反映了检察长负责制的影响。1954 年，刘少奇同志针对当时的情况，在第一届全国人民代表大会第一次会议上关于宪法草案的报告中说："检察委员会是在检察长领导下处理有关检察工作的重大问题的组织。在人民检察院，设立这样的合议组织，可以保证集体地讨论问题，使人民检察院能够更加适当地进行工作。"少奇同志深刻阐明了检察机关实行合议制的重要意义。现在，正处在政治体制改革的新时期，检察机关是继续实行合议制，还是改行检察长负责制，这是需要进一步研究的问题。

根据三十多年来检察委员会的实践经验，检察委员会确实是一种能够体现民主集中制的良好的组织形式。检察机关与行政机关的性质不同，行使法律监督职权需要有较高的政策法律水平，在办理重大案件和决定重大问题时，通过检察委员会的集体讨论，能有效地保证执行法律的正确。正因为如此，我国宪法和法律，一向把检察权赋予检察机关，而不是赋予检察长个人。现行法律规定，检察委员会实行民主集中制，正是正确总结了实践经验和检察业务的特点，在法律上的确认。苏联和东欧社会主义国家的检察机关，从 50 年代开始，也都建立了类似检察委员会的组织。我们实行检察委员会制，并不否定检察长个人负责的作用。检察长对外代表检察院，对内领导全院的工作，他在检察管理工作和组织执行等方面，仍应发挥其独立负责的作用，组织指挥检察机关日常工作的进行。我们认为，根据检察业务的特点和当前检察干部素质的状况，继续执行现行法律规定，实行检察委员会的合议制是必要的，但也应强调检察长负责的作用，实行检察委员会合议制和行政上检察长负责相互结合的制度是适当的。实行这样的制度，既有利于避免个人决定问题的主观片面性，防止不正之风和违法行为的发生，又有利于发挥个人的积极负责作用，从而保证正确、有效地执行法律。

3. 实行以上级检察院领导为主的双重领导体制，而不是实行单一的垂直领导体制。社会主义国家的检察机关，为了维护社会主义法制，保证在全国范围内实行统一的法律监督，必须加强检察系统的统一集中的领导，实行垂直领导的体制，比较符合检察机关的性质和职权的特点。列宁根据当时俄国的具体情况，极力主张采用垂直领导体制，目前苏联和其他社会主义国家的检察机关大体上都是实行垂直领导体制。但是，采取什么样的领导体制，必须结合本国的国情。根据中国地区辽阔，经济发展不平衡，情况复杂等特点，总结三十多年检察机关体制变化的经验教训，我们认为不宜采用单一的垂直领导体制，或者说，至少在当前所处的情况下，还不适宜实行单一的垂直领导体制。

根据我国宪法的规定，我国的国家机构实行民主集中制原则。民主集中制原则体现在中央和地方的关系上，就是在地方服从中央的前提下，既有利于中央的统一领导，又能充分发挥地方的主动性和创造性。毛泽东同志说："我们的国家这样大，人口这样多，情况复杂，有中央和地方两个积极性，比有一个积极性好得多。"〔1〕宪法和法律规定，省、自治区、直辖市的人民代表大会和它的常务委员会有根据本行政区域的具体情况和实际需要，制定和颁布地方性的法规等权力；还规定，各级检察机关由各级人民代表大会选举产生，并受其监督。因此，检察机关的领导体制，必须和上述法律规定相适应，在维护社会主义法制时，必须贯彻统一集中和因地制宜相结合的原则。实行垂直领导体制，由于过于强调集中统一，不利于从法制上正确处理中央和地方的关系。实行现行法律规定的双重领导体制，既能保证检察机关对全国实行统一的法律监督，又能因地制宜，是比较符合当前我国实际情况的一种领导体制。

现在检察机关领导体制中存在的种种弊端，不是因没有实行垂直领导体制产生的，主要是来自党政不分的旧体制的束缚，妨碍检察系统之间领导作用的发挥，难以保证独立行使检察权。解决的办法，只能是彻底改变党政不分的认识和一套做法，为检察机关独立行使检察权创造条件。这里所说的双重领导，是指实行以上级检察机关领导为主，地方国家权力机关的领导为辅的双重领导体制，两者之间不是平分秋色。毛泽东指出："我们要统一，也要特殊。为了建设一个强大的社会主义国家，必须有中央的强有力的统一领导"，"又必须充分发挥地方的积极性，各地都要有适合当地情况的特殊。"〔2〕就是说，中央和地方是一般与特殊的关系，是全局和局部的关系，两者缺一不可，但地方必须服从中央。在立法上，地方立法必须不与宪法、法律和行政法规相抵触。在法律监督上，应当在保障法律的统一实施的前提下，保障地方性法规的遵行和执行。在

〔1〕《毛泽东著作选读》（下册），第729页。
〔2〕《毛泽东著作选读》（下册），第731页。

领导关系上也应当是这样，是在坚持中央的统一领导下发挥地方的积极性。因此，实行以上级检察院领导为主的体制，符合民主集中制原则。根据宪法和法律规定，地方国家权力机关和检察机关的关系是监督关系。监督也是领导的一种形式，但它与领导还是有差别的。地方国家权力机关的监督主要体现在：听取和审查人民检察院的工作报告；选举、任免、批准人民检察院的领导成员和检察人员；对人民检察院提出质询；对检察委员会在重大问题上的分歧作出决定等。它不应对属于检察机关职权范围内的事直接下达命令或指示，具体干涉办案业务。检察业务方面的领导，主要通过上级检察院对下级检察院的领导来实现。

实行以上级检察院的领导为主的双重领导体制，是吸取了垂直领导和双重领导两种体制的优点，总结检察机关领导体制多次反复的经验教训而得出的结论，能有效地保证独立行使检察权。

4. 把检察职务犯罪作为对国家机关和国家工作人员实行法律监督的重点，而不是实行对一般行政违法行为的监督。根据列宁关于法律监督思想创建的社会主义检察制度，都是把对国家机关和国家工作人员的监督放在重要的地位。但由于各国的国情不同，其监督方式各具特点。苏联的检察机关实行一般监督，即对政府各部及其所属机关、组织、公职人员和公民遵行法律情况实行监督，重点检察上述机关和组织发布的文件是否符合宪法和法律。我国在 50 年代的立法上，也曾经赋予检察机关一般监督的职权，但经过实践证明，这种监督方式不符合我国的传统习惯，不易为人们所理解和接受，而某些干部的违法乱纪行为，却是人们迫切要求解决的问题，检察机关转向同干部严重违法乱纪行为作斗争。因而在现行宪法和人民检察院组织法中作了改变，把原属一般监督范围的对国务院所属各部、委的命令、指示和规章以及地方性法规和决议是否合法的监督，由国家权力机关负责，而把检察机关监督的重点放在检察职务犯罪方面，形成对干部的司法弹劾制度。

我们不照抄照搬苏联检察机关的一般监督，而是使检察机关的法律监督，采取适合我国特点的监督方式。但是，法律监督重点和方式的调整和选择，并不意味着我国检察机关性质和职权的根本改变，如果认为我们不采取一般监督的方式，就是检察机关不能再对行政机关的违法行为实行监督，这种看法是不对的。我国宪法和法律明确规定，我国的检察机关是国家的法律监督机关，它是以维护国家法制的统一实施为专责的，国家机关的执法状况与国家法制建设的关系极为密切，而在国家机关中，行政机关机构最大，人员最多，工作范围最广，经常而大量地涉及同公民和法人的权利和义务关系，如果行政机关不严格执法，就谈不上健全社会主义法制，而行政机关的违法行为事实上又不可能完全避免，检察机关如果站在行政执法活动之外，就不是名副其实的法律监督机关，而只能是狭隘的诉讼机关。一般监督的理论是根据列宁关于法律监督的思想产生的，其作用就在于保证行政机关的决定的合法性，以维护法制的统一。对一般监督不能全盘否定，而是应当有分析地吸取其中的合理因素，结合我国的国情，确定适合我国特点的监督重点和方式，这才是正确的途径。

我国检察机关把检察职务犯罪作为法律监督的重点，不应排斥对其他违法行为实行监督。检察机关在检察干部职务犯罪中，往往涉及民事、行政等违法行为，也会揭露出国家机关的违宪和其他违法行为，当前在检察实践中，对纠正违法行为采用"检察建议"的形式，其中有些内容就兼有行政监督和一般监督的性质。对国家机关行政法规和地方性法规等是否符合宪法、法律的监督权，虽然法律赋予了国家权力机关，但检察机关作为国家法律监督的专门机关，在发现行政机关的违法决定时，应当有要求纠正违法的建议权，同时，有责任向国家权力机关反映信息和提出建议，由国家权力机关进行审查和作出决定。实行检察机关的建议权和国家权力机关的决定权的结合，既可以发挥检察机关法律监督的职能作用，又可以弥补权力机关在法律监督中缺少职能部门的缺陷，形成具有中国特色的行政法制监督制度。

第二部分
中国特色检察
制度的实践探索

一、从我国检察机关的发展变化看检察机关定位 *

我国检察机关在政体中的地位一直是个有争议的问题，虽说我国宪法已有明确规定，但在理论界和实务部门依然存在着不同看法，众说纷纭，莫衷一是。所谓检察权性质、范围之争，都与对检察机关地位、作用的认识有关。近年来随着司法改革的不断推进，检察机关的定位问题再次成为议论热点，值得人们关注。

众多论者从不同角度（有从法治理论原则出发，有从各国检察制度比较着眼，也有以国际接轨为由），剖析现行体制之弊端，提出改制方案。对于种种改革良策，孰优孰劣，自有立法者权衡选择，无须笔者妄加评说。笔者仅想循历史发展的轨迹，从我国检察机关的发展变化来探讨这个问题。

自新中国成立设置检察机关至今已有半个世纪，可谓历尽

---

* 本部分内容刊载于《人民检察》2004 年第 12 期。

曲折起伏之艰难。大体可分为前后两个时期。前期从 1949 年至 1977 年。其间出现多次兴衰过程，最终在"文化大革命"中被撤销。后期自 1978 年重建至现在，检察机关又在加强法制的氛围中发展壮大起来。

前期以 1954 年宪法为标志，检察机关定位于法律监督机关。在"一府两院"的体制下，检察机关脱离行政系统，与法院并列，受人民代表大会的监督。赋予检察机关法律监督地位，目的是加强国家法制，在当时中央有关文件和领导人讲话中表述得很清楚。董必武同志指出："进入社会主义建设时期，与搞革命运动不同，国家与人民需要检察机关来维护人民民主的法制。检察机关的职责是保障国家法纪的执行。"[1]

确立检察机关的法律监督地位，不可否认其理论渊源来自列宁的法律监督思想，但更重要的是符合我国建立社会主义法制的需要。我国的司法机关是在民主革命长期战争环境中发展起来的，最强大的是公安机关，它是准军事化组织，拥有广泛的权力，在维护社会治安和惩治违法犯罪斗争中发挥了重大作用，但也存在一些突出问题。据 1953 年中央政法委的报告，在司法工作中存在着比较严重的错捕、错押、错判现象。经抽查，一些地区公安机关搞假案 700 多起，错判案件占抽查数的 10%，公民的人身权利、民主权利遭到严重侵害。[2] 实践呼唤加强对公安、法院的监督，提高检察机关法律监督地位，在司法活动中行使监督权，有利于保障法律的合法、正确执行。为此，1954 年宪法把批准逮捕权赋予检察机关，"任何公民非经人民检察院批准，不受逮捕"。同年，由全国人大常委会通过

---

〔1〕　李士英主编：《当代中国检察制度》，中国社会科学出版社 1988 年版，第 65 页。
〔2〕　最高人民检察院研究室编印：《检察制度参考资料（一）》，第 24 页。

逮捕拘留条例，专门对逮捕、拘留的条件、程序作出具体规定，并专条规定："人民检察院对违法逮捕、拘留公民的负责人应当追究。"这样，公安机关捕人，侦查终结要求起诉，都必须经检察机关审查批准，检察机关并对违法侦查行为实行监督。检察机关通过提起公诉、支持公诉和抗诉等法定方式对审判活动实行监督，从而逐步形成公、检、法三机关互相配合和制约的机制，后来把它作为一条原则写入宪法。

从宪法颁布到 1956 年期间，检察机关依法对公安机关报捕和移送起诉的案件进行审查，对不符合逮捕、起诉条件的作出不批准逮捕和不起诉决定。据调查统计，批准逮捕数约占报捕数的 68%，不批准逮捕数为 18%，其余属退回补充侦查。审查起诉案件全国平均起诉率为 71%，最高起诉率为 87%，最低的为 51%。[1] 这本是检察机关履行法定监督职责的正常情况，却在公安机关引起强烈反应，指责检察机关思想右倾，打击犯罪不力，甚至在全国公安会议上收集成批案例作为检察机关右倾的根据。在随后的政治运动中，不少检察干部受到批判。其消极后果是使批捕、起诉工作成了走形式，办手续，丧失法律监督作用，实际上检察机关处于可有可无的境地，也就成了日后提出检察机关改制甚至取消的借口。

1954 年宪法规定，检察机关"对国家机关和国家工作人员是否遵守法律，行使检察权"。由于对如何行使这项职权缺乏经验，检察院组织法基本搬用了苏联的方法。这项职权在苏联被称为"一般监督"，把它列在各项检察监督之首，而且把对"国家机关的决议、命令和措施是否合法实行监督"作为主要的监督内容。在开始执行时，检察机关内部发生了激烈争论。

---

〔1〕 李士英主编：《当代中国检察制度》，中国社会科学出版社 1988 年版，第 44 页。

一种意见认为，一般监督职权是宪法、法律规定的，加强对国家机关和国家机关工作人员的法律监督是健全法制的需要，不少违法现象发生在国家机关和国家机关工作人员身上，一般监督正是针对这种违法行为进行监督的重要方法，因此，必须把它作为检察机关经常的、重要的任务。另一种意见则认为，一般监督虽是法定职权，但如何行使要结合实际情况。根据当前形势和主观条件，检察工作应以打击危害各时期中心工作的违法犯罪分子为中心，着重做好侦查（包括批准逮捕）和起诉工作，依法监督侦查、审判违法行为，保障打击刑事犯罪任务的完成。一般监督是借鉴外国的一种监督方法，我们的经验还不够，不宜普遍开展工作，应先作重点试验，积累经验。这本来属于如何开展检察业务工作的争论，但后来受"左"的思想影响，发展成把主张一般监督的干部作为"凌驾于党政之上"，"把专政矛头对内"的政治错误进行批判，并打成右派，一般监督职权亦被"挂起来，备而待用"。

时隔不久，中央发现各地干部违法乱纪情况严重，1961年国家主席刘少奇向高检院领导提出，"应注意抓一下干部的违法乱纪"。但由于批判"一般监督"带来的消极影响，检察干部心有余悸，怕重犯"矛头对内"的错误，不敢大胆开展这项工作。1962年，刘少奇同志在听取起草政法工作四年总结汇报时，又一次提出："检察院应该同一切违法乱纪作斗争，不管任何机关任何人，检察院应全面承担法律规定的职能。"[1] 这样，经过一段时间的努力，各级检察机关又逐步承担了同严重违法乱纪作斗争的任务，高检院单独设立主管这项工作的业务厅，工作取得了一定的成效，在检察工作总结中重新肯定检察

[1]《刘少奇选集》（下卷），第452页。

机关具有"对少数国家机关和国家工作人员的违法行为行使监督的职能"。检察机关承担此项职权一直到"文化大革命"中机构被撤销。

从前期检察机关的曲折变化，至少给我们以下两点启示：

1. 检察监督道路的坎坷不平，遇到的重重阻力，其症结不在于检察机关的定位有什么不对，而是人们的思想观念落后于形势，不能适应加强社会主义法制的要求。宪法赋予检察机关法律监督职权，在司法活动中提高检察监督的地位，是鉴于我们的司法体制不健全，还残留着革命战争环境中形成的习气，存在着不少侵犯人权、违反法制的现象。发挥检察机关的法律监督作用，防止、纠正这类现象的发生，无疑有助于国家法制的确立。但是，有些人总认为在公安、法院之间，增加检察一道工序，是重复劳动，多此一举。对侦查活动实行监督，"束缚了专政手足"，一遇适合的政治气候，就大加讨伐。有人甚至提出："过去没有检察机关，无产阶级专政不是也搞得很好么"，极力主张取消检察机关，当然更看不惯搞什么法律监督。因此，问题的关键是转变思想观念，特别是党政领导的思想观念，要在上下左右、党内党外以致全社会营造一种遵守法律、依法办事的法制环境，宪法、法律赋予检察机关的法律监督职权才能顺利实现。

2. 检察机关的定位和基本职能，是宪法根据我国的国体、政体和建设社会主义民主、法制国家的战略要求确定的，是国家机构的基本组成部分，体现了法治之精神，只要我们国家的性质和基本政治制度不变，检察机关的地位和基本职能就不宜轻易变更。但是，从实践层面来说，宪法、法律规定的职权如何执行，必须从实际出发，根据不同时期主客观条件的情况来确定。法律规定的法律监督职权和要求，与实际上能做到的会有一定的差距，不可能一步到位，要允许有个积累经验、逐步发展的过程。检察机关的各项监督职权在执行过程中，根据形势变化和斗争需要，会在监督范围、组织机构、领导体制等方面作出某些调整，这是必要的、正常的。由于检察监督是一项新的工作，法律要求高，思想阻力大，经验不足，难免会出现一些失误甚至犯错误，我们不能因一时一地发生了这样那样一些问题，就怀疑起检察监督的必要性、可行性，贸然要求改变检察机关的地位和法律监督职权。前期检察机关发生大起大落，从思想上谈，是与不能正确认识和对待检察监督有关。不结合中国实际，照搬外国的一般监督方法不对，但不能因批评一般监督就连对国家机关和国家工作人员监督的基本职能都丢掉了。检察机关在司法监督中存在的问题，可以通过总结检讨加以解决，而不应"因噎废食"，根本排斥检察监督，导致检察机关法律监督职能的严重削弱，以至于发展到整个机构被否定，这个沉痛教训值得引以为戒。

后期，鉴于"文化大革命"中法制被破坏，公民权利被践踏，修订宪法征求意见时，人民群众强烈要求恢复检察机关，1978 年宪法规定重建检察机关。重建的理由和赋予的职权在叶剑英同志所作《关于修改宪法的报告》中讲得很明白："鉴于同各种违法乱纪行为斗争的极大重要性，宪法规定设置人民检察院。"各级检察机关"对于国家机关、国家机关工作人员和公民是否遵守宪法和法律行使检察权"。这就再次肯定检察机关的法律监督性质。但由于受过去批判法律监督的消极影响，在起草检察院组织法时，对如何确定检察机关的性质问题仍有不同意见，后经全国人大法制工作委员会讨论，彭真同志赞同把检察机关定为"国家的法律监督机关"，他在向五届人大二次会议作起草检察院组织法说明中指出：确定检察院的性质是国家的法律监督机关，是我们运用列宁坚持的检察机关的职权是维护国家法制的统一的指导思想，结合我们的情况而规定的。新的检察院组织法对此作了专条规定。这一内容于1982年正式写入宪法。

1982年宪法将原由检察机关行使的对"国家机关的决议、命令和措施是否合法实行监督"的职权，改由国家权力机关行使，但人民检察院组织法仍规定检察机关负有"对于叛国案、分裂国家案以及严重破坏国家的政策、法律、法令、政令统一实施的重大犯罪案件，行使检察权"的特定职责。而对国家机关和国家工作人员行为是否合法实行监督，依然是检察机关的职权。但从检察机关实际出发，这项职权不是包揽一切国家工作人员的违法案件。据彭真同志在起草人民检察院组织法说明中所作的解释，"只限于违反刑法，需要追究刑事责任的案件"。

这样，根据立法机关限定的管辖范围，这一时期检察机关主要承担国家工作人员职务犯罪案件（指贪污、贿赂、渎职和侵犯公民民主权利犯罪），分别由检察机关的经济检察和法纪检察部门办理。随着国家发展经济的进程，经济领域的犯罪日趋严重，检察机关自行受理侦查的案件（主要是贪污贿赂案件）不断增加，为了适应现实斗争需要，从20世纪90年代起，各级检察机关将经济检察部门改为反贪污贿赂局，加强了办案力量。由于实践中检察机关直接受理侦查的案件范围继续有所扩展，引起社会上对检察机关侦查职能膨胀是否与检察机关法律监督性质有矛盾的议论。1996年修改刑事诉讼法，对检察机关侦查案件的管辖范围作了适当调整，限定为"贪污贿赂犯罪，国家工作人员的渎职犯罪，国家机关工作人员利用职权实施的非法拘禁、刑讯逼供、报复陷害、非法搜查的侵犯公民人身权利的犯罪以及侵犯公民民主权利的犯罪"。对检察机关认为需要直接受理侦查的其他案件在范围和程序上加以控制。新的规定把检察机关直接受理侦查的案件基本限定于国家工作人员职务犯罪案件，这就明确体现了检察机关依法负有对国家工作人员实行监督的职责与检察机关的性质相一致。

但是，对于检察机关要不要直接受理侦查案件仍有持异议者，他们认为公安机关侦查案件须受检察机关的法律监督，而检察机关自行侦查的案件由谁来监督？自侦自诉，无人监督，违反权力制衡的原理。有人提出把检察机关负责侦查的案件划归公安机关统一侦查；也有人主张把反贪污贿赂局从检察机关分离出去，与行政监察部门合并，或者直属国家权力机关领导，检察机关专司侦查监督和审查起诉。这些主张虽都有一定的立论根据和理由，但笔者认为其通病都在于未能正确、全面把握我国检察机关的性质。从我国检察机关发展变化的历程可以看出，检察机关几经反复，但它的法律监督性质一直没变，把对国家工作人员的监督作为重要方面，无论在立法中还是实务中，也始终没有改变。尤其是检察机关重建以来行使这项职权所取得的显著成绩，更有力地说明由检察机关承担此项职权的重要性、必要性，是符合客观发展规律的。

我们试从历史和现实两个层面作进一步观察。历史上任何国家都把监督官吏执法作为治国方略之重点，设置一定的机构监督和处理官吏违法事件。中国封建王朝的御史，就是治官之吏。资本主义国家官员违法，一般都由检察官查办。社会主义国家提高和扩大了检察机关的地位和职权，苏联把监督官员违法作为检察机关的专责。可见，由检察机关负责国家工作人员违法的追究并非我国之独创，是历史发展的必然。再看现实的发展，50 年代，我国检察机关曾一度把工作重点放在监督公安司法干部，不搞一般监督，就连对干部违法的监督也放弃了，结果到 60 年代，经中央指示后，又不得不把同干部严重违法乱纪作斗争列入检察业务；70 年代末重建检察机关，总结教训，再次明确检察机关必须承担同干部违法乱纪作斗争的任务，设立专门机构，积极开展此项业务；80 年代以来，在查办贪污贿赂以及渎职、侵权犯罪案件中，显示了检察监督的突出作用，可见由检察机关监督国家工作人员违法是加强法制的需要，反映了人民的意愿。从中给我们的启示是，必须从维护国家法制的高度全面理解检察机关的性质和职能。检察机关的职能不应是单一的，只限于公诉，还应有必要的法律监督职能。法律监督的对象不仅是一般公民，还应是国家工作人员，后者尤为重要。查办国家工作人员违法犯罪案件不能视为一般的行使侦查起诉权，它是从对国家工作人员违法行使监督权的意义上进行的。当然，处理国家工作人员的违法问题，需要执纪的党政部门的协作配合，但发挥检察机关法律监督职能的作用是不可缺少的，也是其他机关所不能替代的。

在诉讼监督方面，由于法院实行审判方式改革，引进当事人主义庭审模式，引起诉讼结构、程序等一系列变化，这些变化有些是符合诉讼规律的，涉及检察工作方面也应作相应的调整，以适应诉讼民主化的趋势。正在实行的主诉检察官制度，强化对当事人权利保障程序等改革都是必要的。但有些问题还有待研究和论证。比如，不少论者对检察官出庭的诉讼地位和职权提出质疑，认为检察官行使法律监督权，把自己摆在特殊地位，违背控辩平等原则；以法律监督权干预审判权，法官成为被监督者，有损主持裁判者的尊严，不合司法独立理念；等等。笔者认为，检察官的法律监督权与控辩平等原则总体上不存在冲突问题，对法律监督的含义要作全面理解，如在刑事诉讼中，法律监督主要体现为对刑事法律的监督，检察官以公诉人身份出庭控诉犯罪，就是对被告人违反刑法的监督。这里公诉职能与法律监督职能是一致的、重合的。法律监督还包含对程序法的监督，保障当事人的合法权利亦是监督的内容，检察官行使法律监督的职权不仅不妨碍辩护方权利的行使，而且有利于对被告人合法权利的保护。至于实践中存在检察官重控诉轻保护的倾向，主要是思想观念问题，可以通过提高认识，完善必要的程序保障加以解决。

检察机关的诉讼监督权，我国宪法、法律有明文规定。审判阶段主要是对违法的审判行为和错误的裁判提出意见。它是一种程序性的要求，不具有终局性效力，是否被接受，决定权还在法官。监督一般是结合诉讼活动进行，其方法、程序皆由法律规定，只要一切依法办事，只会有利于保障法律的正确执行，不可能对法官的地位和审判权行使产生任何不利的影响。因此，无须采用限制甚至取消检察监督权的极端措施。

为了适应建设社会主义法治国家的需要，我国的司法制度（包括检察制度）必须改革，建立更加文明、公正的司法制度。我们既要积极研究、借鉴外国司法制度中的有益经验及其科学的理论，又要注意不能盲目搬用。由于资本主义国家的司法制度一般是在"三权分立"理论指导下建立和形成的，邓小平同志多次讲过我们不搞"三权分立"，我国坚持实行人民代表大会制度。两种政治体制不同，有些观念和做法就不完全适用。虽说把国家权力按立法、司法、行政加以区分并无不可，但根本的不同在于我们的国家权力是统一的，不是"三权鼎立"。而且我们国家的立法权高于司法权，司法权要受监督，而不是相反。各项权力统一受人民代表大会（国家权力机关）监督。因此，如何在我国的政治体制下找准司法权的位置，摆好审判权与检察权的关系至关重要，能否以"审判中心论"构建我国的司法体制还值得深思。我们应更重视从自身的历史发展中总结经验，革除那些不符合时代要求、已经落后的做法，但绝不是否定一切，而是应当坚持那些经过实践反复证明是符合客观规律，适合我国国情的原则、制度，继承发扬优良传统，并在新的实践中继续发展和完善，逐步建立起具有中国特色的司法制度。

二、检察机关法律监督的性质和职权不宜改变*

近年来，在讨论我国检察制度的改革时，有人主张修改现行宪法和人民检察院组织法，改变我国检察机关法律监督的性质，缩小其职权范围，检察机关不再是国家的法律监督机关，而应规定为司法监督机关。其主要理由是，列宁关于法律监督的理论是在特定的历史条件下产生的，而这一理论在实践中是不成功的。运用列宁这一理论建设我国的检察机关，扩大检察机关的法律监督职权是不切实际的。对此笔者有些不同的看法，提出来供大家研究。

（一）列宁关于法律监督的理论，符合社会主义法制建设的实际，是正确的，必须坚持

列宁的法律监督理论虽是在 20 世纪 20 年代初，苏联经济建设开始时期，客观上有建设革命法制的迫切需要，针对法制工作中存在的问题提出来的，有当时俄国的特殊情况。但关于社会主义国家法制必须统一，维护法制统一必须有专门的法律监督机关的思想，对一切社会主义国家的法制建设具有普遍意义。列宁这一理论在苏联的实践，是否就是不成功的，论者本身没有提出充分的足以令人信服的论据，我们不能妄加评论。

---

* 本部分内容刊载于《人民检察》1990 年第 11 期。

但对于在新中国实践的情况，我们是有发言权的。如果说在新中国成立初期，我们国家根据列宁这一理论，赋予检察机关法律监督的职权，还缺乏实践经验的话，那么，经过 40 年检察机关曲折发展的过程，应该说，我们既有成功的经验，也有失败的教训，但有一条基本经验教训可以肯定，就是必须真正按照列宁的法律监督理论，结合我国的具体情况建设我国的检察机关。实践证明，社会主义法制建设与检察机关的建设有着密切的联系。什么时候重视法制建设，检察机关就得到加强，发挥检察机关的法律监督职能，就能推进法制建设的发展。反之，什么时候忽视法制，法制遭到破坏，检察机关必然受到削弱，甚至遭到被撤销的厄运。回顾新中国成立后的几个关键时期的事实，可以说，建立和加强检察机关，都是适应了法制建设的需要，而并不只是为实行司法监督而设的。早在 1950 年，中共中央曾先后两次在关于检察工作的指示中指明我国检察机关的性质："苏联的检察是法律监督机关，对于保障各项法律、法令、政策、决议等贯彻实行，是起了重大作用的。我们则自中华人民共和国成立以后，才开始建立这种检察制度，正因为它是不同于旧检察的新工作，很容易被人模糊。"但它"是人民政府用以保障法律法令政策之实行的重要武器，与资本主义检察的性质、任务、组织各有不同"。1954 年我国颁布第一部宪法，设立人民检察院，其性质和职权也是很明确的。董必武同志说："国家与人民需要检察机关来维护人民民主的法制。检察机关只有国家与人民需要它的时候，它才能存在。"还说："现在，实现总路线的第一个五年建设计划已开始，宪法即将颁布，必须加强国家的法制，也就必须加强担负维护法制任务的检察机关。"董必武同志所指的法制，很显然不限于监督司法机关。他明确指出："检察机关的职责是保障国家法律的执行。"[1] 1957 年以后，由于受"左"倾思想影响，检察机关法律监督职能一再被批判，行使职权的范围逐步缩小，主要承担刑事案件的批捕、起诉任务，后又刮起"取消风"。即使在那个时候，刘少奇、彭真等同志仍坚持检察机关不能取消，要保留一般监督职权，备而待用。"文化大革命"中，检察机关被撤销，法律监督就无从谈起。直到粉碎"四人帮"后，1977 年在征求修改宪法意见时，广大干部和群众纷纷要求重新设立检察机关。主要是看到了"文化大革命"中法制遭到严重破坏的情况，认为非有专门的法律监督机关实行监督不可。1978 年第五届全国人民代表大会第一次会议上，叶剑英同志在《关于修改宪法的报告》中，阐明了重新设立检察机关的目的："鉴于同各种违法乱纪行为作斗争的极大重要性，宪法修改草案规定设置人民检察院。国家的各级检察机关按照宪法和法律规定的范围，对于国家机关、国家工作人员和公民是否遵守宪法和法律，行使检察权。"可见，重建检察机关，是为了加强法制，不是专为监督公安、法院的。1979 年重新颁布人民检察院组织法，明确规定："人民检察院是国家的法律监督机关。"彭真同志在作人民检察院组织法说明时指出，我们的检察院组织法是运用列宁坚持检察机关的职权是维护国家法制的统一的指导思想而制定的。1982 年又把检察机关是国家的法律监督机关这一规定写入宪法。这是新中国成立 30 多年来检察机关几经波折的经验教训在宪法和法律上的体现。

以上事实充分说明，赋予检察机关法律监督职权是社会主义法制建设的客观要求，列宁理论的正确，正是因为它是反映

---

[1] 参见《董必武政治法律文集》，法律出版社 1986 年版，第 318～319 页。

了这一客观规律，这是不以人的意志任意决定的。违背了它，必然要受惩罚，损害社会主义法制，一时遭到否定，到头来还得予以恢复和发展。至于法律监督的具体范围和行使职权的方式方法，则要根据国家法律监督体系和各个时期法制建设的进展情况以及法律监督具体经验的积累而定。这是另一个层次的问题。我们不能因在具体执行中出现了一些问题，就从根本上否定这一新型的检察制度。

（二）法律监督权由专门机关行使，是社会主义法制建设的客观要求

社会主义法制的含义，不仅是指我们国家的法律制度，更重要的是指依法治理国家的制度，要求社会主义民主政治法律化，依法行使国家权力。正如我们通常所说的依法办事。早在1956年，董必武同志在党的第八次代表大会上已经提出贯彻执行社会主义法制原则，其中心环节是依法办事，必须做到有法可依，有法必依。1978年党的十一届三中全会上，小平同志总结了我国社会主义法制的经验，进一步阐明了这个问题，他说："为了保障人民民主，必须加强法制，必须使民主制度化、法律化。……应当集中力量制定刑法、民法、诉讼法和其他各种必要的法律……并且加强检察机关和司法机关，做到有法可依，有法必依，执法必严，违法必究。"[1] 小平同志在这里把检察机关与司法机关并列，突出了检察机关在加强法制中的作用，绝不是偶然的。他提出加强法制的四句话，其中有法可依，是依法办事的前提，这是立法机关的专责。有法必依，执法必严，违法必究，则属于法律实施的范围，要做到这一点，除了加强执法和司法工作外，重要的是必须有法律监督，才能

---

〔1〕 参见《邓小平文选》，第293页。

保障法律的正确实施。法学理论界在总结社会主义法制经验时，提出完整的法制概念，应当包括立法、执法、司法、守法和护法五个方面，[1] 突出了护法在法制建设中的作用，这是正确的。所谓护法，就是对法律实施的监督。过去常说，检察机关是法律的守护神，也就是这个意思。习惯上往往把法律监督包含在司法之内。诚然，对违法者适用法律，可以起监督的作用，但从严格意义上说，这是不够科学的。司法本身起的监督作用和对司法者适用法律实行监督是两个不同的概念。笔者认为，司法权是一种国家权力，把法律监督权从司法权中分离出来，与执法中的法律监督合在一起，成为一种独立的国家权力，这是社会主义法制发展中的进步。社会主义制度比历史上任何社会制度更需要有民主、统一的法制，它要求国家的法律在全国范围内得到统一的实施，不允许各地区、各部门在执法和司法中各行其是。因而，更需要有法律监督这样专门的权力来保证它的实现。

由此可见，法律监督权由专门机关行使，我国宪法和法律规定人民检察院是国家的法律监督机关，独立行使检察权，符合社会主义法制的客观要求。要求改变检察机关的性质，就违背了社会主义法制统一的原则，因而是不可取的。

现在，对"法律监督"一词的理解比较混乱，往往在多种意义下被使用：（1）指一切国家机关、社会组织和公民对法律的监督。它既包括经国家授权，由专门机关行使，有法律约束力的监督，也包括社会组织和公民履行监督的职责和行使监督的权利，但并不具有法律约束力的监督。（2）指国家机关的监

---

〔1〕 参见吴大英、沈宗灵主编：《中国社会主义法律基本理论》，法律出版社1987年版，第62页。

督，它包括权力机关的监督、行政机关的监督和司法机关的监督，认为这些机关都具有法律监督职权。（3）指依法具有法律监督权的机关的监督。包括专门的法律监督机关——检察机关的监督和国家权力机关的法律监督，也包括经授权的国家行政机关的部分法律监督权（或者叫准法律监督权）。为了研究法律监督权的分配，首先必须确定法律监督的含义。笔者认为，第三种含义的法律监督，才是严格意义上的法律监督。因而，我们下边所说的法律监督以这个含义为准。

有人提出，检察机关只负责对司法机关的法律监督，其他方面的法律监督只能由国家权力机关承担。这种主张无论在理论上和实践上都是说不通的。我们国家实行人民代表大会制，人民代表大会是国家的权力机关，它把法律监督权赋予由它产生的检察机关，专门行使检察权。如果现在又要取消检察机关的大部分法律监督权，由国家权力机关行使，势必导致已确定为法律监督性质的专门机关，却不能全面行使法律监督职权，这就违背了立法的原意，不合国家的体制。检察机关由国家权力机关产生，受它的监督，它们之间有联系，但又有各自独立的职责。彭真同志在讲完善人民代表大会制度时说："全国人大常委会不要越俎代庖，干扰宪法规定由政府、法院、检察院分别行使的行政权、审判权、检察权。……检察院是国家的法律监督机关，依照法律独立行使检察权。……我们人大常委会在工作中要严格依法办事，既不要失职，也不要越权，否则，对工作不利，对我们的事业不利，对健全社会主义法制不利。"彭真同志特别强调："不要把应由检察院管的事也拿过来，如果这样，就侵犯了检察院的职权，而且人大常委管不了，也管不好。"〔1〕以全国人大及其常委会来说，它既是国家最高权力机关，又是立法机关，它的职权很广泛，立法和工作监督的任务很繁重，监督宪法和法律的实施，不可能都由它直接去做。从新宪法颁布后的情况看，它所承担的法律监督职权，实际上没有或很少行使。这一事实说明，把更多的法律监督权集中到国家权力机关是不合适的。笔者认为，国家最高权力机关，主要应行使监督宪法实施的职权，而法律监督职权主要应由检察机关行使。就是宪法规定由国家权力机关行使的法律监督权，全国人大和它的常委会也不必另设专门的工作机构，可以委托检察机关具体办理。在国家权力机关领导和监督下，由检察机关行使法律监督职权，保证法律的正确实施，这才是一条合理、合法而可行的途径。

有人以检察机关现在只行使司法监督权，而并不行使一般监督权为理由，认为确定检察机关为法律监督机关是"名不副实"。这种只以当前检察工作现状为根据，而不顾法制建设的长远方向来衡量要不要法律监督机关的看法是不正确的。国家要不要设立法律监督机关，不能只着眼于眼前的情况，更要从加强社会主义法制的全局，维护国家和人民长远利益出发来考虑。法律监督权是一种国家权力，是维护国家法制统一的不可缺少的重要手段，应当由代表国家的专门机关来行使，不应加以分割。它又是一个法治国家的象征。我们承认当前检察制度还不完善，要把检察机关建设成为一个名副其实的法律监督机关，还要经历一个较长的过程，它只能随着国家民主政治的建设，民主的扩大和法制的加强，以及检察机关自身工作经验的积累逐步前进。我们应当积极创造条件，正确总结经验，完善

---

〔1〕 彭真：《论新时期的社会主义民主与法制建设》，第262、335页。

检察制度，而不能因当前受客观和主观条件的限制，还没有全面行使法律监督职权，或者在实际工作中还存在着这样那样一些问题，就从根本上否定它的存在，要求改弦易辙。这是政治上的短视，不利我们社会主义事业的巩固和发展。如果我们把检察机关改变成司法监督机关，这就丧失了检察机关独立的地位，又回到资本主义国家检察机关的老路上去了。资本主义国家的检察机关，通过参加诉讼活动，对侦查、审判机关同样起法律监督的作用。但它从属于行政机关，独立行使的司法权很有限，它只是以当事人或诉讼参加者的身份参加诉讼，一般不具有法律监督者的独立地位，难以起到维护法制的作用。再说，要求专门设立一个针对侦查机关和审判机关的监督机关，这种体制是否合适和有无必要，也值得研究。

（三）把检察职务犯罪作为对国家机关和国家工作人员实行法律监督的重点，是根据我国国情和斗争需要确定的一种监督方式，实践证明是正确的，也是行之有效的

有人认为："检察机关对国家工作人员职务犯罪的侦查权与公安机关对普通公民违法犯罪行为的侦查权并无性质上的不同。"因而认为，检察职务犯罪并不具有法律监督的性质，这个看法是欠妥的。检察机关的检察活动，是否具有法律监督的性质，要从实质上去看，不能只看现象，不能因它所采取的某种监督方式和手段，同其他机关的活动有类似之处，就否认它的法律监督性质。我们不能孤立地看采取了什么手段，还应把手段和采用手段所要达到的目的联系起来。检察机关行使侦查权与公安机关行使侦查权，如果仅作为对付刑事犯罪的一种手段来说，并无不同。但联系采用这种手段的目的和作用来看，则不完全相同了。检察机关的侦查权和其他职权及其行使的方式方法，都是为达到监督法律的正确实施的目的服务的。公安

机关的侦查权则是为保卫国家安全、维护社会治安的目的服务的。它对犯罪的侦查，追究其刑事责任，是一种司法活动。检察机关对国家工作人员职务犯罪的侦查，追究其刑事责任，既是一种司法活动，又是作为对国家机关和国家工作人员的职务活动是否合法实行监督的一种方式，具有法律监督的性质。正因为这种监督的效力及于所有的国家机关和国家工作人员，就不能认为只有"对司法人员在执法过程中的犯罪的追诉"，才是法律监督，对其他国家工作人员犯罪的追诉，就不具有法律监督的性质。如果对这一点认识不清，分不清检察机关的侦查与公安机关的侦查有何异同，按一般侦查机关对待检察机关，检察机关就成了国家的第三个侦查机关，失去了法律监督的特性，人们就会提出疑问：有无必要在公安机关之外再设立一个侦查机关？这种观点的危害在于，它必然导向否定检察机关的存在。

有人把检察机关限于承担对国家工作人员违反刑事法律的监督，不承担除了进入诉讼以外的其他违法行为的监督，认为这是不承担一般法律监督的任务，以此作为取消检察机关法律监督性质的理由。这种认识也是片面的。关于检察机关职权的法律规定和实际活动范围与检察机关所具有的法律监督性质之间的差距问题，如何认识和解决，笔者已在前边有所论述。这里还想补充两点：（1）我国检察机关不采用苏联检察机关实行的一般监督，而这部分职权由国家权力机关行使，这只是部分职权的调整，并不意味着检察机关就不再承担对国家机关和国家工作人员的活动是否合法实行监督的职责。检察机关的监督，以检察国家工作人员职务犯罪为重点，侧重对刑事法律的监督，是监督方式的改变，并不改变法律监督的性质。对刑事法律的监督，是法律监督的组成部分。不能说只有检察其他违法行为，才具有法律监督的性质。（2）检察实践证明，检察国家工作人员的职务犯罪，不能当作一般刑事案件来办，这样不符合保证法制统一的客观实际和不利于发挥法律监督的整体效应。因为国家工作人员发生违法，往往是多种违法行为交织在一起，既有刑事违法行为，又有其他违法行为，或者是由一般违法行为发展为严重违法行为而构成犯罪。在这种情况下，如果检察机关只抓刑事违法，不管其他违法行为，显然不利于保障法律的正确实施。事实上，检察机关在办案过程中通过纠正违法的方式和检察建议的方式，纠正了不少刑事违法行为以外的其他违法行为，收到了很好的效果。当然我们也不主张所有的违法行为都由检察机关来处理。有人主张把监督其他违法行为的职权赋予行政监察部门，甚至要求在全国人大成立监察委员会，赋予监督行政法律的职权。这种分散法律监督的职权、重复建制的想法是不现实的。笔者认为，由国家的法律监督机关统一负责法律监督的工作，才是顺理成章的事。检察机关与其他监督部门应有明确的分工和密切的配合，检察机关不能包揽一切，但法律监督权统一行使的原则和检察机关的法律监督性质是必须坚持的。

三、论全面充分发挥检察机关法律监督职能的作用*

（一）我国检察机关的性质

我国宪法第 129 条和人民检察院组织法第 1 条规定："中华人民共和国人民检察院是国家的法律监督机关。"从法律规定来看，人民检察院作为国家专门的法律监督机关，具有法律监督的性质是很明确的。但是，怎样理解法律监督的含义和如何在检察活动中具体体现其性质，则还有值得研究和需要加以明确的问题。

---

　　* 本部分内容刊载于《中国法学》1987 年第 4 期。

1. 关于法律监督机关和专政机关的关系问题。在较长的一个时期内，形成这样一种看法：人民检察机关是国家的专政机关，它的职能是打击敌人，惩罚犯罪。法律监督只能在这个范围内进行。谁主张对人民内部违法行为实行法律监督，就认为会改变检察机关的专政性质。这种看法指出检察机关具有对敌专政职能，法律监督的重点应放在刑事犯罪方面，无疑是对的，但对专政和法律监督的含义的理解是不够全面的。（1）国家机关的专政职能并不仅仅就是对敌专政，马列主义关于无产阶级专政的理论从来都是把对敌专政只看作无产阶级专政的国家机关职能之一，列宁在论述无产阶级专政任务时指出："无产阶级专政的实质不仅在于暴力，而且主要不在于暴力。"[1] 无产阶级还有组织实现社会主义、共产主义的任务。斯大林在论述无产阶级专政的概念时，明确指出无产阶级专政包括镇压剥削者，团结群众，组织社会主义三个方面的内容。"无论除去这三个方面中的哪一方面，都不免有曲解无产阶级专政概念的危险，只有把所有这三方面综合起来，我们才能得到一个完整的无产阶级专政的概念。"[2] 由此可见，对敌专政，只是无产阶级专政的国家机关实现无产阶级专政任务的职能之一。检案机关作为无产阶级专政的国家机关也不例外，对敌专政不是它的唯一职能，它是通过法律监督的形式，既执行对敌专政的职能，也执行保护民主的职能，来保证国家法律的统一、正确实施。（2）对敌专政的职能和保护民主的职能并不是互相排斥的。毛泽东同志在论述人民民主专政问题时指出："对人民内部的民主方面和对反动派的专政方面，互相结合起来，就是人

---

[1] 《列宁选集》（第3卷），第857页。
[2] 《斯大林选集》（上卷），第410页。

民民主专政。"[1] 检察机关的对敌专政和保护民主，正是体现了国家专政职能不可分割的两个方面。特别是在目前阶级斗争形势已经发生根本变化，对敌专政的范围逐步缩小，亟需加强社会主义民主和法制建设，民主范围将逐步扩大的情况下，检察机关应适应形势的变化，除了继续执行对敌专政、惩罚犯罪的职能外，更应充分发挥在保护民主方面的职能作用。(3) 法律监督的含义应当是对有关国家机关和国家工作人员以及公民是否遵守和执行法律实行监督，不能解释为只限于对刑事犯罪的监督，把对其他违法行为的监督排除在法律监督范围之外。在实际执行中，可以根据实际需要和可能条件，具体确定不同时期法律监督的重点和范围，但这并不意味着法律监督本身的含义有什么变化。

2. 关于法律监督机关和公诉机关的关系问题。所谓公诉机关，是指代表国家对刑事案件提起公诉的专门机关。资本主义国家的检察机关，主要行使对刑事案件的侦查或指挥侦查、提起公诉和出庭支持公诉的职权，在侦查和审判活动中，虽然也能起某些法律监督的作用，但法律没有规定它有专门的法律监督的职权。因而，资本主义国家的检察机关属于公诉机关的性质。社会主义国家的检察机关则不同，它是以维护国家法制统一为目的的专门法律监督机关。在刑事诉讼中，它负有控诉犯罪的职能，运用侦查和起诉的职权，以公诉人身份提起公诉和支持公诉的职权，同时它又具有以法律监督机关代表的身份对侦查活动和审判活动是否合法实行监督的职权。除此以外，它还有对其他方面违法行为实行法律监督的职权。我国的检察机关，正是具有上述职权的社会主义国家的检察机关。但是，在

---

〔1〕《毛泽东选集》（合订本），第 1480 页。

我们的工作中，往往出现只重视侦查、起诉任务的完成，而不重视开展法律监督活动的情况。这种情况的出现，不能说与对检察机关的法律监督性质认识不足没有关系。因此，我们必须从认识上分清两种不同性质的检察机关。社会主义国家的检察机关要完成侦查、起诉的任务，从这个意义上讲，它和资本主义国家的检察机关有共同的地方。但是，必须看到，社会主义国家的检察机关还具有更为重要的、特定的法律监督职权，即通过侦查、起诉活动，行使法律监督职权，对侦查、审判活动是否合法实行监督，对其他国家工作人员和公民的违法行为实行监督。只有依法全面开展法律监督活动，才能充分体现社会主义国家检察机关的性质，从而使我国的检察机关成为名副其实的法律监督机关。

（二）我国检察机关法律监督的对象和范围

关于人民检察机关的法律监督对象和范围，从建国以来的法律规定和实践情况看，曾经历了一个发展变化的过程。

1949 年制定的中央人民政府组织法中规定："最高人民检察署对政府机关、公务人员和全国国民之严格遵守法律，负最高的检察责任。"同年制定的最高人民检察署试行组织条例和1951 年制定的最高人民检察署暂行组织条例中也作了相类似的规定。1954 年宪法和同年颁布的人民检察院组织法又作出规定："最高人民检察院对于国务院所属各部门、地方各级国家机关、国家机关工作人员和公民是否遵守法律行使检察权。"这就是说，宪法和法律明确了以国家机关、国家工作人员和公民作为检察机关法律监督的对象，并以是否遵守法律为监督的范围。

对国家机关、国家机关工作人员是否遵守法律实行监督又称为"一般监督"。1954 年制定的人民检察院组织法对行使这项职权的程序作了具体规定："最高人民检察院发现国务院所属各部门和地方各级国家机关的决议、命令和措施违法的时候，有权提出抗议。""地方各级人民检察院发现本级国家机关的决议，命令和措施违法的时候，有权要求纠正。""人民检察院发现国家机关工作人员有违法行为，应当通知他所在的机关给予纠正。"这些规定主要学习了苏联检察机关开展一般监督的一些做法，当时我们自己尚无成熟的经验。以后最高人民检察院开始在少数部门和地区进行试点，试验结果证明，由检察机关检察、发现国务院所属各部门和地方各级国家机关的决议、命令、措施是否违法是难以办到的；对国家机关工作人员一切不遵守法律的行为，不分违法的性质和严重程度，全都由检察机关包下来加以监督也是难以办到的。所以，后来这项检察业务实际处于停顿状态，一度撤销了有关的机构。但鉴于宪法和法律的规定，仍保留了检察机关一般监督的职权。60 年代初期，在中央提出调查研究、总结政法工作经验的推动下，检察机关根据当时的需要，又重新开展了这项业务，并设立了相应的机构。这既不是恢复一般监督，又不完全是现在的刑事检察，而是对严重违法和犯罪的法律监督。

粉碎"四人帮"以后，为了汲取"四人帮"践踏法制的惨痛教训，加强社会主义法制建设，1978 年修改宪法时，又决定重新设置检察机关。叶剑英同志在《关于修改宪法的报告》中指出：鉴于同各种违法乱纪行为作斗争的极大重要性，宪法修改草案规定设置人民检察院。对检察机关职权的规定，基本恢复了 1954 年宪法的提法。1979 年在通过人民检察院组织法时，由于考虑到 1954 年以后实施一般监督的经验和实际情况，对监督的范围做了改动，没有再采用一般监督的提法。检察机关监督范围规定为："对于叛国案、分裂国家案以及严重破坏国家的政策、法律、法令、政令统一实施的重大犯罪案件，行使检察权。对于国家机关工作人员违法的监督，限于刑法规定的构成犯罪的渎职案件和侵犯公民民主权利的案件。"彭真同志在五届二次人民代表大会上作关于人民检察院组织法等七个法律草案的说明时指出：检察院对于国家机关和国家工作人员的监督，只限于违反刑法，需要追究刑事责任的案件。至于一般违反党纪、政纪并不触犯刑法的案件，概由党的纪律检查部门和政府机关去处理。1982 年通过新宪法时，亦删去了 1978 年宪法中对检察机关一般监督职权的规定。检察机关法律监督职权的范围，按人民检察院组织法第 5 条的具体规定执行。

因此，如果我们仍把 1954 年宪法和 1978 年宪法中关于一般监督职权的规定，列为检察机关法律监督的范围，是不符合现行宪法和现行法律规定的。但是，如果我们把检察机关法律监督的范围只理解为限于构成犯罪的案件，也是不完全符合现行法律规定和实际情况的。根据刑事诉讼法规定，检察机关在刑事诉讼活动中，行使职权的范围，不限于对已构成刑事犯罪的人进行侦查、起诉和监督判决的执行，还要对公安机关的侦查活动是否合法和人民法院的审判活动是否合法实行监督。监督的内容主要是以公安机关和人民法院有无违反刑法和刑事诉讼法为根据。很显然，开展这一类法律监督活动，主要不是以构成犯罪为界限的。根据人民检察院组织法和有关法律规定，检察机关还有对监狱、看守所、劳动改造机关的活动是否合法实行监督的职权。这不仅是对各类被监督、改造对象的违法犯罪活动进行检察，而且还是对有关机关贯彻执行劳改工作方针政策和遵守法制的情况进行监督。开展这方面的监督活动，主要也不是以是否构成犯罪为界限的。

从纠正违法的实际需要来看，对国家工作人员违法行为的监督，原则上确定以构成犯罪为界限是对的，但在具体执行中也不能"一刀切"。因为违法与犯罪之间，虽性质不同，但往往交织在一起，在大多数情况下，两者属于违法程度轻重之差别。具有一定的违法行为而尚未达到严重程度的，则不认为是犯罪，而达到严重程度才构成犯罪。究竟是一般违法还是犯罪，往往需要经过一个调查过程才能查明和确定。因此，检察机关在受理公民控告或主动发现国家工作人员违法时，对于那些一时不能确定是否已经构成犯罪的案件，是积极进行调查，弄清事实，再分别作出适当处理呢，还是以尚无确实证据证明有犯罪事实为由而不受理呢？这是其一；对于检察机关在受理控告或经过立案侦查后，经查明虽有一般违法行为而尚未构成犯罪的案件，是采取适当方式妥善处理，还是简单地撤销案件了事呢？这是其二。对于上述两种情况，在实践中，有些检察机关通过审查控告材料和调查核实工作，采取教育和调解的办法，或者采用检察建议的方式，或者配合有关部门进行处理等方法，收到了很好的效果。实际上这也是法律监督的一种方式。由此可见，对于国家机关工作人员的违法行为的监督，已经构成犯罪的案件，通过侦查、起诉、追究其刑事责任，是法律监督的主要形式。但这并不排除检察机关对于一般违法行为行使监督权。检察机关采取适当的监督形式，积极地配合有关部门纠正违法，对加强法制建设是有益的。

在人民检察院组织法颁布以后，有关的法律、法规对检察机关行使职权的范围，又陆续作出了补充规定。如民事诉讼法（试行）中规定："人民检察院有权对人民法院的民事审判活动实行法律监督。"又如国务院关于劳动教养的补充规定中规定："人民检察院对劳动教养机关的活动实行监督。"这些规定都扩大了检察机关法律监督的对象和范围，同样说明检察机关法律监督范围不是以是否构成犯罪为界限的。

（三）适应法制建设需要，加强法律监督的职能

我国法制建设进入了一个新阶段。立法机关和有关部门已经或即将陆续制定和颁行许多经济方面的、民事方面的和行政方面的法律、法规，为四化建设和经济体制改革提供充分的法律保障。社会主义民主也将逐步实现制度化、法律化的要求。如何保障这些法律、法规的正确执行，如何保护广大人民群众的民主权利和合法利益，这是当前形势向我们提出的一个迫切需要解决的问题，而充分发挥法律监督机关的监督作用，无疑是对于保障法律的统一、正确实施有着重要意义的。根据我国宪法和法律规定，国家立法机关对宪法和法律的正确实施和遵守执行负有监督责任，而作为国家设立的专门的法律监督机关——人民检察院，对此同样负有不可忽视的重要责任。人民检察院的法律监督，不应只限于对刑事法律的监督，还应当包括对经济、民事和行政法律的监督。法律监督的范围应当随形势的变化而有所调整。当前，除了继续加强对刑事法律的监督外，人民检察院应逐步扩大法律监督的范围，积极参与经济案件、民事案件和行政案件的诉讼活动，对重大的经济、民事、行政违法行为，实行法律监督，以充分发挥人民检察院在维护国家法律的统一、正确实施中应起的作用。

1. 完善对刑事法律的监督。人民检察院在刑事诉讼中，依法执行公诉职能和法律监督职能，两者不应偏废，既要对确已构成犯罪的人提起公诉，追究其刑事责任，又应对刑事诉讼活动是否合法实行监督，以保护被告人和其他诉讼参与人的诉讼权利，保障无罪的人不受刑事追究。

在侦查、起诉活动中，要通过审查逮捕和审查起诉工作，搞好侦查监督。刑事诉讼法第 52 条规定："人民检察院在审查批准逮捕工作中，如果发现公安机关的侦查活动有违法情况，

应当通知公安机关予以纠正。"人民检察院组织法第 5 条第 3 项规定："对于公安机关的侦查活动是否合法，实行监督。"依照法律规定，人民检察院如果发现公安机关在拘留、逮捕、预审和使用侦查手段、搜集证据等方面有违反刑事诉讼法的规定，以及刑讯逼供和其他违法乱纪行为时，应当及时提出纠正意见。纠正违法应按规定程序进行。对于一般违法行为可以采用口头提出意见的方式，对于严重违法行为，应当使用"纠正违法通知书"，要求公安机关将纠正的情况通知人民检察院。对于情节严重，已构成犯罪的人员，应当立案侦查，依法追究其刑事责任。

在审判活动中，既要出庭支持公诉，又要搞好审判监督。刑事诉讼法第 112 条规定："出庭的检察人员发现审判活动有违法情况，有权向法庭提出纠正意见。"人民检察院组织法第 5 条第 4 项规定："对于人民法院的审判活动是否合法，实行监督。"依照法律规定，出席法庭的检察人员，如果发现法庭审理活动中，人民法院在遵守法律规定的程序、制度，保障当事人的诉讼权利和审理中所作出的决定等方面有违法行为时，应当提出纠正意见。如果是一般违法行为，可以在休庭后向法院提出意见，如果这种违法行为可能影响到判决的正确性，应当当庭提出纠正。对于法庭作出的判决、裁定有错误时，不论是有利于被告人还是不利于被告人的，都应当依照法定程序提出抗诉。

人民检察院还应当搞好对刑事判决的执行和监所工作的监督。刑事诉讼法第 164 条规定："人民检察院对刑事案件的判决、裁定的执行和监狱、看守所、劳动改造机关的活动是否合法，实行监督，如果发现有违法的情况，应当通知执行机关纠正。"人民检察院组织法第 5 条第 5 项也作了相同的规定。依照法律规定，人民检察院在监所检察工作中，不仅应认真处理好在判决执行中发生问题而形成的刑事案件，还应对监狱、看守所和劳动改造机关贯彻执行政策、法律的情况实行监督，如果发现在拘押、监管人犯工作中有违法行为时，应当查明事实，通知主管机关或其上级机关予以纠正。一般违法行为，可以口头提出纠正，严重违法行为，应当书面提出纠正，并要求告知纠正的结果。情节严重构成犯罪的案件，应当在查明事实后，依法提起公诉。

纠正刑事诉讼活动中的违法行为，应当严格按照法律规定的程序和方式进行。实践中出现的新问题，法律尚无明文规定的，也应积极总结经验，作出补充规定，以逐步完善法律监督的程序和方法。

2. 开展对民事法律的监督。检察机关是否参与民事诉讼活动，实行法律监督，过去曾有过不同意见。在实践中检察机关一直没有开展这项工作。笔者认为，根据当前形势发展的需要和有关法律规定，检察机关参与民事诉讼活动，发挥法律监督作用是必要的。

随着经济体制改革的发展，开放、搞活政策的实行，解决经济活动中民事当事人的权益争议和其他民事纠纷的诉讼活动越来越多，许多案件不仅是公民个人之间的权益纠纷，也涉及国家利益和社会公共利益，检察机关参与民事诉讼活动，不论是以当事人身份提起诉讼，还是以法律监督者的身份参与诉讼，行使法律监督职权，既有利于保证民事审判活动的合法进行，也有利于民事当事人之间权益纠纷的正确解决，保护当事人的合法权益，保护国家和人民的利益。

我国民事诉讼法（试行）第 12 条规定："人民检察院有权对人民法院的民事审判活动实行法律监督。"这是检察机关参与民事诉讼活动的重要法律根据。人民检察院组织法和人民法院组织法中规定的检察机关对人民法院审判活动实行法律监督的程序和方式，不能理解为只适用于刑事案件的审判活动，而应当认为是适用于人民法院进行的一切审判活动。人民检察院为维护国家法制的统一，行使法律监督职权，对经济、民事案件实行法律监督，符合宪法规定的人民检察机关的性质。

检察机关如何参加民事诉讼活动，是限于以法律监督者身份对人民法院的审判活动是否合法实行监督呢？还是可以以当事人的身份提起诉讼？1954 年颁布的人民检察院组织法中曾作过这样的规定，对于有关国家和人民利益的重要民事案件，人民检察院有权提起诉讼或者参加诉讼。1979 年颁布的人民检察院组织法中对此没有作出规定。根据当前加强法制建设的需要，从维护国家和社会公共利益出发，检察机关对某些重大的民事案件有权提起诉讼和参加诉讼是必要的。至于检察机关参与民事诉讼的具体范围和具体程序、方法，需要通过司法实践，积极总结经验，根据客观需要和检察机关的可能条件，加以规定。

3. 积极研究对行政诉讼的监督。检察机关是否有权对行政法律和行政诉讼活动实行监督，在新中国成立初期的最高人民检察署组织条例中曾作过规定，最高人民检察署和下级检察署"对于全国社会与劳动人民利益有关的一切行政诉讼，均得代表国家公益参与之"。现行的人民检察院组织法中没有作明确规定。从理论上说，宪法规定检察机关为国家的法律监督机关，行政法律是国家法律的一部分，当然有权监督。特别是行政诉讼案件，它是人民法院审判活动的一部分，人民检察院有权对审判活动是否合法实行监督，当然也应包括行政诉讼案件的审判活动在内。从现实情况来看，某些行政部门和基层组织滥用职权，侵犯企事业单位和公民权益的问题比较严重，人民检察院虽有保障公民人身权利、民主权利和其他权利的职责规定，但实际上只有等问题发展到了构成犯罪的严重程度才进行干预，许多问题不能得到及时、正确的解决。因此，必须完善行政立法，制定行政诉讼程序，采用法律手段解决行政纠纷。从法律监督方面来说，除了根据宪法规定，应加强国家权力机关的监督外，对于某些涉及国家和人民利益的重大违法案件或重大行政诉讼案件，由检察机关积极参与，实行法律监督，也是有必要的。至于监督的具体范围和具体程序，需要通过实践活动，摸索经验，加以研究总结，作出规定。

四、对建设中国特色社会主义检察制度的几点思考*

党的十一届三中全会以后，邓小平同志创造性地提出了建设有中国特色的社会主义的理论。他说："把马克思主义的普遍真理同我国的具体实际结合起来，这就是我们总结长期历史经验得出的基本结论。"在这一理论的指导下制定和贯彻执行以经济建设为中心，坚持四项基本原则，坚持改革开放的基本路线，使我国的社会主义建设进入了一个新的历史时期。总结新时期的实践经验，党的十三届七中全会系统提出了建设有中国特色社会主义的十二条原则。江泽民同志在庆祝建党七十周年大会讲话中，又进一步提出了建设有中国特色社会主义的经济、政治、文化的基本要求。毫无疑问，建设作为社会主义政治法律制度的社会主义的检察制度，必须以此为指导思想。因而，提出建设有中国特色的社会主义检察制度，无论从加强社会主义的法制，更好地为社会主义经济建设服务，还是从发展和完善检察制度本身来说，都是完全必要和正确的。

建设有中国特色的社会主义检察制度，必须以马克思列宁主义为指导，从实际出发，结合中国的国情，适应巩固人民民

---

* 本部分内容刊载于《检察理论研究》1992 年第 1 期。

主专政和加强社会主义法制的需要。要借鉴和吸取古今中外建设检察制度的有益经验，但绝不是照抄照搬，要总结自己的实践经验，有所创造和有所发展。

建设有中国特色的社会主义检察制度并不是自今日始。在新中国成立四十多年的时间里，检察制度的建设经历了曲折的发展过程，实际就是一个逐步探索和建设符合中国实际的检察制度的过程。新中国的检察制度是在彻底摧毁旧中国检察制度后，根据列宁关于维护国家法制统一的思想，作为保障法律正确、统一实施的一种新的检察制度而建立的。在新中国成立初期，由于自己还缺乏建立社会主义检察制度的实践，在立法时借鉴过苏联的经验，但后来的事实说明，苏联检察制度的某些规定（如一般监督），并不适合中国的情况。我国的检察制度，主要是从我国的实际情况出发，根据加强法制建设的需要，通过检察实践逐步发展起来的。在前进的道路上，几经波折，终于在党的十一届三中全会后得到了迅速发展。经恢复重建后的检察机关，扩大了检察业务范围，在法制建设中发挥了重要作用，初步形成了具有中国特色的检察制度。但是，不容否认，社会主义检察制度还是一个新事物，检察制度获得发展的时间还不长，取得的经验有限，尚存在一些没有完全解决的问题，需要通过实践继续积累新的经验，作出新的理论概括，才能成为一项完善的检察制度。从近来看到的一些著作和文章中，对检察机关的性质、职权和法律地位等问题仍有不同的认识和主张，这都涉及建设一个什么样的检察制度的问题。笔者想围绕建设有中国特色的检察制度这个基本问题，就与此有关的几个问题谈些看法，以期引起进一步探讨。

（一）列宁的法制统一思想和苏联检察制度的模式

苏联的检察制度是根据列宁关于维护法制的统一思想，结合苏联的情况创建的。中国和当时的苏联，虽都是社会主义国家，但面临的法制状况不同，我们不能照抄照搬苏联检察制度的模式，这是对的。但是，不能认为列宁关于建设社会主义检察制度的思想也是不适合中国情况的。这两者之间应加以区别。列宁提出要有专门的法律监督机关，以保障国家法制统一的思想，对社会主义国家有普遍意义。社会主义国家要有自己的法制，社会主义法制是在摧毁旧法制之后建立的。在建设社会主义法制的过程中，会遇到旧法制残余和习惯势力的种种阻碍，必须有专门的法律监督机关，监督法律的正确、统一实施，才能保障社会主义法制的巩固。检察机关拥有包括司法手段在内的各种监督手段，法律赋予它法律监督的职权，发挥它的监督作用，是最为合适的。

我国的检察机关确定为国家的法律监督机关，正是根据上述列宁关于维护法制统一的思想作出的规定。彭真同志在1979年第五届全国人大第二次会议上作七个法律草案的说明中曾明确指出了这一点。他说，列宁在十月革命后，曾坚持检察机关的职权是维护国家法制的统一，我们检察院组织法运用列宁这一指导思想，结合我们的情况，确定检察院的性质是国家法律监督机关。1982年的宪法，再次肯定了检察机关的性质和法律地位。第129条明确规定："中华人民共和国人民检察院是国家的法律监督机关。"坚持这一点十分重要。这是社会主义检察制度的特色，也是中国检察制度的特色。表明我们国家对社会主义法制的重视，有专门的机关行使法律监督职权，对全国实行统一的法律监督。我国检察机关在行使法律监督职权时，不采用苏联检察机关一般监督的一套做法，只是某些职权的调整，方式方法的改变，并不是不再行使法律监督职权，根本改变检察机关的法律监督性质。现在有些人认为检察机关不搞一般监督，只搞"司法监督"，再把它规定为法律监督机关是"名不副实"，要求修改宪法和人民检察院组织法，把人民检察院改为："国家的公诉机关和司法监督机关",〔1〕或者改作："国家的司法监督机关"。〔2〕这些观点是值得商榷的。

把我国的检察机关确定为法律监督机关，是加强社会主义法制的客观需要，是人民群众的迫切要求。40 年来检察制度的演变过程可以证明。早在新中国成立初期，1950 年建立检察机关时，中共中央先后两次在检察工作指示中就明确指出，我国的检察机关是法律监督机关，是人民民主专政的重要武器。它不同于资本主义检察的性质、任务，是用以保障法律法令政策之实行。〔3〕1954 年我国颁布第一部宪法，设立人民检察院，是为了加强法制，这一点是明确的。彭真同志 1954 年在全国检察业务会议的报告中着重谈了这个问题。他说："列宁曾说过，健全法制要一个长时期，一是军事镇压时期，二是贯彻法律的统一时期。""目前我们已经颁布了宪法，如再按过去那样办事就不够了，必须加强法制。"〔4〕董必武同志说："国家和人民需要检察机关来维护人民民主的法制。"必须加强国家的法制，也就必须加强担负维护法制任务的检察机关。"〔5〕检察机关在"文化大革命"中被撤销，粉碎"四人帮"后，1977年在征求修改宪法意见时，广大干部和群众纷纷要求重新设立检察机关，其原因就是目睹了"文化大革命"中法制遭破坏的情况，认为健全法制就非有专门的法律监督机关不可。1978 年

---

〔1〕 蔡定剑：《国家监督制度》，中国法制出版社 1991 年版，第 226 页。
〔2〕 孔令望等：《国家监督论》，浙江人民出版社 1991 年版，第 324 页。
〔3〕 最高人民检察院研究室：《检察制度参考资料》（第 1 编），第 20 页。
〔4〕 《彭真文选》，人民出版社 1991 年版，第 266 页。
〔5〕 《董必武政治法律文集》，法律出版社 1986 年版，第 318 页。

第五届全国人大第一次会议，叶剑英同志作《关于修改宪法的报告》，明确指出："鉴于同各种违法乱纪行为作斗争的极大重要性，宪法修改草案规定设置人民检察院。"1979 年的人民检察院组织法和 1982 年宪法都明确规定人民检察院是国家的法律监督机关。上述事实说明，坚持人民检察院是国家的法律监督机关，绝不是某些人不切实际的空想，也不是照搬苏联的检察制度，而是根据我国实际情况的发展作出的结论。

我们不采用苏联检察机关实行一般监督的一套做法，并不是否认检察机关负有保障国家法制统一的职责。要把一般监督职权和检察机关监督法律的统一、正确实施的职责加以区别，这是两个含义不完全相同的概念，不能把后者也当作一般监督加以否定。所谓一般监督职权，是指 1954 年人民检察院组织法第 8 条的规定，即"最高人民检察院发现国务院所属各部门和地方各级国家机关的决议、命令和措施违法的时候，有权提出抗议。地方各级人民检察院发现本级国家机关的决议、命令和措施违法的时候，有权要求纠正；如果要求不被接受，应当报告上一级人民检察院向它的上一级机关提出抗议。地方各级人民检察院发现国务院所属各部门和上级地方国家机关的决议、命令和措施违法的时候，应当报告上级人民检察院处理。"我们说检察机关不搞一般监督，是指检察机关不再把上述监督国家行政机关发布的决议、命令是否同法律相抵触，有无违法，作为检察机关的一项职权，与其他职权一样，进行经常性的工作。50 年代后期，刘少奇、彭真同志曾指示检察院可以不做一般监督工作，但要保留一般监督职权，备而待用。现行宪法第 76 条作出规定，全国人大常委会有权"撤销国务院制定的同宪法、法律相抵触的行政法规、决定和命令"；"撤销省、自治区、直辖市国家权力机关制定的同宪法、法律和行政法规相抵触的地方性法规和决议。"这个规定虽与检察机关的一般监督在内容上不完全相同，但是，由于人民检察院组织法不再规定一般监督的职权，因此，一般认为这是把检察机关一般监督的职权赋予了人大常委会。鉴于检察机关职权的调整，也就不再采用 1954 年宪法第 81 条对检察机关职权总的提法，即"中华人民共和国最高人民检察院对于国务院所属各部门、地方各级国家机关、国家工作人员和公民是否遵守法律，行使检察权。"有人把这条规定混同于一般监督的规定，误认为这是法律已取消了检察机关对国家机关、国家工作人员和公民是否遵守法律行使检察权的规定，这是不对的。1979 年人民检察院组织法第 1 条和 1982 年宪法第 129 条明确规定："中华人民共和国人民检察院是国家的法律监督机关。"宪法和法律用上述规定代替了 1954 年宪法第 81 条的规定，这说明检察院的具体职权虽有变化，但检察机关的法律监督的性质和相应的职权不变。从总体上说，它仍负有维护国家法制统一，监督国家法律统一、正确实施的职责。为了实现上述职责，国家机关、国家工作人员和公民是否遵守法律，自然仍在它行使职权的范围之内，而不能加以排除。

人民检察院组织法第 5 条对检察机关的职权作出了具体规定。该条第 1 款第一项规定："对于叛国案、分裂国家案以及严重破坏国家政策、法律、法令、政令统一实施的重大犯罪案件，行使检察权。"本项内容虽然限定在重大犯罪案件，但不应一般地把它看作对刑事案件行使检察权。如果作为刑事侦查案件，完全可以合并到第二项刑事侦查职权内，没有必要把它单列一项职权，而且设在各项职权的首位。法律所以作出这个规定，具有特殊意义。历史的经验表明，对国家法制破坏的最大危险是来自阴谋叛国、分裂国家和严重破坏国家政策、法律的违法犯罪行为。国家必须运用法律武器同它作斗争。国家设置专门的法律监督机关，把这一项重要职权赋予检察机关是非常必要的。作为法律监督机关，检察机关可以不去做一般监督的工作，不去监督有关国家机关颁布的决议、命令是否违法。但对严重破坏法制统一的行为，必须保持警惕，行使检察权。这类案件不可能经常发生，但不可能不发生，一旦发现这种违法犯罪行为，就必须运用法律赋予的职权，同它作坚决的斗争。这就是为什么检察机关不搞一般监督，仍必须确定为国家的法律监督机关，而不能把它降格为公诉机关或者司法监督机关的重要根据和理由。有些同志只从刑事侦查的意义上去理解这条规定的意义，进而提出要求改变检察机关的性质和法律地位是不正确的。

有人把检察机关对国家机关和国家工作人员的监督，目前限于刑法，需要追究刑事责任的案件，看作检察机关不搞一般监督后职权的缩小，并进而认为，既然检察机关只限于对刑事法律的监督，不再对刑事法律以外的法律实行监督，已不是全面的法律监督，就没有必要再保持法律监督机关的性质和地位。这是一种误解。

国家的法制状况如何，很大程度上决定于国家机关和国家工作人员的执法情况。要保持国家法制的统一，法律的正确实施，首先要求有关国家机关和国家工作人员严格遵守和执行法律。当前在实际工作中存在的有法不依，执法不严，甚至违法乱纪的突出问题，都是与国家机关和国家工作人员有关。作为国家的法律监督机关，不能对国家工作人员的执法状况漠不关心。检察机关对国家机关和国家工作人员违法的监督，之所以限制在触犯刑法的范围内，主要是考虑当前检察机关同刑事犯罪斗争任务的繁重和主观力量的不足，应集中力量办理刑事案件，主要承担司法监督，并不是检察机关性质和职权的改变。保证国家机关和国家工作人员统一、正确实施法律，始终是它的职责所在。

只要回顾一下检察机关 40 年来走过的道路，就可以清楚地看到，不能没有检察机关从法律上对国家机关和国家工作人员的监督。党和国家一直十分重视检察机关在国家工作人员违法犯罪斗争中的作用。50 年代后期，由于受"左"倾思想的影响，出现过一种观点，片面认为检察机关是专政机关，只能处理敌我问题，不能处理人民内部问题。因此，在不搞一般监督以后，也不再处理干部的违法问题。当时担任全国人大委员长的刘少奇同志曾针对这个问题指出，检察院"是不是只处理敌我问题，不处理人民内部问题，这个观念要好好研究一下"。"法制不一定是指专政方面，人民内部也要有法制。""检察院应该同一切违法乱纪现象作斗争，不管任何机关任何人。"[1]后来，检察机关担负了办理干部严重违法乱纪案件的工作，并成立了相应的业务机构，在维护法制，纠正违法的斗争中发挥了重要作用。这实际是在检察机关不搞一般监督工作，相应地撤销了一般监督的业务机构之后，经过一段时间现实情况的发展，说明国家机关和国家工作人员中违法问题是客观存在，检察机关不能不管。但不是去检查决议、命令是否合法，而是必须对干部的违法乱纪实行监督。也可以认为这是检察机关在履行监督国家机关和国家工作人员是否合法的职责时所采取的一种新的监督形式。前边已经提到，1978 年恢复和重建检察机关的重要理由，也是鉴于同干部违法乱纪斗争的需要。近年来检察机关大力开展以职务犯罪为重点的斗争，特别是办理贪污贿

---

〔1〕《刘少奇选集》，人民出版社 1981 年版，第 453 页。

赂犯罪案件，更说明这一监督形式符合客观现实的需要，它是检察机关法律监督的重要组成部分。有人认为干部的职务犯罪是刑事案件，不是什么法律监督，这是不对的。我们不能把它看作一般的刑事侦查，应当站在维护国家法制，监督国家机关和国家工作人员严格执法的高度来认识这个问题（这个问题后边还要谈到，这里不再赘述）。

总之，我们坚持贯彻了列宁维护国家法制统一的思想，对检察机关的法律监督不是照抄照搬苏联的经验，而是结合我国的情况，发展和形成了具有我国特点的一些监督制度和方法。我们应当进一步总结经验，完善和发展这些行之有效的监督制度和程序，而不能因监督职权和方式的调整和变化，而否定列宁思想的正确性和它对建立社会主义检察制度的指导意义，改变检察机关的法律监督性质及其地位。

（二）具有法律监督职能的新型的检察制度和单纯行使诉讼职能的旧的检察制度的区别

我国的检察制度与资本主义国家的检察制度不仅有本质的不同，而且在职权范围上有很大的差异。我国的检察机关虽也行使诉讼法职能，但只是行使检察职权的一种形式。依照法律规定，行使法律监督职权的范围，不限于诉讼活动，对诉讼活动以外的违法行为，也有权实行监督。就是在诉讼活动中，不仅行使诉讼职能具有法律监督的性质，而且有权对侦查、审判活动是否合法实行监督。这就大大突破了在旧的检察制度下检察官以诉讼当事人的身份行使职权的范围。由于我们实行这种新型的检察制度的时间不长，一些具体制度和程序，还有待于进一步完善。在如何更好地发挥诉讼职能方面，西方资本主义国家检察制度中的一些有益经验可以供我们参考，特别是关于保护诉讼参与人权利的一些好的做法值得借鉴。但我们绝不能以资本主义国家检察制度的模式来改革我国的检察制度。如果削弱和取消检察机关的法律监督职能，只限于行使诉讼职能，那样就会回到公诉机关的老路上，这种改革的设想，不是什么进步，而是倒退。

资本主义国家实行"三权分立"，所谓司法独立，主要是指法院独立，或者称审判独立。在诉讼活动中实行以审判为中心。检察机关虽有一定的司法权，但它与行政权没有彻底分离，检察机关仍隶属于司法行政机关，检察长受司法部长领导。或者像美国那样，司法部长就是检察长，一身二任。司法部长可以通过检察长干预司法活动，使检察权受制于行政权，所谓检察官独立行使职权，只具有形式意义。在诉讼中检察官充当公诉人或公益代表人，在以审判为中心的诉讼结构下，检察官只是处于诉讼一方当事人的地位，无权对诉讼活动是否合法实行监督。相反，法官的权力明显大于检察官。如捕人要经法官批准。有些案件的起诉，要经法官或法院有关组织的审查同意。起诉后法院认为不合诉讼条件的，有权裁定驳回起诉，而对检察官不起诉的案件却可以要求起诉或者根据被害人请求直接受理。除非改变我国检察机关的性质和职权，按三权分立理论建构的这套模式，我们是不能套用的。1982 年修改宪法时，曾有人要把我国检察机关归属于司法行政部门。因明显不符合社会主义检察制度的性质，对加强社会主义法制不利，而放弃了这种设想。

我国的检察机关是法律监督机关，它既不归属于司法行政部门，也不附属于法院，它依法独立行使检察权，不受其他行政机关的干涉。它参加诉讼活动，既行使诉讼职能，又行使法律监督职能。在刑事诉讼中它担当公诉人，但不是当事人。我们不能用当事人的权利义务要求来看待和约束它的诉讼行为，而应当从加强法律监督，保证诉讼活动的正确、合法进行，来规范它的职权行为。这里有必要回顾一下建国初期确立检察制度的初衷。当时建立检察机关，不仅是为刑事诉讼设立专门的公诉人，而主要是为了从制度上加强对侦查、审判活动的监督，以达到防止和减少错案，提高刑事案件质量的目的。1953年，由董必武、彭真主持的中央政法党组向中共中央的书面建议中曾明确指出，"健全司法制度，防止和减少错捕错判案件，重点是健全检察制度。"书面建议对此作了详细的分析和说明："一般刑事案件，审判之前亦无检察机关的侦查，审判结果亦无检察机关的监督，一个审判员在思想上的片面性则是很难完全避免的，对于一些情节比较复杂的案件很容易发生错判。""许多重大案件由公安机关单独办理，但是，如果一个公安干部认为某案确系反革命案件时，即不易再反映出相反的一方面的材料，而党委和上级公安机关又不能逐案提讯犯人，查对证据，——详加审核，因而就不容易及时发现假案加以纠正，为了从司法制度方面防止减少假案、错捕、错押、错判现象的发生，检察工作必须逐步加强和健全起来。"[1] 由此可见，确立检察制度之初，就是为了加强对公安机关、人民法院的监督。这也是公、检、法三机关实行分工负责、互相配合、互相制约这一具有中国特色的刑事诉讼基本原则的由来。根据这一原则要求，刑事诉讼中的侦查和起诉，分别由公安机关和检察机关负责，改变了西方刑事诉讼中检察官指挥侦查，侦查与起诉不分的做法，把审查起诉作为独立的诉讼阶段，由检察机关对公安机关侦查终结需要提起公诉的案件进行审查，并对侦查活动实行监督。在审判程序中，检察机关不仅以公诉人身份参加诉

---

〔1〕 李士英主编：《当代中国的检察制度》，中国社会科学出版社1987年版，第504页。

讼，揭露和论证其犯罪事实，要求法院对触犯刑法的犯罪人定罪处刑，同时，对审判活动是否合法实行监督。这样，检察机关参与了刑事诉讼活动的全过程，运用法律赋予的监督手段，有效地保证了诉讼活动的正确合法进行。上述检察机关在整个刑事诉讼中所处的关键地位和发挥的重要作用，是我国检察制度的一大特色。

在资本主义国家的检察制度下，检察官通过行使侦查起诉、出庭支持公诉，以及对违法判决提出上诉等职权可以对诉讼活动的进行起一定的监督作用，但这种监督作用是很有限的，它与我国检察机关具有专门的法律监督职权，对侦查、审判活动所起的重要监督作用是无法比拟的。我们应当坚持和发展以法律监督为主要特征的检察制度。目前我国检察机关行使法律监督职权，经过长期的实践，已经取得了不少成功经验。尤其在刑事诉讼方面，已有了一套比较系统的监督程序，但也要看到仍存在着一些问题。刑事诉讼中的有些法律监督的具体程序还不够完善，民事诉讼和行政诉讼的法律监督刚刚起步，都有待于继续总结经验，从立法和司法两个方面进一步制度化和法律化。立法上应增加法律监督手段的权威性。检察机关作出的纠正违法行为的决定，有关机关必须接受，消除违法行为，如认为决定有错误，可以要求复议，而不能置之不理。对拒不执行检察机关正确决定的，检察机关要有必要的处分权。对此法律应作明确规定。在司法方面，以刑事诉讼来说，应进一步完善侦查监督和审判监督的具体程序，如对侦查活动的监督，对二审、再审案件的抗诉以及审判监督等制度，应有针对性地制定出具体程序，以更好地发挥监督作用。对检察机关直接受理侦查的案件，也应建立和健全相应的监督制度和程序。如实行侦查和起诉分开，分别由不同的职能部门负责和审查，互相制约。并建立和健全复查、复核制度，加强上下级之间的领导和监督。免予起诉的案件，也应有必要的监督程序保证，特别是直接受理侦查的案件作出免予起诉决定，因得不到公安机关和人民法院的制约，更应重视对案件侦查起诉的监督，才能有效地克服实际执行中存在的一些弊端。甚至可以考虑让辩护律师提前介入，在作出免予起诉决定前，听取被告人和辩护律师的申辩意见。这对于保证免诉决定的正确，只有好处而无坏处。至于有人认为免诉作出了对被告人有罪的认定，是分割了法院的审判权，要求废除免诉制度，因为这个问题涉及诉讼理论问题，不可能在这里展开来谈。但它与如何认识我国检察制度的性质和特点有关，因而有一点需要指出，我们不能用西方司法制度的观念来看待这个问题。我国的检察机关的法律地位和职权与西方不同，根据我国的宪法和法律规定，检察机关有权作出免诉决定。它是我国检察制度的一个特色，它有利于贯彻惩办与宽大相结合的刑事政策，有利于同刑事犯罪的斗争。为了防止检察机关因独家办案缺乏制约带来的弊病，可以强化检察机关内部的监督机制和对被害人、被告人权利的保障，制定必要的具体制度予以解决。

（三）对国家工作人员职务犯罪的监督与刑事侦查的区别

把对国家工作人员职务犯罪的监督作为检察机关行使法律监督权的重要部分，是我国检察制度的又一特色。

国家工作人员是依法从事公务的人员，执掌国家的管理职能，其执法状况如何，有无弄权渎职，贪赃枉法，直接关系到一国的政治清明，政权的巩固。故为历代统治者所重视。国家制定法律，设有专门机构，对官吏的执法情况实行监督。中国封建社会的御史制度，就是赋予御史纠察百官的职权，用"以官治官"的方法，达到"整肃吏治"的目的。但御史从属于皇帝，以皇上的意志为转移，其监督作用是有限度的。资本主义国家有一套惩戒违法公务员的制度，但对重要官吏的弹劾权归属于议会，监督机构的权力并不统一也有限。中国民主革命的先行者孙中山先生在评价历史上官吏监督制度时，有过一段精辟的论述。他说："中国自古以来，本有御史主持风宪，然也不过君主的奴隶，没有中用的道理。就是现在立宪，各国没有不是立法机关并有监察权限，那权限虽有强有弱，总不能独立，因而生出无数弊病。"他主张监察权应从立法机关手中分离出来，由专门机关行使。他说："裁判人民的机关已经独立，裁判官吏的机关却仍在别的机关之下，这也是理论上说不过去的。"[1]他的五权宪法，就提出单独设立监察院。我们从历史经验中可以得到的启示是，惩治国家工作人员的违法犯罪，必须有专门的机关，而且要与行政权相分离，独立行使职权，才能发挥它的应有作用。

我国的检察机关是国家的法律监督机关，宪法和法律赋予它法律监督的职权，它有权对国家机关和国家工作人员遵守和执行法律实行监督。它独立行使职权，不受行政机关的干涉。检察机关在与其他对国家工作人员违法行为有惩处权的机关的分工协作下，由它负责对国家工作人员职务犯罪的监督是最为合适的。这是根据列宁的法律监督的指导思想，结合我国的实际情况，并借鉴中国古代检察制度的经验，总结新中国成立以来检察实践的经验和当前现实斗争的需要，形成的一个重要的监督形式，也是社会主义检察监督理论的一个重要发展。

正因为它是社会主义检察制度行使法律监督职权的一个重要形式，就不能把它等同于一般刑事案件的侦查，否定它的法律监督性质。有人说："检察机关对国家公职人员的犯罪行为

---

〔1〕《孙中山选集》，第80页。

进行侦查与公安机关对普通公民的犯罪行为进行侦查并没有什么不同。我们恐怕不好说检察机关对公职人员贪污贿赂行为侦查起诉是进行法律监督活动。如果把检察机关对国家公职人员职务犯罪的侦查，看作是一种法律监督关系的话，那么，公安机关对普通公民犯罪行为的侦查岂不也可以说是法律监督吗？两者性质是一样的。"[1] 这种无视检察机关办理职务犯罪案件的法律监督性质的看法是不对的。如果这个观点能成立的话，就没有必要由检察机关办理职务犯罪案件，完全可以交给公安机关侦查。因而该文作者在提出改革检察机关的建议时，要求"把检察机关现在自行侦查的那部分国家公职人员职务犯罪的案件，移交给公安机关"[2] 就不奇怪了。但这是不符合社会主义制度理论的，也不符合立法精神。检察机关既不对国家工作人员的一般违法行为，又不对严重违法构成犯罪的案件行使法律监督权，是无论如何说不通的。这明显不利于加强廉政建设，惩治腐败的现实斗争的需要。因有关检察机关职务犯罪的监督与侦查的区别，已有一些文章作过专门论述，笔者在这里就不再重复，只想着重从检察机关确立这一监督形式的渊源和演化的根据提出几点看法。

1. 检察机关对职务犯罪的监督，渊源于法律对国家机关和国家工作人员实行监督的规定。检察机关对国家机关和国家工作人员是否遵守法律实行监督，1982 年宪法施行以前，在宪法和有关法律中作过规定，是很明确的。1982 年宪法对检察机关一般监督职权的修改，删除了 1978 年宪法第 43 条的规定，但明确规定了检察机关是国家的法律监督机关，这样检察机关的

---

〔1〕 蔡定剑：《国家监督制度》，中国法制出版社 1991 年版，第 221 页。
〔2〕 蔡定剑：《国家监督制度》，中国法制出版社 1991 年版，第 249 页。

性质更加明确了。毫无疑问，检察机关既然是行使法律监督权的机关，它的监督对象仍应是国家机关、国家工作人员和公民。一般监督职权的变化，是属于具体职权的调整，并不从根本上改变其法律监督的性质。不能因检察机关不行使一般监督职权，就错误地认为不再具有对国家机关和国家工作人员行使法律监督的权力。检察机关对职务犯罪实行监督，其监督的对象依然是国家机关和国家工作人员，不过是以其违法的严重程度已构成犯罪为监督的范围。彭真同志在1979年第五届全国人大第二次会议作关于七个法律草案的说明中清楚地阐明了这个问题。他说："检察院对国家机关和国家工作人员的监督，只限于违反刑法，需要追究刑事责任的案件，至于一般违反党纪、政纪并不触犯刑法的案件，概由党的纪律检查部门和政府机关去处理。"[1] 笔者对这个立法性的解释作这样的理解：（1）上述解释明确指出，把检察机关受理案件的范围限定在违反刑法、需要追究刑事责任的案件的范围，是从对国家机关和国家工作人员实行监督的角度规定的。而并不是从行使公诉权的角度来确定其范围的。如果作为一般的侦查起诉职权，就没有必要在法律上单独作出规定和作出解释。当然，由于1979年作出规定时，职务犯罪的情况还不是很突出，检察机关也缺乏实践经验，因此法律规定得不够明确，这应当在适当时候，对法律作出修改、补充，而不是取消这项职权。（2）说明在检察机关不行使一般监督职权之后，并不意味着检察机关不再行使法律监督职权。国家机关和国家工作人员仍是检察机关行使法律监督权的对象，不过是具体的监督范围有所变化。（3）这只是针对立法时检察机关的实际情况作出的立法性解释。鉴于

---

[1] 《彭真文选》，人民出版社1991年版，第377页。

当时检察机关的主客观条件，把监督范围限定在受理触犯刑律的案件是必要的。但对此不能作绝对化的理解。后来的实际情况的发展可以证明这一点。国家仍然需要检察机关对国家机关和国家工作人员的违法行为实行监督（如对劳动教养机关活动实行监督）。检察机关在办理职务犯罪案件时，也不能把它当作一般的刑事案件来办。从法律监督的角度，对发现的其他违法行为，通过运用检察建议等方式，作出一定的处理，发挥检察机关的监督作用，更有利于对国家机关和国家工作人员违法行为的消除。

2. 检察机关对职务犯罪的监督，是从担负同干部严重违法乱纪作斗争的任务演化而来的。证明这是客观实际的需要，是加强法制的需要。早在 50 年代后期，鉴于当时干部违法乱纪的严重性，党和国家一再提出要求检察机关负责查处干部严重违法乱纪的案件，这在前面也作过叙述。这里还需要说明的是，这项任务，是作为一项独立的职权，与一般的刑事案件的侦查起诉相区别的。检察机关一直设有专门的机构开展此项业务。其原因，就是因为它的性质同一般刑事案件不完全相同，它是在干部执法中发生的违法，或者说是负有执法职责的干部发生的违法，这就不同于一般公民的犯罪行为。它不仅是干部个人的违法犯罪问题，更重要的是关系到国家机关执法的大问题。只有从法律监督的角度，才能对违法的性质和程度，对国家法律执行的影响所造成的后果，作出正确的分析判断，进而才能对案件作出正确的定性和处理，并且采取必要的措施，消除违法，保障法律的正确实施。这也是为什么不能把此类案件交给公安机关统一侦查的理由，而只能由具有法律监督职权的检察机关来承担，非此莫属。这样才能在查处案件中和通过对案件的查处，充分发挥维护国家法制的重要作用。

　　当前，国家工作人员中职务犯罪非常突出，特别是贪污、贿赂犯罪，已成为国家工作人员职务犯罪中最普遍、危害严重的犯罪，检察机关加强对这类犯罪的监督，不仅关系到国家机关及其工作人员的廉政建设，防止和平演变，而且直接关系到社会稳定和我国改革开放、经济发展的社会主义方向。因此，从理论上和立法上明确它是具有中国特色的检察制度中的一项重要职权，放在检察机关工作的重要地位上，行使法律监督职权，具有重要的现实意义和深远的历史意义。

第三部分
侦查和侦查监督

一、论中国反贪污机构设置的完善及其职权的强化 *

近年来，中国在改革开放，进行社会主义经济建设中，十分重视廉政建设，始终把惩治贪污，反对腐败作为保持国家机关和国家工作人员清正廉洁的重要措施。反贪污机构的合理设置，法律赋予其必要的职权，是开展反贪污斗争的重要组织保证，是深入进行反贪污斗争的客观需要。因而，怎样设置和完善反贪污机构，强化其职权，一直为我国理论界和实际部门所关注。笔者想就此问题谈几点看法。

（一）反贪污机构设置的完善

我国对贪污罪案的查处，历来归属检察机关主管。中华人民共和国刑事诉讼法规定，贪污罪由人民检察院立案侦查。近年来贪污罪案不断增加，办理贪污案件是检察机关工作的重点。为了适应工作需要，1987 年检察机关把办理贪污罪案的经济检察部门改为贪污贿赂检察部门。部分检察机关成立反贪污

---

　* 本部分内容刊载于《人民检察》1995 年第 11 期，编入《第七届国际反贪污大会文集》，红旗出版社 1996 年版。

贿赂局。反贪污斗争取得显著成果。事实说明，由检察机关办理贪污贿赂案件是可行的。但也必须看到，实践中确实存在一些问题，主要是对贪污贿赂案件负有查处责任的几个部门的相互协作关系没有完全理顺。按照部门职责分工，对已构成犯罪，需要追究刑事责任的案件由检察机关负责。尚未构成犯罪和其他需要给予党纪、政纪处分的案件，由共产党的纪律检查部门和行政监察部门负责。由于上述部门各自受理的案件，有时难于分清罪与非罪的界限，易造成工作重复。有些需要采取侦查措施的案件，不能及时移送检察机关，丧失侦查良机。此外，还有学者认为，从立案侦查到提起公诉由检察机关一家包办，缺乏制约和监督，不利于保护嫌疑人权利和保证案件质量。由此引起对反贪污机构究竟应如何设置的讨论。有的论者认为，国家应设立统一的反贪污专门机构，全面负责反贪污的工作，称为"廉政委员会"，或称为"反贪污贿赂局"，直属国家权力机关领导，不再归检察机关和行政机关管辖。有的论者认为，反贪污贿赂机构可以设在检察机关，适当提高其地位，保持相对独立。也有的论者认为，不必专设反贪污机构，贪污贿赂案件可由公安机关统一负责侦查，检察机关起诉，实行互相制约。

根据反贪污斗争的特点和总结实践经验，笔者认为反贪污专门机构应设在检察机关，由检察机关领导。其理由是：

（1）根据我国检察机关的性质、职权，由它设立相应的专门机构负责对贪污贿赂案件的侦查，实行统一领导是合适的。我国宪法规定，检察机关是国家的法律监督机关，负有对国家机关和国家工作人员的职务活动是否合法实行监督的职责。贪污贿赂犯罪是国家机关和国家工作人员职务活动中的严重违法行为，由检察机关负责追查处理，名正言顺。检察机关对贪污贿赂犯罪的查处，不仅是一种侦查行为，而且是一种法律监督行为，因而不能由其他机关代替。我国检察机关不隶属于行政，依法独立行使检察权，拥有强有力的司法手段，这就从体制、职权上保证对贪污贿赂案件查处工作的顺利进行。

（2）全国人民代表大会和地方各级人民代表大会及其常委会是国家的权力机关，行使立法权和法律监督权。反贪污机构是具体办理贪污贿赂案件的工作机关，主要行使司法权，因而从国家体制、职权分工来说，反贪污机构由人民代表大会及其常委会直接领导是不合适的。国家权力机关对司法机关的工作，包括反贪污贿赂的工作，可以进行检查监督，但不能指挥司法机关如何办案。对于司法机关的违法事件，国家权力机关有权依法采取质询，组织调查委员会等方法，对其进行干预并责令纠正，甚至对严重违法者可以行使罢免权，但不能将部分司法业务从司法机关分离出来，收归自己管辖和直接领导。

（3）成立权力相对集中的反贪污专门机构是必要的，但设想把检察机关、共产党的纪律检查部门、行政监察部门负责的有关业务合并，成立一个新的机构统一管辖是不现实的。因为贪污贿赂问题的处理与上述几个部门的职责是分不开的。如对国家工作人员的行政处分权只能由行政监察部门行使；对共产党员的纪律处分权只能由党的纪律检查部门行使，别的机关无法代替。解决的办法只能是在分工负责的基础上，搞好互相协作关系。为避免调查工作发生重复，应坚持一条原则，即凡发现有犯罪嫌疑的贪污贿赂案件应优先移送检察官的反贪污专门机构查处，这就不会影响及时打击犯罪。因此，形成一个以反贪污专门机构为主，同时有几个部门相配合的体制是较好的选择。这样可以避免分兵把口，力量分散，从而集中优势，保证重点。1990 年，第八届联合国预防犯罪和罪犯待遇大会通过的

《反腐败的实际措施》的决议中，在论及反腐败的管辖权问题时，提出反腐败管辖权应有专责分工，但也不应由某一机构包揽。决议指出："责任分工上有一点重叠和竞争不失为防止腐败的良方。"提出主要应在立法和管理上做到"如何使责任分工的重叠甚至对立恰到好处，弥补主要的反腐败机构在清查发现贪污案件方面的疏漏和失误"。国际反贪污的经验总结可资借鉴。

（4）相较公安机关，由检察机关侦查贪污贿赂案件更为适宜。把贪污贿赂案件交给公安机关侦查，可以统一使用侦查力量，发挥公安机关的侦查技术优势，有它的好处。或者单独成立受理贪污贿赂案件的侦查机关，使侦查与检察机关的起诉分离，便于实行互相制约，也有一定的道理。但是，应当看到，贪污贿赂犯罪不同于一般的刑事犯罪，是属于国家工作人员的职务犯罪。我国的检察机关是法律监督机关，由检察机关侦查，可以与对国家工作人员的法律监督职责紧密结合起来，无疑更为适宜。立法机关在制定刑事诉讼法和检察院组织法时，明确规定贪污罪由检察机关管辖，其出发点不仅是一般的侦查分工，主要是从检察机关负有对国家机关和国家工作人员的监督职责考虑决定的。在 1979 年第五届全国人民代表大会第二次会议上，彭真同志所作的关于七个法律草案的说明中清楚地表明了这个思想。再从世界各国的情况来看，虽也有警察机关进行侦查的，但多数是由检察官负责侦查。我国确定贪污贿赂案件的侦查由检察机关负责，符合国际惯例，无可非议。

我国的反贪污机构是根据部门职责分工，在工作中逐步发展形成的，并经受了实践的检验，有其一定的合理性，我不赞同另起炉灶的办法。但这绝不是说，可以无视当前反贪污贿赂工作中存在的问题，无视加强反贪污机构的迫切要求。我们应当认真总结经验，改革和完善现有的反贪污机构，以适应反贪污斗争的需要。具体设想是：

1. 提高反贪污贿赂机构的地位。从中央到地方建立反贪污贿赂局，隶属于各级人民检察院。其规格应高于一般职能部门，可按同级职能部门高半格设置。其局长的职级应相当于副检察长。副局长、检察官由本级人大常委会任免。局长的任免应报上一级人民检察院，提请本级人大常委会批准。反贪污贿赂局在其辖区内，有权统一指挥本局和下级局对贪污贿赂案件的侦查。

2. 保持反贪污贿赂局的相对独立，不受行政机关的干涉。坚决抵制地方保护主义和部门保护主义。应实行以垂直领导为主的体制，地方各级反贪污贿赂局受同级人民检察院和上级人民检察院及其反贪污贿赂局的领导，同时统一受最高人民检察院及其反贪污贿赂局的领导。并受本级人大常委会的监督。中央应赋予检察机关一定的人事管理权。地方对反贪污贿赂局人员的任免、调动，必须取得上级人民检察院的同意。中央应单列办理反贪污贿赂案件的业务经费，由最高人民检察院和财政部联合下达，专项使用，以防止地方行政机关利用人事、财务管理权非法干涉反贪污贿赂工作。

3. 以反贪污贿赂局为主，与共产党的纪律检查部门，行政监察部门组成一个系统，共同负责对贪污贿赂案件的查处工作。既有明确的职责分工，构成犯罪的案件由反贪污贿赂局查处；尚未构成犯罪的违纪违法案件由党的纪律检查部门，行政监察部门查处，又互相联系，协同配合，形成反贪污贿赂的合力，这就有可能发挥出比一个部门单独负责更好的效能。办案中实行刑事先理原则，党的纪律检查部门、行政监察部门对于有犯罪嫌疑的案件，应主动移送反贪污贿赂局查办。反贪污贿赂局认为有犯罪嫌疑的，也可以向党的纪检部门、行政监察部门调卷审查。对于尚未构成犯罪的案件和虽已构成犯罪，但涉及需要给予党纪、政纪处分的案件，反贪污贿赂局应在办案过程中，及时将有关情况和材料转送党的纪律检查部门、行政监察部门处理。应制定具体的联系制度，以便遵照执行。

4. 健全反贪污贿赂局的内部机构设置。不仅应设立受理举报，组织侦查的办案机构，配备政治、业务素质强的检察人员。还应设立负责对贪污贿赂犯罪的预防和负责对社会、公民进行法制宣传教育的机构，形成一个惩治、预防、教育相结合的工作机关，以充分发挥其在反腐倡廉中的重要作用。

（二）反贪污机构职权的强化

反贪污机构的职权应由法律明确规定。不仅赋予其侦查刑事犯罪一般的职权，还应赋予其有利于同贪污贿赂犯罪作斗争的特殊的职权。目前，我国检察机关所拥有的侦查职权，不及其他侦查机关，显然不能适应反贪污贿赂斗争的需要。纵观世界上有些国家和地区的反贪污斗争，之所以能够取得成效，无不与立法上赋予反贪污机构以必要的特殊职权有关。因此，我们必须认真研究当前在反贪污贿赂斗争中遇到的新情况新问题，系统总结多年来反贪污贿赂斗争的经验，并借鉴国外的有益经验，从立法上强化反贪污贿赂机构的职权，才能把我们的反贪污贿赂斗争提高到一个新的水平。

反贪污贿赂局除行使刑事诉讼法和其他法律规定的有关调查、侦查、强制措施等职权外，还应在法律上赋予其以下几个特殊职权：

1. 拘留权和紧急拘留权。对现行犯或者犯罪嫌疑人，有权行使刑事诉讼法第 41 条规定由公安机关行使的拘留权。经检察长或反贪污贿赂局局长签发拘留证，由检察机关侦查人员执行拘留。对于因情况紧急来不及办理拘留手续的，应赋予紧急拘留权。英美刑事诉讼法对现行犯有"无证逮捕"的规定，日本刑事诉讼法对犯罪嫌疑人有"紧急逮捕"的规定。新加坡、香港特区的反贪污贿赂法对涉嫌人有"无证拘捕"的规定。我国应在反贪污贿赂法中作出规定，对于企图自杀、逃跑、毁灭证据的犯罪嫌疑人，侦查人员可以先行拘留，在 24 小时之内办理拘留手续。

2. 特别调查权。侦查人员在办理贪污贿赂案件时，有权就案件有关问题向有关单位和个人进行调查，有关单位和个人有接受调查，提供真实情况的义务。有权向银行和其他金融单位查阅与犯罪有关的账目、文件、票证以及其他物品，或者检查、复制、提取有关资料、物品，有关单位应给予协助，不得拒绝。新加坡、香港特区等反贪污贿赂法规定，调查可不受其他法律的约束，尽管其他法律有相反的规定。对应当提供情况而没有提供，或者提供虚假情况的，以犯罪论处。可见，针对调查贪污贿赂案件的复杂性，有必要规定一些严厉的措施，以保证调查工作的顺利进行。

3. 搜查、扣押权。我国刑事诉讼法规定，搜查必须经过批准签发搜查证后才能进行。对于贪污贿赂案件，法律应规定在特定情况下，享受"无证搜查"权。如遇有犯罪嫌疑人有可能毁弃、转移犯罪证据时，侦查人员出示身份证明后，可以进行搜查。国外的反贪污贿赂法也有类似规定。有的还规定，必要时可以动用武力强行搜查。

侦查机关一般都享有扣押权。对于贪污贿赂案件，法律应规定侦查机关有权查封、扣押、冻结犯罪嫌疑人在银行和其他金融单位的存款，有价证券等物品。

4. 秘密侦查权。由于贪污贿赂犯罪活动具有隐密性，公开收集证据难的特点，有必要在特定情况下，允许侦查人员使用技术手段进行侦查。新加坡、澳大利亚等国的法律有此规定，贿赂调查局有权对嫌疑人使用跟踪、密取、侦听等侦查手段。我国法律也应作出规定，在办理重大的贪污贿赂案件时，对犯罪嫌疑人，必要时经过严格的批准手续，可以使用技术手段进行侦查。

二、对贪污贿赂案犯采取拘留、逮捕措施的立法完善*

刑事强制措施是同犯罪作斗争的重要手段，办理贪污贿赂案件也离不开它。特别是拘留、逮捕强制措施，在必要的时候，对被告人或者重大犯罪嫌疑人暂时限制其人身自由，是防止其妨害侦查、审判活动之进行所不可缺少的。

由于拘留、逮捕要限制公民的人身自由，关系到宪法保障公民基本权利的重大原则问题，因此，刑事诉讼法和有关法律对此作了专门的规定，我们必须严格执行。但近年来司法实践情况表明，原有的这些规定，已不能完全适应同犯罪作斗争，特别是同贪污贿赂犯罪作斗争的需要，有必要在立法上加以完善。在刑事诉讼法没有作出补充修改之前，在制定反贪污贿赂法时，应对此作出特别规定。

（一）关于拘留权

刑事诉讼法第 41 条把刑事拘留权赋予公安机关。检察机关有无刑事拘留权，现行法律没有规定。

公安机关是侦查机关，它本身没有逮捕权，批准逮捕权在检察机关。在同刑事犯罪斗争中，遇有罪该逮捕的现行犯或者重大犯罪嫌疑分子，因情况紧急，来不及提请逮捕，而又必须作紧急处置的，就必须有先行拘留之权。检察机关是法律监督机关，从法律赋予它的侦查职能来看，主要侦查国家工作人员

---

* 本部分内容刊载于《人民检察》1992 年第 3 期。

职务犯罪案件和侵犯公民民主权利犯罪案件，这类案件很少有现行犯那种情况发生，需要逮捕人犯时，可以直接决定逮捕，因而在立法时，不赋予检察机关拘留权是有一定道理的。

但是，从近年来检察机关同贪污贿赂等经济犯罪斗争的实际情况看，同样会发生因情况紧急来不及办理逮捕手续而应立即拘留的情况。实践中采取由公安机关签发拘留证的作法，既容易延误时机，也不合体制，不是根本解决问题的办法。由于不能及时拘留而造成罪犯逃跑或灭失证据等情况，显然不利于侦查工作的进行。可见，检察机关在侦查案件时，同样需要有拘留权。

拘留与逮捕，都要限制人身自由，其性质是相同的。公安机关因无逮捕权，法律赋予它在紧急情况下有先行拘留之权。检察机关有逮捕权，有权采取限制人身自由的措施，拘留无须由公安机关决定。因此，无论是从侦查工作需要，还是从检察机关权限来说，检察机关有拘留权是顺理成章的，应在法律上作出明确规定。

根据刑事诉讼法规定，适用刑事拘留的，包括罪该逮捕的现行犯和重大嫌疑分子两种情况。所谓现行犯，是指正在实行犯罪或者在犯罪后即时被发觉的。发现现行犯，不仅公安机关可以拘留，任何公民都可以扭送，检察机关为什么不能拘留？各国刑事诉讼法对现行犯的拘捕，都有类似规定。英、美刑事诉讼法称为"无证逮捕"，日本刑事诉讼法称为"对现行犯的逮捕"。检察机关对现行犯当然可以先行拘留，这是毫无疑问的。

法律规定的第二种情况，即所谓重大嫌疑分子。什么是重大嫌疑分子，没有明确的界定，是一个比较含糊的概念。是否可作这样的理解，刑事诉讼法第 41 条规定的可以拘留的 7 种情形中，除去现行犯和视为现行犯的以外，其他情形都属于罪该逮捕的重大嫌疑分子。从侦查贪污贿赂案件的情况来看，主要是在犯罪后有自杀、逃跑、毁灭证据或者串供可能的，因情况紧急，来不及办理逮捕手续，需要先行拘留。检察机关对这类重大嫌疑分子先行拘留，经审查后再决定是否逮捕羁押。这样做有利于收集、保全证据，迅速查明犯罪事实。有些国家的刑事诉讼法也有类似规定。如日本刑事诉讼法上有"紧急逮捕"的规定：检察官对罪该逮捕的被疑人，因情况紧急来不及请求签发逮捕票时，可以紧急逮捕。对这个问题也有的学者持不同看法，认为实行紧急逮捕应限于现行犯。我国刑事诉讼法既已规定对罪该逮捕的重大嫌疑分子可以先拘留，检察机关当然可以适用这个规定。但检察机关对该条规定的 7 种情形并不是都适用的，主要是适用该条 4、5 两项规定的情形。

对决定拘留的人犯，由反贪污贿赂局局长签发拘留证，也不必由公安机关执行，可以派检察人员执行，送看守所羁押。

检察机关认为被拘留的人犯需要逮捕的，应当按照内部制约程序，由反贪污贿赂局在法定期限内将案件材料移送刑事检察部门审查决定。在发现不应拘留的时候，必须立即释放。

（二）关于逮捕条件和执行逮捕

我国刑事诉讼法对逮捕人犯条件的规定是非常严格的。即必须是"主要犯罪事实已经查清，可能判处徒刑以上刑罚的人犯，采取取保候审、监视居住等方法，尚不足以防止发生社会危险性，而有逮捕必要的"。只有具备了上述三个条件才能逮捕。西方国家一般是以有充分理由怀疑被告人犯过罪为逮捕条件。我国法律规定的逮捕条件明显高于西方国家的逮捕条件。这是根据我国长期的司法实践经验作出的正确总结，它对于防止错捕滥捕，非法侵犯公民人身自由是一个有力的保障，我们应当坚持这个标准，不得任意降低要求。

但是，从近年来执行的情况看，对逮捕条件的某些提法和要求尚有值得研究和改进的地方。如对"主要犯罪事实已经查清"这个条件，有些案件可以做到，对有些案件则不适合。逮捕一般用于侦查的初期。在那个时候，虽已有控告的犯罪事实和掌握一定的证据，但仍需要在对被告人或犯罪嫌疑人采取逮捕措施后，进一步收集证据，查明犯罪事实。有些案件事实需要通过审问被告人进行查对核实，有些案件需要在采取逮捕措施后，排除了被告人对侦查工作的干扰，才能进一步查明事实真相。因此，在逮捕前就不是都有可能达到主要犯罪事实已经查清的程度。特别是贪污贿赂案件，它不同于一般的刑事案件，不少案件的犯罪过程延续时间长，涉及的范围广，犯罪手段隐蔽，情节复杂，要求在逮捕前达到这个条件就有更大的困难。如果硬性坚持这个条件，就有可能产生两种不良的后果，（1）因不能及时逮捕，而延误侦查，甚至发生证据灭失，给侦查工作带来不可弥补的损失，于打击犯罪极为不利。（2）迫使侦查机关采取其他不当的措施，诸如用"收容审查"的行政性措施代替逮捕，或者用名为"监视居住"，实为变相羁押代替逮捕，这些问题如果不设法认真解决，对加强法制，保护公民的人身权利不利。上述事实说明，对逮捕条件作适当的修改是十分必要的。

逮捕是属于刑事诉讼中程序性的强制措施，目的是为了保证侦查、审判工作的顺利进行。作为逮捕的理由，对犯罪事实作出认定，这种认定虽带有实体性，但与判决中的认定犯罪事实不同，可以不像判决所要求的那样严格。我们可以在具体要求上作适当修改，但必须坚持这个实体性的条件，而不是放弃这个条件。不能像西方国家规定的逮捕条件那样，有无犯罪嫌疑，以主观上认为有充足的理由为准，把落脚点放在主观认定上。我们必须把它颠倒过来，强调在客观上确有犯罪事实存在为条件，明确主观认定要有客观事实这一基础。这就是说，我们可以不以"主要犯罪事实已经查清"为必要条件，但不能放弃有犯罪事实为条件，必须坚持要有犯罪事实，而且是确有犯罪事实。所谓确有，就不能仅是一种主观上的认定，应当有相当的证据证明其犯罪事实的存在。以一个案件为例，就是这个案件有若干个犯罪事实，我们只要把其中可能判处徒刑以上刑罚的犯罪事实中的一个或几个查证清楚就可以了，而不必在逮捕前把这个案件的主要犯罪事实都查证清楚。这样既放宽了适用性，又能有效地防止错捕的发生。

作为逮捕条件，不仅要求有可能判处徒刑以上刑罚的犯罪事实，而且必须是有逮捕必要的。所谓有逮捕必要，现行刑事诉讼法作了这样规定："采取取保候审、监视居住等方法，尚不足以防止发生社会危险性，而有逮捕必要的。"上述规定主要着眼于防止人犯发生社会危险性。根据司法实践，这个规定还不够全面。如上所述，采取逮捕措施的目的，不仅是为了防止继续犯罪的发生，而且主要是为了保证刑事诉讼活动的顺利进行。对有妨碍侦查、审判活动的罪犯，也应予以逮捕。从贪污贿赂犯罪案件的特点来看，有必要逮捕的，主要不是表现在罪犯的继续犯罪的社会危险性上，而大量的是表现在罪犯企图逃跑、毁灭证据、串供等妨碍侦查、审判上。把这些内容作为逮捕的理由是符合司法实际情况的，有些国家也是把它作为逮捕羁押理由加以规定的。如日本刑事诉讼法规定："有相当理由足以怀疑被告人会毁灭罪证时，被告人有逃亡行为时或有相当理由足以怀疑有逃亡可能时，可以羁押被告人。"因此，在逮捕条件的规定中，应增加如下内容："企图自杀、逃跑或者在逃时；有毁灭、伪造证据或者串供可能时，有逮捕必要的，应即依法逮捕。"这就能更好地发挥逮捕对保证刑事诉讼活动顺利进行的作用。

依照宪法和法律规定，除人民法院有权决定逮捕外，批准或决定逮捕权在检察机关，执行逮捕由公安机关负责。但对于检察机关决定逮捕的人犯，检察机关是否可以自行执行逮捕，法律未作具体规定。

公安机关无决定逮捕权，它所侦查的案件，需要逮捕人犯时，必须经检察机关批准。因此，在得到检察机关批准后，仍由公安机关执行逮捕是很自然合理的。由于公安机关有较强的警力和设有羁押场所，对检察机关和人民法院决定逮捕的人犯，统由公安机关负责执行并予羁押也是适当的。这样规定，对办案工作有利。但是，从实际执行的情况看，特别是检察机关大力开展同贪污贿赂犯罪的斗争后，逮捕人犯数量增加，完全交由公安机关执行逮捕也有困难。有时就因公安机关工作繁忙而抽不出警力执行，或者因需要由公安机关另办执行手续而不能及时执行逮捕，以致发生罪犯逃跑等影响侦查的问题。因此，在立法上明确检察机关也可以自行执行逮捕是必要的。

检察机关不同于公安机关，它是依法具有逮捕权的机关。法律把逮捕权赋予检察机关，对公安机关需要逮捕的人犯进行审查批准，是对公安机关侦查工作的监督制约，也是保障公民人身自由的需要。作为有权决定逮捕的检察机关，当然有权执行逮捕。执行逮捕是行使和实现逮捕权的一种形式和结果，这在理论上是说得通的。法律上把批准决定逮捕权和执行逮捕分开，由两个机关负责，是出于工作的方便，而不是出于制约的考虑。我们不能把它同检察机关对公安机关逮捕人犯实行的监督制约相混淆。对此，在法律上应作出补充规定或作立法解释。在一般情况下，逮捕人犯由公安机关执行。对检察机关决定逮捕的人犯，在必要时，也可以由检察机关自行执行逮捕或者要求公安机关协助执行。检察机关自行执行逮捕的人犯，由检察长签发执行逮捕证。

三、论补充侦查*

补充侦查，是刑事案件侦查终结后的一种补救措施。刑事诉讼活动中，公、检、法三机关往往为退回补充侦查发生争执。补充侦查带来被告人羁押期限延长的问题，一直为理论界和实际部门所关注。如何对待补充侦查，其中有立法完善问题，也有如何正确理解和执行法律的问题。笔者想从补充侦查的几个基本问题谈起，提出一些看法，供大家研究参考。

（一）补充侦查的概念和意义

补充侦查是指人民检察院或者人民法院对审查逮捕、审查起诉、审判的刑事案件，经审查或审理认为主要犯罪事实不清，证据不足，或者遗漏罪行遗漏同案犯，需要运用侦查手段在原有侦查工作基础上，就其中部分事实，情节作进一步侦查的诉讼活动。

有权作出补充侦查决定的是人民检察院和人民法院。公安机关、国家安全机关作为案件的原侦查机关，不能成为决定补充侦查的主体。承担补充侦查的机关，则不限于公安机关和国家安全机关。检察机关也可以进行补充侦查。公安机关、国家安全机关和检察机关都是进行补充侦查的机关。这是由三个机关都享有侦查权和检察机关具有侦查监督权决定的。人民法院无侦查权，因而不能进行补充侦查。一般而言，需要补充侦查的案件，应退回原侦查机关。但人民检察院对原由公安机关、

＊　本部分内容刊载于《检察理论研究》1995 年第 1 期。

国家安全机关侦查的案件，认为不需要或不宜退回时，也可以不再退回，由人民检察院自行补充侦查。

补充侦查内容是补充原侦查不足的部分。上述概念中列举的事项，是就一般而言。不同诉讼阶段，有不同的诉讼要求，补充侦查的具体内容还会有所差别。但有一点须明确，补充侦查内容必须是非采用侦查手段解决不可的问题。可以用一般调查方法解决的，或者不属于调查案件事实范围的，就不属于补充侦查的内容。

补充侦查在我国刑事诉讼中，其重要意义在于：

1. 有利于公安机关、人民检察院和人民法院实行互相制约。依照宪法和法律规定，办理刑事案件，公安机关、人民检察院和人民法院实行分工负责、互相配合、互相制约的原则。补充侦查正是实现这一原则的重要方式。人民检察院对公安机关提请逮捕人犯的案件，认为主要犯罪事实不清，不符合法定逮捕条件，作出退回补充侦查的决定，就是对公安机关未能正确采用强制措施的一种监督和制约。人民检察院对公安机关移送起诉的案件，认为主要犯罪事实不清，证据不足，作出退回补充侦查的决定，是人民检察院对公安机关侦查案件质量的又一次监督和制约。人民法院对人民检察院提起公诉的案件，认为主要犯罪事实不清，证据不足，退回人民检察院补充侦查，是人民法院对人民检察院起诉案件质量的制约。通过上述各个环节的互相制约，以退回补充侦查的方式，补充案件事实方面不足的部分，提高了案件质量，这就为准确适用法律提供了重要保证。

2. 有利于查明犯罪事实，惩罚犯罪分子。追诉、惩罚犯罪分子，是刑事诉讼的主要目的。而对犯罪分子的追诉和惩办，必须以事实为根据，以法律为准绳。只有查明犯罪事实，才能正确适用法律。而查明犯罪事实主要依靠侦查。由于犯罪的复杂性和侦查工作受主客观条件限制，有些案件的事实有可能没有完全查清，当人民检察院在审查逮捕、审查起诉中或人民法院在审判中发现事实不清、证据不足，不符合法律规定的要求时，应当作出退回补充侦查的决定，由侦查机关或检察机关把尚未查清的事实，继续侦查清楚，再根据补充侦查后查到的事实，依法作出处理。而不能像西方有些国家那样，向法院起诉后就没有退回补充侦查一说，如果控告的事实和证据不足以认定有罪时，就以驳回起诉或者宣告无罪终结诉讼。我们采用退回补充侦查的办法，尽可能把未查清的犯罪事实和遗漏的罪行调查清楚，对应当追诉而漏诉的犯罪分子依法追诉，这对于实现刑事诉讼法规定的惩罚犯罪的任务，从而保障国家安全、社会安定是非常必要的。

3. 有利于保护公民的合法权益，健全法制。保障无罪的人不受刑事追究，是我国刑事诉讼法的重要任务。要实现这一任务，就必须坚持以事实为根据的原则。对于犯罪事实不清的案件，绝不仓促作出处理决定。事实不清，证据不足，既有可能是尚未获得确凿证据的犯罪人，也有可能是没有犯罪事实或不构成犯罪的无罪的人。通过补充侦查，积极查明事实情况，彻底揭露犯罪人的真实面貌，或者对无罪的人排除犯罪嫌疑，根据所处的诉讼阶段不同，依法作出符合实际情况的相应决定。这不仅有利于准确惩罚犯罪，更为重要的是，它能有力地防止或纠正公安司法机关错捕、错诉、错判，对无罪的人不受刑事追究，保障公民的合法权益免遭侵害发挥重要作用，充分体现社会主义法制的严肃和公正。

（二）补充侦查的种类和条件

1. 补充侦查的种类。补充侦查的种类，是指人民检察院和人民法院在刑事诉讼中，根据不同的诉讼要求依法作出各种补充侦查决定的分类。依刑事诉讼活动的进展和相应程序的顺序排列，大体可分为：

（1）侦查程序中的补充侦查。根据案件来源不同，又可分为：①审查批准逮捕中的补充侦查。即人民检察院对公安机关提请批准逮捕的案件作出补充侦查的决定；②审查决定逮捕中的补充侦查。即人民检察院刑事检察部门对本院直接受理侦查部门移送审查逮捕的案件，提出的补充侦查。

（2）起诉程序中的补充侦查。根据案件来源不同，又可分为：①对公安机关移送审查起诉的补充侦查。即人民检察院对公安机关移送需要提起公诉或者免予起诉的案件，经审查后作出补充侦查的决定；②对人民检察院直接受理侦查部门移送审查起诉的补充侦查，即经本院刑事检察部门审查后提出的补充侦查。

（3）审判程序中的补充侦查。根据不同的审判程序以及所处阶段的不同，又可分为：①一审法院受理起诉后的补充侦查。即人民法院对提起公诉案件经审查后，决定退回人民检察院补充侦查；②一审法院开庭审理中的补充侦查。即在审判过程中合议庭认为需要退回人民检察院的补充侦查，还包括公诉人主动提出建议，要求退回补充侦查；③二审程序中的补充侦查。即二审裁定撤销原判，发回原审法院重新审判，需要退回人民检察院的补充侦查；④再审程序中的补充侦查。上述在审判程序中人民法院退回人民检察院补充侦查的案件，又可分为两种。一种是原由公安机关、国家安全机关侦查的案件和人民检察院直接受理侦查的案件，都由人民检察院补充侦查。另一种是原由公安机关、国家安全机关侦查的案件，再退回公安机关、国家安全机关补充侦查。

以侦查主体分类，一类由原侦查机关负责补充侦查，一类由检察机关负责补充侦查。一般来说，侦查、起诉程序中的补充侦查，原则上应由原侦查机关负责。必要时也可以由检察机关补充侦查。进入审判程序的补充侦查，原则上应由检察机关负责补充侦查，必要时也可以退回公安机关、国家安全机关补充侦查。

2. 补充侦查的条件。补充侦查的条件，是指刑事案件在侦查程序中或侦查终结后，因案件事实问题需要继续侦查或恢复侦查时，应具备哪些条件才应当作出补充侦查的决定。

关于补充侦查的条件，目前基本上有两种意见。一种意见认为，补充侦查必须具备两个条件：（1）案件的基本犯罪事实不清楚；（2）证明基本犯罪事实的证据未达到确实、充分的程度。对定罪量刑影响不大的犯罪事实情况，或者非基本证据不够确实、充分的，则没有必要退回补充侦查。另一种意见认为，不仅案件主要事实不清，证据不足应补充侦查，次要事实不清、证据不足的，如果人民检察院、人民法院对收集证据、查清事实有困难的，也应将案件退回侦查机关、检察机关补充侦查。还有一种意见认为，发现侦查违法或者侦查程序不完备，有可能影响案件质量的，也应退回补充侦查。补充侦查的条件可分为事实条件、证据条件、程序条件，只要具有其中一个条件的，就应退回补充侦查。

笔者认为，补充侦查的条件基本上可概括为两个。（1）案件事实，包括证据，称为实体条件。即必须有需要补充侦查的事实、证据。这些情况是过去没有侦查清楚或者没有进行侦查的。至于哪些情况由侦查机关或者检察机关补充侦查，哪些情况可以不必退回补充侦查，应根据不同诉讼阶段的法律规定和司法机关的职责并结合案件具体情况来确定。（2）侦查违反法定程序的，称为程序条件。对侦查违法的案件是否退回补充侦查，应结合违法的具体情况来决定。一要看是否对查明案件事实已经造成或者有可能造成影响，二要看违法的严重程度，再来确定是用一般的补正，还是补充侦查或者重新侦查。有人认为，不能以是否对案件事实造成影响作为补充侦查的程序条件，而是"一切可能影响侦查的客观、公正的违反程序或程序不完备的侦查案件都应退回补充侦查"。这种观点针对司法实践中存在的不重视程序违法的问题，强调程序的客观、公正性是必要的。从诉讼理论上阐明程序违法的危害，对它作否定的评价也是对的。但不应作绝对化的理解。程序违法是错误的，至于是否退回补充侦查，还应视违法的具体情况来确定。如侦查人员违反收集证据的法律规定，刑讯逼供，被告人的供述就不能作为证据，应退回补充侦查。又如侦查人员违反回避的规定，是否一律构成补充侦查的条件，并不能一概而论。我国刑事诉讼法规定："对侦查人员的回避作出决定前，侦查人员不能停止对案件的侦查。"根据法律规定精神，法律对原侦查人员的侦查工作并不是完全否定的，否则就不应再让原侦查人员继续侦查。因此，对违反回避规定的，是否退回补充侦查，还应结合对案件事实根据的审查情况来确定较为适宜。

在不同诉讼程序中，依照法律规定和实践经验，其补充侦查的条件分别是：

（1）审查批准逮捕程序中补充侦查的条件。刑事诉讼法第40条规定，逮捕条件之一是主要犯罪事实已经查清。据此，人民检察院在审查中发现主要犯罪事实不清，证据不足的，即构成补充侦查的条件。这就是说，不应将次要事实是否清楚，证据是否确实充分，作为逮捕案件补充侦查的条件。这是审查批准逮捕程序中补充侦查条件与其他程序中补充侦查条件的主要区别。

（2）审查起诉程序中的补充侦查条件。刑事诉讼法第100条规定，提起公诉案件的条件之一是，犯罪事实已经查清，证据确实充分，对补充侦查的条件法律没有作明确规定。人民检察院根据多年来审查起诉工作的经验，在人民检察院刑事检察工作细则（试行）中，把"主要犯罪事实不清，证据不足，或者遗漏罪行，遗漏同案犯"规定为补充侦查的条件。但没有明确对非主要犯罪事实不清，证据不足的条件该怎么处理。笔者认为，审查起诉程序中补充侦查的条件应当是：公安机关认定的犯罪事实不清，证据不足，或遗漏罪行，遗漏同案犯，需要进一步侦查的。这就是说，不仅主要犯罪事实不清、证据不足的条件，都应构成补充侦查的条件。至于哪些情况应退回补充侦查，哪些情况可以由检察机关补充侦查，是补充侦查分工问题。

在需要补充侦查的条件中，对于主要犯罪事实不清，证据不足，或者遗漏重要犯罪事实及应追究刑事责任的同案犯，以及需要使用技术性较强的专门侦查手段才能查清的案件，应当退回公安机关、国家安全机关补充侦查。而对于某些次要犯罪事实、情节不清，证据不足的案件，也可以由人民检察院进行补充侦查。根据法律赋予人民检察院侦查监督职责的需求，对于公安机关、国家安全机关在侦查活动中有刑讯逼供等违法行为，或者严重违反法定侦查程序，使证据失实的案件；经退回补充侦查后案件事实和情节仍未查清的案件；在认定事实和证据上与公安机关、国家安全机关有分歧的案件，一般应由人民检察院补充侦查，或者由人民检察院协同公安机关、国家安全机关侦查。这样有利于纠正侦查工作中的错误，保障案件的质量。

（3）一审程序中补充侦查的条件。一审程序中法律规定适用补充侦查的有三种情况：

①人民法院受理提起公诉案件进行审查后的补充侦查。根据刑事诉讼法第108条规定，主要事实不清，证据不足的案件，可以退回人民检察院补充侦查。法律对这个阶段补充侦查规定的条件限于主要事实不清，证据不足，而且是"可以"退回。对此实践中往往存在争议，理论界的认识也不一致。有的学者认为，凡需要运用侦查手段调查的都要退回补充侦查，只对用一般调查手段可以查清的案件不退回。笔者认为，法律所以没有对人民法院开庭前的退回补充侦查作硬性规定，主要是考虑审查公诉案件程序的性质。开庭前的审查，主要解决是否具备开庭条件，不是解决案件实体问题。实体问题应放到开庭审理中解决。但审查发现案件主要事实不清的，应与人民检察院协商，要求退回补充侦查。如果人民检察院坚持起诉的，只要符合开庭审判条件，也"可以"不退回，开庭后根据法庭调查的结果，依法作出处理决定。

②开庭审理中的补充侦查条件，根据刑事诉讼法第123条第3项规定，在庭审中补充侦查的条件，一是证据不充分，二是发现新的事实。所谓证据不充分，是指认定案件事实的证据不完全，包括证据不确实，致使难于对案件事实作出正确认定的；所谓发现新的事实，是指发现了侦查中尚未发现或虽已发现而未作调查的事实。上述案件除了人民法院运用一般调查手段可以调查核实的以外，其他需要用侦查手段调查的，或者侦查后可能补充起诉的，都应退回人民检察院补充侦查。

③人民检察院在庭审中提出补充侦查的条件。根据刑事诉讼法第123条第2项规定，检察人员发现提起公诉的案件需要补充侦查的，应主动提出建议。法律没有对补充侦查的条件作具体规定，根据司法实践经验，一般是指案件主要犯罪事实不

清，证据不足的条件。

对于上述进入人民法院审判程序后退回补充侦查的案件，一般应由人民检察院负责侦查，不宜再退回公安机关、国家安全机关补充侦查。但是，对于案情比较复杂的案件，以及需要使用刑事技术侦查手段才能查清的案件，也可以退回公安机关或者国家安全机关补充侦查，或者与公安机关、国家安全机关共同补充侦查。

（4）第二审程序中补充侦查的条件。根据刑事诉讼法第136条规定，第二审人民法院对原判决事实不清楚或者证据不足的案件，可以在查清事实后改判；也可以裁定撤销原判，发回原审人民法院重新审判。法律没有对第二审程序中补充侦查的条件直接作出规定。第二审人民法院自行调查，查清事实后改判的案件，就不存在退回侦查的问题。将案件发回原审人民法院重新审判，原审人民法院能够通过自行调查或庭审调查解决的，也不存在退回补充侦查的问题。但如果原审人民法院认为自行调查有困难的，就有必要退回补充侦查。根据司法实践经验，对于原判认定的主要事实清楚、证据不足的，或者原判遗漏罪行或者有同案犯未追究的，应构成退回补充侦查的条件。但是，重审案件是法院经过多次全面审理的案件，是否退回补充侦查应从严掌握。凡有条件自行调查清楚的问题就不必再退回补充侦查，以免使案件审判旷日持久，让被告人遭受不必要的羁押，同时也影响及时惩罚犯罪。

（5）审判监督程序中补充侦查的条件。刑事诉讼法对审判监督程序中的补充侦查没有作具体规定。审判监督程序是一种特殊程序，是对已经审理终结，并已发生法律效力判决依法再次进行的审理，主要是为了纠正原判决中的错误，重新认定被错误认定的事实，而不是去追诉新的犯罪事实。因此，一般不存在退回补充侦查的问题。根据司法实践经验，人民法院在提起审判监督程序之前要对案件进行全面审查和调查，经调查核实清楚后，在确认判决确有错误的情况下才提起审判监督程序。因此，在再审中一般不发生退回补充侦查的问题。如果确有需要退回补充侦查的，也属于个别事例。

（三）补充侦查的程序

补充侦查程序，是指在诉讼活动中作出补充侦查的决定以及进行补充侦查后处理的方法步骤。刑事诉讼法对补充侦查程序只作了原则规定。人民法院和人民检察院在实施中各自作过一些具体规定，但互不衔接、各有解释，执行中往往引起争议，影响诉讼活动的顺利进行。理论界对这些问题的看法也不尽一致。看来最终只有通过立法作出统一、明确的规定才能解决。现就其中几个主要问题作一探讨。

1. 补充侦查后的处理程序。具体包括以下几个方面：

（1）人民检察院在审查逮捕、审查起诉中退回补充侦查后的处理程序。公安机关、国家安全机关经补充侦查后大体有三种结果：①查清犯罪事实，符合逮捕、起诉条件的，应将补充侦查的材料移送检察机关审查决定；②查清事实，不构成犯罪的，或虽构成犯罪，但不符合逮捕、起诉条件的，应撤回逮捕、起诉的请求，依法撤销案件或作其他处理；③仍没有查清事实，一时又难以查清的，应撤回提请逮捕、起诉的请求，继续侦查或中止侦查。公安机关、国家安全机关对退回补充侦查的案件必须在法定期限内侦查完毕，不得未经补充侦查或者侦查结束后，不通知人民检察院，就改作行政处罚或擅自作其他处理，人民检察院有权对补充侦查及其处理情况是否合法实行监督。

（2）人民法院在审判过程中退回补充侦查后的处理程序。

人民检察院补充侦查后可能有四种结果：①查清犯罪事实，符合提起公诉的条件，应将补充侦查的材料移送人民法院继续审理；②查清遗漏的犯罪事实，依法应予追诉的，应补充起诉，连同材料送人民法院继续审理；③查清事实不构成犯罪，不应追诉，应向人民法院撤回起诉，再作其他处理；④虽经补充侦查，原起诉事实仍缺乏充分的证据，应将补充侦查的材料移送人民法院，由人民法院审理后依法作出判决。人民检察院对人民法院退回补充侦查的案件，应在法定期限内侦查完毕，不得未经补充侦查或侦查结束后就改作免予起诉或者不起诉决定，也不通知人民法院。因为案件已进入审判程序，补充侦查后如何处理，应接受法院的制约，而不能不作应有的处理和必要的答复。

2. 人民法院退回补充侦查的形式。人民法院退回补充侦查采用什么形式，理论界和实际部门存在较大争论。主要有以下几种不同观点：第一种观点认为，人民法院退回补充侦查的案件应当用裁定，不应用公函。第二种观点认为，人民法院退回补充侦查应用公函，不能用裁定。第三种观点认为，人民法院退回补充侦查，既不能用公函，也不能用裁定，而应用决定。笔者认为，人民法院退回补充侦查，是采用公函还是裁定，或者决定，问题不在于形式本身，也不能仅从如何方便法院行使职权考虑，而要看对内容的要求和所处诉讼阶段程序的性质，选择适当的形式，由法律明确规定，才有利于问题的解决。否则，即使法律或实施细则作了规定也难以执行。

人民法院退回补充侦查，应区分审判前的审查程序和正式的审判程序。程序不同，要求也不完全相同。从司法实践看，人民法院和人民检察院在退回补充侦查问题上发生争执，更多地发生在审判前的审查程序中。有人主张人民法院有权强制退回补充侦查。笔者认为，在审判前的审查程序不宜采用这种方式。理由是审判前的审查程序与正式审判程序不同，它的性质属于对提起公诉的案件进行审查，主要审查是否符合开庭审判的要求，并不是解决案件的实体问题。因此，在审查中发现案件主要事实不清，证据不足，可以要求人民检察院补充侦查。如果人民检察院同意退回补充侦查，采取什么形式退回都是可以的。如果人民检察院不接受人民法院的意见，坚持起诉，人民法院也可以将案件交付审判。因为公诉案件与自诉案件的情况不同，公诉案件是经过专门的审查起诉程序，人民检察院审查确认被告人的犯罪事实已经查清，证据确实、充分，符合法定起诉条件才向人民法院提起公诉的。被告人的犯罪事实是否确实，应否追究刑事责任，应当进入正式审判程序，在诉讼各方参加下，通过法庭调查来解决，而不应未经开庭审理就裁定退回。因此，在审查程序中，法律对退回补充侦查不作硬性规定是有一定道理的。人民法院采用强制退回的办法，不仅缺乏法律根据，也不利于诉讼的及时解决。因此，在实践中采用公函形式退回补充侦查是较为适宜的。

在审判程序中，有公诉人、被告人以及其他诉讼参与人参加，经法庭调查，认为案件证据不足，或发现新的事实，人民法院无法自行调查，需要退回人民检察院补充侦查的，或者人民检察院在庭审中主动提出补充侦查的，人民法院应以何种形式把案件退回人民检察院补充侦查，法律未作明确规定。笔者认为，人民法院可以用决定形式退回补充侦查。因为在正式审判程序中，案件事实经过公开辩论和质证，经过法庭调查，哪些事实不清楚、哪些证据不足已经明白，确有必要由人民检察院补充提出证据加以证实的，人民检察院没有理由拒绝。如果人民检察院拒绝补充侦查，就应负未尽举证责任之责。人民法院有权因起诉事实不能认定，宣告被告人无罪。人民法院所作的退回补充侦查的决定，法律不应赋予人民检察院抗诉权。因为补充侦查属于程序性的决定，没有必要为程序上的争议，影响诉讼的及时进行。

3. 退回补充侦查的时间和次数。退回补充侦查的时间，刑事诉讼法只对审查起诉中退回补充侦查的时间作了规定，其他程序中的补充侦查时间未作规定。笔者认为，退回补充侦查的时间，应区分被告尚未被羁押和已被羁押两种情况。对于被告人已被羁押的案件，退回补充侦查的时间应以 1 个月为限，法律对审查起诉中补充侦查时间的规定，可以适用于其他程序。对被告人尚未被拘留的审查逮捕案件和审查起诉案件以及审判程序中被告人未被羁押的案件，其补充侦查时间可以适当放宽，但一般以不超过两个月为宜。

退回补充侦查的次数，法律没有作明确规定。执行中情况比较混乱。有的公安机关、人民检察院或者人民法院对有的案件因法定的办案期限不够，就以退回补充侦查为名，变相延长办案期限，这种做法实际上非法延长了被告人的羁押期限，而且次数没有限制，严重损害了对被告人人身权利及种种诉讼人权的保护，是十分错误的。因此，法律对退回补充侦查的次数，应当作出明确规定。根据法律对侦查工作的要求和司法实践经验，不论是在审查逮捕、审查起诉程序中，还是审判程序中，退回补充侦查的次数，原则上应以一次为限。如果经退回补充侦查后，仍不能查清事实的，不应再反复退回补充侦查，拖延诉讼的进行，而应根据实际情况依法作出相应的处理。对虽有部分事实无法查清，但已查清的事实部分已经足以认定被告有罪的，可就查清的犯罪事实依法免予起诉、提起公诉或作作出有罪判决，对主要事实无法查清，不能认定有罪的案件，应分别作出撤销案件，不起诉或者宣告无罪的处理。

四、侦查监督理论与实践若干问题探析 *

（一）侦查监督的概念

侦查监督是我国刑事诉讼中特有的规定。我国刑事诉讼法和人民检察院组织法对侦查监督的职权、内容以及行使职权的程序作了原则规定。但法律并没有为侦查监督的概念下一个比较科学、完整的定义。由于各人对法律规定理解不一，致使对侦查监督概念的表述出现五花八门、众说纷纭的现象，因而要给侦查监督下一个为大家所能接受和认同的概念有一定的难度。下边拟对各种不同的表述作些剖析和研究，以期能找到一个能较全面、真实反映侦查监督活动的概念。

一种表述是，侦查监督是指检察机关对侦查活动是否合法的监督。已出版的法学词典大都是这个提法。如《法学词典》（增订版）侦查监督条的定义是："检察机关对公安机关的侦查活动是否合法实行的监督。"《诉讼法大辞典》侦查监督条的定义是："指我国人民检察院依法对公安机关（包括国家安全机关）的侦查活动是否合法进行的监督。"把侦查监督表述为对侦查活动是否合法实行监督，一般来说是对的。它符合侦查监督的性质，也有法律根据。1954 年人民检察院组织法要把侦查监督的职权规定为："对侦查机关的侦查活动是否合法实行监督。"但是，1979 年新的人民检察院组织法对侦查监督职权的规定，在内容和文字表述上有了变动。该法第 5 条第 3 项规定："对于公安机关侦查的案件，进行审查，决定是否逮捕、起诉或者免予起诉；对于公安机关和侦查活动是否合法，实行监督。"这个新的规定把审查批准逮捕和审查起诉作为侦查监

＊ 本部分内容刊载于《政法论坛》1995 年第 6 期。

督的一项内容，与对侦查活动的监督并列。这样，再把侦查监督的概念表述为"对侦查活动是否合法实行监督"，就不能涵盖侦查监督的全部内容，也与法律规定不符。

由此，在理论界和实际部门引发了一场关于侦查监督概念之争。基本上是三种观点。第一种观点认为，侦查监督就是侦查活动监督，两者只是提法不同。实质同内容是一样的。审查批准逮捕和审查起诉是实现侦查监督的一个途径，可以包含在侦查监督活动的范畴内，不应把它与侦查活动监督并列。第二种观点认为，侦查监督只限于对侦查活动的监督，不包括审查批准逮捕和审查起诉。因侦查监督的实质是监督侦查活动有无违法，而审查批准逮捕和审查起诉是对侦查案件进行审查，作出是否批准逮捕和是否起诉或免予起诉的决定，属于对案件适用法律的监督，不属于侦查活动监督的范围。第三种观点认为，侦查监督是对整个刑事侦查工作的监督。它既包括对侦查活动是否合法实行监督，又包括对侦查案件进行审查，提出是否逮捕和是否起诉或免予起诉的工作是否正确的监督。

1985 年，最高人民检察院在山东烟台召开的侦查、审判监督工作座谈会上，对侦查监督概念作了专门的探讨，比较一致的意见是肯定上述第三种观点。认为侦查监督和侦查活动监督不是同一层次的概念，两者是种属关系。侦查活动监督是从属于侦查监督的。侦查活动监督只是侦查监督中的一项内容，审查批准逮捕和审查起诉也是侦查监督的内容。以后有关检察制度、规定和检察理论专著、教材，在阐述侦查监督概念时，都采用了这个提法。一般表述为，侦查监督是指对刑事侦查工作的监督。包括对公安机关侦查的案件进行审查，决定是否批准逮捕，是否起诉或免予起诉，和对公安机关的侦查活动是否合法，实行监督。但这个提法并没有为所有学者普遍接受。1992

年出版的《刑事法学词典》对侦查监督下的定义，仍沿用"检察机关对侦查机关的侦查活动是否合法实行监督"的提法。而把审查批捕和审查起诉当作实现监督的途径。即使在接受上述第三种观点形成的提法的论著中，在具体表述上也有差别。择其要者，有以下几种表述：

（1）"侦查监督就是人民检察院对刑事侦查工作的监督。具体讲，就是人民检察院对侦查机关（部门）侦查的刑事案件进行审查，依法作出批准逮捕，不批准逮捕，起诉、免予起诉，不起诉的决定；并对侦查活动是否合法实行监督。"并认为："审查批捕，审查起诉与对侦查活动的监督是侦查监督并列的内容，相互不能等同，更不是后者包括前者。"[1]

（2）侦查监督"包括对公安机关侦查的案件在认定事实，适用法律方面是否正确的监督和对公安机关刑事侦查活动有无违法行为的监督。"并认为："把审查批捕、审查起诉与侦查活动监督并列起来，是不够确切的。"因为，对公安机关侦查活动是否合法，"主要是通过审查批捕和审查起诉进行的。"[2]审查批捕和审查起诉也包含有监督侦查活动是否合法的内容。

（3）"侦查监督是我国检察机关在刑事诉讼过程中，对侦查机关的侦查活动是否合法，以及侦查过程中所作的决定是否正确进行监督的活动。"[3]

（4）"侦查监督就是人民检察院对于侦查机关立案侦查的案件，进行全面审查，决定是否逮捕，起诉或者免予起诉，并对其侦查活动是否合法所进行的一种法律监督。"[4]

---

〔1〕 陈卫东：《检察监督职能论》，群众出版社 1988 年版，第 116 页。

〔2〕 丁慕英编：《侦查监督论》，中国人民公安大学出版社 1991 年版，第 5 页。

〔3〕 陈光中：《中国刑事诉讼程序研究》，法律出版社 1992 年版，第 87 页。

〔4〕 李维东：《侦查监督教程》，中国检察出版社 1992 年版，第 9 页。

从上述各种表述中，有几个问题值得进一步探讨：

1. 概括侦查监督，究竟用"对侦查活动是否合法实行监督"，还是用"对刑事侦查工作实行监督"好呢？笔者认为，两者都不十分确切。根据我国法律规定，对侦查活动的监督只是作为侦查监督的一项内容。侦查监督还包括审查批准逮捕和审查起诉等其他内容。在侦查监督业务工作中，审查批准逮捕，审查起诉和侦查活动的监督各自都有独立的内容和范围。法律规定的侦查活动有特定的含义，如果我们对侦查活动的监督作广义的解释，把它解释为是指侦查中的一切活动，包括所有侦查行为和结果，以及有关的决定和措施，那么，在实际工作中同时使用这两个不同含义的概念，就容易引起混乱。采用"对刑事侦查工作的监督"的提法，虽可以把审查批准逮捕和审查起诉包含在内，解决了用侦查活动监督不能涵盖其他监督内容的问题。但是，"侦查工作"的含义过于广泛，也容易误解为凡一切与侦查有关的工作都是监督的对象，这就不符合立法本意和司法实际。我国的侦查监督，是法律赋予人民检察院的一项法律监督权，它只限于在刑事诉讼中对侦查机关执行刑法、刑事诉讼法的情况实行监督。而侦查机关的侦查工作，有些是依照行政法规进行的，除非法律有规定，一般不属侦查监督的范围。我国的侦查权与侦查监督权是分离的，具有侦查监督权的检察机关，并不直接组织、指挥侦查工作的进行。侦查计划的制定和实施，侦查方法和手段如何使用，是由侦查机关独立决定，检察机关并不是对所有侦查工作都实行监督。因此，用对整个侦查工作实行监督的提法并不合适。笔者认为，侦查监督总的概念采用"对侦查机关执行法律情况实行监督"或者用"对侦查活动中执行法律情况实行监督"较为符合法律规定的精神，这样也可以避免上述两种提法的缺陷。

2. 侦查监督对象概括为"侦查机关"还是列举为公安机关（包括国家安全机关），或者用"侦查机关（部门）"为好呢？检察机关自身的侦查部门是否也是侦查监督的对象？笔者认为，所谓侦查机关，应理解为依照法律规定，行使侦查权的机关。公安机关、国家安全机关和检察机关都是法律赋予侦查权的机关，因此，可以统称为侦查机关，不必一一列举或加括号说明。这里所说的侦查机关，不是从国家机关的分工及其机关性质的意义上说的，如检察机关的是国家的法律监督机关，公安机关是治安行政机关，而是单指行使侦查权的部门，如检察机关的自侦部门，公安机关的刑事侦查、预审部门等。这样就可以避免用"公安机关（包括国家安全机关）"，则缺少了检察机关，用"侦查机关（部门）"，以侦查机关指公安机关，以侦查部门指检察机关，似乎两者还有不同的含义。其实，从有权行使侦查权的意义上看，并无什么区别。实际上公安机关行使侦查权的，也只是刑事侦查、预审部门，检察机关的自侦查部门也就是行使侦查权的侦查机关，完全可以用侦查机关一语加以概括，这样更显得统一、明确。至于检察机关的自侦查部门能否成为侦查监督的对象，过去有的学者曾持有异议，认为"人民检察院在办理直接受理侦查的刑事案件中实行内部制约，不属于侦查监督的性质和范围"。但这种意见实际上已为后来的司法实践经验所否定。近年来检察机关明确把自身的侦查部门列为侦查监督的对象，依照刑事诉讼法有关规定，制定了相应的制度和程序，由刑事检察部门负责，对刑事侦查部门直接受理侦查的案件，需要逮捕、起诉的，依法进行审查，并对侦查活动是否合法实行监督，实践证明其效果是好的。虽然这种检察机关内部的监督和检察机关与公安机关之间的监督不可能完全一样，但由于实行了侦查权与侦查监督权的分离，分别由检察机关内部两个职能不同的部门负责，并严格按照法律规定的程序办理，同样能够起到侦查监督的作用。因此，笔者认为，无论从理论上还是实践上看，把检察机关的侦查部门视为侦查监督对象是对的，也是行得通的。

3. 侦查监督的内容，是按法律条文的排列和检察机关实际进行的审查批准逮捕、审查起诉以及对侦查活动的监督三项工作依次表述好呢，还是从实质上对侦查工作中所作的决定是否正确和侦查活动是否合法的表述好呢？采取前一种表述方法的缺陷在于：（1）把审查批准逮捕、审查起诉与对侦查活动的监督完全割裂开来了，容易给人造成似乎审查案件不包括对侦查活动的监督的错误印象。事实上侦查活动是否合法，是审查批准逮捕和审查起诉的审查内容之一。而且，对侦查活动是否合法的监督，主要还是通过审查批准逮捕和审查起诉进行的。（2）列举审查批准逮捕和审查起诉两项工作，也容易给人造成似乎除此两项工作以外，其他都不属于侦查监督的内容和范围的印象。根据司法机关的主客观条件，在一个时期内法律规定和实际工作可以把侦查监督只限于某几项工作范围之内。但从理论上讲，就不应完全受此拘束，在整个侦查过程中所作的决定，如果有违法的情况存在，也应成为侦查监督的内容。（3）审查批准逮捕和审查起诉是侦查监督的一种形式，其工作本身并不全面反映侦查监督的目的和要求。正如在 50 年代实际工作中曾经发生过的一种错误倾向，有些人把审查批准逮捕和审查起诉，只当作是办法律手续，作出了批准逮捕的决定和提起公诉的决定，并不能说明已经达到了侦查监督的目的和要求。因此，把对侦查案件的审查，只表述为"决定是否逮捕、起诉或者免予起诉"或者表述为"依法作出批准逮捕、不批准逮捕，起诉，免予起诉、不起诉的决定"是不够的。侦查监督的要求，着眼点应是审查侦查机关对案件的处理情况，而不仅是指侦查监督机关在审查后所作的决定，应当表述监督的实质内容。后一种的表述方法比较符合侦查监督的特点和要求。但对侦查机关侦查的案件审查要求，不只是限于是否正确，还应看是否合法。用"对侦查过程中所作的决定进行监督"的提法似不够全面。因侦查机关提请批准逮捕和提出起诉或免予起诉，都还是一种请求或意见，不是"决定"，而侦查机关有权作出的决定，也不是所有都是直接作为侦查监督的客体，只有在发生违法情况时，才有权进行监督，而且是属于对侦查活动是否合法的监督范围。

根据以上分析，笔者认为，侦查监督的概念，应作如下表述：侦查监督是指人民检察院对侦查机关执行法律情况的监督，即对侦查机关侦查的案件在认定事实、适用法律上是否正确、合法和在侦查活动中有无违法行为实行监督。

（二）侦查监督的特点及其意义

侦查监督是我国刑事侦查程序中特有的程序，它对保证刑事侦查任务的完成和刑事诉讼活动的合法进行有着重大意义。特别是在监督侦查机关正确行使侦查权，防止和纠正在侦查活动中非法侵犯公民权利的行为起着重要作用。

各国的刑事诉讼法对侦查权的正确行使都有一些保障措施，其性质和做法不完全相同。西方国家的侦查任务主要由警察机关承担，检察机关也有侦查权，并有指挥侦查的权力。警察的侦查要接受检察官的指令并受其监督。但这种监督是基于检察机关是国家追诉机关的性质而来，由公诉权派生出来的，不具有法律监督的性质。因此，有人把它也当作侦查监督来解释是不够确切的。西方国家体制实行三权分立，法院是司法独立、司法公正的象征和体现，侦查活动是否合法，一般是由法院实行制衡和监督的。如捕人要经法官签发拘票，不起诉要经法官同意等，法院对侦查监督处于更重要的地位。苏联等一些国家，法律明确规定赋予检察机关有侦查监督权，并领导、指挥侦查，对侦查活动如何进行，有权直接干预和作出相应的决定。我国的侦查监督与各国有许多共同的地方，在建国初期，曾借鉴苏联检察机关的一些作法，但后来的实践证明，有些做法不适合中国的情况，经过总结自己的经验，已有改变和发展，从而形成了具有我国特色的侦查监督制度和程序。它对保障正确、合法地打击犯罪，保护人民，加强社会主义法制，监督侦查人员严格依法办事，有着特殊的重要意义。其主要特点在于：

1. 侦查权与侦查监督权彻底分离。检察机关专司侦查监督，公安机关（包括国家安全机关）侦查的案件，由它们各自负责侦查，检察机关不负组织、指挥侦查之责。除捕人必须提请检察机关批准外，采取其他强制措施都由公安机关自行决定。检察机关可以参与某些侦查活动，但其目的是为了更好地行使侦查监督权，而不是参与侦查。除非依照法律规定和客观需要，有必要由检察机关负责侦查或者共同侦查，检察机关一般不干预公安机关的侦查活动。这样，使检察机关依法对公安机关的侦查活动实行监督时处于更为客观的地位，避免先入为主，有利于发现和纠正侦查中的违法行为，使作出的处理决定，其正确性更有保证，

2. 侦查监督具有法律监督性质。我国宪法和法律规定，检察机关是国家的法律监督机关，侦查监督权是法律监督权的组成部分。在刑事诉讼中，检察机关既有各国检察机关共有的追诉犯罪的职权，又有侦查监督的职权。这种侦查监督的权力，不仅体现在对违反刑法的犯罪分子进行正确、合法的追诉，而

且体现在整个追诉过程中，保证侦查活动的合法进行，保护公民的合法权利不受侵犯。我国宪法把批准逮捕权赋予检察机关，而不像西方国家那样在法院，足以说明我国检察机关的性质和它在刑事诉讼中的地位和作用。检察机关通过审查批捕，不仅要把该逮捕的罪犯拘捕起来，并纠正错捕、漏捕，保障法律的正确实施，而且还要审查公安机关的侦查活动是否合法。法律明确规定："人民检察院在审查批准逮捕工作中，如果发现公安机关的侦查活动有违法情况，应当通知公安机关纠正。"并规定："人民检察院对违法进行逮捕、拘留和搜查公民的负责人员，应当查究；如果这种违法行为是出于陷害，报复，贪赃或者其他个人目的，应当追究刑事责任。"这就为公安机关严格执法、刑事诉讼的合法进行提供了有力的法律保障。

3. 侦查和起诉在程序上分开，把审查起诉作为一个独立的诉讼阶段。西方国家一般不设专门的审查起诉程序，检察官在侦查开始就介入侦查活动，侦查是按照检察官的指令进行的，侦查终结之日，也就是决定是否提起公诉之时。设有预审制度的国家，对起诉的审查是在检察官提出公诉意见以后进行的。如法国刑事诉讼法规定，经初步侦查后，即行提起公诉，由预审法官根据检察官的公诉书再进行审讯。日本刑事诉讼法规定，侦查中羁押犯罪嫌疑人的案件，检察官必须在 10 天以内提起公诉，最长不能超过 25 天。又如苏俄刑事诉讼法典规定，检察长收到侦查员送交的起诉书以后，必须在 5 日内作出是否批准起诉书的决定，向法院提起公诉。根据我国刑事诉讼法规定，侦查终结后，公安机关认为需要提起公诉或者免予起诉的案件，应当送人民检察院审查决定。审查时间为一个月至一个半月。实践证明，设立这种专门的审查程序，使检察机关有充裕的时间进行全面的审查，有利于发现和纠正案件在认定事实和适用法律上以及整个侦查活动中的问题，发挥侦查监督的作用。根据最高人民检察院统计，从 1988 年至 1992 年 5 年期间，各级检察机关在开展侦查监督的业务工作中，经过依法审查，对没有逮捕必要或没有构成犯罪的 225625 人作出不批准逮捕的决定；对不应追究刑事责任的 15388 人作出不起诉决定；追捕漏网的犯罪分子 39029 人，追诉 20664 人；并对公安机关侦查活动中发生的违法情况提出纠正意见 43817 件次。这些事实充分说明侦查监督的效果是好的。

4. 检察机关直接受理侦查的案件实行内部制约制度。根据刑事诉讼法关于案件管辖分工的规定，贪污罪、侵犯公民民主权利罪和渎职罪等案件由检察机关负责侦查。公安机关侦查的案件依法由检察机关实行侦查监督，而检察机关直接受理侦查的案件应由谁来监督和如何监督，法律未作明确规定。司法实务中，这部分案件原来是由检察机关内部的经济检察和法纪检察部门承担，采取从立案、侦查、决定逮捕、起诉直至出庭支持公诉都由一个部门负责，即所谓"一竿子插到底"的办案方法。由于没有侦查监督制度的保证，侦查中发生的问题无法通过互相制约来解决，因而影响案件质量。实践中产生的这个问题，必须从理论上、制度上加以研究解决。

从理论上讲，侦查和侦查监督应当分离。由两个机关分别行使，这样才有利于形成监督机制。但由于检察机关是唯一行使侦查监督权的机关，国家不需要再设立一个行使侦查监督权的机关，专门监督检察机关自行侦查的案件。检察机关自行侦查案件的监督，只能是主要靠自己来解决。能否在检察机关内部形成制约机制，实现对自行侦查案件的监督，这是一个必须研究解决的问题。经过多年的实践证明，在检察机关内部把侦查和侦查监督两项职权分离，由两个业务部门分别行使，实行互相制约，同样能够达到监督的目的和要求。最高人民检察院从 1989 年起，对直接受理侦查的案件实行内部制约的制度，即由反贪污贿赂局和法纪检察部门负责案件的侦查、预审工作；需要逮捕、起诉的案件，由刑事检察部门负责，按照刑事诉讼法有关侦查监督的规定的程序和要求进行审查，提出处理意见后，报检察长决定。对与侦查部门意见不一致的案件，由刑事检察部门报请检察长或者检察委员会决定。由于强化了内部制约，发挥了侦查监督的作用，从而减少了差错，提高了案件质量，事实说明这种办法是可行的、有效的。

总之，通过以上对我国侦查监督制度一些特点的分析，有助于对侦查监督在我国刑事诉讼中的重要作用有充分的了解，并作出正确的估计。当然，在对它作出肯定评价的同时，也不应忽视尚存在的不足，必须根据加强法制、强化法律监督的要求，继续总结实践经验，在立法和具体制度上作进一步的完善，使它在保障正确执法中发挥更大的作用。

（三）侦查监督的范围

侦查监督的范围，是指侦查监督的活动的范围。或者说，是指人民检察院行使侦查监督权的范围。但从不同的角度，对侦查监督的范围，可以作多种的理解。（1）从理论上讲，所谓侦查监督，顾名思义，就是对侦查活动实行监督。因而侦查活动的范围有多大，侦查监督活动的范围也应有多大。所有在侦查过程中的侦查行为和采取的措施，都应是侦查监督的范围。（2）从法律上说，侦查监督的范围应由法律规定。由于制定法律时，要从法制建设的实际需要出发并考虑司法机关的主观条件，因此，法律规定的侦查监督的范围要小于理论上讲的侦查监督的范围。现行法律规定侦查监督的范围，只限于对公安机关侦查的案件进行审查，决定是否逮捕、起诉或者免予起诉；

对于公安机关的侦查活动是否合法，实行监督。（3）从司法实践上说，侦查监督的范围，不仅是法律已有规定的事项，还包括在执行过程中，为了保障侦查活动的正确、合法进行，根据侦查监督理论指导和实际需要增加的事项。如对立案和审查批准逮捕前侦查活动中发现的违法情况实行监督；检察机关直接受理的侦查案件按侦查监督的要求实行制约等。这个范围已超出法律规定的侦查监督的范围，但仍小于理论上所说的侦查监督的范围。

从严格意义上说，侦查监督的范围应当是法律规定的范围。如果超出法律规定的范围行使侦查监督权，就缺乏法律依据。但法律规定往往滞后于实际工作的发展。在实践中发生的一些新情况和新问题，有必要列入侦查监督的范围，却无法律规定，总结实践经验，有些实际上已成为侦查监督的内容。因此，研究侦查监督的范围，就不能仅限于法律已有规定的事项，更为重要的是，要对那些实践中提出需要监督的事项，究竟是不是属于侦查监督的性质，要不要列入侦查监督的范围进行研究，以便及时修改，补充法律规定，完善侦查监督制度。

现行法律规定的侦查监督的范围，主要包括以下几个方面：

1. 对公安机关、国家安全机关提请批准逮捕的人犯进行审查，作出批准逮捕、不批准逮捕或退回补充侦查的决定。对公安机关、国家公安机关羁押人犯的时限进行监督，批准延长羁押人犯的羁押期。对公安机关、国家安全机关采取拘留措施是否合法实行监督。对违法拘留公民的行为进行查究。

2. 对公安机关、国家安全机关移送起诉或免予起诉的案件进行审查，作出决定起诉、不起诉、免予起诉或者退回补充侦查的决定。

3. 对公安机关、国家安全机关的侦查活动是否合法实行监督，对违法情况提出纠正。

检察机关承担审查批捕、审查起诉工作起步较早，积累了丰富的经验，已形成一套系统的审查监督程序。相比之下，对侦查活动的监督工作还较为薄弱。本来在审查批捕和审查起诉工作中包含有对侦查活动是否合法进行监督的内容。立法上把审查批捕、审查起诉和对侦查活动的监督并列加以规定，其本意也是强调侦查活动监督的重要性，但在实际工作中，往往重视对案件适用实体法的审查，忽视对在侦查活动中是否遵守程序法的审查。把前者看作硬任务，后者当作是软任务。这里有思想认识问题，也有工作问题，需要在实践中继续总结经验，强化检察人员的监督意识，健全工作制度，才能更好地发挥侦查监督的作用。

对法律尚未作明确规定的，能否列入侦查监督的范围，理论上有不同看法，实际工作中有的已作为侦查监督的内容，有的还有待进一步探讨，主要有以下几个问题：

1. 立案和立案后到审查批捕前的侦查活动是否列入侦查监督的范围。有的学者把它概括为侦查监督的时间范围，即侦查监督从何时开始的问题。基本上有两种观点：一种观点认为，侦查监督的范围和侦查监督从何时开始是两个概念。侦查监督的范围应确定为从立案到侦查终结的全部过程，而侦查监督的时间可以从检察机关受理审查批捕案件开始，通过审查批捕工作，对批捕前的侦查活动是否合法实行监督。何时开始监督是个方法问题，监督内容可以包括批捕前一段的侦查活动。因而认为，依照法律规定，检察机关应当从受理审查批捕开始监督。另一种观点认为，侦查监督的范围应扩大，包括时间上提前，从立案开始。司法实践表明，立案中发生的问题不少，有的公安机关把应当立案侦查的案件不予立案，采取所谓"不破不立"，也有的是不应立而立的。有的虽已立案，却将应当追究刑事责任的罪犯，作劳动教育或者作治安处罚等其他处理。如果我们的侦查监督确定从审查批捕开始，立案中的问题，特别是对不采取逮捕措施的案件中的问题不能反映出来，这就不能对上述范围内发生的问题进行有效的监督。由于审查批捕一般局限于对侦查机关报送的材料的审查，而书面材料不可能完全反映侦查中的全部情况，特别是侦查中的违法情况，很难从卷宗材料中发现。即使在审查中发现了侦查违法行为，也可能因时过境迁，增加查证和处理的难度。有的学者把这种审查书面材料的监督称为事后监督，是一种静态监督。而侦查机关的侦查活动是个动态过程，检察机关如果在侦查机关立案后立即介入侦查工作，对侦查活动实行同步监督，或者称作动态监督，就有利于克服上述的缺点，充分发挥侦查监督的作用。因而建议法律应作出明确规定，检察机关的侦查监督从立案开始，包括对侦查机关的立案活动是否合法，实行监督。

把立案审查列入侦查监督范围，适当扩大侦查监督的范围，有利于侦查监督的目的的实现。因此，从理论上明确立案和立案后的侦查活动属于侦查监督范围是必要的。立案与侦查不可分。西方一些国家没有把立案单独作为一个阶段，刑事案件的提起，即是侦查的开始。我国把立案与侦查分开，作为一个独立的阶段，其本意是通过审查，使在侦查开始前多一道程序上的保障，保证在立案时有一定的犯罪事实为基础，防止侦查机关无根据地追究犯罪，滥用侦查手段，伤害无辜。不能认为侦查监督只能限定在侦查阶段，扩展到立案阶段就超越了侦查监督范围。其实，对立案审查的监督与侦查开始后的监督，目的是一致的。把它列入侦查监督范围，可以更好地保护公民的权利和保障侦查活动的合法进行。现行法律规定审查批捕是侦查监督的主要形式之一，通过审查批捕，确实也能对批捕前的侦查活动进行监督，但有其局限性。对应当立案而没有立案，或者立案后应追究刑事责任而作其他处理的情况就不易发现。因此，法律上有必要对立案的监督作出明确规定。公安机关应将立案决定书或者不立案通知书副本送交检察机关，检察机关认为不应当立案的，可以要求公安机关撤销案件；检察机关认为不立案有错误的，可以要求公安机关立案，或者由检察机关直接立案侦查。审查批准逮捕既是侦查监督的内容和范围，又是实现侦查监督的一种方法，把审查批捕的法律规定理解为侦查监督只能从审查批捕开始是不合适的。正如上面所说，通过审查批捕可以延伸和扩展侦查监督的范围。而且还有些法律规定，是适用于批捕前的监督的。如刑事诉讼法第45条规定："必要时，人民检察院可以派人参加公安对于重大案件的讨论。"当然，现有的这些规定是不够的，还应根据实践经验作出新的补充规定。

从理论上和法律上明确侦查监督的范围，检察机关有权对立案和立案后的侦查活动实行监督是必要的。但如何进行监督应从实际出发，采取普遍监督的做法，至少目前是办不到的，也无此必要。一般来说，审查批捕仍应是监督的基本方法。批捕前对公安机关侦查活动实行监督应是有目的、有重点地进行。近年来，检察机关实行"提前介入"制度。这种制度不仅是为了加快办案速度，提高办案质量，而且也有利于发挥侦查监督的作用。通过提前参与公安机关的部分侦查、预审活动，可以更直接、更及时地进行监督，随时发现和纠正违法行为。实践证明这是对批捕前行使侦查监督权的有效方法。实践中提前介入的范围，一般限于特别重大和影响大、危害严重的重大案件，或者是重大集团案件、重大复杂案件和影响大的涉外案件。介入的方式主要是：参与现场勘查；参与预审活动；参加案件的讨论；提前查阅侦查、预审案卷等。除此以外，检察机关还可以通过其他一些方式实行监督。如通过公民的检举控告。被拘押人犯及其亲属的揭发，发现公安机关在侦查活动中违法情况的；或者检察机关在调查研究和办理其他案件中主动发现的。关于检察机关开展立案监督工作，近几年来有了较大发展。最高人民检察院检察长张思卿在 1995 年召开的八届全国人大三次会议所作的工作报告中谈到了这方面的情况；报告中说，各级检察机关开展了对重大刑事案件立案情况的监督，对有关部门有罪不究，搞以罚代刑的，依法督促纠正，对提出纠正意见后仍该立案不立案的，该移送不移送的重大案件，依照刑事诉讼法第 13 条的有关规定直接立案侦查。1994 年检察机关依照这一条款直接立案侦查的案件有 540 件。江苏省沛县刑满释放人员丁道勇，于 1992 年 12 月至 1994 年 4 月，先后作案 15 起，打伤、刺伤、烧伤 18 人，作恶多端，罪行严重，只被有关部门处以劳动教养 3 年，沛县人民检察院依法直接立案侦查，提起公诉，丁犯已被一审判处死刑。可见，对立案情况实行监督是必要的，也是可行的，法律应根据总结实践中的成功经验，对有关监督的具体程序、方法作出补充规定。

2. 检察机关直接受理侦查的案件是否属于侦查监督的范围。有的学者把它称为对象范围，也就是说，检察机关自身是否也是侦查监督的对象？这个问题在理论界和实际部门中一度引起争论。一种意见认为，检察机关自身不应成为侦查监督的对象，理由是检察机关是法律监督机关，是行使侦查监督权的主体，如果它也成为侦查监督的对象，不就成了检察机关自己监督自己，理论上说不通。检察机关直接受理的案件，可以实行内部制约制度，但不具有侦查监督的性质。另一种意见则认为，依照法律规定，我国公安机关、国家安全机关和检察机关都是行使侦查权的机关，都应接受法律监督，因此，检察机关同样是侦查监督的对象，对检察机关直接受理侦查的案件，也应按侦查监督的要求进行监督。

检察机关直接受理的侦查案件要不要列入侦查监督范围的问题，是从司法实践中提出来的。过去检察机关直接受理的侦查案件数量不多，由分管办理侦查案件的部门负责，采取从立案、侦查、逮捕到起诉不更换办案人员的办法，是否需要实行侦查监督，没有引起人们的重视。1979年刑事诉讼法颁布以后，根据案件管辖的规定，检察机关分工管辖贪污、侵犯公民民主权利、渎职等犯罪案件的侦查，随着检察业务的开展，检察机关直接侦查的案件数量明显增加。由于继续实行由检察人员"一竿子插到底"的办案方法，缺少部门制约和专门监督，案件质量问题逐渐突出起来。这就引起了如何改进办案制度，提高案件质量的探讨，大家要求加强制约的认识是一致的。但在如何加强制约，是否要实行象对公安机关侦查的案件那样，按侦查监督的程序、要求进行监督等问题上有不同的看法。在实践中，多数检察机关逐步实行不同形式的制约制度。主要有三种形式。第一种形式是由经济检察、法纪检察部门负责案件的侦查，由刑事检察部门负责审查逮捕、审查起诉，即在检察机关内部实行分管侦查的部门和侦查监督的部门之间的互相制约。实际是由刑事检察部门负责对自侦案件的侦查监督，被称为内部大交叉的制约形式。第二种形式是在检察机关的内部成立侦查大队，专门负责检察机关直接受理侦查的案件的侦查工作，而由经济检察、法纪检察部门分别负责各自分工管辖的案件的决定逮捕、审查起诉的工作。这种形式虽也是把侦查和起诉分开，实行侦查大队和经济检察、法纪检察部门之间互相制约，但实际是由经济检察，法纪检察部门自行负责侦查监督工作，被称作中交叉的制约形式。第三种形式是在检察机关的经济检察、法纪检察部门内部，把侦查和起诉的业务分开，设立侦查科（组）和起诉科（组），分别负责各该部门分工管辖的案件的侦查工作和审查逮捕、审查起诉的工作。在科（组）与科（组）之间实行互相制约，被称作小交叉的制约形式。这几种制约形式，都在不同程序上发挥了侦查监督的作用。

通过各地检察机关的大胆实践，理论界的深入探讨，最高人民检察院在认真总结各地实践经验的基础上，肯定了在检察机关内部实行制约的做法。在 1988 年召开的全国检察长会议上作出决定，从 1989 年开始，全国各级检察机关对直接受理侦查的刑事案件，不再采用由一个业务部门"一竿子插到底"的办案方法，把侦查、预审和审查逮捕、审查起诉分开，分别由两个部门掌管，实行内部制约的制度。1991 年 1 月 25 日正式颁发了《人民检察院直接管理侦查的刑事案件审查逮捕审查起诉工作暂行规定》，明确规定："人民检察院直接受理侦查的刑事案件，由刑事检察部门审查逮捕、审查起诉或者免予起诉和出席法庭支持公诉。"并参照刑事诉讼法关于对公安机关的侦查监督的要求和程序，具体制定了检察机关内部审查、监督的程序。这就在实际上解决了检察机关直接受理的侦查案件是否列入侦查监督范围的问题。应当在适当时候通过立法予以确认，并修改、补充有关的法律规定。至于理论上还有些不同的认识和实践中存在的问题，应当通过深入探讨和继续总结实践经验逐步加以解决。

3. 公安机关、国家安全机关的秘密侦察活动是否属于侦查监督的范围。理论界基本上有两种观点。一种观点认为，秘密侦察是公安机关、国家安全机关依据行政法规采用秘密调查手段所进行的活动，不是刑事诉讼的法律行为，因此，原则上不属于侦查监督的范围，但是，如果发现在秘密侦察活动中有违反刑法、刑事诉讼法的行为，应当实行监督。另一种观点则认为，侦察与侦查密不可分，都是揭露、证实犯罪的调查方法。调查方法有公开的，也有秘密的，侦察作为一种特殊的调查手段，属于侦查的范畴。因此，秘密侦察活动应当属于侦查监督的范围。现行法律及有关规定，应予修改补充，明确规定侦察是侦查的一种手段，并相应地扩大侦查监督的范围。

如何对待秘密侦察和要不要对秘密侦察实行监督，首先应当弄清以下几个问题：（1）秘密侦察的性质。秘密侦察是公安机关和国家安全机关在同间谍、特务和其他危害国家安全罪以及普通刑事犯罪的斗争中，依据法律、法规采用的一种调查方式和手段，是否合法，受国家安全法和有关行政法规的调整和监督。它与刑事诉讼活动有密切联系，但还不完全具有刑事司法的性质。（2）侦查的法律性质。侦查是侦查机关在刑事诉讼中，为收集证据，查明案情，依法进行的专门调查工作和有关的强制性措施。是侦查机关行使司法权的行为，是否合法，应受刑事诉讼法和有关法律规定的调整和监督。上述两种行为都是国家机关依法行使职权的行为，但它们的性质不完全相同，应加以区别。（3）侦查监督的性质。侦查监督是针对侦查活动进行的监督，它是侦查机关参加刑事诉讼，对其执法活动是否合法实行的监督，属于法律监督性质，不是一般的工作监督。基于上述看法，由于秘密侦察和侦查的具体性质有所不同，因此，不把秘密侦察列入侦查监督范围是对的。但是，在实践中，当与某种刑事犯罪作斗争时，秘密侦察和侦查又是密不可分的，秘密侦察对某些案件是不可缺少的特殊调查手段。因此，考虑对它实行严格的法律监督也是必要的。解决办法有两个。一是原则上不把秘密侦察列入侦查监督的范围，但发现有违反刑法、刑事诉讼法的行为检察机关有权提出纠正。其他违法行为，应由其主管机关制定监督办法加以解决。另一个办法是把秘密侦察作为办理刑事案件的一种特殊的调查方法，由刑事诉讼法加以规定，明确列入侦查监督的范围。由于现行刑事诉讼法尚无规定，当前不把它列入侦查监督的范围是合适的。

第四部分
公诉制度和刑事
审判监督

一、免予起诉制度

（一）免予起诉制度存废之我见[*]

近年来，有些同志对免予起诉制度提出质疑，主张用缓起诉制度代替免予起诉制度。也有的同志认为，免予起诉制度应当坚持，但要改革加以完善。笔者赞成后一种主张。现就免予起诉制度的几个理论与实践问题作些探讨。

1. 免予起诉制度的产生与是否过时。免予起诉是 1956 年检察机关在处理反革命分子投案自首的工作中创造的。后经全国人大常委会决定，运用于对在押日本战争罪犯的处理。由于免予起诉体现惩办与宽大相结合的政策精神，它是贯彻刑事政策，促进对犯罪人教育、改造的一种形式。1979 年，作为一项重要的诉讼制度被正式列入我国刑事诉讼法。但是，有的同志认为，免予起诉只是在我国一定历史条件下的产物，虽起过一

＊ 本部分内容刊载于《法学研究》1989 年第 3 期。

定的积极作用，但在新的形势下，已不能适应法制的需要，主张取消免予起诉制度，这就值得研究了。

免予起诉，确是在特定的历史条件下产生的，但决不是只能在特定的历史条件下才能适用，而无普遍意义。它的产生具有深刻的历史原因，符合历史发展规律，也适合于当前同犯罪作斗争的形势需要。对犯罪和犯罪人是否绝对采取有罪必罚，有罪必须起诉，由法院处以刑罚的办法，历来就有争论。在刑法和刑事诉讼法理论上形成不同的学说。刑法上有报应论和目的刑论、教育刑论之分，主要是单纯采取有罪必罚，实行一般预防呢，还是需要从特殊预防出发，考虑如何更好地达到刑罚的目的，并采取非刑事化的政策。在刑事诉讼法上有起诉法定主义和起诉便宜主义之分。主要是对犯罪人必须全部起诉呢？还是需要根据犯罪人的具体情况，赋予检察官以一定的自由裁量权。我国法律规定，对构成犯罪的案件，除告诉才处理的案件外，统由检察机关提起公诉，同时实行对构成犯罪而依照刑法规定不需要判处刑罚或者免除刑罚的，可以由人民检察院作出免予起诉的决定。这是符合惩办与宽大相结合的刑事政策精神和诉讼经济原则的。即使在加强民主与法制的新形势下，对惩罚犯罪依然应贯彻上述的政策、法律规定的精神。在检察机关审查起诉的环节上，适时的作出终止诉讼的决定，有利于对犯罪人的教育改造，而并不妨碍刑法和刑事诉讼法任务的完成。

综观世界各国和地区，在刑事诉讼的起诉程序上，绝对采取法定主义的并不多见，一般是以采取起诉法定主义为原则，而兼采起诉便宜主义。虽然各国在确定这部分案件的范围、适用的程序和具体做法不完全相同。但是，在对少数已经构成犯罪，由检察官斟酌情况，提出或者作出不起诉（或者免予起诉）的意见或者决定，不再由法院判处刑罚这一点上则是一致的。在刑事诉讼法中，都设有专门的类似免予起诉的制度。大体有以下几种情况：

（1）实行微罪不追诉制。如联邦德国刑事诉讼法第 153 条规定，对于轻微罪行，如果根据案情，不必予以处罚时，在管辖法院同意下，检察官可以不提起公诉。

（2）实行起诉犹豫制。如日本刑事诉讼法 248 条规定，根据犯人的性格、年龄及境遇，犯罪的轻重及情况与犯罪后的情况，没有必要追诉时，可以不提起公诉。这种不起诉处分，被称为起诉犹豫。它的适用范围明显大于微罪不追诉。

（3）实行终止诉讼制。如苏俄刑法、刑事诉讼法规定，对社会并无重大危害的犯罪人，如果认为不采用刑罚也能得到改造和教育，可以免除他的刑事责任。对这类案件，法院、检察院以及经检察长同意的侦查员和调查机关，都有权终止刑事诉讼。

从以上情况可以看出，不论是资本主义国家还是社会主义国家，从过去到现在，都是一直在对部分犯罪人实行不起诉（或免予起诉）的制度，这充分说明了这一制度的广泛性、适用性，我们有什么理由必须取消它呢？我国的免予起诉制度从产生到现在，已经有三十多年了，刑事诉讼法正是根据司法实践经验的总结而加以确认的，它同宪法、刑法、刑事诉讼法的基本原则是一致的，不能因为它是产生于法制不健全的年代，而降低它存在的法律意义，更不能说它是违背法制原则的。任何一项制度都不可能是十全十美的，随着形势的发展，实践经验的积累，我们可以逐步加以改进和完善，而作为一个在历史上曾起过积极作用，现在仍在继续发挥重大作用的制度，应当坚持下去，使它今后在与犯罪的斗争中，继续发挥更大的作用。

2. 免予起诉决定权和审判权的异同。免予起诉决定权是基于法律赋予检察机关的公诉权而产生的权力。审判权则是基于法律赋予法院审理犯罪案件并科处刑罚的权力，两者是有原则区别的。前者应用于提起公诉程序，后者应用于审判程序。由于检察机关在作出免予起诉决定时，必须先查明犯罪事实，认定被告人是否有罪。法院在作出科刑判决时，也必须先调查核实犯罪事实，认定被告人是否有罪，因而在认定被告人是否有罪这一点上，两者又有相类似的地方。有的同志提出，认定被告人是否有罪，唯有人民法院才有此权力。检察机关行使免予起诉权，认定被告人有罪，终止诉讼，实际上是分割了人民法院的审判权，违背了宪法、法律规定人民法院独立行使审判权原则。这个观点值得研究。

免予起诉中认定被告人的行为已经构成犯罪，与法院经审判程序认定被告人有罪，虽在实体上有类似之处，但其性质是不同的。免予起诉决定权属于公诉权的一部分，免予起诉的前提是被告人的行为已经构成犯罪。因此，检察机关在审查起诉中，必须首先查明被告人的行为是否已经构成犯罪，然后才能作出是否免予起诉的决定，它是行使免予起诉决定权的条件。检察机关如果不具有对被告人行为是否构成犯罪进行调查，作出判断、认定的权力，它就无法实行免予起诉决定权。这是其一；其二，检察机关认定被告人的行为已经构成犯罪，是作为免予起诉的一个前提条件，而不是它的直接目的。免予起诉的直接目的是阻止将被告人交付审判，终止诉讼。因而它与法院经审判对被告人作出有罪认定，为实现刑罚权的性质是不同的。我们不能把在刑事诉讼中，有关机关对被告人的行为是否构成犯罪依法所作的决定，都看作审判行为，简单化地认为是侵犯了法院审判权，这不仅不符合司法实际情况，也违反法律规定精神。事实上，根据我国刑事诉讼法规定，不仅是在起诉程序中，而且在侦查程序中，不仅是对免予起诉的案件，而且对不起诉的案件，都包含有对被告人的行为是否构成犯罪，作出有罪认定的内容，而法律赋予有关机关以相应的权力。换句话说，不是所有的犯罪案件，都必须移送到法院进行审判的。侦查机关侦查终结的案件，检察机关在审查起诉中决定不起诉的案件，其中除对情节显著轻微，不认为是犯罪的案件，应当作出撤销案件，或者不起诉决定外，还有一些是属于已经构成犯罪，但依照法律不追究刑事责任的案件，也有权作出撤销案件，或者不起诉的决定。比如，犯罪已过追诉时效期限的案件，首先就应认定被告人已构成犯罪，才有适用犯罪已过追诉时效期限规定的问题。经特赦令免除刑罚的案件，也同样有一个已构成犯罪的前提问题。那么，这类案件，侦查机关、检察机关作出撤销案件，或者不起诉的决定时，是否也是侵犯了法院的审判权呢？法律规定，不论是在侦查、起诉、审判哪一个环节上发现这类案件，经查证属实，都有权作出处理，都具有终止诉讼的效力。也就是说，侦查机关、检察机关为了行使侦查权、公诉权，需要查明被告人的行为是否构成犯罪，法律相应地赋予它这种权力。因此，应当认为，检察机关在法律规定的范围内，具有认定被告人是否有罪的权力。但是，它与法院的定罪处刑权是不同的。它是附属于侦查权、起诉权的一种权力，虽然同样具有法律效力，但它不可能产生处以刑罚的法律后果。

当我们在阐述免予起诉决定权与审判权之间区别的时候，也不否认它们之间有相类似之处，两者都是从实际上对被告人作出有罪的认定。在实行免予起诉制度的前提下，如何从程序上保障对被告人作出的有罪认定正确无误，确是一个需要认真对待的问题。由于检察机关的免予起诉决定，一般都是在不公开的情况下，由检察机关一家独自作出的。这就使当事人行使诉讼权利受到了限制，缺乏公开的诉讼程序的保障，特别是在这种认定可能发生错误的时候，应采取何种措施加以补救的问题未能完全解决。确实是我国刑事诉讼法的一个薄弱环节。外国的刑事诉讼法都设有一定的程序来解决这个问题。他们的做法，大体有以下几种：

（1）设置准起诉程序。如日本刑事诉讼法第 262 条规定，告诉人或告发人对检察官不提起公诉处分不服时，可以请求该检察官所属检察厅所在地的管辖地方法院将该案件交付法院审判，法院可以另行指定律师，支持公诉，进行审判。上述规定只限于刑法规定的部分公务员渎职犯罪案件等。

（2）经管辖法院同意。如联邦德国刑事诉讼法规定，对于可以免予处罚的案件，检察官作不提起公诉处分时，还须经管辖法院的同意。

（3）被告人有继续进行诉讼的权利。根据苏俄刑事诉讼法规定，对以时效已过、大赦、特赦为理由而终止诉讼的案件，如果被告人对此表示异议，则不得终止。在这种情形下，诉讼应当依照通常程序继续进行。刑事被告人不认为自己有罪，并坚持继续侦查，也不应当终止诉讼。被告人有权对检察长作出的终止诉讼的决定向上级检察长提出申诉。

以上情况可以看出，检察机关有权作出免予起诉的决定后，在特定的条件下，还有可能与法院的审判程序相联系，其目的就在于保证案件处理决定的正确和保障当事人的诉讼权利。但一定必须把认定被告人是否有罪的权力全部交给法院。

3. 免予起诉与缓予起诉的差别。有些同志认为，免予起诉决定，一经宣布，具有终止诉讼的效力，检察机关不得就同一案件再行起诉。而缓予起诉则不同，它只有中止诉讼的效力，检察机关可视案件情况的变化，仍可以对该案件提起公诉。缓予起诉有利于检察机关在同犯罪斗争中发挥主动、灵活的作用，又有利于法院统一行使审判权。因而主张用缓予起诉代替免予起诉，或者增设缓予起诉制度。这个问题需要作具体的分析研究。

笔者认为，免予起诉和缓予起诉，在实质上并无不同。两者适用的对象，都应当是已经构成犯罪，但又可以免除刑罚的人，至于所作决定的效力，是在于法律如何规定和如何理解的问题。

缓予起诉，日本称"起诉犹豫"。把起诉犹豫的含义直接解释为"暂不起诉"，认为其效力低于免予起诉，在一定期限内仍可起诉。根据日本刑事诉讼法规定，检察官基于起诉便宜主义原则作出的起诉犹豫，和因其他理由决定不追诉的，统称为不起诉处分。法律没有对不起诉处分的效力作出明文规定，更没有对起诉犹豫处分的效力作特别规定，我们见到的，只是有的学者在作解释时，认为日本检察官所作的不起诉处分，只是检察机关内部所为的意思决定，仍可以根据以后的情况就该案件再行起诉。究竟如何起诉以及起诉后的情况如何，也没有见到这方面的案例或资料。笔者认为，不论是基于起诉便宜主义，还是因其他理由所作的不起诉处分，必须具有相应的拘束力，并保持稳定性，除非有法律规定的理由需要变更外，不得任意变更，这有利于加强法制。只有依照法律规定，该处罚的处罚，不该处罚的不处罚。如果该罚还是不罚，长期处于不确定状态，并不利于对犯罪人的教育、改造，而完全委之于检察官自由裁量，则有另生弊端之虞。

另外，免予起诉处分是属于行使公诉权的范畴。主要是从程序上阻却提起公诉，其性质与法院的判决不同，它不具有判决的既判力。因此，如果情况发生变化，检察官仍可以就该案件再行起诉，恢复诉讼。当然，这也不是任意的，其变更的理由，应在法律上作出明确规定。这样，即使在不实行缓予起诉制度（即规定缓起诉决定无终止诉讼的效力），而是在采取免予起诉（或）不起诉制度的情况下，同样也可以有条件地变更原免予起诉（不起诉）的决定，以适应出现特殊情况的需要。

提出建立缓予起诉制度的同志，拟把缓予起诉的对象确定为："凡是依法可能（或只能）判处拘役以上，三年以下刑罚的犯罪分子"，这个问题也值得研究。笔者认为，不论是免予起诉，还是缓予起诉，其适用对象必须控制在已经构成犯罪，而依法可以免除刑罚的范围内。也就是说，不能突破可以免除刑罚这条界限。我国刑事诉讼法规定，对于不需要判处刑罚或免除刑罚的，可以免予起诉，这个适用范围已经不小，不能再扩大。凡是依法应当判处拘役或有期徒刑而无免除刑罚情节的，应当提起公诉，由法院审判。再说，究竟应判处 3 年以下还是 3 年以上有期徒刑，只有法院经过审理以后才能确定，检察机关无权决定。如果对决定缓予起诉的人还规定考验期，这与由法院判处有期徒刑缓刑的还有什么区别？这倒有点超越检察机关职权之嫌，未必适宜。

4. 完善免予起诉制度的几点设想。免予起诉制度必须进行改革。改革的重点应放在加强内部的制约机制和扩大、保障被害人、被告人的诉讼权利上，明确检察机关的职责和完善具体的诉讼程序，从而提高免诉案件的质量和效果。

（1）在免诉程序中贯彻民主原则和公开原则。免予起诉的案件，检察人员应当告知被告人在免诉程序中享有的诉讼权利。应允许被告人委托律师辩护。辩护律师有查阅本案材料，了解案情，并同在押被告人会见的权利。对案件事实、证据的认定是否正确，合法，被告人是否有罪，提出辩护意见，以维护被告人的合法权益。被告人有申请检察人员回避的权利，并有要求补充证据，重新鉴定以及申诉等权利。

（2）建立由上一级人民检察院复核的制度。被害人、被告人对免予起诉决定不服的，有权在法定期限内经原人民检察院向上一级人民检察院申诉，申诉书应经原人民检察院审查后移送，如果查明申诉人的申诉已过法定期限的，应当退回。如果认为原决定确有错误的，应撤销原决定，继续侦查或提起公诉；如果认为原决定并无不当的，立即将该申诉书以及案卷材料送交上一级人民检察院复核。上一级人民检察院应在规定期限内及时进行复核，作出维持、变更或撤销原决定的决定，通知下级人民检察院执行。

（3）加强与公安、法院之间的制约机制。应切实执行刑事诉讼法的规定，公安机关要求复议或复核的案件，同级人民检察院和上一级人民检察院应认真进行复议、复核，在规定期限内作出复议和复核的决定。人民法院对共同犯罪案件中有的被告人已作的免予起诉决定认为有错误时，应当向同级人民检察院提出意见。必要时也可以直接向上一级人民检察院提出意见，要求改变原来的决定，重新起诉或补充起诉。人民检察院应认真复查，并在规定期限内作出答复。凡是原决定确有错误的，人民检察院应当重新提起公诉，或者在查明事实后作出处理决定。至于被害人不服免予起诉决定的，是否可以直接向人民法院提起诉讼，根据我国检察机关的性质和法律决定，公诉权由检察机关行使，并具有法律监督的职能，似不宜再将诉权赋予公诉案件的被害人。对于被告人不服免予起诉决定的，是否可以要求继续进行诉讼，移送法院审判？笔者认为，检察机关决定免予起诉的案件，一般是该罪已够处以刑罚而又具有免予处罚情节的。属于可以处刑，也可以不处刑，处于两可之间的案件。因此，处理这个问题，考虑有两种办法可供选择。一种是在准备作免予起诉决定前，告知被告人，由被告人选择，是按免予起诉程序处理，还是按审判程序处理。如果被告人要求按审判程序处理，人民检察院应提起公诉，移送人民法院依法审判。同意按免予起诉程序处理的，就不能再要求移送法院审判。对处理决定不服时，只能向上一级人民检察院提出申诉。再一种办法是，在作出免予起诉后，如果被告人不服，要求移送法院审判的，人民检察院可以将案件移送法院处理。因为存在上述情况一般是涉及被告人是否有罪的问题，在有异议的情况下，由人民法院通过审判程序作出判决，以发挥法院的制约作用。笔者比较倾向于采用前一种办法，因作出免予起诉决定，诉讼程序已宣告终止，就不应再进入审判程序。

（4）明确规定检察机关对免予起诉案件的附带民事诉讼有处分权。笔者认为，既然法律已规定人民检察院对这类案件的刑事部分有免予起诉的决定权，有权终止诉讼。那么，对由此派生出来的附带民事诉讼部分，也应当有相应的处分决定权。具体程序设想为，只要被害人同意，人民检察院可以按照民事诉讼的原则，先进行调解，调解达成协议的，应制作调解书。如果调解不成，人民检察院应根据刑法第32条的规定，作出由被告人赔偿经济损失的决定，附记在免予起诉决定书内。对民事部分的执行，应规定人民检察院有强制执行的权力。当事人对决定不服的，可以向上一级人民检察院提出申诉，不应再由人民法院处理。但如果被害人事前表示不同意由人民检察院处理的，可以在人民检察院作出免予起诉决定后，由被害人直接向人民法院另行提起民事诉讼。

（二）再论免予起诉*

在 1988 年全国诉讼法研究会年会上，我曾发表过《免予起诉制度存废之我见》一文，提出了坚持和完善我国免予起诉制度的意见。近年来，免予起诉在理论和实践方面又出现了一些新情况和新问题，特别是对贪污、贿赂罪犯适用免诉引出的问题，如何认识和解决，众说纷纭，各有千秋。我想就其中的几个主要问题再略陈管见，与大家共商。

1. 关于免予起诉的性质。免予起诉是人民检察院对构成犯罪的被告人依照法律规定不提起公诉，不将被告人移送人民法院审判所作的决定。免予起诉必须以被告人的行为已构成犯罪为前提。有人认为这是一种有罪的决定，其性质与法院的定罪是相同的，而定罪判刑属于审判权范畴，只有法院才能行使，检察院从实体上认定被告人有罪并作出处分，就是侵犯了法院的审判权。还有人认为，检察院只能行使控诉权，由检察院作出有罪决定，是控审不分，与诉权理论相悖。上述观点笔者不表赞同。笔者认为，免予起诉决定虽有认定被告人有罪的内容。但它是作为免予起诉的条件，不是对犯罪本身的直接认定和处理。免予起诉决定的效力，并不在于对被告人定罪，或者说它没有定罪的效力。它主要是依法对被告人不提起公诉，在审查起诉阶段就终止诉讼。正因为它在程序上中断了诉讼的进行，不再将被告人交付审判，恰恰是避免了对被告人定罪判刑的后果。不能因为免予起诉涉及认定犯罪的问题，就认为是从实体上对被告人作定罪处理的决定。因免予起诉而不进入审判

---

* 本部分内容刊载于《人民检察》1993 年第 3 期。

程序，基本上是属于程序性的决定。

免予起诉来自我国司法实践，但它与世界各国的起诉制度有共同点。对被告人的犯罪行为，酌量具体情况作不起诉决定，几乎是各国检察官都有的权力，不过在适用条件和范围上有所差别。我们不妨作些比较。如日本刑事诉讼法规定，审查起诉实行起诉便宜主义，根据犯人的性格、年龄及境遇，犯罪的轻重及情况与犯罪后的情况，没有必要追诉时，可以不提起公诉。日本是实行起诉垄断主义的国家，这就是说，对任何案件都适用起诉便宜主义规定，检察官有权酌量情况作出不起诉的决定。在检察实务中，他们把适用不起诉的情况划分为四种：（1）欠缺诉讼条件的。此是指被疑人死亡，无审判管辖权；属亲告罪而没有告诉、告发及请求，或其无效，或已撤销；已有确定判决；同一事实已经提起公诉；刑罚废除；大赦；已过时效等。（2）被疑案件不构成犯罪。是指被疑人犯罪时不满14岁的；被疑人犯罪时处于心神丧失状态的；被疑事实不符合犯罪构成要件，又有证据能证明阻却犯罪成立的事由的。（3）没有犯罪嫌疑。既指没有嫌疑，即被疑人明显地不是被嫌疑事实的行为者，或明显缺乏认定构成犯罪的证据，亦指嫌疑不足，即认定被嫌疑事实构成犯罪的证据不充分。（4）有犯罪嫌疑。是指被嫌疑事实清楚，但法律规定应予免除刑罚的；还包括起诉犹豫，即被嫌疑事实清楚，但根据被疑人的性格、年龄以及境遇、犯罪的轻重及情况与犯罪后的情况，没有必要追诉的。对于上述不符合诉讼条件，不构成犯罪，没有犯罪嫌疑和有犯罪嫌疑四种情况，都统一适用不起诉决定。起诉犹豫是作为有犯罪嫌疑而不起诉的一种，不是与不起诉分离另作处理的。台湾地区的"刑事诉讼法"把不起诉处理分为绝对不起诉和相对不起诉，并明确规定了各自的适用条件和范围。

对行为不罚者，法律应免除其刑者，犯罪嫌疑不足者等，为绝对不起诉；对刑法规定的微罪，检察官参酌犯人的情况，认为以不起诉处分为适当的，为相对不起诉。这两种处分统一用不起诉处分书。德国、苏联以及其他一些国家都有类似的规定。由此可见，检察官对犯罪人可以作不起诉处分，其他国家及地区都有此规定。所不同者，是我国法律把免予起诉单独作为一种处分决定，专设了处理程序。为什么别国检察官对犯罪人作不起诉处分不侵犯审判权，而我国检察机关对犯罪人作免予起诉决定就侵犯了审判权呢？这是说不通的。1990 年 8 月第八届联合国预防犯罪和罪犯待遇大会审议通过的《关于检察官作用的准则》中，承认检察官对决定起诉或者免予起诉拥有酌处职能，并规定："根据国家法律，检察官应在充分尊重嫌疑者和受害者的人权的基础上适当考虑免予起诉，有条件或无条件地中止诉讼程序或使某些刑事案件从正规的司法系统转由其他办法处理。"这更说明检察机关行使免予起诉权，是符合世界刑事司法发展趋势的。

如上所述，检察机关拥有免予起诉权，我国法律作了明确规定，外国法律中也有类似的规定，这一点是没有疑问的。但还必须搞清以下几个问题：（1）检察机关要不要认定犯罪事实？回答是肯定的。因为适用免予起诉的对象是犯罪人，只有查明、确认其犯罪事实，才能保证适用法律的正确。依法不交付法院审判，不追究其刑事责任，不是不需要查清犯罪事实，更不是说犯罪事实可以一笔勾销。日本检察官作起诉犹豫处分时，也是要求把犯人的被疑事实查证清楚，要具有构成犯罪事实的证据。（2）如何看待认定有罪的问题。免予起诉决定中对犯罪事实的认定与判决中对犯罪事实的认定，虽然都是作有罪的认定，但其性质是不同的。检察机关认定犯罪事实是行使公诉权的需要，不论是免予起诉还是决定起诉，或者不起诉，都必须查明是否有犯罪事实，犯的什么罪，应否追究刑事责任，然后作出认定，以此作为决定的根据。只有在确认有犯罪事实的前提下，才能考虑是否免予起诉。但检察机关认定有罪，不会给被告人带来刑罚的后果。法院则不同，其认定犯罪事实是行使审判权的表现，定罪与量刑是密切联系的。除依法免除刑罚外，定罪后都要处以刑罚。起诉书中检察院对被告人犯罪事实的认定，对法院没有约束力，法院还要经过审判作出新的认定和处理，这也说明两者是有差别的。（3）如何看待免予起诉决定的效力问题。免予起诉的决定和免刑判决都是免除刑罚，但其效力是不同的。有人把免予起诉决定和免刑判决作为有同等法律效力的解释是不合适的。因为免予起诉是对有罪的被告人依法不予起诉所作的决定，它具有不再交法院审判的效力，但不具有判决那样的既判力。如果发现有新的犯罪事实和证据，原作决定有错误，仍可以撤销决定，向法院起诉。免刑判决则不同，它一经发生法律效力便具有既判力，要受一事不再理原则的约束，不得就同一事实重新起诉和审理。

2. 免予起诉的条件。根据法律规定和检察实践经验，免予起诉的条件主要有三个，即犯罪事实清楚，证据确实、充分；被告人的行为已经构成犯罪，应当负刑事责任；依法不需要判处刑罚或者可以免除刑罚。正确掌握免诉条件，是案件质量的重要保证。实践中发生免诉不当，出现免诉率过高的现象，往往是与免诉条件掌握不好有重大关系。为了正确执行惩办与宽大相结合的刑事政策，提高免诉案件的质量，有必要对如何正确理解和掌握免诉条件，进一步完善免诉条件，以及解决与执行免诉条件有关的问题作一些研究。

（1）关于犯罪嫌疑问题。免予起诉案件要求犯罪事实清楚，证据确实、充分。对虽有犯罪嫌疑，但犯罪事实没有证实的案件不能免予起诉。坚持这个条件是必要的。但是，实践中确有一些犯罪嫌疑很大但缺乏充分证据的案件，作起诉或者不起诉处分都不合适，感到骑虎难下。有的案件向法院提起公诉后，被法院以事实不清退回补充侦查。由于一时难以查清，又不能提起公诉，有的检察院就改作免予起诉处分。这样处理是错误的，因不符合免予起诉必须以犯罪事实清楚为条件。对这种案件如何处理？现行法律没有规定，作起诉、不起诉、免予起诉处分都缺乏法律依据，司法部门也没有作统一的司法解释，很值得研究。笔者认为，在我国审查起诉中，应考虑增设中间处分的程序。对于有重大犯罪嫌疑，在法定的办案期限内无法查清的案件，可以作出中止诉讼的处分。"中止"不同于"终止"，它是有条件的，适用于有继续侦查价值，等待一定时日排除侦查障碍后，仍有可能继续收集证据、查清事实的案件。作出中止处分后，应撤销强制措施，但不撤销案件。侦查人员应积极排除侦查障碍，继续进行侦查工作。中止处分要规定期限，经过一定的期限（比如 1 年，最长不得超过 3 年），仍无法查清事实的，应作出终局处分，不能无限期地拖延下去。

对于经过反复侦查，犯罪事实仍不能得到证实，既肯定不了犯罪事实，又不能否定犯罪嫌疑，已无法再进行侦查的案件也要有个处理办法。理论上有两种观点：一种认为，这种案件属疑罪，罪疑应从无，既然不能证明其有罪，就应宣告无罪，作出不起诉处分。另一种观点认为，我国刑事诉讼法实行以事实为根据原则，有罪就是有罪，无罪就是无罪，要实事求是，对待有犯罪嫌疑与没有犯罪嫌疑不能一个样。对有犯罪嫌疑无法证实，也无证据可以排除的，可以撤销案件，但不能以无罪对待，作不起诉处分。这个问题涉及对无罪推定原则的理解。

无罪推定能否在我国普遍适用和如何运用，在认识上有分歧，一时还难以取得共识。但有一点可以肯定，不管是从哪一种观点和原则出发，对于实践中确实存在的这种疑罪案件，必须认真加以解决，不能再搞罪疑从有，罪疑从"挂"之类的老办法，让被告人永远背着嫌疑犯的黑锅。外国的有些经验可供借鉴。如日本在检察实务中，有犯罪嫌疑和没有犯罪嫌疑是严格分开的。有犯罪嫌疑又有追诉必要的，向法院提起公诉，有犯罪嫌疑而无追诉必要的，适用起诉犹豫，作不起诉处分。有一点需要说明，他们所说的有犯罪嫌疑，不是仅怀疑有罪而无根据，而是相当于我们所说确有犯罪事实。值得注意的是，他们对犯罪嫌疑不足和没有犯罪嫌疑都是列入没有犯罪嫌疑的范畴，都是按没有犯罪嫌疑对待。检察官认为犯罪嫌疑不足，构成犯罪的证据不充分时，应作不起诉处分。我国现行刑诉法对此没有规定。笔者认为，在审查起诉中，对于事实不清，证据不足的案件，只要还有可能继续侦查的，应作出补充侦查或者中止诉讼的处分。经过规定期限仍不能查清的，应作出撤销案件的处分。被告人受拘留、逮捕强制措施的，应依法给予经济赔偿。如果在审查起诉时认为已无继续侦查价值的，也可以直接作出不起诉处分。建议修改刑事诉讼法时，在刑事诉讼法第11条中补充上述内容，对犯罪事实不清，证据不足，不能认定犯罪的，应当撤销案件或者不起诉。

（2）关于犯罪性质问题。免予起诉的案件必须是被告人的行为已经构成犯罪，应当负刑事责任，其中重要的是划清罪与非罪的界限。实践中因划不清罪与非罪界限而发生错误的案件时有发生，我们应当从中吸取经验教训。当前，随着改革开放和经济建设步伐的加快，还会不断出现一些新的情况和问题，必须加强调查研究。对罪与非罪一时难以区分以及政策法律规定不明确的案件，可先不急于按犯罪处理。免予起诉必须坚持以构成犯罪为前提，不能将犯罪性质难以确定的"边缘案件"和"踩线案件"，轻率地按免予起诉处理。免予起诉与提起公诉在要求构成犯罪这一点上是一致的，不存在性质上的差别。不应认为免予起诉对犯罪事实的证明要求，在程度上可以低于提起公诉，也不能将不够提起公诉的或者提起公诉后被法院退回的案件，改用免予起诉"下台阶"。对于不构成犯罪，或不能认定有罪，但确有违法行为的，可以建议有关部门给予行政处分或作其他处理。

（3）关于犯罪情节问题。依照刑法规定，不需要判处刑罚或者免除刑罚的可以免予起诉，这是适用免予起诉的又一重要条件。这里有一个如何认定犯罪情节的问题。所谓不需要判处刑罚，是指刑法第 32 条的规定，即犯罪情节轻微，不需要判处刑罚的。什么是犯罪情节轻微，法律未作具体界定和解释，是由检察官根据案件情况自由裁量。因法律规定弹性太大，实践中易发生不适当地扩大其适用范围的情况。所谓犯罪情节轻微，既不同于刑法第 10 条规定的情节显著轻微而不认为犯罪的情形，又尚未达到刑法分则有关条文中规定的情节较轻的犯罪程度。究竟如何掌握其标准，应总结实践经验加以具体化，用列举式作出规定。这样可控制其适用范围，又便于操作。

所谓可以免除刑罚，是指刑法有关条文中有免除处罚情节的规定。但不是刑法规定有免除处罚情节的，都必须免予起诉。应当指出，刑法规定的情节，既是免除处罚的情节，也是从轻、减轻的情节，有的是"应当"适用，有的是"可以"适用，而且处罚轻重的排列次序和考虑适用的先后都不完全一样。大体可以分为 6 种情况：①应当免除或者减轻处罚的；②应当减轻或者免除处罚的；③应当从轻、减轻处罚或者免除处罚的；④可以免除或者减轻处罚的；⑤可以从轻、减轻或者免除处罚的；⑥可以减轻或者免除处罚的。在具体适用时，必须注意不同条文的表述，细心区分和正确掌握，并结合案件的具体情况加以确定。

（4）关于悔罪问题。被告人有无悔罪表现，也是适用免予起诉的一个重要条件。现行法律规定虽在自首等情节中包含有悔罪的内容，但没有明确把悔罪作为免予起诉的必要条件，这是一大缺陷。免予起诉本是对犯罪人的宽大处理，犯罪人有悔改表现，表明其有改恶从善的愿望和行动，在此基础上予以免予起诉，才有利于对其教育改造。有些犯罪案件虽具有免除刑罚的情节，但本人并无显著的悔改表现，甚至拒不认罪，免予起诉后到处诉说自己是无罪的，这就完全丧失了免予起诉应起的作用。这说明，如果在被告人没有悔罪的条件下实行免予起诉，就不可能达到免予起诉的目的。因此，笔者认为，应把悔罪表现列为免予起诉的必要条件。没有悔改表现又拒不认罪的，即使具有其他免诉的条件也不应免予起诉。被告人坚持自己是无罪的，不能作免予起诉处理。如果确已构成犯罪，应当追究刑事责任，可以提起公诉，移送法院审判，通过公开审理，经法院合议庭评议作出判决。这既是对被告人诉讼权利的尊重和保护，也可以防止免诉工作中错误的发生。回顾过去有关免予起诉的规定和实践经验，也是十分重视悔罪表现的。1956 年我国宽大处理日本侵华战争犯罪分子时，就把"悔罪表现较好"作为免予起诉的条件之一。全国人大常委会《关于处理在押日本侵略中国战争中战争犯罪分子的决定》中规定："对于次要的或者悔罪表现较好的日本战争犯罪分子，可以从宽处理，免予起诉。"1963 年起草的《中华人民共和国刑事诉讼法（草案）》中，总结司法实践经验，作了这样的规定：

"对于有下列情形之一的被告人可以免予起诉：①确有显著悔罪、立功表现需要免予起诉的；②罪行较轻，有悔罪表现的。"上述规定，说明当时是十分重视以有无悔罪表现作为免予起诉的重要条件的，近年来的实践经验也说明了这一点。因此，把它明确规定为免予起诉的条件是必要的、正确的。笔者建议，在修改刑事诉讼法时，应把具有悔罪表现作为免予起诉的条件补充进去，以完善免予起诉制度。

二、谈检察机关干预自诉的问题 *

检察机关对待自诉案件，是否采取干预原则？有一种观点主张检察机关有权干预自诉，并作为公诉职能的一个组成部分。这里涉及检察机关的公诉权和自诉权的关系问题，我有些不同的想法，提出来供大家研究参考。

（一）干预自诉的概念

自诉是法律赋予私人追诉犯罪的一种权利。被害人有权就其被害事实直接向法院起诉。干预一词，按词义理解，是强制过问别人的事情。干预自诉，当然是指检察机关可以不受被害人意志的约束，有权对被害人的自诉权实行强制干涉，甚至取代自诉。笔者认为，这个概念的含义，不能准确、全面地反映检察机关公诉权与自诉权的关系。

法律规定对少数轻微的刑事案件，不由检察机关公诉，而由被害人自己起诉。其原因在于：（1）因为这些案件是因人民内部矛盾激化引起的，多属侵害被害人个人的合法权益，根据被害人的意愿，决定起诉还是不起诉，更有利于解决矛盾；（2）这类案件不作为公诉案件，有利于检察机关集中精力加强同严重刑事犯罪的斗争。因此，除非法律另有规定，一般情况

---

* 本部分内容刊载于《人民检察》1990 年第 8 期。

下，检察机关不必进行干预。

根据刑事诉讼法和有关司法解释规定，需要检察机关干预自诉的，只有下列两种情况：（1）对于告诉才处理的案件，如果被害人因受强制、威吓而无法告诉时，人民检察院可以进行干预，提起公诉；（2）对重婚案件，如果被害人不控告，社会团体或其他公民提出控告的，人民检察院可以受理，按公诉案件审查起诉。对其他自诉案件是否实行干预，尚无法律根据。因此，笔者认为，干预自诉是在自诉案件发生特殊情况下的一种处理办法，它不是检察机关公诉权与自诉权关系中的主要方面，当然也就不应成为检察机关对待自诉案件的一般原则。

在革命根据地时期的有关司法文件中，曾有协助自诉和担当自诉的规定。旧国民党政府和现在台湾地区的"刑事诉讼法"中，也有类似的规定和提法，但它与干预自诉的含义不尽相同。所谓协助自诉，是指已由自诉人提起诉讼，法院在审判期日通知检察官出庭，就案件的事实和法律陈述意见。案件的审理是按自诉程序进行。所谓担当自诉，是指自诉人提起诉讼后，法庭开庭时自诉人无正当理由不到庭，或者自诉人于辩论终结前死亡或丧失行为能力而无人承受诉讼时，由检察官出面担当诉讼，使诉讼继续进行。检察官担当诉讼后，并不改变和取消自诉人的诉讼地位和权利，仍有别于公诉。因此，对这种情况，我们不能用干预自诉的概念来涵括。

依照法律规定，人民检察院对人民法院行使审判监督权。法院对自诉案件的审判，当然在人民检察院审判监督的范围之内。人民检察院有权对自诉案件的审判活动是否合法和所作的判决、裁定是否正确，实行监督。但这种审判监督，是对法院审判自诉案件的监督，并不改变自诉人的地位和诉讼程序。因而，不能把对自诉案件的审判监督也作为干预自诉的内容。

如上所述，检察机关与自诉案件的关系，包括接管起诉权、参加诉讼、监督审判活动等多方面的内容，难于用干预自诉的概念加以概括。从公诉权与自诉权的关系来说，自诉权是独立于公诉权之外的一种诉权，并不从属于公诉权，两者之间不是干预与被干预的关系。检察机关主要应当是支持、协助和保障自诉人行使其合法的诉讼权利。在特定情况下，检察机关可以依法进行干预，以公诉取代自诉，但这只是一种例外，不是它的基本方面，因此不能成为公诉权的固有职能。

（二）干预自诉的范围

有些国家和地区在法律上对自诉案件和检察官干预的范围只作原则性规定，并无明确的划分。凡属于侵害个人合法权益的犯罪案件，被害人都有权进行自诉。检察官认为该案件关系公共利益时，也有权提起诉讼或者参与诉讼。我国的情况不同，法律对自诉案件的范围作了明确的规定。检察机关干预自诉的条件和范围也有具体规定。干预自诉，应以这些规定为准。

有的同志认为刑事诉讼法第 13 条关于人民检察院认为需要自己直接受理的案件，可以由人民检察院立案侦查和决定是否提起公诉的规定，同样适用于自诉案件，从而得出人民检察院对自诉案件，只要自己认为需要干预时，都有权提起公诉的结论。笔者认为，对此不能一概而论，任意作扩大解释。

这里有必要谈谈对公诉权的理解，可以从两个方面来看：一是作实质性的理解，公诉权是国家追究犯罪的一种权力，理应对一切危害国家，危害社会，侵犯公民个人权利的犯罪行为进行追究，代表国家提起公诉。因为危害国家、社会公共利益和侵犯公民个人的利益是不可分的，归根结底都与危害国家和人民的利益相关。公诉权的权力范围应当是普遍的，不受限制的，因此，人民检察院认为案件关系到危害国家和社会公共利益时，都有权提起公诉。二是作法律性理解，公诉权是法律赋予检察机关的一种权力，它的适用范围应依法律规定。法律划分了公诉案件和自诉案件的范围，行使公诉权和自诉权的范围理应同法律规定的各自的案件范围相一致，非依法律规定，行使公诉权的范围不应超出这个界限。法律既然设置了自诉权，把少数轻微刑事案件的起诉权赋予被害人，就要尊重被害人意愿，坚持以非依被害人的控诉不得提起诉讼为原则。因此，我们既不能因公诉权是对一切犯罪行为都有权追究的权力，就可以不顾法律规定，任意对自诉案件范围内的犯罪进行追诉、干预，取代自诉权，也不能因法律规定了公诉案件的范围，可以置自诉案件中因无被害人告诉，使危害社会的犯罪行为得不到追究而不顾。在特定情况下，被害人要求告诉而无法告诉，或者案件有重大社会影响，检察机关也可以受理，按公诉案件进行审查起诉。但哪些自诉案件在什么情况下可以按公诉案件处理，应以法律规定和司法解释为据。

　　为了明确检察机关干预自诉的范围，需要对自诉案件的情况作些具体分析。现行法律规定的自诉案件大体可分为两类，一类是告诉才处理的案件，即刑法规定的第 145 条第 1 款的公然侮辱诽谤案，第 179 条第 1 款的暴力干涉婚姻自由案，第 182 条第 1 款的虐待案。所谓告诉才处理，依刑法第 87 条的解释，"是指被害人告诉才处理"。这就明确告诉我们，没有被害人的告诉（起诉），这类案件不能处理。法律作此规定是有原因的，也是有限度的。这几类案件的被害人，一般与被告人有亲属或其他亲密关系，处理的结果会给被害人日后的生活、生产带来影响。是否告诉，要由被害者本人的意愿决定，或许不告诉，不对被告人处以刑罚，而采取其他的办法处理，更有利于解决双方当事人的矛盾；即使提起诉讼后，按自诉程序处理，法院还可以进行调解，能够和解的，就不一定必须作出判决，处以刑罚。因而，对这几类案件，如果被害人自愿告诉，检察机关就不应当、也没有必要去干预。这样是否会放纵犯罪，给国家和人民的利益带来损害呢，不会的。允许自诉是有条件的，刑法另有专款规定，对这几类犯罪后果严重的，如侮辱、诽谤已严重危害社会秩序和国家利益的；暴力干涉他人婚姻自由引起被害人死亡的，虐待家庭成员引起被害人重伤、死亡的，都必须按公诉案件处理，由检察机关进行追诉。法律还作出特殊规定，"如果被害人因受强制、威吓无法告诉的，人民检察院和被害人的近亲属也可以告诉。"以此保护被害人，惩罚犯罪。从以上分析可以看出，对告诉才处理的案件，检察机关不是普遍实行干预，只有在被害人有告诉的要求而无法告诉的情况下，才可以支持被害人进行干预，案件受理后按公诉案件处理，而不能说，凡是被害人不知告、不敢告、不愿告、不能告的，都应由检察机关进行干预。

另一类是除告诉才处理案件以外的其他不需要进行侦查的轻微的刑事案件，刑事诉讼法对这类案件的范围没有作出具体规定。1979年最高人民法院、最高人民检察院和公安部在划分各自的案件管辖范围时作了规定，把下列5种案件确定为自诉案件，由法院直接受理，即刑法第134条第1款的轻伤害案；刑法第157条的拒不执行人民法院已经发生法律效力的判决、裁定案；第180条的重婚案；第181条的破坏现役军人婚姻案；第183条的遗弃案。这几种案件作为自诉案件的条件与告诉才处理案件不同，主要是考虑这些案件罪行轻微，案情比较简单，因果关系清楚，有明显的原告人和被告人，不需要进行侦查，由被害人直接向法院起诉，有利于公安机关、人民检察院集中力量办好重大的刑事案件。但在执行过程中也出现了一些问题，主要是有的案件无人告诉和引起案件管辖争议等问题。由于引起这些问题的原因比较复杂，绝不是靠检察机关实行国家干预所能奏效的，应针对不同情况，分别加以解决。大体有三种情况：（1）重婚案件无人告诉的问题。1983年最高人民法院、最高人民检察院和公安部对此作了补充规定，被害人提出控告的，仍由人民法院直接受理；对于被害人不控告的，而由人民群众、社会团体或有关单位检举的，由人民检察院审查决定是否提起公诉。我们可以把它作为人民检察院干预自诉的一种形式。但也有人持不同的看法。认为这种案件由人民检察院受理，仍需要进行必要的调查，扩大了检察机关直接受理案件的范围，分散了办案力量，并与检察机关主要办理国家工作人员职务犯罪案件的原则不符。（2）轻伤害案件的管辖争议的问题。由于轻伤害和重伤害缺乏明确、具体的标准，在案件受理时未经调查，是轻是重难以确定，人民法院和公安机关之间互相推诿，使被害人告状无门。人民检察院是否应该出面干预，直接受理呢？笔者认为，这种案件主要应解决划分轻重伤害的标准问题，或者统由公安机关受理，再由检察机关审查起诉，以不由检察机关直接干预为宜。（3）拒不执行人民法院已经发生法律效力的判决、裁定案无原告人的问题。这种案件如果无人起诉，就要由法院自己充当原告人，势必形成自诉自判的局面，不符合诉审分离的原则，这就不是检察机关去干预自诉的问题，而是应重新考虑把这种案件作为自诉案件是否合适的问题。总之，人民检察院对于自诉案件的干预，只能限于法律规定的特定范围内，而不能把所有自诉案件都列入干预的范围。

三、试论第二审程序的审理方式 *

第二审程序,又称为上诉审程序。根据我国刑事诉讼法的规定,第二审人民法院审判上诉、抗诉案件的程序,除另有特别规定外,参照第一审程序进行。究竟第二审程序如何"参照",法律未作具体规定。对"参照"有各种理解。有的认为所谓参照,就是基本上照着第一审程序开庭审理,传唤当事人、证人,鉴定人等到庭,进行法庭调查和辩论,然后评议判决。有的认为"参照"的意思,就不是"依照",既可以依照第一审程序进行审理,也可以不完全依照第一审程序进行审理,从案件的具体情况出发,需要参照就参照,不需要参照就不参照。由于理解不一,在实践中,第二审程序就出现了多种审理方式,有的采取书面审理方式,有的采取直接审理方式。在直接审理方式中,又有开庭审理和不开庭审理两种,所谓不开庭审理,是指只提审被告人,作庭外调查,不再开庭而进行评议判决的。根据我国法律确定的刑事诉讼的原则、制度,第二审程序究竟应采用何种审理方式较为合适,这是一个值得研究的问题。

(一) 从上诉审的职能和制度来看审理方式问题

审理方式和上诉审的职能和制度有着密切的联系。上诉审的职能,需要通过一定的方式来实现。何种审理方式最为适当,是要看哪种方式最适合于实现其职能和制度。因此,研究第二审的审理方式,应当与上诉审职能和有关制度联系起来。上诉审的职能,是指上一级人民法院根据当事人的上诉和人民检察院的抗诉,对下一级人民法院第一审未发生法律效力的判决和裁定,在认定事实和适用法律上有无错误进行全面审查,

---

* 本部分内容刊载于《法学研究》1984 年第 1 期。

通过审查，纠正错误，准确惩罚犯罪，保护当事人的合法权益。同时，起到监督下一级人民法院审判工作的作用。审理方式的选择与确定，应当以有利于实现上述职能为准则。

上诉审的审理制度，在资产阶级诉讼理论上，分为以下几种：（1）复审制，即第二审完全重复第一审的审理，重新进行法庭调查和辩论，作出判决；（2）续审制，它是以第一审的审理结果为前提，继续第一审的审判；（3）事后审查制，即不再重复一审的审理程序，而是审查第一审判决在认定事实和适用法律上是否有错误。外国的司法实践，续审制一般用于民事诉讼程序。刑事诉讼中，目前采用事后审查制的较多，采用复审制的较少。如日本原采用复审制，从1948年实行新的刑事诉讼法以后，改为事后审查制。与不同的审理制度相适应，有多种不同的审理方式。实行复审制的，由于是重复一审的审理程序，它必须采取直接审理方式。实行事后审查制的，虽一般也是开庭审理，但在审理范围、侧重点有所不同。也有个别采用书面审理方式的。实行三审终审制的国家，第二审（事实审）需要采直接审理方式，第三审（法律审），一般为书面审理方式。由于各国历史情况不同，审理制度和审理方式也都有各自的特点。

1. 直接审理方式。基本上有两种做法：一种是重复一审的审理程序。如联邦德国的上诉审（二审），地区法院在审理上诉案件时，不仅重新调查一审采用的证据，还可以接受新的证据，传唤被告人、证人和鉴定人到庭讯问。法律明确规定："第一审传唤到庭讯问过的证人和鉴定人，只有在澄清案情上已不需要对他们再行讯问的时候，才可以不再传讯。"（联邦德国刑事诉讼法第323条第2款）。经过审理，如果得出与第一审法院同样的结论，就驳回上诉。否则，就撤销原判，发回重审，或者自行判决。英国对违警罪案件的上诉审（二审），基本上也是采用这种作法。皇家刑事法院在受理不服治安法院的一审判决的上诉案件时，其程序与治安法院的一审程序基本相同。庭审时，可以讯问证人，可以提出新的证据。但如果上诉只是对判刑不服提出的，就不传唤证人出庭，调查案件事实，只对原审的判刑部分进行审查。另一种是不完全重复一审的审理程序。如法国，上诉法院审理轻罪案件的上诉（二审）时，一般是根据原审法院的笔录进行审查。开庭时，由上诉法院委派的专门审查该案的一名法官，将审查结果向法庭作口头报告，但不表示个人意见。然后进行调查，被告人必须出庭接受讯问，法院认为必要时，可以传唤证人出庭作证。经过调查和辩论，作出判决。

2. 直接审理和书面审理相结合的方式。这种方式的特点是，不完全采用直接审理的方式，它虽规定在一般情况下要传唤被告人及其辩护人出庭，听取他们的口头陈述和参加辩论，允许他们提出新的证据和材料。但在特定情况下，也可以不经直接审理、口头辩论，而凭书面材料审理后作出判决。如日本，高等法院受理控诉审（二审）时，不再重复一审的证据调查程序，把调查范围限于控诉要旨书中提出的事项，和控诉要旨书虽然没有包括然而为法律规定的提起控诉理由的有关事项。控诉审法院认为有必要时，可以依据检察官、被告人或辩护人的请求或依职权对事实进行调查。法律规定，被告人不需要在公审期日到场，但对于适用 5000 元以下罚金或罚款以外的案件，法院认为被告人到场对于为保护其权利系属重要时，也可以命令被告人到场。法律并对辩护人的资格作了限制，规定不得选任律师以外的人作辩护人。如果公审期日辩护人不到场，除法律规定必须有辩护人参加的案件以外，法庭可以在听取检察官的陈述后径行判决（以上见日本刑事诉讼法第 387 条、第 390 条、第 391 条、第 392 条）。苏联的上诉审，对于被判刑人是否出庭问题，由该法院决定。庭审时被判刑人可以不到庭。法律规定辩护人可以参加审判庭。但是，被判刑人、辩护人得到出庭的通知却不到庭，不妨碍案件的审理。也就是说，法庭在没有被判刑人和辩护人参加下，仍可以依法作出判决。上诉审法院主要是根据一审案卷中现有和补充提出的材料，对一审判决是否有根据和合法进行全面审查。庭审时，由法庭组成人员当中的一人作报告，叙述案件的事实和上诉或抗诉的理由。如果案件是根据抗诉而审理的，则在法庭成员报告之后即由检察长论证所提出的抗诉。法律还规定，上诉人为了确证或者反驳在上诉书或抗诉书中所引叙的理由，可以向法庭提出补充材料。在提出这种材料的时候，法庭应将它当庭宣读，然后，如果有被判刑人和辩护人参加，就由他们作辩解发言，再听取检察长意见，最后由被判刑人作补充辩解发言，即转入评议，作出裁定。苏联的做法还有个不同的特点是，他们在庭审时虽允许上诉人提出补充材料，但对案件的事实、证据并不进行法庭调查，如果上诉审法院经审查认为一审判决事实不清，证据不足，就裁定撤销原判，发回原审法院重新审判，而不是由上诉审法院自行改判。因此，它的直接审理范围并不大（以上见苏俄刑事诉讼法典第 335 条至第 338 条）。

3. 书面审理方式。即主要由上诉审法院就上诉的案卷材料进行审查，一般不再为调查事实而传唤被告人、证人、鉴定人出庭。如日本的上告审（三审），法律规定最高法院受理的上告审案件，"在公审期日，不必传唤被告人"（日本刑事诉讼法典第 409 条），辩护人不允许律师以外的人参加，公审期日听取检察官和辩护人的发言和辩论后，即可作出判决。如果辩护人不到场，也不妨碍审理的进行，可以在听取检察官的陈述后径行判决。如果上诉审法院在审查上告要旨书时，认为上告声请没有理由已经明确，还可以不经过辩论，直接作出不受理的判决。又如法国，最高法院在审理复审案件（三审）时，只限于审理复审申请书中所列的具体法律问题，至于原判决依据的事实证据是否充足并不考虑。开庭后，由一名法官报告案情，被告人不出庭，由公设律师和辩护律师双方进行辩论，然后作出判决。如果认为原判决适用法律不当，最高法院可以撤销原判，将案件发回与原审法院同级的另一法院重新审理，而不是由最高法院直接改判。

由此可见，不同的审级制度、审理制度，可以有不同的审理方式。就是在同一制度下，也可以采用多种审理方式。如有的国家对违警罪、轻罪、重罪案件的上诉，就规定了不同的审理方式。因此，选择何种审理方式为好，主要是看在现行上诉制度下，哪种审理方式最适合于实现它的要求，最有利于发挥上诉审职能的作用。一个国家的上诉制度，可以根据案件的实际情况，采用多种的审理方式，不一定只采用一种审理方式。

（二）我国第二审审理方式的实际运用

当前，我国在审判第二审案件中，存在着多种审理方式并存的局面。由于我国刑事诉讼法对第二审的审理方式没有作出明确的规定，各地在审判实践中，采用了不同的审理方式，大体上有以下几种：

1. 直接审理的方式。就是传唤当事人、证人、鉴定人等到庭，进行法庭调查和辩论，然后评议判决的形式。包括二审法院携卷到发案地或原审法院所在地，按上述审理程序进行"就地审判"。"就地审判"，虽然审判地点不同，也是属于直接审理的方式。它基本上是依照一审程序进行的。具体做法是：在庭审时，先由一名审判员简要说明一审判决的事实、理由和结论，或者宣读一审判决书。如果是上诉案件，接着就由上诉人陈述上诉理由；如果是抗诉案件，就由检察员说明抗诉理由，或者宣读下级检察院的抗诉书和同级检察院支持抗诉的意见书；如果是既抗诉又上诉的案件，则先由检察员说明抗诉理由，再由上诉人陈述上诉理由。然后开始法庭调查。调查范围一般是针对上诉和抗诉理由的有关部分，对上诉和抗诉没有提出异议的部分，不再重新调查。但法院如果在审查中对其他部分发现有事实不清或新的事实，也可以进行调查。调查中，可以传唤证人，也可以宣读证词，出示证物。上诉人和辩护人有权申请提出新的证据，申请重新鉴定或者勘验。在法庭讯问证人时，上诉人及其对方，经过审判长允许，双方都可以发问和质证。调查结束进行法庭辩论时，上诉案件应先由上诉人发言，辩护人辩护，如果是公诉案件，再由公诉人发表意见，如果是自诉案件（包括公诉案件中附带民事自诉部分），再由上诉人的对方当事人发言。抗诉案件则先由检察员发言，再由被告人及其辩护人辩护。双方可以相互进行辩论。辩论结束，被告人有最后陈述的权利。最后由合议庭评议，作出判决。

这种审理方式的优点是，有公诉人、当事人和其他诉讼参与人出庭，在调查证据时，可以直接进行讯问、质证，当庭得到核实，便于弄清事实真相。经过法庭辩论，能充分听取诉讼双方的意见，便于合议庭全面考虑定罪量刑的问题。它有利于保障当事人的合法权益。但是，从目前审判实践的情况来看，在一些二审法院与一审法院相距较远的地方，要把所有诉讼参与人都传唤到二审法院所在地出庭，确实是很困难的。因此，对有些需要由二审法院直接审理的案件，采取"就地审判"的做法。但是，"就地审判"也要牵动审判员、检察人员、律师和其他有关的一批人前往当地，这样也会在人员、经费等方面发生困难。有的多次往返，往往造成审限紧张。因此，目前这种审理方式，除少数大城市采用外，其他地区采用较少。

根据一些地方的审判实践，目前，这种审理方式一般适用于下列案件：（1）经合议庭初步审查认为，原判决事实不清、证据不足，或者案情疑难复杂，牵涉范围较广，发回原审人民法院重新审判困难较多或有其他不宜发回重新审判原因的；（2）经合议庭初步审查认为，事实不清，证据不足，而审判本案的第一审法院和第二审法院相距很近和交通方便，提审被告人，传唤其他诉讼参与人到庭并不困难，没有必要发回重新审判的。有些大城市的二审法院，采用直接审理方式的面稍大一些，它们对下列案件实行直接审理，即：（1）人民检察院抗诉的案件；（2）合议庭认为有可能改判的案件；（3）上诉人委托律师或者其他辩护人出庭为其辩护的案件；（4）案情重大、复杂或者社会上有影响的案件。

2. 书面审理方式。这是指第二审法院在审理上诉、抗诉案件时，不直接传唤当事人和其他诉讼参与人到庭，只审查第一审法院上报的案卷材料后，合议庭便进行评议，作出判决的审理方式。具体作法是：合议庭接受案件后，先由主办审判员对一审判决、当事人上诉状或人民检察院的抗诉书，以及一审的全部卷宗材料进行审查，认为不必传唤当事人和证人开庭审理的，在主办审判员审查后，即将案件提交合议庭。合议庭审理时，先由主办审判员报告案情，合议庭成员共同对原审判决所根据的事实是否已经完全调查清楚，证据是否确实，适用法律、定罪量刑是否恰当，诉讼程序是否合法等作进一步的审查，如果认为原判决认定事实并无错误，证据充分；或者认为原判决事实不清、证据不足；或严重违反诉讼程序，需要发回原审法院重新审判的，合议庭即可不再传唤当事人到庭，径行根据现有案卷材料的审查结果进行评议，作出判决。

这种审理方式简便易行，使一部分案情简单，不需要直接进行调查核实证据的案件，能及时得到处理。但是，它仅就案卷的书面材料进行审查，而不再去直接同当事人会面，听取他们的口头陈述，审判人员据此作出判断，就往往要受到案卷中原有证据材料的限制，难以作出新的判断。因此，对一些案情复杂，事实、证据存有疑问或当事人在上诉理由中提出了新的事实，需要作进一步调查核实的案件，就不适宜采用书面审理的方式。在审判实践中，一般适用于下列两类案件：（1）原判决认定事实清楚，证据充分，上诉人对原判决认定的事实并无异议，反对原判决在定性量刑等适用法律上提出不服的，或者上诉人否认原判决认定的事实，但他所提出的根据，已经一审法院查证并不属实，或者即便属实也不影响定罪量刑的案件；（2）原判决事实不清、证据不足或严重违反诉讼程序，无需进一步调查即可判明有明显错误，需要发回原审法院重新审判的案件。

3. 调查讯问的审理方式。这是一种介于书面审理和直接审理之间的审理方式。它不开庭审理，主要就卷内材料进行审查。但它在审查过程中。还要提审被告人或询问证人等，对某些有疑问或未弄清的事实、证据要进行调查核对。因此，也有人把它作为直接审理的另一种形式。但它只是在庭外进行一定的调查核对工作，并不是在当事人和有关诉讼参与人参加下，对有关的事实、证据当庭进行质证、核实，也不进行法庭辩论，有时，只在评议前听取上诉人、辩护人的辩护意见，不再正式开庭审理，这就又不同于直接审理的方式。因此，把它称为调查讯问的审理方式，比较符合实际。这种审理方式，目前为全国绝大部分地区所采用。它的具体做法是：在合议庭的主办审判员对案卷材料进行全面审查的基础上，提出某些不够清楚的事实、情节，通过提审被告人或者向有关的证人作调查，根据调查核对的结果，认为对有关的事实、证据可以认定，不必再开庭审理，即提交合议庭评议，作出判决。

这种审理方式的优点是，可以弥补书面审理的不足，由于直接同当事人会面，进行实地调查，便于弄清案件真相，可以发现和核对清楚在书面材料中不易发现的问题，补书面材料中缺少的证据材料，更有利于审判人员作出正确的判断和决定。它既可以减少开庭审理带来的一些琐碎的程式、手续，提高工作效率，又能保证案件质量。但它终究不能全面地进行直接审理，不搞庭审调查，这就限制了当事人和其他诉讼参与人在庭审中合法权利的行使。当前在审判实践中，它一般适用于下列案件：（1）主要事实已经查清，只有某些次要事实、情节不清，只需要作一些调查核对加以弄清即可作出判决的案件；（2）上诉人对主要犯罪事实并无异议，只对定性量刑提出意见，经审查原判决定性量刑确有不当，但原判决认定事实并无错误，在提审被告人或听取公诉人、上诉人意见后，即可以原审认定的事实为根据予以改判；或者虽有某些影响定性量刑的情节，原审法院未予调查认定，或者认定有错误，需要重新加以调查认定，而又不必开庭审理的案件。

（三）对我国二审审理方式的几点意见

对于我国在二审审理中存在的几种审理方式，是继续保持多种审理方式并存呢，还是统一采用一种审理方式呢？一种意见认为，我国刑事诉讼法对二审程序的规定，是参照一审程序进行的，因此，凡是二审案件都应当采取直接审理的方式，全部开庭审理。书面审理方式法律没有作出规定，不宜采用。我们认为，从目前我国审判实践来看，二审完全采用直接审理方式，大多数地区难以办到。而且，所有二审案件都实行直接审理，也无此必要。正如我们在前面已经阐述的，二审采取何种审理方式，主要是看何种审理方式最适合于实现审理的要求，最有利于发挥二审的职能作用。我国法律规定，对一审判决认定的事实和适用法律进行全面审查。这种审查是在一审判决的基础上进行的。因此，没有必要完全按照一审程序重复审理。可以针对上诉或抗诉的理由，经过全面审查后，有重点地进行审理。根据一审判决中存在的问题，确定审理范围和决定审理的方式。再者，还应考虑到，我国地区辽阔，除少数大城市的一审法院和二审法院相距较近外，多数地区基层人民法院和中级人民法院相距甚远，特别是中级人民法院和高级人民法院相距更远，如果把当事人和诉讼参与人都传唤到二审法院所在地开庭审理，由于路远，不仅会使诉讼参与人为了出席法庭而来往跋涉，影响生产和工作，拖长诉讼时间。而且，为了准备开庭还需要具有一定的人员、物质条件，也会给法院增加困难，影响案件的及时处理。目前，多数法院难以做到。因此，采用直接审理方式，应适用于必须开庭调查事实、证据和其他有开庭必要的部分案件。

那么，对于二审案件是否可以普遍采用书面审理的方式呢？有一种意见认为，书面审理方式过去在二审中一直被采用，刑事诉讼法也没有明确规定不能采用。因此，在不能运用直接审理方式的情况下，都可以采用书面审理的方式。我们认为，我国第二审程序实行的是全面审查制度，对二审案件既审查事实是否有根据，也审查适用法律是否正确。因此，它根本不同于某些西方国家采取的三审终审制，把上诉审分为事实审和法律审，在法律审时，以原审认定的事实为根据，不再进行事实调查，只审查适用法律有无错误，这就完全可以采用书面审理。我们的做法也不同于苏联，苏联虽也是实行全面审查制度，但它庭审时不传唤证人、鉴定人到庭，在审查中认为事实不清、证据不足的案件，不是由二审法院直接调查核实，而是发还原审法院重新调查处理。二审基本上是就原审的案卷材料进行审查，作出裁决。在这种情况下，当然可以采取书面审理方式。我国的上诉审制度就不同了，它对于某些事实不清、证据不足的案件，可以由二审法院自行调查改判。可见对这类案件不适合采用书面审理的方式，即使是对一些认定事实没有错误，只是定罪量刑不当的案件，如果还有某些可能影响定性量刑的情节仍需要找被告人和有关证人查对的，也不能完全适用书面审理的方式。加之，书面审查完全不和当事人见面，限制了当事人诉讼权利的行使。因此，我们认为，书面审理方式不应成为二审的主要审理方式，予以普遍采用，而只能在特定条件下，对一部分经二审法院审查后，认为不需要自行调查，即可作出裁决的案件，才可采用。运用这种审理方式要十分慎重，审查要过细，尤其对原审认定的事实，要仔细审查其据以认定的根据是否可靠，严格审辨，以作出正确的结论。

应当指出，调查询问的审理方式，虽然是一种既补充书面审理的不足，又避免了直接审理需要开庭所带来的复杂程序，比较灵活可行的审理方式。但这种审理方式还必须加以完善。由于这种方式的特点是不开庭审理，合议庭是在当事人和其他诉讼参与人不参加的情况下作出裁决的，这就在一定程度上限制了当事人等诉讼权利的行使。对于有些原审判决事实不清或认定事实有错误的案件，虽经二审法院作了庭外调查，弄清了事实真相，但未能在法庭上，在当事人和有关诉讼参与人共同参加下，加以质证和听取意见，总是一个缺陷。因此，除了对于经过调查、重要事实的认定有重大改变的案件，应当开庭审理、当庭调查核对外，其他采取庭外调查讯问的案件，在合议庭审议时，如果上诉人要求口头陈述意见，或者已经委托辩护人为其辩护的，应当通知上诉人、辩护人到庭，听取他们的意见。对于不开庭审理的抗诉案件，也应听取检察人员的意见。如果通知被告人出庭有困难的，应允许委托辩护人出庭。可以像有些国家规定的那样，即通知上诉人、辩护人出庭，如果不到庭，并不影响审理的进行。这样做，合议庭成员在评议前可以直接听到各方的意见，有利于作出正确、公正的判决。

总之，这三种审理方式各有所长，也各有所短，应根据案件的具体情况，确定合适的审理方式。司法实践的经验证明，二审中可以采用多种的审理方式，这样做，更有利于及时、正确地处理案件，方便群众，减少讼累，符合实事求是的原则。

四、论建立具有我国特色的刑事审判监督程序 *

我国的刑事审判监督程序，是在人民司法工作实践的基础上，特别是总结了新中国成立以来司法实践的经验，借鉴了历史上和外国刑事诉讼中的有益经验而建立、发展起来的。在审判监督的内容、原则、方法等方面都具有自己的特色：

（一）既要维护已经发生法律效力的判决、裁定的稳定性，又要坚决贯彻实事求是、有错必纠的原则，对确有错误的判决、裁定，依照法定程序予以纠正

已经发生法律效力的判决、裁定，不得任意变更，许多国家都是根据"一事不再理"诉讼原则确定的。一事不再理原则的含义是，案件一经法官宣判后，不得再以同一罪行再行起诉

---

* 本部分内容刊载于《法学研究》1986 年第 3 期。

和审判。即使判决的根据是不真实的，也不得把它推翻重新审判。即所谓："既判之事项，应视为真实。"这是出自罗马法的一个诉讼原则。以后封建制国家和资本主义国家都承袭了这一原则。

一事不再理原则要求对已生效的判决、裁定不得再作改变，以维护判决的稳定性，这是对的。但是，必须有个前提，即确定的判决、裁定所根据的事实和适用的法律是正确的。我国司法实践的情况表明，即使经过侦查、起诉、审判多道程序，公安、检察、法院三个机关的反复审查，也难免还会有错误，有必要经过合法程序，对确有错误的判决、裁定进行重新审理，实事求是地加以纠正。只有通过重新审理，使犯罪分子受到应得的处罚，无罪的人得以平反，才是真正维护了判决的稳定性。

我国在同刑事犯罪的斗争中，历来贯彻实事求是、有错必纠的方针，以达到不枉不纵的目的。设置审判监督程序，就是这一方针在法律上的体现。对于被判刑人有利的案件，凡属冤、假、错案的，一经发现，坚决平反纠正。认定事实没有错误，判刑过重的案件，也依法予以改判。对于被判刑人不利的案件，只要在认定事实和适用法律上确有错误，不论是漏罪，还是判刑过轻，同样要重新审理，予以纠正。这方面我们和有些国家对被判刑人不利的案件重新审理加以限制的作法是有所不同的。有罪的人，错判无罪或重罪轻判，这是同我国刑法罪刑相适应的原则相违背的。因此，同样应加以纠正。我们认为，法律这样规定和处理，有利于惩罚犯罪，有利于保护国家和人民的利益。这与所谓重复追诉是有原则区别的。我们所说纠正原判决中漏判的罪行，当然是指还没有被追诉和判决的罪行，这就不存在重复追诉的问题。至于重罪轻判，这也是在原追诉范围内，对原判决中有错误的部分加以纠正，这同撇开原判决，另行重复追诉是两回事。但是，我们也不主张不问错误的性质和程度，一概全部推翻原判重新处理。司法实践中，对于在认定事实和适用法律上虽有不当，但不影响定罪量刑的，或者量刑稍有偏轻偏重的，一般都不再重新处理。提起审判监督程序的，必须是在认定事实和适用法律上有重大错误，这样既纠正了判决、裁定中的错误，又从实质上维护了判决的稳定性。

（二）对已经发生法律效力的判决、裁定实行全面审查，既纠正认定事实方面的错误，又纠正适用法律方面的错误

我国的审判监督程序不同于有些国家把审查事实和审查法律分列为两种程序的做法，也不同于有些国家只设置审查事实的程序或只设置审查法律的程序的作法。根据我国司法实践，采取对事实问题和法律问题同时进行全面审查的做法。它的好处是：

1. 有利于全面纠正判决、裁定中的错误。认定事实和适用法律虽是不同性质的问题，但两者又有密切联系。认定事实是否正确，除了主要看事实本身的客观真实性如何外，还要看认定的过程是否符合法律。违反法律规定，往往是造成错误认定事实的重要原因。反过来说，适用法律，当然主要看适用法律本身有无错误，但是，适用法律是以事实为基础的，如果认定事实有错误，适用法律就失去了正确适用的前提。把审查认定事实和审查适用法律分离为两种程序，就有可能妨碍深入、全面地审查判决、裁定中存在的问题，不利于彻底纠正判决、裁定中的错误。我国的审判监督程序，把审查认定事实问题和审查适用法律问题合为一个程序，对判决、裁定进行全面审查，就可以避免上述所说的在两者分离状况下带来的弊病，使判

决、裁定中的错误得到彻底、全面的纠正。

2. 简化程序，方便申诉。将审查认定事实问题和审查适用法律问题分离为两道程序，分别由不同审级的两个法院来审理，不但增加了审查手续，拖长了结案时间，而且当事人要参加两次诉讼活动，多受一次诉讼之累。把它合为一道程序，就能避免上述缺点，既简化了程序，又方便了当事人，更重要的是，能够使判决、裁定中的错误及时得到纠正。

3. 对纠正已经发生法律效力的判决、裁定中的错误，实行当事人申诉和司法机关主动检查相结合，群众监督和检察机关的法律监督以及法院本身的审判监督相结合的形式。

根据我国刑事诉讼法的规定，法律赋予了当事人、被害人及其家属或者其他公民都有申诉的权利，这方面的规定与各国刑事诉讼法的规定基本上是相同的。但是，我国刑事诉讼法关于审判监督程序提起的规定，不仅是根据当事人等的申诉，人民法院和人民检察院也可以通过主动复查案件，对确有错误的判决、裁定依法提起。在司法实践中，各级人民法院和人民检察院都要定期对办过的案件进行复查，如果发现已生效的判决、裁定确有错误时，都有权依法提起审判监督程序。

我国刑事诉讼法规定的申诉权人的范围，明显大于资本主义国家刑事诉讼法的规定。我国法律赋予除当事人以外其他公民有广泛的申诉权利，这也是我国刑事诉讼中实行依靠群众，贯彻专门机关与群众相结合路线在审判监督程序中的具体体现。司法机关不仅可以从当事人的申诉中，而且还可以从其他公民和有关单位提出的意见和反映中，了解和发现判决和裁定中的错误，及时地加以纠正。司法实践的经验表明，人民法院的审判监督，或者人民检察院的法律监督，只有同群众监督相结合，广泛听取各方面群众的意见，人民法院和人民检察院把案件的复查和群众提供的意见结合起来，才能充分发挥审判监督的作用。

由此可见，我国的审判监督程序，坚持贯彻实事求是、有错必纠的原则，同那种所谓"官无悔判"、"法言难改"的资产阶级法学观点是相对立的。但是在提起审判监督程序时，又是慎重、严格把关。只有经过认真审查，认为判决、裁定在认定事实和适用法律上确有错误时才能提起。在正常情况下，只是极少数案件。从绝大多数案件来说，不存在重新审理的问题，这就从整体上维护了那些已经发生法律效力的判决、裁定的稳定性。

对如何完善我国审判监督程序提一些意见：

（一）关于申诉权人和对申诉的处理

目前，对申诉权人的范围，有两种不同的观点。一种观点认为，不仅当事人有权提出申诉，而且当事人的家属，被害人的家属以及其他公民也有权提出申诉。这就是现在我国刑事诉讼法规定的范围。这样可以广泛地听取各方面的意见和反映，正是社会主义诉讼民主原则的体现，对纠正已生效判决、裁定中的错误是有利的。另一种观点认为，申诉权人的范围不宜过大，任何公民对任何一个已生效的判决、裁定都可以提出申诉，加上申诉又无时间、理由、审级的限制，这就大大加重了人民法院处理申诉案件的负担，反而不利于人民法院集中精力处理好必须处理的申诉案件。

我们认为，根据我国刑事诉讼法的规定和多年的司法实践，申诉权人的范围不限于当事人，还赋予当事人的家属和其他公民申诉权是必要的。这一规定符合我国宪法第 41 条规定公民有申诉权利的精神，有利于充分发挥群众监督的作用。但是，也要认真研究和解决因申诉权人范围扩大带来的一些问题。

1. 要把申诉和提出批评意见或控告、检举加以区别。对纯系从维护国家和人民利益出发,对司法机关在处理案件上存在的错误提出批评意见,虽批评的内容涉及具体案件的处理,但它与申诉不同,提出的批评意见,可以作为司法机关复查案件或改进审判工作时参考,不作为申诉案件处理。对控告、检举在处理案件中有关人员有违法犯罪行为的,如果控告、检举的内容与本案无关的,应按一般控告、检举案件处理;如果控告、检举的内容直接针对本案的,或者与本案有牵连的,也应先按控告、检举案件调查,在查明事实后,证明确已使本案已生效判决、裁定发生错误的,再作为提起审判监督程序的材料根据处理。除此以外,对于确属于申诉案件的,应由人民法院或人民检察院的申诉部门按审判监督程序进行审查处理。

2. 对申诉的请求应按申诉内容的不同分别处理。既不能对凡采取申诉形式的信件或来访,不问其要求、内容,一概按申诉案件处理;也不能把按申诉案件处理的范围,只限于符合提起审判监督程序条件以内。对于在认定事实、适用法律与定罪量刑有关的问题上提出申诉的,应当由申诉部门负责处理。虽属于诉讼活动中的问题,但并不涉及事实、定性或量刑问题的,如请求对某些法律用语作出解释,要求解决判决执行中的问题,或者索要判决书等,可以不按申诉案件处理,一般由信访部门或有关部门处理。对于申诉内容并不涉及判决、裁定是否有错误的问题,也可以由信访部门按一般群众来信处理。总之,信访部门和申诉部门要有适当分工,分别负责处理。

3. 对申诉的处理应划分职责范围。我国刑事诉讼法对各级司法机关如何受理申诉案件未作具体规定。由于职责范围不明,容易产生互相推诿或者重复申诉的问题。根据司法实践,应采取按审级归口、分级负责的办法。向原审人民法院提出申诉的，由原审人民法院处理；向上级人民法院提出申诉的，一般也可以转交原审人民法院审查处理。尤其是那些需要进一步查明核对事实的申诉案件，由原审人民法院调查处理较为方便。原属一审案件，由原一审法院审查处理。原属二审案件，由原二审法院审查处理。尽量减少上下往返手续，有利于及时解决问题。对于少数重大的、疑难的申诉案件，或者多次申诉又确有理由而未得到妥善处理的申诉案件，可以由上一级人民法院处理。

（二）关于提起审判监督程序的理由

根据我国刑事诉讼法规定，提起审判监督程序的理由，是发现已经发生法律效力的判决、裁定，在认定事实上或者适用法律上确有错误。至于怎样才构成"确有错误"，法律未作具体规定。根据司法实践，我们认为，如果发现有下列情形之一的，应当认为"确有错误"：

1. 认定事实有错误。主要是指：作为判决、裁定根据的事实尚未调查清楚，案内的证据不确实、不充分，不足以证明被认定的事实；在证据不确实、不充分的情况下，据以认定的事实明显有错误，或者认定的事实与案件的客观情况不符。

2. 发现了新事实、新证据。在判决、裁定生效后，发现了在原审判过程中没有掌握的事实或证据，而这些新的事实或证据足以影响原判决的正确。如发现并证实了原判决据以定罪量刑的证据是假的或伪造的；发现了新证据，证实原判决认定的主要事实是错误的；或者发现了被判刑人还有新的犯罪事实未经判处等。

3. 对案件性质、罪名、适用法律有错误。主要是定性不准，混淆了罪与非罪的界限；或者错定罪名，混淆了此罪与彼罪的界限；或者引用刑法条文不当，如应当适用数罪并罚原则而没有按并罚判处等。

4. 量刑畸轻畸重，判处的刑罚与罪行不相适应。如判处的刑罚超过了法定刑的幅度，或者虽在法定刑幅度以内，而判处的刑罚过轻或过重。

5. 严重违反法律规定的诉讼程序，已影响对案件的正确判决和裁定。如依法应回避的审判员参与了审判；依法应指定辩护人的案件没有指定辩护人等，由此而造成判决、裁定的错误。

在确定提起审判监督程序的理由时，有几个问题需要研究：

1. 以认定事实确有错误为提起审判监督程序的理由，不是不分错误性质及其轻重程度一律提起，而应当是对案件的主要事实或者重大情节认定有错误，或者由于认定事实的错误，已经影响到正确的定罪量刑时。如果主要事实或基本性质的认定没有错误，只是在个别情节上搞得不准，证据不足，就不能成为提起的理由。确定这样一个范围是必要的。因为已生效的判决，毕竟不同于正常审理过程中的案件，如果重新审判的面过大，不利于维护判决、裁定的稳定性。司法实践中，对于一些与定罪量刑无重大影响的事实，情节问题，一般可以不动。

2. 以适用法律确有错误为提起审判监督程序的理由，不是不问其内容、影响如何都一律提起，而应当是违反法律规定，造成定罪不准，量刑畸轻畸重，或者严重违反法律规定的诉讼程序，已经影响判决、裁定的正确的。如果虽有引用法律条文不当或漏引某一法律条文的问题，实际上对定罪量刑没有产生重大影响的，或者虽在个别问题上不合法律规定的诉讼程序，但尚未影响到判决，裁定的正确时，就不应成为提起的理由。在司法实践中，对于量刑不当的案件，明显是轻罪重判，或重罪轻判，即属于畸轻畸重的案件，应当提起审判监督程序予以改判；如果罪刑稍有不相适应，属于偏轻偏重的，一般就不再改判。刑罚偏重的，如果在执行中表现好的，可以采用假释、减刑来解决。刑罚偏轻的，不必再重新审判，只要加强改造措施，同样可以达到实施刑罚的目的。

3. 对被判刑人加重刑罚时，是否要有条件限制。我国刑事诉讼法对此没有明文规定。根据立法精神，为了加强同犯罪行为作斗争，实行罪刑相适应的原则，原则上是允许对罪刑不相符合的被判刑人加重刑罚的。但也不是不看具体情况，只要有罪刑不相适应的情况，一律加重。在司法实践中，对于罪重而判刑过轻的，应依法改判。属于量刑偏轻的，就不再改判。如果不属严重犯罪，或者已经刑满释放，一般也不再改判。对于发现了新的犯罪事实，或者原判在认定事实、证据上有重大错误而造成放纵犯罪或重罪轻判的，经过重新调查核实，根据查明后的犯罪事实，只要尚未超过刑法规定的追诉时效，就应当依法予以改判。如果经过调查核实，犯罪事实没有重大变化，原判定罪量刑基本正确，也可以不再加重被判刑人的刑罚。

（三）审判监督程序中的审查和提起

根据我国刑事诉讼法的规定，审判监督程序的审查和提起，有以下几种方式：

1. 由本级人民法院院长审查和提起。本级人民法院在受理申诉后，经过审查认为原判决、裁定确有错误时，由院长提交审判委员会审议并作出再审的决议。

2. 由上级人民法院审查和提起。上级人民法院在受理申诉后，经过审查认为判决、裁定确有错误时，由院长提交审判委员会审议，作出由本院提审或指令下级人民法院再审的决议。

3. 由上级人民检察院审查和提起。上级人民检察院受理申诉后，经过审查认为判决、裁定确有错误时，按照审判监督程序向人民法院提出抗诉。

对于审判监督程序中的审查和提起，有几个问题需要研究：

1. 对申诉的审查，是否作为审判监督程序中一个阶段？有一种看法，认为对申诉的审查，不是一个独立的诉讼阶段，也不是审判监督程序的一个部分。审判监督程序应从决定再审开始。因而，对申诉审查中的一些活动，不认为具有诉讼性质。用通知书驳回申诉时，认为通知书不是诉讼文书，不具有法律效力。

我们认为，申诉审查和再审审判，是审判监督程序中两个既有区别、又互相联系的重要阶段。是否提起再审，决定于对申诉的审查。这种审查，不同于对一般申诉问题的审查，它是对已生效判决、裁定提出的申诉，按照是否具有提起审判监督程序的理由来进行审查的。因而，它是再审前必经的一个准备阶段，是审判监督程序中不可缺少的一个组成部分。

根据我国刑事诉讼法的规定，申诉人对已生效判决、裁定提出申诉，是行使法律规定的诉讼权利，是合法的诉讼活动；有关机关和人员对申诉材料进行审查，是行使法律规定的审判监督职能的活动，毫无疑问是一种诉讼活动。因此，应当把这些活动纳入正式的诉讼轨道。经过审查，决定提起再审的，应当看作申诉审查的继续，通过法定程序来纠正已生效判决、裁定中的错误。决定不提起再审、驳回申诉的，也应当看作对已生效判决、裁定实行审判监督后的结果，不能因为没有提起再审，就不认为是诉讼活动，不属于审判监督程序。从司法实践看，大量工作是在申诉阶段，经过审查，多数申诉案件不能提起再审，确有错误需要进行再审的是其中的极少数。因此，应当从审判监督的全过程来全面理解审判监督程序的含义。

我们认为，把申诉审查明确为审判监督程序中的一个阶段，有利于正确解决申诉审查中的一些问题。如有利于分清按审判监督程序的要求提出申诉和一般申诉、信访的界限。凡是属于审判监督程序范围内的申诉问题，应当按照提起审判监督程序的要求加以审查处理，使申诉审查具有诉讼活动的性质，在这一诉讼活动中作出的决定，具有相应的法律效力。这样既保障了申诉人的诉讼权利，也有利于解决那种申诉无理，还纠缠不休的问题。在司法实践中，申诉经原审人民法院或上一级人民法院审查后，认为申诉没有理由的，即用通知书形式驳回申诉。因为是通知书，不具有法律效力，申诉人仍可继续申诉，不加限制。建议赋予通知书以法律效力。申诉人不服驳回申诉的决定，应允许申诉人向上一级人民法院提出申诉，上一级人民法院经过审查，如果认为申诉有理由，应作出决定，指令下级人民法院再审或者自行提审。如果认为申诉无理，应作出驳回申诉的决定。经过两级人民法院审查处理后，除非提出新的理由，一般不再处理。只有提出了证实两级法院在处理上确有错误时，才考虑由更高一级的法院来负责查处。这样从程序上加以限制，有可能解决重复申诉问题。

2. 决定再审的案件，是否要裁定撤销原判？一种意见认为，必须先撤销原判后才能进行再审。其理由是，已经生效的判决具有排他性，原判决未经依法撤销，不能再就同一案件进行重新审判。如果在不撤销原判的情况下传唤当事人到庭审判，是对当事人合法权利的无端侵犯。另一种意见认为，无须先撤销原判，其理由是，未经再审就撤销原判，如果再审后认为应维持原判的，势必形成撤了又恢复，显得不够慎重。

我们认为，已经生效的判决、裁定，非经法律规定的程序，不得再就同一案件重新审判，作出第二个判决，肯定判决的排他性，这是对的。但是，对已生效的判决，裁定发现确有错误，经有权提起再审的机关或人员作出再审的决定以后，是允许对这个案件重新审判的。依法作出再审决定，虽然还不是撤销原判决、裁定的正式决定，但它本身就有否定原判决、裁定的含义在内。因为决定再审是以判决或裁定确有错误为条件的，通过再审去纠正判决、裁定中的错误。因此，在决定再审的裁定中不写上撤销原判决、裁定的内容，不影响再审的进行。在司法实践中，对于按审判监督程序决定再审或提审的案件，一般不采取先撤销原判决、裁定的做法，而是在审理以后在新的判决中写明撤销原判的内容。这样做的好处是，可以根据重新审理的结果，作出全部撤销或者部分撤销原判进行改判的决定，也可以作出驳回申诉，维持原判的决定，这就能避免撤了又恢复的问题发生。但是，也不是在任何情况下都不需要先撤销原判再重新审理。如上诉审人民法院在审查申诉时，如果认为本院第二审的判决或者裁定在认定事实上有错误，需要重新调查事实才能正确认定时，而且以发回原第一审人民法院审理或者发回与原审同级的人民检察院补充侦查为宜时，就应当作出撤销原判，发回重新审判或者发回补充侦查的决定。因为下级法院是不能撤销上级法院的判决、裁定的，案件发回下级法院审理，就必须先撤销上级法院的判决、裁定，下级法院才有可能重新审理作出新的判决。总之，在一般情况下，对于决定再审的案件，不必先撤销原判，但在特定情况下，也可以先撤销原判。

3. 关于怎样认识和对待人民检察院按审判监督程序提出抗诉的问题。我们认为，人民法院对于人民检察院按照审判监督程序提出抗诉的，应当提起审判监督程序进行再审。其理由是：

（1）人民检察院的抗诉不同于当事人的申诉。当事人的申诉，只是审判监督程序材料来源之一，没有直接引起审判监督程序的效力。人民检察院的抗诉则不同，它是最高人民检察院对各级人民法院已发生法律效力的判决和裁定，上级人民检察院对下级人民法院已经发生法律效力的判决和裁定，经过审查，认为判决或裁定确有错误的条件下，才依法提出抗诉的。也就是说，是在已经确认具备提起审判监督程序的条件下提出的，人民法院不能按一般申诉案件处理。

（2）依照法律规定，应当认为人民检察院具有提起审判监督程序的权力。人民检察院是国家的法律监督机关。人民检察院有权对人民法院的审判活动是否合法实行监督。刑事诉讼法第 149 条第 3 款规定，人民检察院对已经发生法律效力的判决和裁定，如果发现确有错误时，有权按审判监督程序提出抗诉。这一规定是和人民法院提起审判监督程序的规定并列的，应当认为人民检察院的抗诉可以提起审判监督程序是有法律根据的。

人民法院接到人民检察院的抗诉书以后，应当指定专人负责审查，如果认为抗诉理由不足或者抗诉理由不能成立，可以与人民检察院协商，要求人民检察院补充有关材料，或者要求人民检察院撤回抗诉。如果人民检察院坚持提出抗诉，人民法院应当按审判监督程序进行审理，依法作出判决或裁定。不应未经再审，即予驳回抗诉，也不应拖延不办。人民法院办理抗诉案件的期限，应参照适用二审抗诉案件的办案期限。

（四）关于再审的审理方式问题

在过去的审判实践中，人民法院依照审判监督程序审理案件，基本上采用书面审理和直接审理两种方式。所谓书面审理，是指人民法院在审理案件时，既不开庭审理，也不提讯被告人，只凭审查原审案卷材料作出判决的一种方式。这种审理方式由于对案件事实不调查；对被告人不讯问，就难以查明事实真相，纠正原判决、裁定中的错误。目前许多法院已不大采用，而改为书面审理和调查讯问相结合的审理方式，以弥补单纯搞书面审查带来的弊病。所谓直接审理，是指人民法院开庭审理，按普通程序那样，通知公诉人、传唤当事人和其他诉讼参与人到庭进行调查辩论。由于审判监督案件，要传唤当事人或证人出庭，存在不少实际困难，如被告人或申诉人与审理案件的人民法院不在同一地区，有的相距很远，审理案件的是内地的人民法院，被告人却远在边远地区服刑劳改，或者服刑期满已返回原籍等。又如有的历史老案，时过境迁，重新收集证据极为困难，证人由于受种种因素的影响而改变以前的态度，不愿再出庭作证等，由于这些原因，人民法院采用这种审理方式的较少。因此，如何根据审判监督案件的特点，采取较为适合的审理方式，尚需进一步研究。

我们认为，根据审判监督案件的特点，在保证办案质量，不妨碍当事人行使诉讼权利的条件下，可以采取一些不同于普通程序的特殊做法。

1. 书面审理和调查讯问相结合的方式。总结过去的经验，不应完全采用书面审理的方式。应把书面审理和进行必要的调查，直接讯问被告人结合起来。这种审理方式，一般适用于：原判决认定事实没有错误，只是在适用法律上有错误的案件；或者虽然主要事实认定没有错误，但对某些影响定罪量刑的情节没有正确认定，适用法律不当的案件；或者是按第二审程序审理的案件和其他可以不必开庭调查审理的案件。但是在审理

中应当坚持以下几点:

（1）组成合议庭，由合议庭成员负责进行阅卷审查，并根据原判决、裁定中存在的问题，深入实际进行调查核实，提出审查报告。

（2）要直接讯问被告人，口头听取其陈述，并通过讯问，查对申诉中的有关问题。被告人委托辩护人的，还应直接听取辩护人的意见。

（3）要听取检察人员的意见。包括支持抗诉的意见和对申诉案件提出的意见。如果有被害人申诉的，还应听取被害人的申述。

（4）合议庭在听取被告人及其辩护人和检察人员的意见后，经过集体评议，作出判决。

2. 直接审理方式。即开庭调查审理。一般适用于：事实不清的案件；发现新的事实、证据或者原认定的基本事实，基本证据有错误的案件，其他有必要又有条件开庭调查审理的案件。凡是开庭审理的案件，原则上应当参照普通程序的审理要求，通知检察人员，传唤当事人和其他诉讼参与人出庭，进行调查和辩论。但是，也可以采取一些较为灵活的作法：

（1）被告人不在再审法院所在地或有其他不能出庭的原因时，可以不出庭。但开庭前应讯问被告人，当庭宣读其讯问笔录。被告人委托辩护人的，辩护人应当出庭。

（2）证人和其他诉讼参与人不能出庭时，应在开庭前对证人或其他诉讼参与人进行询问，做好笔录，当庭宣读其书面笔录。

（3）人民检察院提出抗诉的案件，法院开庭审理时，检察人员必须出席法庭。审理申诉案件时，如果检察机关不派员参加的，应事先征求意见。

五、论上诉不加刑原则 *

我国刑事诉讼法第 137 条规定：“第二审人民法院审判被告人或者他的代理人、辩护人、近亲属上诉的案例，不得加重被告人的刑罚。”这是上诉不加刑原则在我国法律上的确认。应当如何正确认识上诉不加刑原则，以及在司法实践中如何具体应用，目前在法学界和实际部门都存在一些不同的认识和作法。

（一）上诉不加刑原则的由来和它在各国刑事诉讼中的应用

上诉不加刑原则是资产阶级革命以后提出来的。它是对封建主实行专横的诉讼制度，将上诉被告人施以酷刑，任意加重刑罚的否定。也是资产阶级标榜的实行“诉讼民主原则”的具体体现之一。这一原则，首先为大陆法系的国家所采用。最早见于刑事诉讼法的，有 1877 年的德国刑事诉讼法。该法第 398条规定：“被告一方对判决不服提出上诉时，新的判决不得处较原判更重的刑。”1891 年的日本刑事诉讼法也作了类似规定。该法第 265 条规定：“若只有被告人、辩护人或法律上代理人控诉，不许将原判决变更为不利于被告人。”英美法系的国家采用这一原则为时较晚。如英国，过去法院审理被告人上诉案件时，有权加重其刑罚。一直到了《一九六八年刑事上诉法》颁布，才确认了上诉不加刑原则。苏联、东欧国家亦采用这一原则。如 1923 年的苏俄刑事诉讼法典和 1958 年《全苏刑事诉讼法立法纲要》中，都作了明确规定。罗马尼亚、南斯拉夫的刑事诉讼法中，也有类似规定。因此，上诉不加刑是世界各国刑事诉讼法中所较为普遍采用的一项重要原则。

虽各国对这一原则的适用范围和表达方式不尽一致，但其

＊ 本部分内容刊载于《法学研究》1985 年第 4 期。

基本内容和法律要求是相同的。

目前，各国刑事诉讼法对上诉不加刑原则的适用范围，一般包括以下几点：

1. 由被告人独立提起，或者他的法定代理人、辩护人提起，或者检察官为被告人利益提起上诉的案件；

2. 实行两审终审制的，是指第二审。实行第二审终审制的，包括第二审和第三审；

3. 经第二审或第三审审理，裁定发回重新审判的案件；

4. 未上诉的共同被告人。

但是，在具体执行中，各国的做法并不完全相同，都有一些特殊的规定：

1. 对被告人可以增加不属于刑罚性质的其他措施。如联邦德国刑事诉讼法规定："这种规定（指上诉不加刑）不禁止判令拘留在医疗处所或者护理处所，或者治疗酒醉处所或者服麻药中毒处所。"又如不妨碍增加被告人诉讼费用的负担等。

2. 在不加重原判决刑罚的情况下，对被告人可以重新认定罪名、适用较重的罚条。据日本判例规定，控诉审法院可以认定比原判决对被告人不利的事实，改定罪名。例如，一审法院以窃盗罪宣告被告人 2 年徒刑（日本刑法第 235 条规定，犯窃盗罪，处 10 年以下惩役），控诉审法院可以改定为强盗罪，但不能以强盗罪的法定刑处刑（日本刑法第 236 条规定，犯强盗罪，处 5 年以上有期惩役），只能维持 2 年徒刑而不得加重刑罚。[1]

另外，也允许在数罪并罚时，将原判决中认定的部分犯罪事实认定为无罪或对被告人利益的事实，而不改变原判决的总

---

〔1〕　参见〔日〕平野龙一：《刑事诉讼法概论》（日文版），第 219 页。

的刑期。英国也有类似规定，上诉法院可以撤销或改变某些罪名重新判定，只要求总的刑期不得重于原判。

3. 经上诉审法院审理裁定撤销原判发回第一审法院重新审判的案件，证明有新的犯罪事实时，可以加重刑罚。如苏俄刑事诉讼法典规定："在撤销刑事判决后对案件重新侦查时，已经判明足以证明刑事被告人实施较重犯罪行为的情况时，第一审法院才能在重新审理案件时加重刑罚或者适用规定较重的犯罪的法律。"

4. 部分案件不适用上诉不加刑原则。如英国对治安法院审判的上诉案件。据英国《一九七一年法院法》规定，刑事法院在审理不服治安法院的上诉案件时，可以行使治安法院的权力。这就是说，刑事法院有权重新作出判决，给予任何惩罚，不论是否重于或轻于治安法院所给予的惩罚，但必须是下级法院有权给予的惩罚。

（二）正确认识上诉不加刑原则

在我国刑事诉讼中，对被告人和其他为被告人利益上诉的案件，是否要实行上诉不加刑原则，过去一直存在着不同意见。司法实践中也采取过不同的作法。基本上有三种意见：一种意见认为，对被告人和其他为被告人利益的上诉，上诉审法院不能加重其刑罚。如果被告人在上诉后被加重刑罚，势必会使被告人对提出上诉产生顾虑，具有上诉理由也不敢上诉了，影响被告人行使上诉权。另一种意见认为，上诉审法院对原判决量刑不当的，不论是轻罪重判还是重罪轻判，都应当改判。如果经审查后明知重罪轻判而不去改判，不符合实事求是原则的精神，也不利于及时、准确地惩罚犯罪。再一种意见认为，上诉审不能直接加刑。如果确属重罪轻判的，上诉审法院可以裁定撤销原判，发回重审，由第一审法院改判，加重其刑罚。

理由是，上诉审法院直接改判，属于终审判决，这就等于剥夺了被告人的上诉权利。把案件发回由第一审法院重新审判，被告人不服判决还可以提出上诉，不妨碍被告人行使上诉权。

在过去的司法实践中，与上述几种意见相应的作法都曾采用过。1956 年，在各级人民法院刑事案件审判程序立法中规定："对于被告人或者他的监护人、辩护人、近亲属提起上诉的案件，如果认为原判处刑显然过轻，而确有加重刑罚必要的时候，应当用裁定模仿原判，发回原审人民法院复审。"这就是说，上诉审法院不能直接加刑，对确有加重刑罚必要的上诉案件，应当发回原审法院改判。到了 1957 年，对此又作了补充规定，最高人民法院在一个批复中指出："参考原判处刑罚显然过轻，确有加重刑罚必要，而案件事实以及未量刑所需要基本斟酌的一切犯罪情节都完全清楚，证据明确，必须发回原审改判时，也可以不发回原审人民法院而由上诉审人民法院自行改判。"这就是说，上诉审法院对于需要加重刑罚的上诉案件，既可以发回原审法院改判，也可以直接改判。至此就完全排除了上诉不加刑原则，1979 年制定刑事诉讼法时，立法者从加强法制的现实，总结了历史的经验教训，权衡了各种作法的利弊，又确认了上诉不加刑原则，在我国刑事诉讼法中作了本条规定。

如何看待和执行我国刑事诉讼法第 137 条关于上诉不加刑的规定，目前虽仍存在着不同的认识，笔者认为在刑事诉讼中坚持上诉不加刑的原则，无论是从顺利完成刑事诉讼法的任务，还是从执行刑事诉讼的程序和上诉制度本身的要求来说，都是必要的。因而也是正确的。

1. 它是切实执行上诉制度不可缺少的条件。国家在刑事诉讼中设立上诉制度目的是为了通过上级法院的再次审理，纠正原判在定罪量刑上可能存在的错误。上诉包括被告方的上诉和控诉方的上诉。由于刑事诉讼最终是要解决是否和如何对被告人定罪量刑的问题，所以，充分听取被告方的上诉理由，对于上诉审法庭作出正确、全面的结论是极为重要的。上诉不加刑的意义就在于，可以使被告人消除思想顾虑，大胆申述上诉理由。如果无上诉不加刑的法律保障，被告人会害怕上诉后被加刑而不敢行使上诉的权利，这样，势必使上诉制度流于形式，从而不利于通过两审终审来纠正错误，提高办案质量。

2. 它是被告人行使上诉权的重要保障。宪法和法律赋予被告人有辩护权。上诉权也是辩护权的重要部分。是被告人在一审判决后行使辩护权的一种方式。被告人不服一审的判决，提出上诉，总是从对自己有利方面考虑，继续作无罪或罪轻的申辩。希望通过上诉程序，改变或减轻对自己不利的判决。如果上诉有可能反被加重刑罚，自然会使被告人产生上诉还不如不上诉好的想法。甚至确有冤屈或处断不公之事，也会害怕反遭重罚而不敢提出。因此，法律上明确规定上诉不加刑，就可以为被告人解除因上诉而被加刑之忧，放心地行使自己的上诉权利，这对于真正实现诉讼民主，发挥法律的教育作用，都是有利的。

3. 它也是国际通例。目前，上诉不加刑原则已是世界各国较为普遍采用的一项诉讼原则。无论是资本主义国家还是社会主义国家，在刑事诉讼的法律中，都作了相应的规定。这绝不是一种偶然的现象，如前所述上诉不加刑原则，是资产阶级针对封建主专横的诉讼制度提出来的，它和封建司法制度下，被告人的上诉权利毫无保障的情况相比，无疑是个历史的进步。它是对被告人行使上诉权的有效的法律保障。作为一种法律形式，资产阶级提出来并利用它来为自己的阶级统治服务；掌握了政权的无产阶级，同样也可以用它来为自己的阶级统治服务。当然，两者在本质上是有区别的。在资产阶级国家里，实行上诉不加刑原则只在形式上起着标榜资产阶级"诉讼民主"的作用。由于资产阶级利益的限制，不可能被真正地、全面地去实行它。一旦不利于维护其统治利益时，资产阶级就可以通过立法手段来加以限制或排除，也可以由法官在具体应用时，作出符合其需要的解释来限制这一原则的适用范围，甚至还可以采取其他方式来达到加重刑罚的目的。社会主义国家实行上诉不加刑原则就完全不同了。它从国家和人民的利益出发，真正是为了保障被告人的上诉权利，消除其上诉的顾虑，充分听取上诉人的申述，经过全面审查，反复核实，纠正错误，保证判决的正确。因此，上诉不加刑的积极作用，应当予以肯定。

有人认为，上诉不加刑原则，对量刑不当的上诉案件，只能减轻，不能加重，不符合实事求是的精神。这种看法是不够客观的。实事求是本身，要求看问题从实际出发，符合事物发展的客观规律。实行上诉不加刑原则有什么好处，允许上诉加刑会带来什么危害，我们在前面已作了比较，这是客观存在的事实，也是这一原则符合客观规律的正确反映。不能熟视无睹，当然，我们也不否认，在司法实践中，确有个别上诉案件，在上诉审查中发现原判量刑过轻的问题，检察机关又未抗诉，审判员因受上诉不加刑原则的约束而感到难以处理。我们不能因实际工作有这种个别的事例而整个否定这一原则的正确性。任何一个原则，都是根据特定的情况提出来的，它有相应的适用范围，不应要求它解决一切问题。如果要求超出了这个原则所能达到的范围，其本身就不是实事求是。上诉不加刑原则的提出，主要是为了保障被告人的上诉权，它只应适用于被告一方提出的上诉请求。在这个范围内，排斥加刑是这一原则本身的要求，是完全正确的。法院在审查中发现量刑过轻的问题，已经不属于上诉请求范围以内的问题，应当依法通过其他途径去解决，如果在程序上和被告人的上诉放在一起处理，势必造成被告人上诉不但没有得到有利于自己的解决，反而遭到加重刑罚的结果，这既不合法，也不合理。

其实，什么条件下可以加刑，什么条件下不能加刑，刑事诉讼中都已作了明确的全面的规定，不同的问题，应当按不同的程序去解决，这才是合乎实事求是的精神。

有人认为，由于受上诉不加刑的限制，对有的上诉案件该加重刑罚而不能加重刑罚，对惩罚犯罪不利。这是与上面所说的有联系的一个问题。实际上还是属于如何对待上诉案件中有个别量刑过轻的问题。这种用实际工作中存在的个别事例来一般地反对上诉不加刑原则，这种以偏概全的认识是不够妥当的。实行上诉不加刑原则，可以使被告人消除顾虑，申述上诉理由，也便于法院及时发现纠正一审判决中的错误。即使经过审查，被告人的上诉理由是无根据的，也可以通过上诉的审理，使被告人受到教育，认罪服判。这对于准确地惩罚犯罪，以及在执行中更好地教育、改造罪犯都是有好处的，因此，认为实行上诉不加刑对惩罚犯罪不利是没有根据的。当然，我们也不否认在上诉案件中可能有重罪轻判的问题。但是，我们应当看到，由于我国刑法对量刑幅度已有明确的规定，如果对案件事实、性质的认定都无问题，纯系是量刑不当的问题，出现这种情况是极为个别的，而且，随着今后审判人员政策、法律水平的提高，发生这种言论将会越来越少。即使发生了重罪轻判，如果是属于在量刑幅度内的一般偏轻，根据历来的做法，就不必再行改判。如果确属畸轻，非改判不可的，也可以通过检察机关的法律监督程序或法院的审判监督程序去解决，并不影响惩罚犯罪。

相反，如果判决中的错误，不在上诉阶段得到解决，而是由罪犯在执行中提出申诉，或者通过司法机关的审查去纠正，将会在政治上承受更大的损失和给工作带来更多的麻烦，这已有过历史的教训，前车之鉴，不可不引起我们的重视。

实行上诉不加刑原则，会不会使上诉案件增加，加重二审法院的负担，影响正常的审判工作呢？实行上诉不加刑比不实行上诉不加刑，上诉案件肯定是会增加一些的。原来害怕上诉被加刑而不敢上诉的被告人，现在敢于上诉了，这种上诉案件的增加，应看作是正常的现象。其中也可能发生有的被告人滥用上诉的权利，不该上诉的也上诉了的现象。对此我们也不必担忧。二审法院根据上诉的具体情况，可以采取不同的审理方式，分别加以处理。如果原判事实清楚，定性正确，量刑适当，上诉纯属无理，经过初步审查即可确定，就不必再作更多的核实、审查，依法驳回上诉就是了。二审法院本来就有审判监督的任务，多审查一些案件，通过审查，可以从中了解下级法院的审判工作情况，发现存在的问题，给予指导，这对于加强一审法院审判人员的责任感，努力改进审判工作，提高办案质量都是有益的。

（三）上诉不加刑原则在实践中的应用

如何正确理解和应用上诉不加刑原则，在审判实践中遇到了一些问题，现仅就收集到的问题，提出一些看法。

1. 基层人民法院判处的有期徒刑案件，被告人提出了上诉，经中级人民法院审查，认为应判无期徒刑或死刑，中级人民法院以管辖错误为由，撤销原判，改由中级人民法院作为一审重新审判，是否违反上诉不加刑原则。

有两种意见：一种意见认为，对于被告人提出上诉的案件，在人民检察院没有提出抗诉的情况下，应适用刑事诉讼法第137条第1款的规定，第二审人民法院审理时，不得加重被告人的刑罚。改由中级人民法院作为一审重新审判，加重对被告人的刑罚，违反了上诉不加刑原则。另一种意见认为，根据刑事诉讼法第14条、第15条的规定，判处无期徒刑、死刑的普通刑事案件，应由中级人民法院管辖，基层人民法院无权管辖。在中级人民法院没有把属于自己管辖的第一审案件交由基层人民法院审判时，基层人民法院擅自审判，违反了案件管辖的法律规定，撤销原判是正确的。因为撤销原判后还要按第一审程序重新审判，不是二审改判的问题，所以不适用刑事诉讼法第137条的规定。我们同意第二种意见。管辖错误，亦属于违反法律现定的诉讼程序。根据刑事诉讼法第138条的规定："第二审人民法院发现第一审人民法院违反法律规定的诉讼程序，可能影响正确判决的时候，应当撤销原判，发回原审人民法院重新审判。"由于该案件属中级人民法院管辖，二审人民法院作出撤销原判的裁定，由中级人民法院重新审判，是符合上述规定的。第二审人民法院经过审理作出了裁定，二审程序即告终结，不涉及在审理时应适用不得加重被告人刑罚规定的问题。至于中级人民法院重新审判后，其判决仍属一审判决，被告人不服，可以提出上诉，不影响其行使上诉权利。

2. 被告人上诉的案件，人民检察院没有提出抗诉，经第二审人民法院审查认为，原判量刑过轻，是否可以根据刑事诉讼法第136条第（二）项的规定，直接改判？或者撤销原判，发回原审人民法院重新审判，加重被告人的刑罚？

我们认为，在人民检察院没有提出抗诉的情况下，对于被告人的上诉案件，无论是由第二审人民法院，以量刑过轻为由，直接改判，加重被告人的刑罚；还是发回原审法院重新审判，加重被告人的刑罚，都是违反刑事诉讼法规定的，刑事诉讼法第 136 条第（二）项关于"原判决认定事实没有错误，但适用法律有错误，或者量刑不当的，应当改判"的规定，必须受刑事诉讼法第 137 条的规定的制约。即在人民检察院没有提出抗诉或者自诉人没有提出上诉的情况下，第二审人民法院审判被告人的上诉案件，不得加重被告人的刑罚。发回原审人民法院重新审判的案件，必须符合刑事诉讼法第 136 条第（三）项的规定，即必须是属于原判决事实不清楚或证据不足的案件。如果原判不存在事实不清楚或证据不足的问题，第二审人民法院以"量刑不当"为由，撤销原判，发回原审人民法院重新审判，就缺乏法律根据。如果以事实不清、证据不足为名，实际上是要原审人民法院加重被告人的刑罚，则更是错误的了。个别上诉案件，第二审人民法院认为，被告人要求减轻刑罚的上诉理由不能成立，原判决在量刑上确属畸轻，必须加重被告人刑罚的，可以以被告人上诉理由无根据，作出驳回上诉的裁定，再另行提起审判监督程序，由上级人民法院提审或者指令下级人民法院再审。

3. 被告人上诉的案件，第二审人民法院认为原判决定性不准，必须改定罪名。改定罪重的罪名，是否违背上诉不加刑原则？如果因罪名改动，适用量刑的法律条文亦作相应改变，是否要受上诉不加刑原则的限制？

如果原判决认定事实没有错误，只是确定的罪名不准，属于适用法律有错误，根据刑事诉讼法第 136 条第（二）项的规定，第二审人民法院可以直接加以改正。罪名的轻重与刑罚的轻重有联系，但两者仍有区别。改定了罪重的罪名，不等于就是加重了刑罚。只要实际上没有加重被告人的刑罚，改定罪名不违背刑事诉讼法第 137 条关于不得加重被告人刑罚的规定。但是，如果由于罪名的改变，适用量刑的法律也要作相应的改变，在重新量刑时，应当受上述规定的限制，即改判后的刑期不得超过原判的刑期，这样才符合不得加重被告人刑罚的规定。

4. 一审宣告缓刑的判决，被告人提出上诉，第二审人民法院认为宣告缓刑不当，是否可以裁定撤销缓刑，按原判刑罚执行？这与不得加重被告人刑罚的规定是否抵触了？

有两种意见：一种意见认为，缓刑本身不是刑罚，它是执行刑罚的一种方式。改变执行方式和改变刑期不同。改变刑罚的执行方式，并没有改变刑期，加重刑罚。因此，第二审人民法院裁定撤销缓刑，按原判刑罚执行，不违背不得加重被告人刑罚的规定。另一种意见认为，被宣告缓刑的刑罚和决定执行的刑罚，虽刑期相同，但实际上并不一样，缓刑是有条件地不执行原判刑罚。被宣告缓刑的犯罪分子，在缓刑考验期限内，如果没有再犯新罪，缓刑考验期满，原判的刑罚就不再执行。如果撤销缓刑，就要按原判刑罚服刑，很显然其后果是不同的。因此，第二审人民法院采取撤销缓刑的做法，不符合刑事诉讼法第 137 条规定的精神。我们同意第二种意见。把原来有可能不执行的刑罚改变为立即执行的刑罚，虽只是执行方式的改变，但实际上是对被告人刑罚的加重，对保护被告人的上诉权不利。因此，这种做法不宜采用。

5. 共同犯罪的案件，有的被告人提出上诉，有的被告人没有提出上诉，第二审人民法院对全案进行审理后，认为原判量刑不当，应当改判，提出上诉的被告人和没有提出上诉的被告人，是否都应受刑事诉讼法第 137 条不得加重被告人刑罚的限制？如果人民检察院对部分被告人提出抗诉，对有

258

的被告人没有提出抗诉，对于没有被抗诉的被告人，是否可以加重其刑罚？

根据刑事诉讼法第134条第2款规定："共同犯罪的案件只有部分被告人上诉的，应当对全案进行审查，一并处理。"第二审人民法院经过审查认为，原判决量刑不当，应当改判时，对已提出上诉的被告人，应当受刑事诉讼法第137条第1款不得加重被告人刑罚规定的限制。对没有提出上诉的被告人，也不应加重共刑罚，以体现适用法律的统一，不因被告人没有提出上诉而遭受不利的后果。如果人民检察院对部分被告人提出抗诉，被抗诉的被告人，根据刑事诉讼法第137条第2款的规定，应不受不得加重被告人刑罚的限制，但对人民检察院没有提出抗诉的被告人，当然仍应受第137条第1款的规定限制，不得加重被告人的刑罚。

6. 被告人提出上诉的案件，第二审人民法院以原判决事实不清楚或者证据不足，撤销原判，发回原审人民法院重新审判，第一审人民法院在重新审判时，是否仍受刑事诉讼法第137条第1款规定不得加重被告人刑罚的限制？

刑事诉讼法第137条第1款规定，是属于第二审程序的规定，是否也适用于经第二审法院发回原审法院重新审判的案件，法律没有明文规定。我们认为，如果经过补充侦查，或调查核实，不仅查清了原认定的犯罪事实，而且在犯罪事实、情节上有发展，或者又认定了新的犯罪事实，已经超出了原控诉的犯罪事实的范围，重新量刑时可以加重被告人的刑罚。如果经过查证核实，犯罪事实查清楚了，但与原认定的犯罪事实并无变化，也没有增加新的罪行，就不应当加重被告人的刑罚。

六、死刑案件必须有死刑复核程序的审查监督*

近年来，在严厉打击刑事犯罪活动期间，为了及时严惩严重危害公共安全和社会治安的罪大恶极的刑事犯罪分子，最高人民法院将部分死刑案件的核准权，依法授予高级人民法院行使。在执行中，对于经高级人民法院二审判决和裁定的死刑案件，只须在判决书中写明："根据最高人民法院依法授权高级人民法院核准部分死刑案件的规定，本判决即为核准死刑的判决"，就不再按死刑复核程序进行复核。怎样看待这个问题，法学界有不同认识。有一种观点认为，死刑复核程序不是一切死刑案件必经的程序，上述的做法是允许的，并试图从理论上论证其合理性。[1] 笔者不敢苟同，提出几点看法，供大家进一步研究。

（一）死刑核准权属最高人民法院

死刑核准权由分散到集中，归属最高审判机关，是历史发展的结果，是实践经验的总结。革命战争年代，尚无全国统一的政权，死刑核准权不可能集中到中央，但即使在那个时候，仍坚持由地区的高级审判机关或军政领导机关对死刑案件进行复核的制度。新中国成立初期，适应当时革命斗争的需要，死刑核准权一度较为分散，一般是由省以下的审判机关或党政领导机关进行核准。但进入有计划经济建设时期，为了健全法制，死刑核准权逐步上收。1954 年人民法院组织法规定由高级人民法院核准。1957 年全国人民代表大会第四次会议又进一步作出今后一切死刑案件都由最高人民法院判决或者核准的决议。此后，死刑案件的核准权限和具体做法虽有变化，但除

---

* 本部分内容刊载于《法律学习与研究》1989 年第 1 期。

〔1〕 倪寿明：《死刑复核程序不是一切死刑案件的必经程序》，载《法学研究》1988 年第 1 期。

"十年动乱"期间这一制度遭到严重破坏外，死刑核准权基本上一直属于最高人民法院。1979 年，我国刑事诉讼法明确规定："死刑由最高人民法院核准。"司法实践证明，由最高人民法院核准死刑，有利于统一和平衡各地对死刑的适用，提高案件质量，从而有利于维护法制的统一，保护公民的人身权利。

在坚持死刑由最高人民法院核准的原则下，如何正确理解和执行目前高级人民法院依法行使部分死刑案件核准权，有两个问题需要研究。

1. 关于死刑缓期执行的案件由高级人民法院核准的问题。1957 年以前，死刑缓期执行的核准权同属于最高人民法院。在以后的司法实践中，考虑到这些罪犯在缓期执行二年期满以后，绝大多数罪犯因确有悔改或者立功表现，被减为无期徒刑或有期徒刑，只有很少一部分罪犯，因抗拒改造、情节恶劣或另犯新罪，必须执行死刑。为了减轻最高人民法院的工作负担，及时处理这类案件，从 1958 年开始，最高人民法院将这部分案件交由高级人民法院核准。1979 年以法律形式肯定了这一做法。刑事诉讼法规定："中级人民法院判处死刑缓期二年执行的案件，由高级人民法院核准。"应当看到，死刑缓期执行案件的核准权虽同属于死刑核准权，但它与死刑立即执行案件的核准权还是有差别的。因为死刑缓期执行的罪犯，实际执行的结果，绝大多数罪犯不再执行死刑。少数必须执行死刑的罪犯，仍必须报最高人民法院核准。把死刑缓期执行的核准权下放给高级人民法院，并不影响最高人民法院全面掌握死刑核准权，最高人民法院仍握有执行死刑的最终决定权。因而，我们不能不注意这些差别，而简单地认为高级人民法院与最高人民法院具有等同的死刑核准权。

2. 关于授权高级人民法院核准部分死刑案件的问题。1983

年全国人民代表大会常务委员会在修改人民法院组织法时作出新的规定，"死刑案件除由最高人民法院判决的以外，应当报请最高人民法院核准。杀人、强奸、抢劫、爆炸以及其他严重危害公共安全和社会治安判处死刑的案件的核准权，最高人民法院在必要的时候，可授权省、自治区、直辖市的高级人民法院行使。"这个规定，使高级人民法院拥有部分死刑立即执行案件的核准权。但根据规定的内容，还不能认为高级人民法院的死刑核准权与最高人民法院的核准权是完全等同的。高级人民法院的死刑核准权不是属于它本身的权限，是基于最高人民法院的授权而产生的。（1）受时间的限制，限于最高人民法院认为"必要的时候"，而不是长期性的；（2）受范围的限制，限于法律规定授权的那部分案件的范围内，而不是全面性的；（3）在级别上低于最高人民法院。虽死刑判决经核准以后具有同样的执行效力，但它最终还应受最高人民法院的监督。因此，这个规定是对死刑核准权属最高人民法院原则的必要补充，不能简单地认为死刑核准权分属于最高人民法院和高级人民法院两级法院。

（二）死刑核准权与死刑审判权应相对分离

死刑核准权是对死刑审判权的监督。有死刑审判权的法院所作的死刑判决，必须经有死刑核准权的法院进行复查核准。因此，为了便于实行监督，死刑审判权和死刑核准权的主体应以相对分离为宜。如果有死刑审判权的法院，又行使死刑核准权，它既是监督者，又是被监督者，一般来说，就会削弱监督的作用。按现行法律规定，死刑审判权属中级以上人民法院，在司法实践中，绝大多数死刑案件是由中级人民法院一审，高级人民法院二审终审。最高人民法院判决的死刑案件是极个别的。死刑核准权属最高人民法院，由最高人民法院对中级人民法院和高级人民法院的死刑判决和裁定进行复核，基本上可以避免死刑审判权和死刑核准权重合的现象。但是，如何将死刑核准权下放给高级人民法院，情况就不一样了。按照现在最高人民法院通知的规定，授权高级人民法院核准的部分死刑案件的范围，包括了严重危害公共安全的放火、爆炸、投毒、破坏交通工具设备案件，和严重危害社会治安的故意杀人、强奸、抢劫、盗窃、流氓、传授犯罪方法等案件。这些案件在整个死刑案件中占了相当大的比例。这些案件经高级人民法院判决和裁定后就不再进行死刑复核程序，就可能出现多数死刑案件不经死刑复核程序的情况，使死刑复核程序徒有其名，这就有违设置死刑复核程序的目的。在司法实践中，已有发生死刑判决中的错误未能及时发现和纠正的情况。这是令人担忧的一个问题。

因此，我们必须坚持死刑核准权和死刑审判权相对分离的原则，这样才能有效地发挥死刑复核的作用，以防止和纠正错误的发生。这里有两个方案可供选择：（1）在将死刑核准权授予高级人民法院的同时，相应地将死刑审判权下放给基层人民法院，使高级人民法院主要行使死刑核准权。笔者认为这个方案不可取，因它不符合现行法律对死刑案件审判管辖规定的精神，不能严格控制对死刑的适用。（2）在现行的死刑案件审判管辖的法律规定不变的前提下，坚持死刑核准权属于最高人民法院的原则。所谓必要的时候可以把死刑核准权授予高级人民法院行使，应当在时间、范围上严加控制，并采取适当的补救措施。笔者认为，1954年人民法院组织法的有关规定可供参考。按当时法律规定，死刑核准权主要在高级人民法院，但法律又规定，对于高级人民法院的死刑案件的终审判决和裁定，如果当事人不服，可以申请最高人民法院复核。这不能不认为是解决死刑终审权和死刑核准权重合问题的一个办法。虽然这样可能会增加最高人民法院的工作量，但从慎用死刑，保障不错杀来说，是有必要的。

（三）行使死刑核准权的合法形式是死刑复核程序

行使法律赋予的职权，必须通过法定的形式和程序。行使死刑核准权的合法形式，是死刑复核程序。不遵守法定的形式和程序，就不可能正确行使权力。认为拥有死刑复核权的法院对自己作出的死刑判决或裁定，不需要再进行死刑复核程序的观点是值得研究的。

死刑核准权和死刑审判权是两个不同的概念，不能以拥有死刑核准权必然拥有死刑审判权为理由，否定死刑复核权的特殊性质和作用。也不能以死刑核准权和死刑审判权都是以解决被告人定罪量刑为实体内容的一致性而抹杀两者在程序上的差别性。死刑核准权是对死刑审判权的监督，它具有变更、撤销基于死刑审判权所作的死刑判决和裁定的权力。它是高于死刑审判权的一种权力，两者不应融合和互相代替。再说，如果死刑核准权不通过自己特有的形式和程序的保障，就会在实际上使死刑核准权无法正确实现，甚至可能出现滥用权力的后果。

死刑复核程序不能用二审程序来代替，或者将两者"合二而一"。因为死刑复核程序和二审程序是两个独立的诉讼阶段，它的性质、内容、要求都是不同的，死刑复核程序是针对二审程序的一种特殊监督程序，它必须在二审终审以后才能进行。二审程序尚未进行，怎么能谈得上对二审的判决或裁定进行复核呢？把二审判决确认为核准死刑判决，而不通过死刑复核程序，实际是取消了死刑复核程序。

死刑复核程序能否在一定条件下免除？有人援引法律规定，最高人民法院的死刑判决可以不进行死刑复核程序，因而认为，高级人民法院经最高人民法院授权以后，它所作的二审判决或裁定也可以不再进行死刑复核程序。笔者认为，法律规定的"死刑案件除由最高人民法院判决的以外，应当报最高人民法院核准"，其含义是指哪些死刑案件应报最高人民法院核准，而并未直接对最高人民法院自己判决的死刑案件可以不再进行死刑复核程序作出明确规定。如果认为最高人民法院的死刑判决可以免除复核，还应对上述条文作出法律解释，这是其一；其二，最高人民法院与高级人民法院不是同一审级，不宜作类比。最高人民法院是国家最高审判机关，拥有终审权，它的一审判决和二审裁定，具有最高的效力，免除其复核程序，还有道理可讲。高级人民法院则不同，它不具有终审权，它虽经最高人民法院授权后具有死刑核准权，所作的二审死刑判决或裁定可以生效执行，但仍应受最高人民法院的监督。一审的死刑判决，如果被告人不服，还应有上诉权利，由最高人民法院判决和核准。其三，最高人民法院既然授予高级人民法院死刑复核权，就应当通过复核程序行使上述权力。如果授权以后可以不进行复核程序，授权之举岂不流于形式，还有何实际意义？

死刑复核程序应当适用于所有死刑案件，有复核权的法院也不应有例外。从理论上讲，应坚持死刑审判权和死刑核准权相对分离的原则，尽量使绝大多数死刑案件的审判程序和复核程序不在同一法院内进行。但是，根据现行法律规定，少数案件不可避免地会出现在同一法院内进行审判和复核的情况，但即使在这种情况下，也不应取消复核程序。特别是高级人民法院得到最高人民法院的授权后进行死刑复核时，应当成立相应的进行死刑复核的会议组织，按照死刑复核程序依法进行复核。这绝不是什么"程序烦琐"，在同一法院内部的不同组织之间适当分工，互相制约，同样可以起到一定的监督作用。比如检察机关是具有侦查权又有起诉权的机关，过去依照案件管辖规定由检察机关自行侦查的案件，是由同一组织实行从侦查到起诉"一竿子插到底"的做法，由于缺少监督，影响案件质量。现在改变为侦查和起诉分别由两个组织负责。虽在同一检察院内，由于两个组织之间可以发挥互相制约作用，效果是好的。这个经验可供借鉴。刑事诉讼法和人民法院组织法并没有对最高人民法院和高级人民法院自己的死刑判决和裁定可以免除死刑复核作出规定，有关死刑复核程序的规定，理应同样得到遵守和执行。

第五部分
证据制度

一、以辩证唯物主义为指导研究证据理论问题[*]

近来，法学界对刑事证据理论中的一些重大问题，展开了讨论。在一些问题上，存在着不同的认识。这些争论的问题，不只是一般的"概念"之争，而是涉及如何正确总结我国司法实践中运用证据的经验，以及如何对待外国的证据理论问题。如果能在深入讨论、研究的基础上，作出正确的解释，无疑对于发展证据理论，指导司法实践，有着重大的现实意义。在研究这些问题的时候，笔者认为有一个原则问题需要作出明确的回答，这就是必须以辩证唯物主义为指导的问题。因为，辩证唯物主义是研究事物发展一般规律的科学，它既是世界观、又是方法论，在探求证据的规律时，也不能离开它。我们只有运用这一科学的武器，结合证据领域中的实际进行分析研究，才能对证据问题作出科学的解释。笔者试图运用它的一些基本观点，对证据的本质属性和如何判断证据的问题作些探讨。

---

[*] 本部分内容刊载于《法学研究》1983 年第 1 期。

（一）证据是客观存在的事实，不是主观范畴

什么是证据（这里指的是刑事诉讼中的证据），证据究竟是不以人的意志为转移的客观存在的事实（或称为客观性），还是不能离开人的意志而存在的主观范畴（或称为主观性），我们的回答，只能是前者，而不是后者。

犯罪活动是客观存在的事实，但这种事实开始不为司法工作人员所了解，司法工作人员要证明究竟是否发生了犯罪事实和怎样发生的，就必须依靠证据。这种能证明犯罪活动存在的证据，也是客观存在的事实。这种证据事实，并不存在于司法工作人员的头脑之中，而是存在于司法工作人员的意识之外。证据是用已知的事实去推断未知的事实。这一点，资产阶级的证据学者也并不否认。范畴、概念之类是人的思维形式，人们运用范畴，概念的思维去认识事物，也以此去认识证据，这是属于如何认识证据的问题，与回答证据是什么（它的本质属性）不是一回事。范畴、概念不是证据，也不能成为证据。定罪的根据，只能以客观存在的事实为证据，而不能以主观范畴（或事实的主观反映）为证据。人在认识过程中有主观性的问题，但证据事实本身则不存在主观性问题。证据事实的客观性表现在：当犯罪分子进行犯罪活动时，在犯罪活动涉及的范围以内的客观外界的事物中，必然会留下种种痕迹和物品，或者在有关的人们头脑中留下映象。这种痕迹、物品、映象是独立存在于司法工作人员意识之外的客观事物，不管司法工作人员是否认识它，它是始终存在的。这些痕迹、物品、映象都是先于司法工作人员的认识活动之前就存在的，如果没有这些确实存在于客观外界的痕迹、物品、映象，在司法工作人员的头脑中引起反映，也就不可能有司法工作人员对这些事实的认识。很显然，司法工作人员对这些事实的认识是属于第二性的，存

在于客观外界的事实才是第一性的。列宁指出："唯物主义的基本前提是承认外部世界，承认物在我们的意识之外并且不依赖于我们的意识而存在着"[1] 应当是先有客观存在，而后才有意识对客观存在的反映。没有被反映者（客观存在），也就没有反映。这些辩证唯物主义的基本观点，正是我们认识证据的正确指针。只有以它来看待证据，才能对什么是证据作出正确的解释。

主张证据具有主观性的理由之一是，证据不能离开人的意识而独立存在，并以证人证言不能离开证人为例。这是把证据的本质属性和证据来源相混淆了。就拿证人证言来说，证人证言是由证人提供的，离开了证人，当然没有什么证人证言可言，但这里说明的只是证人证言这种证据的来源，并不能由此推论出，凡是证据都不能离开人的意识而存在。证据能为人的意识所反映，首要条件是客观外界确实存在着这种事实，人的意识才有可能把它反映出来。这个被反映的事实，不论是已被人的意识所反映，还是没有被反映，都是独立存在于人的意识之外，而不为人的意识所转移。如果认为客观存在的证据事实不能离开人的意识而存在，离开了人的意识，就没有证据事实存在的话，那么，这不就成了证据事实只能存在于人的意识之中了？这就违背了存在是第一性的学说。当然，在司法实践中，收集到的各种证据，由于种种原因，有的是真实的，有的是不真实的，甚至也有伪证，但不能因此对证据的客观性抱怀疑态度，而正因为我们认为客观事实不以人的意志为转移，所以，我们才有可能通过调查核实去查明证据的真假、确定其证明力，使其成为判断案件事实的根据。如果不承认有一个不以

---

[1]《列宁选集》（第 2 卷），第 79 页。

人的意志为转移的客观事实，对证据真实性的评断，就会缺乏一个客观的标准，这就会给主观臆断大开方便之门。

主张证据具有主观性的另一个理由是，证据不是客观事实本身，而是客观事实在人的意识中的反映，它是第二性的。这是把反映与被反映的关系颠倒了，也是把证据的内容和证据的形式相混淆了。如前所述，证据本身就是客观存在的事实，这是毋庸置疑的（这里是指经查证属实的证据）。证据的内容通过证人证言或被害人陈述表现出来，这是证据存在的形式，这种通过人的意识反映的证据事实，按其形式来说是主观的，但其内容是客观的。客观内容采取主观的形式表现出来，不能说它的内容也是主观的，是第二性的。如果说凡是经人的意识表现出来的证据都不是客观事实的话，那么，所有的人证都成了主观性证据了，就是连物证也要由人去收集、鉴别，这样，任何证据都不是客观事实了，这是说不通的。应当是不论是什么形式的证据，只要经过查证属实，这个证据本身就是客观事实，就是证明案件事实的客观根据，而并不是存在于人的意识之中的主观性证据。

主张证据具有主观性的又一个理由是，认为客观事实本身并没有对事物作任何断定，就无所谓真假，真假的辨别是由对客观事实作断定的人的主观意识作出的，因而，断定证据的真假就具有主观性。这是把证据本身具有的客观性和对证据的主观认识活动混为一谈了。任何事物之间都具有客观规律性，都有它内在的必然联系，包括证据事实，无一例外。人的认识活动的作用，就在于能找出客观事物的内在联系，正确地反映它的规律性。恩格斯说过："头脑的辩证法只是现实世界（自然界和历史）的运动形式的反映。"〔1〕 列宁说："事物的辩证法创造观念的辩证法，而不是相反。"〔2〕 如果客观事物本身不存在固有的规律性，在人的认识中就不可能有反映这一事物规律的认识。拿一个案件来说，张三杀死李四。在客观上就存在张三杀死李四的事实，就存在着杀人的时间、地点、杀人的手段、动机、后果等事实，侦查人员把张三杀人的证据收集起来，作出张三杀人的结论，这个断定不是凭侦查人员的主观想象作出的，而是以证据事实为根据的。只有证据事实本身说明了张三杀人，侦查人员才能作出符合客观事实的判断，怎么能说证据事实本身不存在断定呢？怎么能理解成断定都是证据事实以外的人强加给它的主观意志呢？证人甲证明他亲眼看到了张三杀死李四的经过情况，我们能说证人甲的证言，对张三杀死李四的事实没有断定吗？鉴定结论证明张三刀子上的血迹和李四的血型相同，或者李四身上的刀痕和张三持有的刀子的刀刃相吻合，能说这个鉴定结论本身对张三用刀杀死李四这个事实没有断定吗？能说这些证据对张三杀死李四的事实的断定，都不是证据本身所具有的，而是由侦查人员的主观意志强加给它的吗？显然不能。证据并不像棋盘上的棋子，可以凭下棋人的意志任意摆布，侦查人员对证据事实的断定，不能违反客观事实，否则，就不可能作出符合案件事实的结论。

证据的真实性，是涉及用什么样的证据作为根据，来定罪判刑的大问题，历来为人们所重视，但在历史上不同的证据制度下，并没有得到完全的解决。在"神示证据"制度下，证据的真伪和是否可信，全凭"神明裁判"，这就根本不可能提出

〔1〕《马克思恩格斯全集》（第20卷），第545页。
〔2〕《列宁全集》（第38卷），第210页。

证据客观性的要求。在"法定证据"制度下，证据的证明力预先由法律规定，一个所谓"完善的证据"，就足以认定被告人有罪，而其"可靠性"完全是从形式真实上而不是从客观真实上要求的。在"自由心证"制度下，证据的证明力全凭法官的"心证"自由判断。虽然提出了证据真实性的要求，但证据是否真实，却以法官的"心证"为准。法官认为真实可信的，那就是可靠的证据。而且在理论上认为，证据的证明不能达到绝对的真实，法院要判明符合事实和实际情况的真实，是办不到的，只能做到具有"盖然性"，而且是"高度的盖然性"，或"主观的确实性"、"主观的相信性"。德国法学者葛拉泽尔说："确信只能构成对他自己的真实，构成主观的真实，无论如何不能是客观的真实。"德国另一法学者查哈列说："确实性永远成为一种主观上的东西，因为它是由认识真实的主体的确信决定的。"由此可见，在这种理论指导下的证据制度，是不可能解决证据的客观性问题的。

我们还可以从一些资产阶级法学者给证据下的定义来看，也说明没有完全解决证据的客观性问题。他们给证据下的定义，大体上有以下几种提法，一种是强调证据是证明手段或方法。如："证据就是为了确定某一法律事实的真实情况所使用的手段"（法国《拉鲁斯大百科全书》第16卷，上海知识出版社《诉讼法》第193页），"证据一词，一般是指法官为获得确定判决基础材料的一种手段"（日本《世界大百科事典》第15卷，上海知识出版社《诉讼法》第207页）。另一种是强调证据是证明的原因，如："在最广泛的意义上，把证据假定为一种真实的事实，成为相信另一种事实存在或不存在的理由的当然事实"（英国边沁：《诉讼证据理论》，1876年俄文版，第8页）。也还有认为证据是包括证明方法，证明原因与证明结果等的其他一些提法。其共同的特点，都是把证据看作形成"心证"的一种材料，是达到"内心确信"的外部原因。不过有的把它称为"手段"，有的把它称为"原因"罢了。因为仅仅是把证据看作证明的方法，作为一种方法，就可以是真实的材料，也可以不一定是真实的材料。如边沁所说，"假定为一种真实的事实"就可以作为证据，就是一例。

我国刑事诉讼法第31条规定："证明案件真实情况的一切事实，都是证据。""证据必须经过查证属实，才能作为定案的根据。"这一规定充分体现了对证据客观性的要求，是符合辩证唯物主义原理的，实践中也证明是正确的。作为诉讼证据，必须是与案件事实有内在联系，能够证明案件真实情况的事实。这种证据事实，不是要求形式上的真实，也不以主观认为是真实为准，而必须经过调查核实，确属客观存在的事实，才能作为定案的根据。这样，就使对案件的判断结论建立在真正可靠的基础之上。

还有一种意见认为，证据的客观性和证据的合法性是相互对立的，承认证据必须经合法程序的认可，无异是承认证据有主观性，理由是合法性是由人的主观来认定的。笔者认为不能把证据的合法性和主观性等同起来。所谓证据的主观性，是指把证据看作不能离开人的意识而存在的事物，不承认证据是不以人的意志为转移的客观存在的事实。而证据的合法性是指人们在认识证据的客观性时，需要经过合法的程序，去查明证据的真伪和真实程度。法律上对如何调查核对证据作出了一系列规定，规定应当怎么做，不应当怎么做，目的正是为了保证正确查明证据的事实真相。因此，合法性是证据客观性的法律保证，是弄清证据真实性所不可缺少的，两者基本上是一致的。从司法实践中看，客观性和合法性，也是密切联系而不能分开的。证据是否具有客观性，必须纳入依法进行的诉讼活动中，经过一系列合法的调查核对活动，才能查明其真实性。我们反对的是把证据看作人的主观意识的产物，而并不是说证据不需要经过一定的合法程序，查明证据的真实性。因此，证据的合法性作为证据的一个特征是对的，并不违反证据的客观真实的原则。

（二）证据的判断，要和客观事实相一致

证据是否是客观事实，需要判断。根据证据的证明对案件作怎样的结论，也需要判断。判断是由司法工作人员作出的。因此，司法工作人员遵循什么样的认识路线，运用什么样的判断方法，对作出正确的结论极为重要。

有人说，证据既然属于客观事实，则何必再要判断呢，需要判断，就说明证据不是客观事实。我们认为不能把证据的本质属性和认识证据的过程、方法加以混淆。证据具有客观性，不具有主观性，是从它的本质属性来说的。本质是抽象的，它要通过各种现象表现出来，有时现象并不完全反映本质，这就需要分析，需要判断，通过纷繁的现象去把握事物的本质。在现实生活中，收集证据材料，情况也是复杂的，收集到的证据材料有各种不同的情况，有的是真实的，也有可能是假的，有的与案件事实有内在联系，也有的可能与案件事实没有内在联系，这同样需要由司法工作人员对收集到的证据材料进行分析判断，鉴别真伪，找出证据与案件事实之间的内在联系，才能作出正确的结论。由此可见，证据需要判断，是由于认识证据的真实性，需要运用正确的认识方法，经过一个认识的过程，才能达到这一目的。

辩证唯物主义认识论是认识事物唯一正确的方法。它把认识看作一个矛盾发展的辩证过程，由感性认识发展到理性认识，再由理性认识回到实践中去。人的正确认识不是一次就能完成的，需要经过实践、认识、再实践、再认识反复进行的过程，才能得到。判断证据，也是认识客观事物的一种认识活动，因此，毫无例外地也必须遵循认识活动的普遍规律。拿一个案件来说，司法工作人员接触到的是从勘验现场上发现的有关犯罪活动遗留下的痕迹、物品；从证人、被害人、被告人的陈述中了解到的有关犯罪活动情况的映象，这些痕迹、物品、反映，在司法工作人员头脑中产生了印象，这是感性认识阶段。这些痕迹、物品、映象是否真实，是否与案件事实有内在联系，这就需要用判断和推理的方法，对个别证据和各个证据之间的相互联系，以及这些证据与案件事实之间的联系进行综合分析，作出肯定或否定的结论。这是理性认识阶段。但认识并不到此为止，还需要回到实践中去，通过进一步的调查核实活动，来证实上述的判断结论是否正确。法律规定了在侦查阶段、起诉阶段、审判阶段，都有调查核实证据的任务，正是反映了司法工作人员判断证据，作出符合客观真实的结论，需要经历一个反复认识的过程。只有事实证明判断的结论，确是和客观事实相一致，才能认为这个结论是正确的。

自由心证论者要求法官在判断证据时，只须凭法官内心的"理性"形成"确信"，自由地作出决定，而不要求法官解释他所作出的决定的根据和理由，也就是说，可以不问法官的决定是否与案件事实相符。从认识论上看，这是片面强调了理性认识的作用，这就违背了辩证唯物主义认识论的认识过程的规律，忽视了认识的来源和认识对实践的依赖关系。列宁指出："从生动的直观到抽象的思维，并从抽象的思维到实践，这就是认识真理，认识客观实在的辩证途径。"[1] 列宁特别重视实践的作用，指出："必须把认识和实践结合起来"[2]。我们不否认理性认识的作用，但理性认识只是整个认识过程中的一个阶段，只靠理性认识是不能得到对事物的完整认识的。理性认识必须以感性认识为基础，只有经过大量的调查研究，获得丰富的感性认识材料（即证据材料），才能为上升到理性认识创造良好的条件。理性认识是十分重要的，它通过判断、推理等思维活动，能更深刻地、更完全地反映案件的本质（案件的客观真实）。但理性认识是否正确，还必须回到实践中去，接受实践的检验。在这一认识过程中，每个阶段都是紧密联系着的，不应加以割裂，也不允许片面强调其中的一个阶段而否定其他。由此可见，司法工作人员要正确认定证据，作出符合案件事实的结论，除了受其本身的立场、观点、法律意识和办案经验等主观条件的制约外，更重要的是取决于采用什么样的认识路线。由于自由心证原则不符合辩证唯物主义的认识路线，因而是不可取的。

在判断证据时，运用形式逻辑的方法是需要的。遵守形式逻辑的规则，有助于我们正确地表达判断的结论。列宁曾经说过，辩证法、认识论、逻辑三者是一致的。但列宁所说的逻辑，不仅仅是指形式逻辑，它是包括辩证逻辑在内的。因此，我们不应夸大形式逻辑在判断证据中的作用，形式逻辑有它的局限性，由于它只研究思维的外部形式，只是从孤立的、静止的状态来研究思维规律，它可以使结论做到概念准确、判断恰当、推理符合逻辑，但它不能反映认识的辩证过程，因而它不

---

〔1〕《列宁全集》（第38卷），第181页。
〔2〕《列宁全集》（第38卷），第233页。

能揭示客观事物的内在规律。如果我们把判断证据的过程，只归结为如何运用形式逻辑的过程，企图用形式逻辑来全部解释判断证据的复杂的认识过程，是不恰当的。恩格斯曾把形式逻辑和辩证逻辑比喻为初等数学和高等数学的关系，高等数学要遵守初等数学的规则，但初等数学不能解决高等数学所要解决的问题。判断证据也是如此，判断证据需要遵守形式逻辑的规则，但光靠形式逻辑不能完全解决对证据的判断问题。最明显的例子是，形式逻辑本身不能解决推理前提的真假问题，即使遵守了形式逻辑的规则，如果推理的前提的真假问题没有解决，就不能推出真实的结论。演绎法也好，归纳法也好，其规则只有经过科学的证明方法（即辩证的判断法）检查以后才能采用。苏联法学家维辛斯基说："在进行法庭调查时，形式逻辑的规则当然是应用的，我们在这里也是观察事实，也应用归纳方法和演绎方法，把这些方法作为推论、判断事实和从所考查的事实作出结论的手段。但是法庭调查不应仅限于适用形式逻辑的规则，因为形式逻辑规则本身就是有缺点的，单纯地适用这些规则就会把审判和侦查引向歪路。"[1] 笔者认为维辛斯基对形式逻辑在审判实践中作用的评价是恰当的。

　　综上所述，我们在回答什么是证据的问题上，必须坚持唯物主义观点，证据是客观存在的事物，不是主观范畴。在判断证据的问题上，必须坚持辩证唯物主义认识论的观点，认识证据是一个从感性认识到理性认识的辩证发展过程，认识依赖于实践，证据必须查证属实，判断结论必须与客观真实相一致，不能以主观"心证"为准。

---

　　〔1〕　安·扬·维辛斯基：《苏维埃法律上的诉讼证据理论》，王之相译，人民出版社1954年版，第269页。

二、略论发展和完善我国的刑事证据制度[*]

我国的刑事证据制度，早在革命根据地建立苏维埃政权后就产生并逐步发展形成。新中国成立后我国的刑事证据制度，发挥了准确揭露和查明犯罪事实的积极作用，从而保证了同刑事犯罪斗争任务的完成。我们不能因为过去司法工作中出现过冤假错案，其中有些是因收集、审查判断证据和认定事实错误造成的，就归咎于我国的刑事证据制度不好。但是，也不应认为我国的刑事证据制度是最先进、最完备的，一切方面都优于外国任何刑事证据制度，而不再需要从司法实践中继续总结经验教训，加以发展和完善。近年来，在如何正确认识和对待外国的证据原则，以及是否适用于我国刑事诉讼等问题，在法学界存在着争论。笔者拟从剖析我国刑事证据制度的形成及其特点，结合与外国有关刑事证据原则相比较，就发展和完善我国的刑事证据制度谈几点看法。

（一）我国刑事证据制度的形成

我国刑事证据制度是在同旧中国刑事证据制度的斗争中发展起来的，是在不断反对司法人员中受旧中国证据制度残余思想的影响而发展起来的。

旧中国实行刑讯逼供为主要特征的刑事证据制度，司法官审判案件，主观妄断认定证据和案件事实。国民党政府统治时期，抄袭了西方资产阶级一些诉讼民主原则，也把自由心证奉为判断证据的原则。

在新民主主义革命时期，我们同反革命和其他刑事犯罪的斗争中，也曾不断发生不搞调查，只凭口供定案，甚至刑讯逼供的问题。当时党中央和毛泽东同志多次批判这种错误倾向，

---

[*] 本部分内容刊载于《法学研究》1988 年第 2 期。

中央和地方政府颁布有关证据原则和制度，几乎都有针对这些问题的内容。1931年12月31日《中华苏维埃共和国中央执行委员会训令》中规定："必须坚决废除肉刑而采用收集确实证据及各种有效方法。"1942年2月陕甘宁边区保障人权财权条例中规定："逮捕人犯不准施以侮辱殴打及刑讯逼供、强迫自首，审判采证据主义，不重口供。"毛泽东同志1943年为党中央写的《审查干部决定》中，批评了第二次国内革命战争时期肃反工作中的错误，指出："这个错误方针简单地说来，就是逼供信三字。审讯人员对特务分子及可疑分子采用肉刑，变相肉刑及其他威逼方法，然后被审人随意乱供，诬陷好人，然后审讯人及负责人不假思索的相信这种绝对不可靠的供词，乱捉乱打乱杀，这是完全主观主义的方针与方法。"针对这种错误思想，提出了调查研究，分清是非轻重等著名的九条方针。在以后的司法实践中，创造了以"马锡五审判方式"为代表的深入群众、调查研究、实事求是判明案件事实的方法和制度，为建立和发展我国的刑事证据制度奠定了基础。

中华人民共和国成立以后，刑事证据制度有了进一步的发展。新中国成立前夕，在《中共中央关于废除国民党的六法全书与确定解放区的司法原则的指示》中，明确指出了司法人员必须从思想上划清新旧法律观点和新旧司法作风的原则界限。1952年的司法改革运动，批判旧法观点，集中反对不依靠群众，不调查研究的"坐堂问案"的旧审判作风和主观臆断的采证方法。1955年的肃反运动，党中央针对在运用证据上存在的问题，在一个指示中指出："不漏掉一个反革命分子和不冤枉一个好人，分清是非轻重，根本的办法是依靠证据。""口供只有经过仔细查对确实之后才能相信。……用逼供、诱供等错误办法取得的口供，是一文不值，完全不足凭信的。"1956年，最高人民法院在《各级人民法院刑、民事案件审判程序总结》中，系统总结了调查证据的原则和程序。1963 年，刑事诉讼法（草案）证据第一章中规定："对于各种证据必须根据实事求是的原则，分析研究、认真查对，认为确实可靠的，才可以采用。"1966 年开始十年"文化大革命"，刑讯逼供、主观臆断的采证方法又一次大暴露，给了我们惨痛的教训。1979 年颁布刑事诉讼法，其中关于"严禁刑讯逼供"，"对一切案件的判处都要重证据、重调查研究、不轻信口供"等规定，正是总结了多年来我们在运用证据问题上的经验教训，在法律上的集中体现，形成了符合我国实际情况的刑事证据制度。

刑事诉讼法颁布以后，司法人员依照法律规定的原则和程序收集、审查核实证据的观念增强了，实际运用、判断证据的能力也有所提高，不少案件达到了法律规定证据必须确实、充分的要求。但是，少数案件的经办人员不广泛收集证据，对证据没有认真调查核对，主要靠审讯取得口供定案，刑讯逼供现象也没有完全绝迹。这不仅需要进一步提高司法人员运用、判断证据的水平，加强社会主义法律意识，而且还有一个彻底清除旧司法作风残余和任意擅断的主观主义的问题。

从上述情况可以看出，造成判断证据和认定事实错误的原因，主要是司法人员判断证据脱离客观事实，主观臆断。因此，需要解决司法人员的主观臆断问题，坚持执行我国以实事求是为核心的运用证据的指导原则，并发挥司法人员的主观能动作用。

（二）我国刑事证据制度的主要特点

我国的刑事证据制度是以马列主义毛泽东思想为指导，从我国实际情况出发，总结实践经验，建立了一套具有我国特色的收集、审查判断证据的原则和制度，其主要特点是：

1. 依靠群众，调查研究。我们的国家是人民的政权，同犯罪作斗争，保护国家和人民利益，必然得到广大群众的支持和帮助。因此，我们进行刑事诉讼，收集证据，有必要也有可能实行依靠群众的原则。采用专门机关和广大群众相结合的路线、方法，在侦查中反对神秘主义和孤立主义。专业技术工作是需要的，但必须与依靠群众结合起来。现代科学技术的发展，科学技术手段在侦查中越来越发挥它的重要作用，应当重视它的运用。但科学技术手段取得的证据，包括鉴定结论，并不都是绝对可靠的，凭鉴定结论定罪造成的错案，近来仍屡有发生。因此，两者应当相互结合，相互印证。收集证据，必须依靠群众，我国刑事诉讼法第32条作了明确规定。我们历来反对不依靠群众，不搞调查研究的"坐堂问案"的旧审判作风。审问被告人是需要的，通过审问取得口供，也是证据来源之一，但仅依靠审问的方式是不够的，还必须深入群众，收集除口供以外的其他证据材料，才能彻底查明事实真相。法庭调查是调查证据的主要方式，凡是证据都应当在法庭上提出来，在诉讼参与人参加下，经过讯问、质证，调查核实后才能作为定案根据。但是，法庭外的调查同样是十分重要的，侦查人员和检察人员对证据的调查，审判人员庭外的调查核实，也是不可缺少的。这是我们同西方一些国家在调查证据程序上的不同之处。英美法系国家实行当事人主义，证据都由当事人提出或证明，法官不主动进行调查，法官只能在当事人提出证据的范围内，根据当事人在法庭上的举证，互相辩论中得到的印象，判断和确定证据的取舍及其证明力。大陆法系的国家实行职权主义，法官虽可以不受当事人提出证据的限制，必要时可依职权调查证据，但一般是指法庭上主动审问和调取证据，并不强调庭外的调查核实。我们的证据调查则以查明事实真相为目的，不以当事人提出的证据为限，也不限于法庭调查一种调查方式，而是充分调动当事人、司法人员和群众的积极性，采取多种方式收集证据，查明案件事实，使审判人员对证据的认定结论和以此作出的判决具有不可动摇的确实、充分的事实根据。

2. 不轻信口供，严禁刑讯逼供。以供定案，刑讯逼供，是封建制国家刑事证据制度的主要特点。不轻信口供，严禁刑讯逼供，正是针对这种证据制度和它在我们队伍中的残余影响提出来的。口供对查清案件事实有重要作用，但由于被告人与案件结果有利害关系，不愿吐露真实情况，甚至作虚伪供述，因此，对口供不能轻信。以肉刑逼供，不仅非法侵犯被告的人身权利，也无助于搞清事实真相，相反会弄得真假难辨，不少冤假错案源出于此。我国刑事诉讼法根据历史教训，作了严禁的规定。西方一些国家对被告人自白，也有限制性规定，证据法中有任意性法则，被告人自白，非出于任意者，不得采为证据。依法采为证据的，亦设有补强证据。日本刑事诉讼法规定，被告人自白是对自己不利的唯一证据时，不得认定被告人为有罪。英美法系实行当事人主义，对被告人当庭承认有罪，作有罪供述或不对控诉证据提出异议，不问其承认是否真实，就不再进行证据调查。法官即可据此定罪处刑。大陆法系实行职权主义，虽不以被告人承认有罪为限，仍需进行证据调查程序，但对口供是否真实，不要求查证核实，主要以法官的心证为准。我国刑事诉讼法对口供证据的限制，则重在证据的证明力。法律明确规定，不轻信口供，口供必须查证属实，才能作为证据。认定被告有罪，除口供以外，必须有其他证据，也就是说，口供的真实情况，要从其他证据中得到印证。证据能力如果和证明力相分离，就只具有形式的意义，因为具有证据能力的证据，并不一定具有证明力。合法的口供证据也不都是真实可信的。只有把证据能力和证明力统一起来，从实质上审查，查明口供的真实可靠程度，才能达到正确运用口供证据的目的。

3. 以事实为根据，反复查证核实。证据是认定案件事实的根据，证据本身必须是客观事实。以事实为根据，不仅是指判决必须有证据作为根据，而且也包括作为认定根据必须是客观事实。对证据的真实性作出正确判断，必须采用反复查证核实的方法。我国刑事诉讼法第 31 条作了明确规定，证据必须查证属实。这种对证据的查证核实活动，贯穿于刑事诉讼的全过程。立案、侦查阶段，侦查人员采取各种侦查措施收集证据，同时也要对证据进行查证核实。证明犯罪事实和犯罪人的证据，必须经过核实无误，才能终结侦查，提起公诉。起诉阶段，检察人员必须对全案的证据继续进行审查，再一次查证核实，认为证据确实、充分，才能向法院起诉。审判阶段，审判人员在准备开庭前和法庭上，又一次要对证据是否确实、充分进行查证核实，最后才据此作出判决。西方一些国家在证据判断的原则和程序上与我们有所不同。他们虽在法律上也规定实行证据裁判主义，认定事实应当根据证据，但一般以自由心证为判断原则。由审判官（或陪审员）根据法庭上当事人的举证和相互辩论得到的印象，以此形成"心证"（或称确信），决定证据的取舍和其证明力。至于法庭上提出的证据究竟是否确实，只要对方当事人不提出异议，审判官认为合理而无怀疑，即予认定。这就有判断脱离真实的危险性。有些能言善辩的辩护律师，找出若干"理由"，不管是吹毛求疵，还是节外生枝，只要能动摇审判官（或陪审员）的心证，就可以使一个有罪的案件宣告无罪。我们对证据的认定，必须经过多道程序，反复审查，查证核实，证据的真实性得到证实后才能认定，这要经得起历史的考验。

（三）完善我国刑事证据制度的几点意见

1. 继续肃清口供主义思想残余影响，坚持发扬深入群众、调查研究的优良传统。从一些地方的办案情况看，因轻信口供，没有认真调查核对而造成错误，而伪供又往往与非法采证有关。同口供主义思想残余影响的斗争，仍是一个长期的任务。除了加强司法人员的法制观念，提高其政策、法律水平，严肃纪律外，如何从法律上对正确判断和认定口供作出明确规定也是十分必要的。刑事诉讼法关于只有被告人供述，没有其他证据的，不能认定被告人有罪和处以刑罚的规定，应坚决依法执行。对共犯口供的采用，也应作出限制性规定。英美法系国家对共犯口供还有补强证据的规定，我国刑事诉讼法要求一切证据都必须查证属实，对共犯口供就不能用互证来代替收集其他证据。我国关于严禁刑讯逼供和以威胁、引诱、欺骗以及其他非法的方法收集证据的规定，司法人员应严格遵守。并应对以非法的方法取得的口供处理问题作出明确规定。英美法系国家有非法证据排除规则；日本刑事诉讼法规定："有出于强制、拷问或胁迫的自白，在经过不适当的长期扣留或拘禁后的自白，或其他可以怀疑为并非出于自由意志的自白，都不得作为证据。"这些规定，从保障人权观点出发，对口供的证据能力加以限制，有其积极意义，但也不应绝对化，否则对查明真实情况不利。我们应从以发现真实情况为目的作出规定，经查明以刑讯逼供和以威胁、引诱、欺骗以及其他非法的方法获取的被告人供述，不能作为证据。需要以被告人供述作为证据的，应经合法程序重新取证。用非法的方法，通过被告人供述取得的其他证据，原则上也不能作为证据。但在特殊情况下，经查证属实的可以作为证据。

2. 法庭调查证据程序，应成为审查和认定证据的主要形式，切实发挥它在调查核实证据中的重要作用。证据的调查，始于侦查阶段，在整个侦查、起诉过程中，证据的收集、审查和认定都是在不公开的形式下进行的。作为起诉根据的证据，虽然经过侦查人员和检察人员的反复调查核实，一般说已达到确实、充分的程度。但是，在审判前被告人对控诉证据的知悉和辩解是有限度的。正式开庭进行调查证据程序，情况就不同了。依照法律规定，作为定案根据的证据，都要在审判长主持、控诉和辩护双方参加下，在法庭上公开提出，接受讯问，听取意见，调查核实。法律赋予被告人提出证据或对证据进行发问、辩解的权利，有助于弄清证据的真实情况。刑事诉讼法有关在法庭上调查核实证据的规定应切实执行。司法实践中，有时对这一程序的进行，没有得到应有的重视，有些应当公开调查核实的证据没有提出，或者提出后没有认真核实，特别是辩护一方对证据提出的意见没有给予充分考虑，使法庭调查流于形式，走过场。英美法系实行当事人主义，有传闻法则。证人在审判期日外所作的证词或其笔录，以及证人以他人的陈述所作的陈述，除法律规定的特殊情况外，均不得作为证据。只有在审判官前所作的陈述，并经双方当事人的交叉询问，才能作为证据。这种审判期日以外形成的证据不具有证据效力，证据必须由当事人在法庭上提出，接受对方当事人的询问，审判官只根据双方当事人相互询问得到的印象加以判断和认定的做法，不符合我国对证据调查的原则。但是，证据应在审判庭上经过公开的合法的程序调查，特别是重视当事人对证据的意见，则是可取的。不重视法庭调查对证据的核实作用，实际上是以侦查、起诉阶段调查认定的证据定案，这既不符合我国刑事诉讼法的规定，也就难以保证认定证据的质量。笔者认为，审判人员应发挥主动调查核实的作用，审判前的审查，庭外的调查核实，都是必要的。还应把法庭调查看作一种调查核实证据的重要方法，而不是调查证据终结前履行的一种法律手续。在法庭调查中发现的问题，应继续进行调查核实，以求彻底弄清案件事实真相。此外，还应赋予被告人及时知悉控诉证据情况的权利。有必要使律师担任辩护人的活动提前参加，在侦查终结、审查起诉阶段，辩护人就有权了解决定起诉的根据，以便有充裕的时间考虑在证据方面提出辩护意见，这有利于克服认定证据中的失误。

3. 以辩证唯物主义认识论为指导，确立"以实求是"的判断证据原则。我国应确立什么样的判断证据原则，法学界众说纷纭。主要集中在两个问题上。

（1）自由心证原则是否适用于我国。自由心证，是指证据的取舍及其证明力，法律不加拘束，悉凭审判官自由判断。在资产阶级诉讼理论上，对自由心证的评价，也是各有褒贬。各国的立法，对自由心证适用范围，也多有所限制。历史上出现过的判断证据的原则，除神判明显不科学外，主要有法定证据原则和自由心证原则两种。当今世界一些国家单一采用自由心证的原则并不多，而是出现了自由心证和法定证据相调和的趋势。自由心证作为一种判断证据的方法，早在古罗马，审判官就有自由判断证据的权力，因逐渐发生专横的流弊，才用法定证据原则加以限制。但实行法定证据原则，对证据的证明力，由法律预先规定，就有审判官不能按证据的实际情况加以认定的缺陷，不利于查明案件的实质真实。到资本主义社会又转而采用自由心证原则，英美法系国家采当事人主义，证据由当事人提出比较重视法定证据原则，对证据的许容性严加限制。审判官包括陪审员也只能在法律容许的证据范围内依心证加以判断，大陆法系采职权主义，审判官可依职权调查证据，法律未加限制，对证据证明力可自由判断，这样虽有利于发现真实，但又有主观擅断之弊。近年来对审判官自由判断证据的范围在法律上有所限制。日本兼采自由心证和法定证据原则。如法律上对自由心证及其证明力的限制，传闻证据能力的限制，即其一例。苏联将自由心证原则加以改造赋予新的解释。维辛斯基曾是这种理论的倡议者。他认为我们批判自由判断证据原则的资产阶级性质时，不应否定这一原则。"在社会主义的条件下，这一原则才会得到完全发展。"〔1〕苏联的证据理论十分强调形成审判员内心确信的主观因素，特别重视社会主义法律意识在确信中的决定作用。维辛斯基认为："社会主义法律意识在一定的条件下成为事件和对法律的正确看法的唯一手段，也成为正确认识在某一具体条件下应当怎样裁判案件的唯一手段。"并认为所谓正义和公正的裁判，"这种理解的本身归根到底是由审判员的法律意识来决定的。"〔2〕这种过分夸大法律意识在认定证据和裁判案件中的作用，必然会对司法实践产生有害影响。苏联30年代肃反扩大化错误，原因复杂，但不能说与这种理论毫无关系。由此可见，我们不能盲目推崇和搬用自由心证原则。我们应当以辩证唯物主义为指导的证据理论和我国立法精神，建立适合我国刑事诉讼制度的判断证据的原则。

（2）应当建立什么样的判断证据原则。我国的证据判断原则，应当指导司法人员，查明证据的真实情况，对证据的判断和认定，必须符合案件的客观真实。多数同志的意见是一致

〔1〕安·扬·维辛斯基：《苏维埃法律上的诉讼证据理论》，王之相译，人民出版社1954年版，第220页。

〔2〕安·扬·维辛斯基：《苏维埃法律上的诉讼证据理论》，王之相译，人民出版社1954年版，第217页。

的，问题是冠以什么名称能更好地体现这一原则精神。我们不主张确立自由心证为我国判断证据的原则，并不是否定司法人员在判断证据中的内心确信作用。判断属于司法人员的思维活动，对证据的判断和认定，正是司法人员思维活动的结果，问题是在于这种判断和认定是否正确，仅以司法人员的内心确信为准呢，还是需要有一个检验主观认识的客观标准？有的同志不承认判断需要有个客观标准，多数同志认为还是需要有个客观标准，这个标准不是法律规定，也不是心证，而是案件的客观真实。司法人员应当通过一系列调查研究活动，去验证对证据作出的判断和认定是否正确。而这个正确的认识也不是一蹴而就的，需要经过反复的查证核实活动，才能使自己的主观认识符合案件的客观真实。自由心证原则从理论上否认查明案件客观真实的可能，只要求法官的判断达到"高度的盖然性"，或排除合理的怀疑为满足。因此只须凭自己内心确信而不须去客观验证。我们则认为，必须坚持对主观判断进行客观验证，才能保证认定结论的正确。司法实践证明，只要充分发挥司法人员的能动作用，绝大多数案件是能够达到这个要求的。这个原则要求用什么名称概括呢？现在有几种意见，一种是用"以实求实"或"实事求是的客观验证"[1]，一种是用"社会实践"或"诉讼实践"[2]。笔者认为，这几种意见从本质上都是一致，检验司法人员对证据的判断和认定是否正确，只有依靠深入的调查研究，也就是通过实践活动来验证。这种实践活动是以查明案件事实真相为目标的，因而实践活动本身就包括了查明事实真相与案件事实，也就是说通过实践活动来实现这个

〔1〕 参见王国枢主编：《刑事诉讼法概论》，北京大学出版社1981年版，第150页；王国枢：《实事求是的客观验证》，载《诉讼法学论丛》（1985），第185页。
〔2〕 参见朱云主编：《刑事诉讼法教程》，吉林人民出版社1986年版，第209页。

要求。但是需要明确的是，通过查明证据的真实性，进而弄清证据事实要求之间的内在联系，从而判明司法人员对证据的认定是否符合案件的客观真实。因此，我们要求的，不仅是证据事实本身是否确实，而还应进一步找出证据事实与案件事实之间的内在联系，"以实求实"，容易被误解为限于对证据事实的验证。作为判断证据的要求，不仅是"求实"，而且是"求是"。所谓"实事求是"，就是这个意思，但以"实事求是"命名，确有一般化之嫌，不能体现诉讼实践的特点。如果以"诉讼实践"为名，又不能很好体现验证的需求。因此，笔者认为，是否称为"以实求实"，这样能较好地体现我国判断证据原则的要求和特点。这种概括是否恰当，尚可进一步探讨。

三、自由心证原则与判断证据的标准*

证据是否确实，其证明力如何，必须经过判断予以确定。而在用什么作为判断的标准去衡量、检验证据的真实性的问题上，过去人们意见不一。有的主张"法定证据"，有的主张"自由心证"，也有的主张"法定证据"和"自由心证"兼而有之，取其所长。至今在这个问题上仍有不同看法。"法定证据"的不科学性比较显著，在历史上已被否定。"自由心证"则不然，它是在否定"法定证据"后产生，似乎尚有可取之处。有一种意见认为，自由心证原则虽是资产阶级所创立，由于资产阶级的阶级偏见，未能发挥它应有的作用，现在只需稍加改造，赋予马列主义、毛泽东思想新内容，仍可为我所用。自由心证原则究竟能不能成为我们判断证据的原则，它是不是我们判断证据的标准，我想就这个问题作些探讨：

---

* 本部分内容刊载于《法学研究》1981 年第 2 期。

（一）从历史上看判断证据的标准是什么

在刑事诉讼的历史上，不同的社会制度，实行过不同的诉讼制度，与此相适应，也有过不同的证据制度，如神判证据、法定证据、自由心证等。由于当时社会历史条件和统治阶级利益的限制，这些制度在理论上和实践上都没有解决判断证据的标准问题。他们共同的特点，都不是把判断证据的标准，建立在探求案件客观真实的基础之上，而是用一些脱离案件客观事实的固定不变的原则或以个人的"理性"、"良心"来作为标准任意进行判断。这样做，不可能去发现或真正解决证据的客观真实的问题。

在西方古代罗马实行弹劾式诉讼程序，其证据制度规定，被告人是否有罪，要经过神判、宣誓或决斗的证明，以此作为证据来定罪。所谓神判，就是法官用火或水来考验被告人，谁在两手被捆绑而投入神水以后不沉向水底，谁的手浸入沸水后一定时间内没有伤痕，就可以证明谁是无罪的，否则，便成为"有罪"的证据。这种神判证据制度是以当时社会的文化落后和宗教迷信为其条件的，很显然如此认定的证据是不可能发现案件的真实情况的。

在 16 世纪到 18 世纪欧洲的一些封建主义国家，盛行纠问式的诉讼程序，随之产生的是法定证据制度。这种证据制度表现为各种证据的性质和证明效力都预先由法律加以规定，法官无权按自己的见解去判断证据，只有根据法律上规定的条件，来确定证据的可靠程度。例如，法律上把证据分为"完全的"和"不太完全的"，"多一半完全的"，"少一半完全的"等。被告人的坦白，对方所承认的书面证据，与案件无关的人所提供的证据，都被认为是完全的证据。受审人的攀供，被认为是不完全的证据。如果两个可靠证人的证言不一致时，法律规定，男子的陈述优于妇女的陈述，显要人的陈述优于非显要人的陈述，宗教人的陈述优于世俗人的陈述等。这种证据制度，把证据的某些来源、特征看成是永恒不变的东西，作为判断的标准，按预定的尺度去套用，而不调查，不分析每个证据事实的具体情况，这也是不可能弄清证据的真实性的。

18世纪末19世纪初，欧洲一些国家进入了资本主义社会，在反对封建特权斗争中发展起来的资产阶级民主原则被运用到各个领域。诉讼制度也随之改革，实行了公开审判、辩护、陪审等制度，法定证据制度也被自由心证制度所代替。所谓自由心证，也叫作内心确信，就是说判断证据不再依据法律预先的规定，而是凭法官个人的内心确信，自由判断。这个原则，最早出现在法国的刑事诉讼法典里。这个法典第342条是这样规定的："法律不要求陪审官报告他们建立确信的方法；法律不给他们预定一些规则，使他们必须按照这些规则来决定证据是不是完全和充分；法律所规定的是要他们集中精神，在自己良心的深处探求对于所提出的反对被告人的证据和被告人的辩护手段在自己的理性里发生了什么印象。法律不向他们说：'你们应当把多少证人所证明的每一事实认为是真实的'；它也不向他们说：'你们不要把没有由某种笔录、某种文件、多少证人或多少罪证……所决定的证据，认为是充分证实的。'法律只是向他们提出一个能够概括他们职务上的全部尺度的问题：'你们是真诚的确信么？'"其他资本主义国家也先后作了相类似的规定，这就是自由心证的由来。这种证据制度同样不从客观上去探求证据事实确实与否，不过是把原先由法律预先规定的原则进行判断，改变为由法官个人的"良心"、"理性"来判断。或者说，虽然也强调了判断时要根据犯罪凭证，但最后作出判断决定的，还是凭自己的良心和理性。这个改变，不过是扩大了法官在判断证据时的权力，并不能保证判断的正确，解决证据的真实性问题。历史的事实告诉我们，自由心证制度虽然在反对残暴、专横的封建司法制度中起过历史的进步作用，但是，资产阶级法官所谓的"良心"和"理性"，脱离不了资产阶级世界观和资产阶级的道德准则，归根到底它是为资产阶级利益服务的。其结果，只能是助长资产阶级法官的"擅断"。因此，到了帝国主义时代，"自由心证"成为法西斯专政自由镇压人民的工具绝不是偶然的。

（二）实践是判断证据的唯一标准

认定案件事实必须要有证据，证据必须辨明真伪、审查其证明力，这是谁都不否认的。但是，在以什么作为判断证据的标准和如何去判断证据的问题上，却一直存在着根本分歧。

以什么作为判断证据的标准，不论是法定证据论者还是自由心证论者，都把主观意识、理性原则作为判断标准。法定证据论者判断证据时，不问证据事实究竟如何，一律用一些预先由法律规定的原则去套用，以是否符合法律规定的原则为准则。例如，法律规定被告人的坦白是最好的证据，因此，只要有被告人坦白的证据，就可不问证据的内容是真是假，一律据此定案。这种以一般的原则进行判断，而不是通过对具体事物的分析认识下判断，其结果必然使判断结论同客观事实相脱节。自由心证论者判断证据时，完全依赖于审判员个人的"良心"、"理性"，由审判员的"内心确信"，自由作出判断。对于公诉人或当事人提出的证据，可以"不受拘束"；证据是否确实，只须凭自己内心的感觉如何来认定。从认识论上说，这是只讲主观认识，不讲主观认识必须反映客观实际。就是说，证据的内容是否正确，只要审判员自己主观上认为是正确的，就可以"确信"其是正确的。这种判断结论，随审判员的"良心"、"理性"如何而转移，没有一个客观标准，无法保证判断结论的正确。

只有以马克思主义认识论为指导，把实践作为判断证据的唯一标准，才能保证审判员对证据判断结论符合于案件的客观真实。我国在司法实践中，一贯坚持依靠群众，调查研究，实事求是的原则，就是贯彻实践是判断证据标准的具体体现。证据（或称证据事实）、案件事实（或称证明对象），都是存在于客观外界的事物，它是不以审判员的主观认识为转移的。证据本身是否真实，证据是否具有证明力，都不能以审判员的主观感觉来确定，而是以证据是否反映了案件的客观真实为准。审判员要获得对证据和案件事实的正确认识，只有通过实践。正如毛泽东同志所说："一个正确的认识，往往需要经过由物质到精神，由精神到物质，即由实践到认识，由认识到实践这样多次的反复，才能够完成。"对证据的认识过程也是如此。证据是存在于客观外界的事物，办案人员通过侦查活动，收集证据，使证据的事实反映到办案人员的主观认识中来。这种对证据的收集、认识的活动，也就是从物质到精神，即由实践到认识的活动。而办案人员对证据作出审查判断，鉴别真伪，审查其证明力，提出对证据的看法，还必须回到实践中去，即还要进行调查核对。这种对证据判断所做的调查核对活动，也就是从精神到物质，即由认识到实践的活动。而有些复杂的情况，往往需要反复多次，才能查明事实，得到正确的认识。由此可见，审判员在确认某个证据是真实的，或者在两个互相矛盾的证据面前，确认其中一个是真实的，另一个是不真实的，其根据，也就是他的判断的标准，并不是审判员内心的"良心"或"理性"，而必须是实践（即调查核对的活动），只有在有客观事实证明某个证据是真实的，或者说有客观事实证明审判员对证据的认识是正确的，才能认为对证据的结论是正确的。不论是对个别证据的判断，还是对整个案件证据的综合判断，都是在办案人员作了大量的调查研究，经过反复核实的基础上作出的。因此，判断证据的标准，只能是实践，而不能是其他。也就是说，经由审判员作出的判断结论，这个结论是否正确，我们不能从审判员本身的主观认识上去找，因为主观认识本身是无法证明自己是否正确，唯一的途径只有通过实践，看判断结论与案件的客观事实是否一致，只有与案件的客观真实相一致的结论，才能认为是正确的。

（三）自由心证原则可以利用吗

自由心证是资产阶级判断证据的原则，作为文化遗产，凡是资产阶级法律中的一些合理成分，我们可以批判地吸收，正如我国刑事诉讼法中，也吸收了为资产阶级法律所运用过的某些法律程序形式。但是，把自由心证原则作为我国判断证据的标准，笔者认为是不可取的。理由是：

1. 自由心证原则的本质是唯心主义的。正如在前面已经说过的，以马克思主义认识论的观点来判断证据，要求判断的结论必须符合案件的客观真实，做到主观与客观相一致。自由心证原则却不是这样，它在对证据进行判断的时候，只要求"在自己的良心深处探求……"、"在自己的理性里发生了什么印象"，认为经过审判员内心确信得出的结论是唯一正确的，而不要求这个结论是否和案件的客观真实相一致。这就是说把存在于审判员内心的所谓"良心"、"理性"作为判断证据的标准，因而是唯心主义的。

有人也许会说，判断的结论总是要由审判员来作，既然是由审判员作结论，难道这个结论不是审判员"理性"活动的结果吗？我认为不能把审判员进行推理判断的思维形式同理性的实质含义相混淆。自由心证论者所说的"理性",指的并不是它的思维形式。他是把"理性"作为人们心灵中具有天赋的东西,认为只有依靠这种天赋的"理性",才能识别证据。因此,提出不应把"多少证人所证明的每一事实认为是真实的",而只有自己理性的"确信",才是真实的事实,才是可靠的。这种只有"理性"才能识别证据,"理性"是判断证据的标准的看法,是和哲学上所谓只有理性才能领悟真理,只有理性才是认识真理的标准的"唯理论"者是一脉相承的。它和辩证唯物论者的观点是根本不相容的。因此,我们不能把自由心证原则的所谓"心证"、"确信",仅仅看作判断证据的一种方法,而不看其实质内容。

2. 自由心证原则和我国证据制度上强调调查研究、实事求是的精神不相符合。我国在刑事诉讼中,已经形成了一套收集、判断证据的制度和方法。这就是:"重证据、重调查研究、不轻信口供","证据必须经过查证属实,才能作为定案的根据",等等。司法实践证明,保证对证据判断的正确,固然同审判员的政治、业务水平有重大关系,但是,问题的关键,并不在于审判员作出判断的本身,而在于判断的根据是否可靠、充分。只有把判断建立在充分调查研究的基础之上,所根据的证据事实都经过查证属实,据以作出的结论才有可能是正确的。或者说,才能确信其是正确的。判断和调查往往交叉、反复进行,贯穿在整个办案过程之中。从侦查阶段开始,就要不断收集、审查、判断证据。侦查人员一面收集证据,一面对证据进行判断,辨别真伪,只有在掌握了确实的犯罪事实的证据以后,才能提起公诉。检察人员在审查起诉中,又继续对证据加以调查核对,认为证据确实、充分以后,才能决定起诉。审判人员又继续对证据进行审查核对,经过法庭调查,最后才能在合议庭里对证据和案件事实作出判断。由此可见，审判员在合议庭评议时作出的判断是否正确，不在于运用"自由心证"的程度如何，主要还在于对整个案件证据的调查研究工作做得如何。

也许有人会说，自由心证和调查研究并不互相对立，自由心证论者并不反对进行调查研究、收集证据的活动，我们完全可以在调查研究的基础上进行自由心证。我认为从自由心证原则本身的含义来说，它虽然并不反对搞调查研究，但它也并没有要求一定要搞调查研究。是不是需要调查研究，完全以他的"心证"为标准。我们所说的调查研究则完全不同，因为我们是以查证核实的事实作为判断的客观标准，因此，必须通过调查研究，弄清案件的客观事实。而且要求审判员的主观认识必须符合客观事实。两者的出发点不同，不应互相混淆。

3. 自由心证原则并不能使审判员正确发挥在判断证据中的作用。有人认为，实行自由心证原则，形成审判员"内心确信"，可以解决审判员在审判案件时"犹豫不决"或"人云亦云"等问题。当前在一部分审判人员中可能存在上述这种情况，采用"自由心证"，能否解决这个问题呢？我认为要作具体分析。如果"犹豫不决"的产生，是由于证据材料不足，案件事实没有完全弄清而胸中无数，这就应当继续进行周密的调查研究、掌握必要的材料，对证据进行查证属实，才能下决心作出判断。如果没有这个前提条件，硬要加以"确信"，也是盲目的，无助于问题的解决。毛泽东同志讲的那一段话："指挥员的正确的部署来源于正确的决心，正确的决心来源于正确的判断，正确的判断来源于周到的必要的侦察，和对于各种侦察材料的联贯起来的思索。"正好说明正确的决心必须建立在调查研究的基础上。所谓情况明，决心大，就是这个意思。如果"犹豫不决"是受了外界的压力，对正确的东西不敢坚持原则而"人云亦云"，这倒需要有敢于"确信"的精神，但是，在这种情况下，往往不是依靠"自由心证"原则所能解决的。从审判人员来说，应当有"忠实于法律和制度、忠实于事实真相、忠实于人民利益"的精神，敢于同违背原则的现象作斗争。同时，还应采取其他措施，保障人民法院独立行使审判权，坚持依法办事。

审判人员在判断证据中起着重要作用，这是不可否认的。问题是如何正确发挥其作用？笔者认为主要是加强对审判人员的政治、思想教育和法律业务知识教育，特别是学习马克思主义认识论，掌握辩证唯物主义的立场、观点、方法去判断证据，才能从根本上保证判断证据的正确进行。

第六部分
检察理论研究的
重点、难点

一、检察学研究问题三议 *

（一）要不要建立检察学

要不要建立检察学，检察学能否成为一门独立学科，它与相邻的学科是什么关系，会不会重复，现在有不同的看法。笔者是主张建立检察学的。无论从加强社会主义法制，或者指导检察实践活动，以及开展检察制度的理论研究等方面看，笔者认为都有此必要。检察学的建立，在上述几个方面能起促进作用。

1. 加强法制，完善法学体系的需要。检察制度是国家的法律制度之一，它是我国社会主义法律体系不可缺少的一个部分。它以自己特定的被调整的社会关系为对象。它以法律监督的方法，通过司法程序或其他方式，维护社会主义法制，保护国家、集体、公民的合法财产，保护公民的人身权利、民主权

　　＊　本部分内容刊载于沈阳市检察学会编：《检察学研究论集》，1986 年印。

利和其他权利。它所活动的内容和范围已为我国有关的法律规范所确定。宪法中对检察机关的性质、职权作了原则规定。人民检察院组织法中对检察机关的性质、任务、职权、活动原则和组织设置作了具体规定。刑事诉讼法对检察机关参与刑事诉讼活动，实行司法监督的具体程序作了规定，还有其他一些法律、法规对涉及检察机关行使职权的内容，也作了相应的规定。这些法律、法规中的规定，体现了我国的检察制度。加强检察制度理论的研究，发展和完善具有我国特色的社会主义的检察制度，充分发挥检察机关作为国家的法律监督机关在维护法制中的作用，无疑对于健全我国的社会主义法制具有重要意义。但是，目前我们对检察制度的研究，是分散在有关的学科中进行的。在宪法学、诉讼法学和其他有关学科中论及检察活动的一些问题时，又都是从各自的专业角度出发，限于与本学科有关的内容。这种分散的研究状况，对深入研究检察制度理论是不利的。随着法学研究的逐步深入，已经出现或还将继续出现许多新的分支学科和边缘学科，便于对法学领域中某一特定的对象进行研究，这是符合研究工作发展规律的。由于检察机关的性质和检察制度的特点，检察活动的内容涉及的范围是比较广泛的，因此，改变分散研究的状况，建立以研究检察制度理论为中心的检察学，统一研究检察活动的原则、程序、方法，使检察学成为一门独立学科是非常必要的。检察学与其他有关的学科之间有着密切的联系，但不会重复，它有自己特定的研究对象，可以互相配合，互相协调，这对于发展和完善我国的法学体系也是有益的。

2. 司法实践的需要。实践活动要有正确的理论指导，才能提高自觉性，避免盲目性。一般来说，理论容易落后于实践。实践出理论，但实践并不能自发地产生理论。理论的产生，是在正确的世界观和方法论指导下，对实践活动进行科学的总结，探究其规律性，再经反复验证，才能形成。我国的检察工作，几经波折，几起几落，但它经历了三十多年的实践，积累了丰富的经验，有正面的经验，也有反面的教训，亟须作出正确的总结。特别是 1978 年重建检察机关以来，检察业务活动有了很大发展，出现了不少新的情况和新的问题，也需要从理论上进行研究并给予正确解决。对现行法律中有关检察制度的规定，在实践中如何正确贯彻执行，也需要作统一的阐述和解释，并随着实践活动的发展和法制建设的需要，哪些问题需要在立法上作出必要的修改和补充，所有这些都有赖于检察理论研究的开展。建立专门的检察学，对上述这些方面的问题作系统的研究，无疑对指导实践活动是有重要作用的。

3. 加强对检察制度理论的研究，提高对检察制度重要性认识的需要。检察制度的产生，从 12 世纪在法国、13 世纪在英国设立检察官代表国王进行诉讼以来，已有七百多年的历史，经历了封建制国家、资本主义国家、社会主义国家三种不同的历史类型。从列宁于 1922 年提出建立社会主义的检察机关以来，也已经历半个多世纪。以我国而言，从旧中国 1872 年采用现代意义上的检察制度以来，也已有一百多年的历史了。各国的检察制度，由于国家的类型、历史传统和法律渊源的不同，检察制度的内容和形式呈现了不同的特点。资本主义国家的检察制度与社会主义国家的检察制度，不仅在本质上，就是在具体职权上也有显著的差别。即使是资本主义国家，大陆法系和英美法系的国家，其检察制度也各具特点。检察制度体现了统治阶级的意志，作为一种统治工具是不能继承的，但作为文化遗产，对各国检察工作实践活动中积累的经验，是可以批判地吸收和借鉴的。一国的检察制度不可能凭空产生，我们要建立和发展具有我国特色的检察制度，当然主要应立足于本国的检察工作实践经验的基础上，在马列主义、毛泽东法学思想的指导下，进行研究和总结，但也不应忽视批判吸收历史上和外国实行检察制度的有益经验，为我所用。因此，笔者认为加强对检察制度历史和各国检察制度的比较研究，也是进行检察制度理论研究的重要部分。检察学的建立，将有利于开展这一方面的研究工作。检察制度的存废问题，在旧中国就有过争论。新中国成立以后，检察制度的存废问题，也曾发生过争论。新中国检察制度几经反复，不能说同那种主张废除检察制度的看法没有关系，而且这种思想似乎到现在还没有绝迹。应当看到，检察制度在维护法制，同违法犯罪作斗争中的作用是不容否认的。不管各国的检察制度在性质、任务上有多少不同，都是把它作为重要的法律制度加以确立的，这是历史事实，它的存在已经有几百年的历史，因此，了解和研究检察制度的产生和发展的历史，我认为对于提高对检察制度的认识也是有好处的。检察学将推动检察制度理论的发展，随着理论水平的提高，也就能从根本上解决对检察制度的认识问题。

（二）建立什么样的检察学

1. 怎样确定检察学的研究对象。法学学科的划分，主要以法律部门的划分为依据。而法律部门的划分，一般又是以所调整的社会关系不同来决定的。根据法律调整的对象不同，分为若干法律部门和法律制度，从而构成统一的法律体系。检察制度就是我国法律体系中的一种重要的法律制度，这一制度的基本内容，已为我国的法律规范所确定。我国宪法规定，人民检察院是国家的法律监督机关，行使检察权。在人民检察院组织法中，对人民检察院的性质、任务、组织和活动的基本原则，以及行使职权的程序等作出了系统、明确的规定。由于行使检察权涉及的范围较为广泛，在刑事诉讼法、民事诉讼法以及其他有关的法律中，对行使职权的原则和程序也作出了相应的规定。检察制度正是以它特有的法律监督性质和职权而区别于其他法律制度。虽出于它行使职权的广泛性，同其他一些法律部门或法律制度在某些方面发生交叉，特别是同诉讼法有密切的联系。但它仍是有自己特定的法律调整范围的重要法律制度。因此，检察学应当把检察制度作为自己的研究对象，成为一门独立研究检察制度理论与实践的科学。它不仅要对现行有关检察制度的法律规范作正确的阐述和解释，还应当研究检察制度的产生和发展的规律。对检察工作的实践活动也要进行理论概括，从而为发展和完善我国的检察制度作出应有的贡献。

2. 检察学和宪法学的关系。宪法学是研究国家制度和社会制度的基本原则的科学。它在研究国家机构的组成时，必然要有研究司法机关包括检察机关的性质及其活动原则的内容。但宪法学中对检察机关的研究，只能限于有关检察制度的一些基本原则问题，它是从宏观上对检察制度在整个国家制度中的地位、作用上进行研究，不可能对检察机关的职权及其行使职权的程序进行具体研究。因此，宪法学虽与检察学有密切联系，但宪法学中对检察制度的研究，并不能代替检察学。对检察制度进行全面的、具体的研究，只能由检察学来承担。

3. 检察学和诉讼法学，主要与刑事诉讼法学的关系。诉讼法学是研究诉讼法的原则、程序的理论与实践的科学。刑事诉讼法学是专门研究刑事诉讼法和刑事诉讼实践经验的科学。检察机关的主要任务是同刑事犯罪作斗争，因此，检察学同刑事诉讼法学更有着密切的联系。在刑事诉讼法中，检察机关是主要诉讼主体，它代表国家行使检察权，既要对犯有刑事罪的被告人提起公诉，支持公诉，执行控诉职能；又要对公安机关的侦查活动和人民法院的审判活动是否合法，执行法律监督职能。刑事诉讼法学要对检察机关在刑事诉讼中行使职权和参加诉讼活动的一些原则、程序进行研究。这些内容涉及检察机关活动的主要部分，肯定会与检察学的研究内容有交叉。但是，刑事诉讼法学研究的内容，还不是检察机关活动的全部内容。再广而言之，检察机关还将参加某些民事诉讼和行政诉讼的活动，但也不能说，诉讼法学研究的内容已包括了检察机关活动的全部内容。检察机关行使法律监督职权，主要通过诉讼活动进行，这是事实，但也还有在诉讼活动以外行使监督的内容和方式。因此，笔者认为诉讼法学对检察机关活动内容的研究，并不能代替检察学。只有检察学，才能不受其他学科研究范围的限制，担负起对检察机关活动的全部内容进行系统的研究任务。当然，如果从检察学主要涉及诉讼程序方面的内容，把它作为诉讼法学体系中的一个分支学科，还是可以研究的。

4. 检察学的研究范围。检察学即是研究检察制度理论与实践的科学，它的研究范围应当包括：

（1）研究马列著作中关于检察制度的论述。并以马列主义毛泽东思想为指导，研究我国检察制度的发展历史和现状。

（2）研究我国现行宪法和法律中有关检察制度的规定。对法律条文从立法指导思想和原则以及如何实施等给予正确的阐述和解释。

（3）研究检察工作的实践经验。从理论上阐明检察机关在行使职权过程中积累的经验，并分析解决实践中提出的问题，为正确执法和完善立法提供意见。

（4）研究古今中外的检察制度，以及各种有关检察制度理论和学说。对各国检察制度的不同特点和发展变化情况进行比较研究，以丰富和发展我国的检察学。

（三）检察学应是什么样的体系

检察学的体系，应当根据它的研究对象和范围，将各个互相联系的部分有机地联系成一个完整的体系。现在有的专著和讲义，基本上是以人民检察院组织法的结构来划分的。但法律规定的结构并不等于就是检察学的体系，检察学可以将有关检察制度的法律规定作为检察学的重要部分，但检察学应有自己的理论体系。它应当把研究我国检察制度的现行法律规范和检察工作的实践经验作为重点，还应顾及研究检察制度的历史和对外国检察制度的比较研究。因此，笔者认为检察学的体系，应包括以下几个部分的内容：

第一部分 绪 论

（一）检察学的概念

1. 检察学的研究对象和范围

2. 检察学与邻近部门法学的关系

3. 检察学的研究方法

（二）检察制度概述

1. 检察制度的起源和演变

2. 资本主义国家的检察制度

3. 旧中国的检察制度

4. 苏联、东欧国家的检察制度

5. 我国人民检察制度的历史发展

第二部分 总 论

（一）我国检察制度的指导思想

（二）我国检察机关的性质和任务

（三）法律监督的概念和要求

（四）我国检察机关的职权范围

（五）我国检察机关的基本原则

1. 独立行使检察权的原则

2. 分工负责、互相配合、互相制约的原则

3. 适用法律一律平等的原则

4. 坚持实事求是、调查研究、依靠群众的原则

第三部分 程序论

（一）行使职权程序的意义和特点

（二）经济检察的程序

（三）法纪检察的程序

（四）受理控告、申诉的程序

（五）审查批捕、审查起诉和侦查监督的程序

（六）支持公诉和对法庭的审判监督程序

（七）按上诉程序和审判监督程序提出抗诉的程序

（八）对刑事判决、裁定的执行和监所工作的监督程序

（九）对劳教机关活动的监督程序

（十）对民事审判活动的监督程序

第四部分 组织论

（一）检察机关的机构设置

（二）检察人员的职责和任务

（三）检察人员的培养、使用和考核

（四）检察委员会的组织与活动

（五）检察机关的领导原则

二、检察理论的开拓者 *
——缅怀检察战线老前辈王桂五

王桂五同志从新中国成立之初，就来到检察机关从事检察工作，前后经历四十余载。他从烽火连天的战场下来，放下枪杆子，拿起笔杆子，致力于检察事业的建设。不仅亲自参与了中央检察工作的领导决策活动，许多重要的检察报告、决议、指示文件的起草都出自他手，还参加了两个人民检察院组织法的立法工作，而且十分重视检察理论的研究，潜心研究建设中国检察制度中的理论与实践问题。他深谙马克思主义理论，结合丰富的实践经验，在检察业务和检察理论、检察制度改革以及如何正确执行法律等方面，撰写了一批著作和论文，提出了不少真知灼见，为检察理论的开拓、发展作出了重大贡献。他的一些检察理论观点，在 20 世纪 50 年代曾遭受"左"的思想的不当批判。十年动乱结束后，他最早在《人民日报》发出"政法战线也要冲破禁区"的呼声；在解放思想，实事求是精神的鼓舞下，循加强法制、依法治国的思路，他系统研究了检察理论中的一些重要问题，直至晚年，仍笔耕不止，带病坚持完成了国家社科重点研究项目《中华人民共和国检察制度研究》，其敬业和探求真理的精神令人钦佩。

近年来，在改革开放形势下，随着检察制度改革的进程，检察理论研究逐步展开，围绕中国检察制度中的一些基本问题，试图从理论上论证改革的必要性和合理性。但在如何认识和把握中国检察制度的性质、特点以及职权等问题上存在重大分歧。这里涉及一个应循什么样的理论来指导、解释中国检察制度的建设和改革问题，也提出了我们是否应当建立和如何建立

---

* 本部分内容摘自孙谦、张智辉主编：《检察论丛》（第 4 卷），法律出版社 2002 年版。

一个检察理论体系的问题。回想王老在研究有关这些问题上的一些观点和意见，笔者认为，对推动当前我国检察理论研究仍有一定的启示作用。至少可以了解老一辈检察工作者是怎么想的，这有助于打开思路，使研究走向深入。下面想就与此有关的几个问题重申一下王老的一些论述，并以此表达怀念之情。

（一）关于建立检察学问题

检察理论研究与建立检察学有密切关系。检察理论研究的深入发展，必然孕育着检察学的产生。但是，检察学能不能成为一门独立的学科，有的赞成，有的怀疑。表示怀疑的意见，主要集中在检察学有没有自己独立专门研究对象和范围，是否会和其他学科主要是宪法学、诉讼法学发生重复？在赞成建立检察学的意见中，也有的是把检察学作为诉讼法学的分支提出来的。早在 1986 年沈阳市检察学会召开的检察学理论研讨会上和以后多次的讲话和文章中，王老就建立检察学的理论根据和检察学的概念、对象、范围和体系等，系统地提出了自己的具体意见。

王老说，按传统习惯，人们是把检察理论的研究纳入诉讼法学的范围，也有人将它纳入宪法学的范围。这两个学科都只能包括检察制度的一部分内容，而不能包括它的全部内容。因而把检察制度的理论研究放在其中的任何一个学科中，都会顾此失彼，有所遗漏；如果分别放在各个学科之中，又会割裂检察理论的统一性和完整性。因此，王老认为，目前有必要把检察活动从整个法律活动中抽取出来进行深入细致的专门研究，以建立相应的理论体系。否则，把检察活动混合在其他学科之中，就很难发展理论，更谈不上有所突破和创新。他明确提出，我们如果仅从诉讼理论上研究检察制度，那就永远不能超出诉讼法学的范围，而只能在这个范围内有所增减，不仅不能产生检察学，而且存在两大问题：（1）它不能说明检察机关诉讼职能与法律监督的关系，因而不能把两者统一起来；（2）检察机关除了参加诉讼活动外，还有非诉讼活动，对于这一类也不能用诉讼理论加以说明。这样说，并不是认为在诉讼法学研究中可以不必研究检察制度，这种研究当然是非常必要和重要的，而是说这种研究只能说明局部的检察活动，不能说明全部的检察活动，也不能探索和认识检察制度的本质属性，因而对于研究检察制度来说，并不是一种彻底的、完整的理论。

王老对检察学的概念是这样表述的，检察学是研究检察制度和检察活动的专门知识及其规律性的一门科学。具体地说，就是研究检察制度的概念、类型、起源、本质、作用和前途，探索检察制度发展演变的规律和检察活动的规律。在历史上，有过封建主义的检察制度和资本主义的检察制度以及十月社会主义革命胜利后出现的社会主义的检察制度。从检察功能方面看，有作为公诉制度的检察制度，也有作为弹劾制度的检察制度，还有作为一般监督制度的检察制度。检察学的研究，既要探讨检察制度发展演变的一般规律，尤其是注重研究社会主义检察制度的特殊规律和新中国人民检察制度更加特殊的规律。我们应当从检察制度的共性与个性的联结点上探讨我国检察制度发展的规律，建设具有中国特色的社会主义检察制度的理论体系。王老认为，检察学的研究范围，应当把对现行检察制度的研究作为重点，但不能仅仅限于对现行检察院组织法和其他立法文件的解释和阐述，而必须开阔视野，研究古今中外的检察制度和检察思想，探讨我国检察制度发展的前景和未来。我们要把检察学看作一个动态概念，及时注意随着实践的发展而出现的新的研究课题，开拓新的研究领域。王老把它归结为四句话："立足现在，回溯历史，着眼于发展，面向未来。"

王老在检察理论研究中，提出了三个重要的概念，即检察制度的理论基础、基础理论和应用理论，并阐明了三者的相互关系与区别。

王老指出，各种类型的检察制度都有各自的理论基础，不过理论认识的自觉程度也有差别。封建主义的检察制度，是以封建的中央集权主义作为理论基础的；资本主义的检察制度，是以分权学说作为理论基础的；列宁领导创建的社会主义检察制度，则具有更加明确的指导思想，即法制统一的思想；我国检察制度是自觉地建立在马克思列宁主义、毛泽东思想的基础之上的。具体来说，我国检察制度的理论基础可分为三个部分：（1）坚持实事求是的科学的世界观和方法论。即马克思主义的辩证唯物主义和历史唯物主义，它是我们观察、认识和分析、解决一切问题的最基本的观点和方法。从事检察工作的实践和理论研究，也离不开这个科学世界观和方法论的指导。（2）关于人民民主专政的理论。我国人民检察制度的建设及其实施，始终是在人民民主专政理论的指导下进行的。人民民主专政的国体决定检察机关的性质和任务，基于民主集中制原则的人民代表大会制度决定检察机关在国家机构中的地位和职能。人民民主专政理论是具有中国特色的检察制度的政治理论基础，即政治学基础。（3）列宁关于法律监督的理论。这是人民检察制度的法学基础。我们是把列宁关于法律监督的理论和中国的实际相结合，坚持法制统一的原则，并有所发展，显示中国检察制度的特色。

王老进一步指出，作为理论基础，各个学科是基本相同的；作为基础理论，各个学科是不相同的。基础理论要受理论基础的指导、影响和制约。检察制度的基础理论，是关于检察制度的本质属性和检察活动的一般规律的认识和理论概括。它的研究范围应当包括以下 8 个方面：（1）关于马列主义国家学说中有关检察制度和法律监督的理论的研究；（2）关于检察制度史研究；（3）关于我国检察制度法律渊源的研究；（4）关于检察制度的本质属性和特征的研究；（5）关于检察制度在国家政治制度和法律体系中的地位、作用的研究；（6）检察活动一般规律的研究；（7）检察制度比较研究；（8）检察学和宪法学、刑法学、民法学、经济法学、行政法学、诉讼法学等相邻学科的关系的研究。

检察制度的应用理论，是指对各项检察业务理论与实践的研究，包括检察管理的研究。检察业务研究的要求：（1）要具体细密，探幽发微，回答实际中提出的问题，以利于应用；（2）要提高，着重总结实践经验，探索规律性的东西，上升为理论，以指导实践。

王老认为，检察学作为一门独立的学科，应有自己的研究领域，而不只是限于一部著作的结构体系。当然，写一部检察学教程或检察学概论一类书籍也是非常需要的，但一部著作或相类似的若干著作，可能容纳不了检察学的全部内容。检察学的体系应当反映它的研究对象和范围的内在联系。他的设想是，检察学的体系可以由以下几个方面组成：（1）理论检察学；（2）应用检察学；（3）检察管理学；（4）检察史学；（5）比较检察学。如果按二分法进行分类，检察学可分为应用检察学和理论检察学，而检察管理学可归入应用检察学；检察史学和比较检察学则可归入理论检察学。

总之，王老对有关检察学的一些论述，笔者认为对推动当前检察理论研究，特别是如何正确把握检察理论研究的方向、范围，以及采用什么方法，从那些角度进行研究，形成一门真正体现检察制度的一般规律，又符合中国实际的检察学，仍有极强的针对性和现实意义。

（二）从政治制度研究检察制度

王老的基本观点是，我国的检察制度是由人民代表大会制度决定和产生的一项法律监督制度。我们不能仅仅地或主要地把检察制度作为诉讼制度来看待，而应当从国家政治制度的更高层次上加以研究。只有把检察制度放在人民代表大会制度的整体中加以考察，才能更加清楚地了解它的实质和意义。为此，王老对人民代表大会制度下的法律监督机制作了深入研究。

他在《中华人民共和国检察制度研究》一书中，亲自撰写了"检察制度与人民代表大会制度"一章进行系统的阐述。他指出，人民代表大会制度作为我国的根本的政治制度，其优越性在于充分体现了人民民主原则，体现了人民权力的至上性和全权性。我国宪法规定，中华人民共和国的一切权力属于人民。人民行使权力的机关是全国人民代表大会和地方各级人民代表大会。全国人民代表大会是最高国家权力机关，地方各级人民代表大会是地方国家权力机关。国家立法权、行政权、审判权和检察权，都属于国家权力机关即人民代表大会。

人民代表大会实行民主集中制。宪法规定，国家行政机关、审判机关、检察机关都由人民代表大会产生，对它负责，受它监督。这体现了我国政体横向结构中的民主集中制原则。宪法规定，中央和地方的国家机构职权的划分，遵循在中央的统一领导下，充分发挥地方的主动性、积极性的原则。这体现了我国政体纵向结构中的民主集中制原则。在民主集中制原则下，国家各项权力的统一是绝对的，独立是相对的。这种绝对的统一性和相对的独立性的结合，就是民主集中制原则的表现。王老认为，为了把民主和集中正确地结合起来，必须有国家的法律监督权。法律监督是维护民主集中制的主要手段之一，实行法律监督可以维护法制的统一和政令的统一，也是民主集中制的内在要求，如果法律得不到正确实施，法制的统一就会遭到破坏，民主集中制也就不复存在。

王老指出，我国人民代表大会的法律监督机制，包括国家权力机关直接实施的法律监督和国家设置的专门法律监督机关——人民检察院的法律监督两个方面。一方面，国家权力机关的法律监督权，是立法本身的内在要求，是立法权的延伸，主要是宪法监督，监督政府机关发布的决定和命令的合宪性和合法性；监督检察院和法院是否独立行使职权，依法办案，并且解释宪法和法律，以利于法律的遵守和执行。另一方面，人民检察院实行的法律监督，就监督内容来说，属于执法和守法的监督；其监督的基本形式和手段是提起诉讼，包括刑事诉讼、民事诉讼和行政诉讼，并监督诉讼活动的合法性；同时，通过非诉讼形式纠正违法行为。另外，这两个方面监督的相互结合，形成了国家的法律监督系统。但两种监督权力不是并列的。其中，最高国家权力机关的监督属于最高层次的地位，而检察机关的法律监督，实质上是国家权力机关实行法律监督的一种间接形式，是在其隶属下的子系统。因此，两种监督是纵向的隶属关系。

王老认为，对检察机关法律监督权的性质、监督方式及其作用要作全面、恰当的认识。检察机关的法律监督对于维护法律的统一、正确实施起着重要的作用。它集中全力揭露违法犯罪现象，对各种法律的实施实行监督。同时，检察机关自身也要接受国家权力机关的监督和同有关部门实行互相制约。检察机关不具有对违法犯罪行为的处理权，而只是按照诉讼程序把案件提交到法院去审判，或者按照监督程序把问题提到国家权力机关或其他主管机关去处理。这就是说，检察机关只有程序上的权力，而没有对实质问题决定权。因此，检察工作的性质决定了检察机关不可能形成对权力的垄断和专横。在人民代表大会制度下设立这样的监督机关和监督机制，是有利而无害的。

王老还从历史上对法律监督的产生与发展进行了研究，提出法律监督这种国家职能是与国家和法律同时产生的，并且逐步从国家的一般职能中分离出来，成为一种专门的职能。但是，在相当长的历史时期内，法律监督职能是同立法职能、执法职能一样作为国家的一般职能或混合职能而存在和发挥作用的。随着社会分工的发展，国家的职能也逐渐发生分化和趋于完善，终于出现了专门的、基本上是专门的或者是兼职的法律监督机关及其职能。在资本主义国家里，检察职能并不是一种独立的、单一性质的国家职能，而是一种附属性质和混合性质的职能，还没有从其他职能中完全分离出来。法律监督从国家的一般职能中全部分离出来，成为相对独立的国家基本职能之一，而与行政职能，审判职能平行，并对之实行监督，则是在社会主义制度下实现的。王老回忆新中国成立前起草《中央人民政府组织法》时，关于检察机关的设置，曾有两种不同意见：一种意见主张检察机关直属国家权力机关，独立于行政机关和司法机关；另一种意见主张将检察机关隶属于行政机关。经过讨论，最后认为应当根据列宁的法律监督原则，在国家最高权力机关领导下，设立独立的检察机关，并且在《中央人民政府组织法》中作了规定，从而确立了检察权与行政权、司法权的分离，赋予检察机关以相对独立的地位，独立行使检察权，即法律监督权。

王老从法律监督职能的演变过程研究检察制度，拓宽了研究检察制度的空间，使我们更清楚地了解检察制度与政治制度的关系和它在国家政治体制的地位。如果仅从诉讼职能上研究，我们就只能从 13 世纪西欧的法国和英国建立检察制度为起源，却无法了解诉讼制度转变之前那段历史。而以法律监督为主线，则可以追溯到古代以来的各种"检察制度"的发展情况。据王老研究，早在公元前 9 世纪，在希腊国家就已有"监察官"的设置，法律监督是其职务的一部分。中国秦汉之际的御史制度，也已转变为负责纠察、弹劾之任的专职官吏，是治官之吏。这就是说，从封建社会、资本主义社会到社会主义社会，都有与自己的政治制度相适应的检察制度。从检察制度的功能来看，有作为弹劾制度的检察制度，有作为公诉制度的检察制度，有包含一般监督制度的检察制度。王老指出，这些不同模式的检察制度有个共同的属性，就是都有法律监督的职能。我们有如此悠久历史和丰富内容的检察制度为什么要把它舍弃呢？我们不能把研究局限于诉讼制度内，就因为这些其他模式的检察制度与诉讼制度无关而把它排除在外。我认为王老的观点是很有见地的，值得我们作深刻的思考。当然，不可否认，诉讼制度与检察制度有更密切的关系，可以说是检察制度的主要部分。我们应当研究和借鉴现代西方检察制度中的一切适合我国实际的有益经验，这是我们需要着重研究的。但对历史上出现的各种模式的检察制度，特别是我国古代的御史制度，从完善我国的法律监督职能出发，也是需要认真研究的，并吸取其合理成分，以丰富和发展我国的检察制度。

（三）检察制度的本质属性及其表现形式

检察制度的本质属性，是对各国检察制度共同点的抽象和概括的理论认识。王老对古今中外的检察制度进行历史性考察后，首先提出检察制度的本质属性是法律监督。他说，如果作横向的考察，我们很容易发现现代各国检察制度的共同点是国家公诉制度，但是如果作纵向的考察，我们就会发现情况并不是这样，而都具有法律监督的属性。

王老指出，我国在秦汉之际建立的御史制度，实际上就是我国古代的检察制度。这种制度一开始就具有法律监督的属性，并且是以监督官吏的活动为其主要任务。在西方，作为英美法系代表的英国和作为大陆法系代表的法国，它们的检察制度也具有法律监督的性质。

法国的检察官是由国王的私人代理人演化而为国家代理人，即检察官的。国王代理人出现在 12 世纪末到 13 世纪中叶，当时的代理官参加刑事诉讼并非充当原告，而是监督罚金及没收的执行（当时法国的主要刑种）。到了 15 世纪，国王代理官具有追诉职能的同时，又负起执行判决和监督法官的任务。因此，法国成为法律监督职能的发端。

英国检察机关同样也具有司法监督的职能。1879 年英国设立公诉处，依据当局对 1879 年法令的解释，公诉人的职责是由他自己或他的下属监督刑事诉讼正常进行和诉讼的合法结论。而总检察长则代表国王执行国家监督的任务。

旧俄国的检察机关从一开始就是为实施法律监督而设的。1722 年，俄皇彼得一世在元老院设置总检察长，负责领导驻在各政府机关和各级法院的检察官，其职权是监督各级官吏和地方当局是否遵守沙皇的法令，维护法制的统一，但还不具有实行公诉的职能。到 1864 年司法改革后，检察机关才具有代表国家实行公诉的权力。十月革命后，列宁在批判地继承旧俄国法律文化的基础上。创建了苏联社会主义检察制度，并行使全面的法律监督职能。

那么，检察机关的公诉职能是否也属于法律监督呢？王老说，我们的回答是肯定的。以法国检察制度的起诉为例，15世纪法国检察官参加刑事诉讼的最初阶段，并非担任公诉人职能，而是监督刑罚（罚金和没收）的执行，以充实国库的收入。这就说明检察官的监督职能先于其公诉职能产生。而公诉之缘起，则是鉴于私人起诉往往因畏惧对方权势或贪图钱财而放弃诉权，使罪犯得以逃脱法网，因而在一定情况下由公共选定适当的人担任起诉任务，或特派一定的人监督私人诉讼，逐渐演变成由检察官提起公诉的制度。由此可见，检察官的产生，又是由监督私人诉讼发展而来。15世纪以后，实行刑事追诉已成为法国检察官的主要任务，除继续保障国库的司法收入外，又代表国家保障一切公益，维护法令。当时法国还设有一种补助检察官，由其监督诉讼的开始及进行。我们不应忘记，国家公诉制度又是针对纠问式诉讼中司法专横的弊端而出现的，因而产生出监督审判活动即司法监督的职能。由此可以看出，公诉职能从其开始产生时起就是与法律监督职能密切联系，不能分割的。从公诉制度的实质来说，它是国家对公民是否遵守刑法实行监督的一种法律形式。

王老认为，从以上的考察可以得出这样的结论，古今中外各种类型的检察制度在不同的范围内和不同程序上，以不同的形式具有法律监督的性质，因而法律监督是检察制度的本质属性。检察机关提起诉讼和参与诉讼是实行法律监督的一种形式，而不是它的本质，也不是它唯一的形式。

王老通过对各种检察制度职能的产生与发展变化的研究，揭示了检察制度的本质属性，并正确阐明了法律监督职能与公诉职能的关系。这对于澄清当前在这个问题上存在的一些模糊认识是有帮助的，至少能给我们如下几点启示：（1）公诉职能与法律监督不是互相排斥的。认为法律监督会妨碍公诉职能的行使是一种误解，公诉职能本身亦是法律监督的一种形式。（2）法律监督不是社会主义检察制度特有的属性，而是为各种检察制度所共有的属性。区别只在于它的表现形式与范围有所不同。（3）公诉制度是检察制度的重要组成部分，但我们的研究不能局限于此，各国的检察制度还赋予检察机关各种不同的职能。只有站在更高的层次上，抓住法律监督的本质属性，才能更深刻地阐明各国设置检察制度的目的所在。

王老还提出坚持法律监督权的一元论观点。所谓法律监督权的一元论，有两种含义：（1）指在我国的权力结构中，即在国家权力机关的隶属下，只能有一个专门行使国家法律监督权的系统，即检察系统；（2）指检察机关的各项职能，都应当统一于法律监督，都是法律监督的一种表现形式。

就第一层含义而言，王老认为，按照我国的政治体制，法律监督权应当是一元化的，而不是多元化的。法律监督权属于国家权力机关，同时又派生出检察机关的专门法律监督。人民政协和民主党派的民主监督，不具有行使国家权力的性质，而属于民主权利的性质。人民群众对国家机关和国家工作人员的监督以及舆论监督等，这些监督都属于公民和组织的民主权利，而不是国家权力，因而也不属国家法律监督权的范围。监察、审计、工商、税务、海关所实行的监督，都是国家行政管理权的一部分，是行使行政权的一种方式，同样不属于法律监督的范围。总之，法律监督权是一种国家权力，而不是社会监督，不是公民和组织的权力；行使法律监督权的机关，按照宪法和法律规定，只能是国家权力机关和检察机关。

就第二层含义而言，王老指出，过去我们在检察制度的研究中，把检察职能区分为监督职能、侦查职能、公诉职能以及参与民事诉讼和行政诉讼的职能等，这样一来，就使检察职能成为多元化，既不符合我国宪法和法律关于人民检察院是国家的法律监督机关的规定，也缺乏理论上的彻底性。

王老认为，根据检察制度的本质属性和宪法规定，应当把各项职能统一于法律监督。正如前边已经提到的侦查（包括检察机关的侦查和公安机关的侦查）、起诉，是公诉的准备，在刑事诉讼中它属于公诉职能，因而它本身不具有独立的法律意义而是包含在公诉的法律意义之中。概括起来说，检察机关对刑事案件的侦查、起诉，是法律监督的一种形式。除此以外，检察机关参与民事诉讼和行政诉讼，是代表国家对民事诉讼和行政诉讼实行法律监督而参加的，显然也具有法律监督的意义。1979 年的人民检察院组织法从文字上删去了一般监督的条文，而代之以"对于叛国案、分裂国家案以及严重破坏国家的政策、法律、法令、政令统一实施的重大犯罪案件，行使检察权"的规定（人民检察院组织法第 5 条第（一）项）。虽然如此，这里不仅仍然贯彻了维护法制统一的思想，而且还增加了维护政令统一实施的内容，只是案件的范围缩小了，即主要是对重大犯罪案件行使检察权。由于犯罪主体是需取得党和国家主要权力的人或者是具有较高社会政治地位的人，因而对于这类案件的查处属于特殊的法纪监督的性质。根据刑事诉讼法关于刑事案件的侦查管辖分工，检察机关主要负责贪污贿赂案、渎职案和侵犯公民民主权利案的侦查，由于这些犯罪的性质属于职务犯罪或利用职务进行犯罪，而国家工作人员的职务活动就是执行法律。所以，对这类犯罪行为的侦查就是对职务犯罪的监督，这种监督属于普通法纪监督范围。王老在这里用了"法纪"一词，他的解释，这不是指法律加纪律，也不是指与党纪、政纪相对应的法纪即一般的刑事处分，而是特指规范国家工作人员职务犯罪行为的刑事法律。

鉴于当前在理论研究和实务工作中，依然存在从不同角度作出检察职能的分类，不能正确体现检察权性质的混乱现象，王老关于"法律监督一元化"的观点，无疑对于明确检察职能分类的指导思想，规范检察职能的分类，仍有实践意义。

（四）坚持检察机关是国家的法律监督机关的体制

在检察制度改革中，有人提出改变检察机关的法律监督性质，使之成为单纯的司法监督机关的观点。王老认为，如果实行这种意见，就有可能导致改变检察机关在国家体制中的地位，由隶属于国家权力机关改属司法行政机关。这是涉及到宪法原则和国家体制的重大问题。他认为，应坚持检察机关是国家的法律监督机关的现行体制不变，并结合在这个问题上的争论过程，阐明了自己的看法。

王老指出，自新中国检察机关建立以来，一直就负有法律监督的职责，并且在国家体制中处于重要地位。这种地位不仅多次为宪法和法律所肯定，而且见之于许多中央领导同志的言论之中。

早在 1949 年制定中央人民政府组织法时，对于检察机关应当隶属于国家权力机关，还是应当隶属于国家行政机关，就有过不同的意见。研究论证的结果，多数人认为还是应当遵循列宁的法律监督思想，使检察机关隶属于国家权力机关（当时为中央人民政府），才有利于检察机关履行法律监督职责。

1954 年 4 月，董必武同志在第二届全国检察工作会议的讲话中指出："检察机关的职责是维护法纪的执行"；检察机关的"发展说明国家与人民需要检察机关来维护人民民主的法制"。并且进一步强调："当国家还存在的时候，它的法纪必然存在，维护法纪的机关必然存在。"这里讲的维护法纪和法制，当然不限于司法监督，而是全面的法律监督。

1954 年 9 月通过的宪法和人民检察院组织法，对检察机关的性质、地位及其各项职权作出了全面规定。后来，在执行中对做不做一般监督工作发生过争论，但党中央的指示并不是绝对不做一般监督工作，而是"挂起来，备而待用"。

经过十年动乱，重建检察机关。1978 年叶剑英同志在五届人大一次会议上《关于修改宪法的报告》中指出："鉴于同各种违法乱纪行为作斗争的极大重要性，宪法修改草案规定设置人民检察院。国家的各级检察机关按照宪法和法律规定的范围，对国家机关、国家工作人员和公民是否遵守宪法和法律，行使检察权。"随后"七八宪法"恢复了对检察机关在国家体制中的地位和职权的规定。

但是，王老回忆在参加起草第二部人民检察院组织法时，关于检察机关的性质问题，又出现两种意见。一种意见认为，检察院是国家的检察机关；另一种意见认为，检察院是国家的法律监督机关。主张第一种意见的主要理由，是认为监督是事先的监视，而检察是事后的监督，实行法律监督容易引起他人的反感，而使自己陷于孤立等。主张第二种意见的主要理由，是认为法律监督是列宁提出的原则，结合我国的实际如果没有一个坚强的专门法律监督机关，法律的实施就没有可靠的保证。这两种意见，曾经同时提交第七次全国检察工作会议讨论，但仍未取得一致意见。当"人民检察院组织法草案"送交全国人大法制委员会审查时，彭真同志同意第二种意见，并在向五届人大二次会议作人民检察院组织法说明时指出："确定检察院的性质是国家的法律监督机关"，并且说明这是运用列宁的指导思想，"列宁在十月革命后，曾坚持检察机关的职权是维护国家法制的统一"。随后第二种意见明确写入"八二宪法"。后来王老动情地说，人民检察院组织法这一规定是完全正确的，坚持法律监督就是坚持检察机关的根本性质和职能，是设置检察机关的根本意义所在，不能再有所动摇。

王老还指出，我国实行的人民代表大会制度下的法律监督机制有别于"三权分立"制度下的互相制衡的关系。国家将行政权、审判权和检察权分别赋予行政机关、审判机关和检察机关行使，而由全国人大及其常委会兼行国家立法权。因而检察权即法律监督权同立法权、行政权、审判权一样，都是国家的基本权力。立法权是各项权力中的第一权，高于其他权力；其他权力都由立法权产生，受立法权的制约。其中，行政权是执行法律、治理国家的权力；审判权是对于各种诉讼案件和特定的非诉讼事件适用法律作出裁判的权力；检察权是监督法律统一、正确实施的权力。因此，司法监督虽然是法律监督的一部分，并且在检察监督中占有重要的地位，但就我国的政治体制和监督机制来说，却不应只限于司法监督，还应对其他执法行为的合法性实行监督。只有这样，国家各项权力的配置才能互相对应和协调，促使国家机器在法制的轨道上有序地进行运转。而在西方的"三权分立"制度下，检察权附属于行政权，只具有司法监督的职能，实质上成为行政权干涉司法权的一种形式。单纯的司法监督虽然也具有保护国家利益的作用，但偏重于在诉讼活动中保护公民个人权益，而我国实行的法律监督，除了保障公民个人合法权益外，还要保障法律在各部门、各地区的统一实施。这正是我国法律监督机制的优越性所在。

直至目前，还有一些人主张中国的检察机关应定位于司法监督机关，王老的上述观点，对如何正确认识中国检察机关的定位问题，依然是有启发性的。当然，在理论研究中允许有不同的观点，王老的理论观点也不是没有值得探讨的问题。理论要适应发展变化的现实，不能抱住过时的观点不放。但我认为，提出坚持检察机关法律监督地位的现行体制不动摇，以维护人民代表大会制度的基本架构是值得肯定的。而主张定位于"司法监督机关"论者有个重要理由，是法律监督权的含义太宽泛，作为一个机关的职权，行使不了也不现实，检察机关实际能行使的职权也就是司法监督权。笔者以为，不能以现行检察权行使的范围来确定检察机关的定位。检察机关的宪法定位与检察权的具体范围是两个既有联系又有区别的问题，不能等同。其中，检察权的范围是由检察机关的性质、地位决定的，但不能倒置过来，以检察权目前实际行使的范围来决定、改变检察机关的性质与定位；检察机关具体职权范围的确定，是要根据不同时期国家、社会的客观需要和检察机关本身的条件等多种因素来决定的，而且它会随形势的变化而发展：有些从法理上讲应属于检察权范围的职权，法律可能没有作具体规定；有些法律规定了的，检察机关也不一定作为经常工作去做。也就是说，在理论上，法律规定和实际执行之间是存在着差别的，我们不能以一个时期实际执行的职权范围来作为改变检察机关的根本体制和给检察机关重新定位的理由。

（五）改革检察机关的领导体制

新中国成立以来，我国检察机关的领导体制曾经发生过多次的变化和反复。举其大者，"五四宪法"规定实行垂直领导体制，即地方各级检察院除受上级检察院的领导，并且一律受最高人民检察院的领导外，不受本级国家权力机关的领导。"七八宪法"规定实行一重领导，一重监督的领导体制。一重领导是指检察系统上下级检察机关之间是领导关系；一重监督是指检察机关与本级国家权力机关之间是监督关系。"八二宪法"又实行双重领导的体制，即地方各级检察院受上级检察院的领导，并且一律受最高人民检察院的领导，同时又受本级国家权力机关的领导。

王老指出，实行现行的双重领导体制，上级检察院的领导显得软弱无力，不利于检察机关依法独立行使检察权。总的看来，双重领导体制弊大于利。其弊端在于：（1）不可能避免长官意志对检察工作的干涉，特别当案件涉及某个"长官"的切身利益或者涉及其亲属故旧时，往往利用职权指使或授意司法部门违法行事，或者包庇违法犯罪，或者罗织罪名，入人于罪。在这种情况下，如果检察长不服从"长官"的意志，甚至敢于对其违法行为提出异议，就必然遭到打击报复，或者以各种冠冕堂皇的借口，将检察长免职或调离，而上级检察机关对此却无能为力。（2）在人事任免上，存在着另一种不正常的现象，就是把各级检察长这一工作岗位看作安排老干部的荣誉职位，借以提高待遇，作为离休、退休前的过渡措施，而不考虑干部是否具有相应的专业知识和业务能力，以致不能胜任工作。这种情况，在双重领导体制下，是无法彻底消除的。（3）在廉政建设中，检察机关担负着查处贪污、贿赂等经济犯罪案件的任务，而这类案件多数发生在财政经济部门，其中不仅有国家工作人员个人的违法犯罪案件，而且有不少单位违法犯罪的案件。在双重领导体制下，检察机关的经费开支要受地方的制约，因而不能不影响检察权的行使。尤其甚者，有些地方的领导人从地方保护主义出发，在本地与外地的经济纠纷中，指令检察机关偏袒本地，谋取不正当的利益，以致造成检察机关违心、违法行事，或者为了迎合领导而自愿成为地方保护主义的工具等等。

王老形象地描述在双重领导体制下产生的种种弊端，虽然时间已经过去了十多年，但这种现象并没有绝迹。因此，如何从领导体制上解决这个问题，依然是值得我们认真思考的。王老认为，为了保证检察机关依法独立行使检察权，必须建立一种全国统一的、自下而上的、具有抵制和排除干扰机制的检察领导体制，这就是垂直领导体制。其中，垂直领导体制的内容包括三点：（1）业务上的垂直领导；（2）检察干部的垂直管理，主要是各级检察长的垂直管理；（3）检察事业费的垂直管理。实行垂直领导体制的好处是，可以改变双重领导体制下管人与管事相脱节的现象，把检察业务的领导权与人、财、物的管理权统一起来，以保证检察机关能够依法独立地、有效地行使检察权。

为了实行由双重领导体制过渡到垂直领导体制，王老提出三条具体建议：

1. 克服长期以来形成的"左"倾思想，不能再把垂直领导作为反对党的领导的错误观点来批判，以消除思想障碍。

2. 要改革干部管理制度。各级检察长不再由同级党委管理，而由上级检察机关和它的同级党委共同管理，以便排除地方影响和人事关系的干扰。

3. 在检察业务经费的管理制度上，要对现行的"分灶吃饭"的财政体制进行局部的改革。全国检察系统业务经费由最高人民检察院统一编造预算，在国家财政部单立户头，经财政部核准后，由最高人民检察院和财政部联系下达，以保证最低限度的业务需要。而行政经费仍可列入地方预算。

王老认为，实行垂直领导体制需要具备一定的条件。在目前条件尚不具备的情况下，可以采取过渡的办法，即暂不改变双重领导的体制，而是实行以上级检察机关的领导为主，以地方国家权力机关领导为辅的体制。这种主与辅的原则，主要表现在干部的管理制度上。从而改变现行地方各级检察院检察长的任免程序，由上级检察院取得同级党委同意后提出下级检察长候选人，由下级人大选举，再报上级人民检察院提请本级人大常委会批准任命；地方各级人民检察院的正、副检察长、检察委员会委员和检察员，在经同级人大常委会任命后，非经上级检察院的同意，不得免职或调动。从干部制度上保证检察机关依法办案，以防止和减少非法的干扰和影响。如果这种体制试行有效，基本上取得各方面的一致意见，再改行垂直领导体制。

王老还对党的领导与检察机关的领导体制的关系进行了研究。他说，由于长期以来党政不分的领导体制的影响，在不少人中形成了一种传统的、固定的观念：认为双重领导就是地方检察院一方面受上级检察院的领导，另一方面受当地同级党委的领导；而垂直领导，就是地方检察院只受上级检察院的领导，而不受同级党委的领导，并且进而推论这是全力摆脱当地党委的领导，反对当地党委的领导。这种把党的领导纳入国家领导体制的观点，虽然是相当普遍的，但都不能认为是科学的。这是因为，党的组织和国家政权组织是两个不同的组织系统，党不是国家机关，不应当也不可能把它作为国家领导体制中的"一重"。

王老进一步指出，我们国家的性质，党作为执政党所处的地位和承担的责任，决定党必须领导其他一切非党组织。党的这种领导地位，已由宪法固定下来，是不可能动摇、不可改变的。党的领导是绝对的，不论检察机关实行双重领导或者垂直领导，均应接受党的领导。但是，党的各级组织对检察机关的领导，同党对其他国家机关、人民团体的领导一样，属于党对非党组织的领导，不属于国家领导体制的范围。党不是检察机关和其他非党组织的上级机关，而是在检察机关和其他非党组织中处于领导核心的地位。这个领导核心是以党组、党委、支部的形式存在于各种非党组织之内，而不是作为非党组织的行政上的上级机关存在于非党组织之上。有些同志之所以把党委的领导作为双重领导的"一重"，正是由于把党的政治领导当作组织上的隶属关系。党的领导是方针、政策和政治思想的领导，不是行政工作和业务上具体事务的领导，不能以党代政，以党代法。党的领导是依靠党的方针、政策的正确性和党组、党委在群众中的工作以及党员的先锋模范作用影响、吸引和说明非党群众接受党的政策和主张，而不是依靠法律的和行政的强制力强迫接受党的政策和主张。在这些方面是和国家的领导显然是不同的。党的领导完整说法应当是：各级党委领导本级检察院党组，再由党组通过深入的群众工作，宣传党的政策和主张，实现党的领导作用，而不是由党直接向检察机关下达命令和指示。王老认为，我们不把党的领导与国家领导体制并列和平行为"一重"领导，这样看待问题，丝毫无损于党的领导地位和威信，而是理顺了党的领导和国家领导的相互关系。

综上所述，笔者认为，王老生前针对当时检察领导体制中存在的问题进行的研究和提出的看法，直至今日，对我们如何认识和处理改革我国检察机关的领导体制，仍然是有益的。科学研究的成果，只要能反映事物的客观规律，将永远是长青的。

三、修订《人民检察院组织法》的若干理论思考*

现行人民检察院组织法颁行已二十多年。随着法制建设的不断推进，有些规定已经不能适应现实需要，根据建设社会主义法治国家的要求，修订完善人民检察院组织法显得非常必要。笔者拟就与修订人民检察院组织法有关的几个理论问题，以及某

---

* 本部分内容刊载于《人民检察》2004 年第 12 期。

些条文的修改，结合历史的回顾谈些个人的体会与想法。

（一）检察机关定位问题

在国家政权组织中置检察机关于何种地位，是确定检察机关组织结构的前提。地位又与国家赋予它的性质、职权有关，也就是说，国家需要检察机关在国家活动中起什么作用，决定它在政权组织中的地位。

近年来，理论界出现了多种定位说，对现行宪法将检察机关定位于国家法律监督机关提出质疑，主要有"起诉机关"说和"司法监督机关"说。如果按"起诉机关"定位，取消法律监督职能，检察机关主要行使控诉职能，当好控辩双方一方当事人，设一公诉律师足矣！如果按"司法监督机关"定位，削减其他监督职能，限于在司法领域行使监督权，则组织上隶属于政府的司法行政部门或附设于法院之内即可，无须在行政、审判系统之外独立设置。这是一个涉及国家政体基本制度的问题，不能不认真对待。

笔者赞同坚持现行宪法的定位，确立检察机关为国家的法律监督机关，这可以从立法思路和实践经验两个方面作些阐述。

1. 将检察机关确定为国家的法律监督机关，立法指导思想一直是很明确的。

从新中国成立之初制定中央人民政府组织法到1954年制定新中国第一部宪法，以及"文革"结束后，制定1978年宪法，重建检察机关到制定1982年宪法都明确规定，检察机关是国家的法律监督机关。在历次宪法制定过程中都曾有提出将检察机关隶属于司法行政部门的意见，经反复讨论最终都未被采纳。

把检察机关定位于国家法律监督机关，实行与行政、审判机关相并列的"一府两院"制，而不把检察机关归属于行政机关系列，其根本原因是由我国实行人民代表大会制度决定的。人民代表大会是国家的权力机关，实行民主集中制，一切权力统一于人民代表大会，不采立法、行政、司法三权分立的体制。著名法学家董必武在主持制定中央人民政府组织法时曾作过解释："民主集中制原则的提出，正是针对旧民主主义三权分立的原则。我们的制度是议行合一的，行使国家权力的机关是各级人民代表大会和它产生的各级人民政府。"不搞三权分立，不是说不要权力的制衡与监督，"为了维护人民民主法制，保障法律的统一实施，设立专门的国家法律监督机关就是完全必要的了。"[1] 董老还在多次讲话中说道："国家和人民需要检察机关来维护人民民主法制"，"检察机关的职责就是维护法纪的执行。"[2] 由此可见，立法上把检察机关定位于国家的法律监督机关，是由社会主义国家基本制度的本质和特性决定的。确立这样一个制度完全符合加强社会主义法制，建设法治国家的需要。是维护国家法律统一、正确实施的重要制度保证，是社会主义法制体系不可或缺的组成部分。

而且，尽管过去几十年来检察机关的发展历尽艰难曲折，但是，在立法上坚持检察机关的性质始终没有改变，特别是在"文革"后重建检察机关，在确定检察机关的性质问题上发生争议时，检察机关是国家的法律监督机关没有动摇，并明文写入宪法和人民检察院组织法。

2. 中国检察机关行使法律监督权，走的是在实践中逐步发展的道路。

---

〔1〕 董必武：《董必武文选集》，人民出版社 1985 年版，第 246 页。

〔2〕 董必武：《董必武文选集》，人民出版社 1985 年版，第 350 页。

新中国建立检察机关后，宪法、人民检察院组织法规定了检察机关法律监督职能范围，但检察机关并没有完全依照法律规定的职权开展工作，或者说曾试图依照法律规定的职权全面开展工作，但因遇到种种阻力而未能实现。分析其原因，主要是宪法制定后，宣告国家进入人民民主法制建设的新时期，但当时干部中轻视法制的思想普遍存在，工作中不讲法律、视法律为"束缚手足"的异物，一切靠发动政治运动解决问题，整个社会崇尚法治的制度环境尚未形成，因此，检察机关行使法律监督职权走上了一条从实际出发，从党和人民迫切需要解决的重大违法问题入手，开展各项工作的道路。

比如，由于当时在政法工作中发生滥捕、错判的违法乱纪问题十分突出，急需运用检察机关的法律监督权加以制约。这一点可从当时中央指示和领导人讲话中反映出来，时任中央政法委书记彭真在为中央起草的加强司法工作指示中，要求各级党委加强检察机关的组织建设，"以之作为克服和防止滥捕、滥押、错判、刑讯逼供等违法乱纪行为的武器之一"。[1] 中央在批准高检院一个业务会议报告中明确指出："在宪法、人民法院组织法、人民检察院组织法和逮捕拘留条例等公布后，司法各机关关于逮捕、起诉工作，必须按照已规定的法律程序办理，不得违反。"[2] 这样，检察机关集中力量，重点办理审查批准逮捕和审查起诉工作，对侦查、审判的监督自此开始。经过检察机关审查后，全国约有 20% 的案件没有批准逮捕，有 10% 的案件没有提起公诉。正当检察机关依法行使法律监督权的工作蓬勃开展之时，却在随后开展的"反右"政治运动中受

---

〔1〕　彭真：《彭真选集》，人民出版社 1991 年版，第 239 页。
〔2〕　参见最高人民检察院研究室编：《检察制度参考资料》（一），1980 年印，第 58 页。

到挫折，审查批捕和审查起诉工作遭遇厄运，但审查批捕和审查起诉工作虽受到一些影响，仍被保留下来，而且在日后的工作中，继续得到发展，取得了对公安机关和法院实行法律监督的成功经验，形成了公、检、法三机关在办理刑事案件中分工负责、互相配合、互相制约的原则并载入宪法，也成为对诉讼活动实行监督的诉讼原则写进诉讼法。上述事实说明，检察机关行使法律监督权，只要适应实践需要，符合党和人民需要，是任何力量都否定不了的。

另一个实例是，1957 年"反右"运动后，原由检察机关承办的干部违法乱纪案件也不搞了，但是在随后开展的"大跃进"、"公社化"运动中，不少地方发生随便打人、打死人、贪污腐败等违法乱纪行为。部分检察机关在工作中发现了这个问题，由于怕犯"把专政矛头对准人民内部"的错误而不敢插手。这个问题引起中央的重视。中央立即指示："检察机关应加强同违法乱纪的斗争。"时任国家主席刘少奇在一次讲话中明确指出："法制不一定指专政方面，人民内部也要有法制。国家工作人员也要受公共章程的约束，检察机关应该同一切违法乱纪现象作斗争。"[1] 1962 年以后，检察机关陆续恢复了对国家工作人员严重违法乱纪案件的办案工作，各级检察机关增设了业务机构，一直延续到"文革"中检察机关被撤销为止。

1978 年修订宪法时，人民群众和各界人士强烈要求恢复检察机关。叶剑英同志在修改宪法报告中，把"鉴于同各种违法乱纪行为斗争的极大重要性"，作为重建检察机关的直接动因和重要理由。重建后的检察机关一直承担对国家工作人员职务犯罪的办案工作，其间行使职权范围虽随形势变化多次调整，

---

〔1〕 刘少奇：《刘少奇选集》，人民出版社 1985 年版，第 452 页。

从分设"经济检察"和"法纪检察"到成立"反贪污贿赂局"和"渎职侵权检察"两个业务部门，已成为今日检察机关行使法律监督权的重要组成部分。事实又一次说明，由检察机关办理干部违法乱纪案件，行使法律监督权，完全符合客观需要，是不能取消的。检察机关在监督国家工作人员依法行使权力，保护公民的人身、民主权利不受侵犯，健全社会主义法制中发挥的作用是不可替代的。无论是过去出现的以检察机关是专政机关，"不能把专政矛头对准人民内部"为理由，主张取消对国家工作人员违法行为的监督权，还是近年来出现的把检察机关办理职务犯罪案件归属于侦查权范围，提出应交给专门的侦查机关管辖的观点，都是与宪法对检察机关定位、定性精神相违背的，因而是不可取的。

对国家机关、国家工作人员实行法律监督，可以采取不同的方式。苏联检察机关主要采用"一般监督"的方式，主动采用审查文件、列席会议等方法进行监督。这种方式在我国检察机关建立初期也曾作过重点试验，未能取得预期效果，难以为社会所认同。后来在实践中出现了另一种方式，即办理违法乱纪案件，这是一种得到立法肯定、受群众欢迎的方式。其意义在于，它是符合中国国情的监督方式，是对国家机关、国家工作人员实行法律监督方式上的一次创新，当然，它不是唯一的，在监督方式上可以多种多样，针对不同的监督对象、监督客体，需要用适合其特点的不同监督方式。目前在这个问题上学界还有不同认识，但是，笔者认为有两点是可以肯定的：（1）立法上始终把它认定为一种监督方式。这从主持立法的中央领导同志讲话中得到证实。如彭真同志曾明确表示，由检察机关办理职务犯罪案件是基于检察机关负有对国家机关和国家工作人员监督职责考虑的，并不是作为单纯的侦查分工。[1]
(2)它在实践中经过反复，逐步得到发展壮大，说明它符合客观需要，具有存在的合理性。

通过以上历史回顾，从中得到的启示是：

1. 立法规定检察机关行使法律监督职权，既要有先进的法制理论指导，又要有实践经验为基础。如果仅根据理论推导设计，没有实践经验的验证，会给执行带来困难。对外国的经验不能简单地采取"拿来主义"，必须结合中国国情，吸收其合理成分为我所用。即使法律规定完全符合民主法制要求，如果时机、条件不成熟，就需要有一个积累经验，逐步推进的过程，不可能一蹴而就，匆忙付诸实施，一旦遇到挫折，必然导致"欲速则不达"的后果，反而不利于制度的发展与巩固。

2. 需要完善关于检察机关定位的法律规定。从近几年在检察机关定位问题上发生的争论和实践中遇到的问题看，都与现行法律对检察机关定位的含义不完整有关。宪法规定只用"人民检察院是国家的法律监督机关"一句话概括，似嫌不足。条文虽明确了检察机关的定位与性质，但缺少体现检察机关法律监督特点和监督范围等内容的具体规定。

因此，应对现行法律规定加以补充，使之与检察机关定位紧密相连的职权范围有相应的明确规定。具体建议是，拟制或扩展出一条带总则性的规定，吸收1954年宪法、1978年宪法对检察机关职权规定的内容，作如下表述："中华人民共和国人民检察院是国家的法律监督机关。对有关国家机关、国家工作人员和公民是否遵守宪法和法律行使检察权，保障法律的统一、正确实施。"

---

[1] 彭真：《彭真选集》，人民出版社1991年版，第378、385页。

（二）检察机关职权规定问题

检察机关职权是实现法律监督职能的有力手段，法律规定是否合理、完备，将直接影响检察机关在维护国家法制中作用的发挥。除现行人民检察院组织法对检察机关职权作了较为集中的规定外，在其他相关法律中也有些规定。但是，由于立法时间先后不一，各个法律对检察机关职权的要求不同，因而在职权的分类、含义、称谓等方面存在一些差异，出现了对某些相同的职权规定含义不一、相互重叠等不协调现象。以下就如何修改我国检察机关职权规定，作些理论分析，也对某些条文的修改提出意见。

1. 检察机关职能与职权的关系。职能是指检察机关应有的功能或作用，职权是指检察机关职责范围应具有的权力。检察机关职权的产生源于法律监督职能的存在，而法律监督职能是由检察机关在宪法中的定位与定性决定的。因而，检察机关职权的规定必须符合宪法确定的法律监督的要求，成为实现法律监督职能的手段。但是，检察机关应当具有哪些职权，要根据职权行使的对象、范围来确定。

检察机关在参加诉讼活动时，是以诉讼主体的身份行使职权，必须依诉讼法规定，以符合诉讼规律的方式进行，比如对刑事案件行使公诉权，对职务犯罪行使侦查权，这些权力并不冠以法律监督的名称，但它在实质上仍具有法律监督性质，是行使法律监督权的一种方式。而有的职权可以直接冠以法律监督名称，如侦查监督权、审判监督权等。当然，我们也没有必要把所有检察机关的职权都冠以法律监督的名称。这里存在法律监督权的实质与实现形式的关系问题。有人把公诉权与法律监督权对立起来，认为检察机关在诉讼中的身份是公诉人，公诉人只能行使公诉权，不能行使法律监督权。殊不知，检察机关实行法律监督职权是以不同形式进行的，既可以采诉讼形式，也可采非诉讼形式，公诉权也是诉讼中行使法律监督权的一种形式。公诉人对违法审判行为提出异议，对违法判决、裁定提出抗诉，依诉讼法规定的方式提出，也是各国诉讼法通行的规定，对于不便以公诉人身份提出的，可依对诉讼活动实行法律监督的原则，以非诉讼的方式提出。这种以非诉讼方式对诉讼违法行为的监督，是直接行使法律监督权的一种形式。而公诉人对违法审判行为提出异议，就既是一种诉讼形式，又是体现法律监督的另一种方式。从实现检察机关法律监督的要求来看，两者是一致的。因此，把公诉权排除在法律监督权之外，或者认为公诉人不能行使法律监督权的看法是不符合立法精神的。

2. 职权存在的形态。检察机关的职权从它的产生、确立、执行来看，大体可分为三种形态：

（1）检察职权的理论形态。一般以宪法对检察机关的定位定性为基点，根据国家与法的理论，结合检察实践经验，确定它应有的职权。具体来说，就是从检察机关是国家的法律监督机关出发，为实现维护国家法制统一，保障法律的正确实施，对不同的监督对象、范围进行监督时，应当具有哪些职权，从理论上设计法律监督职权，着重对职权的必要性、合理性进行论证，具有逻辑严密、结构合理，内容全面、形式规范等特点，但它有可能存在对现实性考虑不足的弱点，要转化为法定职权还需要有个验证过程。

比如说，要不要对违宪行为、行政违法行为实行监督以及如何进行监督。这些问题早有学者作过研究，提出应赋予检察机关违宪调查权、行政重大违法案件起诉权，一直未能得到重视，是值得反思的。宪法也是法律，行政法是法律的重要组成部分，作为国家的法律监督机关对它实行监督，法理上完全站得住脚，在实践中此类违法现象已非个别，而目前仍处于缺乏监督的空白状态，着手研究解决，此其时也。

（2）检察机关职权的法定形态。检察机关的职权必须由法律明文规定，检察机关才能依法行使。但有个值得研究的问题，比如，某项职权在一个较长期间未发生属于其监督范围的违法行为，或者因受检察机关主客观力量所限还无力承担，出现法律规定的职权空置现象，对此应如何看待？有种观点认为，法律只应规定实践需要并具备执行条件的职权，对不符合条件的应不予规定或将已规定的删除。笔者认为，重视法定职权的实践性和可行性是需要的，但不应作绝对化理解。如果把法律规定的职权完全局限在社会急需又具备执行条件这条线上，势必带来不良后果，即一旦发生法定范围之外的违法行为，就会处于无法可依状态，如果等到问题发展到极其严重程度才引起重视，启动立法程序，增补法律条款，赋予检察机关相应职权，就会出现一段法律真空期，检察机关只能坐视这种违法行为的存在而无能为力，这对保护人民权利，维护国家社会利益极为不利。因此，对法律规定的职权，应作较全面的规定，能基本适应在可以预见的一个较长时期内社会发展的需要，而不能局限在当前需要的范围。为此，对现行法律中一些带限制性的规定应予修改，扩大适用范围。比如说，对国家机关和国家工作人员的监督，不应再限定为违反刑法，需要追究刑事责任的案件。参照 1954 宪法规定，恢复"对于国家机关、国家工作人员和公民是否遵守法律，行使检察权"的一般性条款，以涵盖违反刑法以外的其他违法行为。并在此条之后补充规定："对于违法行为实行监督，构成犯罪的追究刑事责任。"又比如说，对检察机关参与民事、行政诉讼，不应只是参与诉讼并限定在特定的审判程序，应赋予检察机关在必要时有提起诉讼的权力。比如对于涉及国家、社会公共利益的重大行政违法行为，或重大民事违法行为，在无人提起诉讼的情况下，有权代表国家、社会公益提起诉讼，并对诉讼活动是否合法实行监督。

（3）检察机关职权的执行形态。检察机关的职权运用于实践，是检察机关职权的执行形态。检察机关的法定职权在实践中得到落实，并在执行中发展、完善。是检察机关职权最完满的形态。法律规定的职权不一定都进入执行阶段，有的法定职权是根据检察机关的基本职能确定的，可适用于较长时期，如果在一定期间没有发生此类违法行为，就不能转化为执行形态。因而处于执行形态的职权会小于法定职权。而且，进入执行的实然状态，必须有相应的执行手段、程序相配套，这是执行形态职权最显著的特征，这个问题结合下边"职权与程序的关系"作专门阐述。

3. 职权与程序的关系。职权规定解决有无权力问题，如何行使权力则由程序规定，职权必须与程序相配套，才能使职权的行使成为现实。如果有职权而无程序规定，就会使职权徒有其名，成为摆设，难以发挥实效。过去检察机关职权的法律规定就不同程度地存在忽视程序性的规定，或仅作原则性规定而缺乏操作性的问题，以致影响权力的行使，因此，此次修订检察院组织法一定要在规定职权的同时，十分重视相配套的程序规定。

（1）职权与程序应分开规定。鉴于程序规定的重要性，对程序不作专章规定，把它放在与职权一起规定，这个体例值得斟酌。由于有些程序同样具有约束力，容易与职权相混同，放在一起给人以检察机关拥有大小不等众多权力的错觉。笔者认为，应保留原人民检察院组织法把职权与程序分作两章的规定。有些程序在其他法律中已有规定的，可以只规定其他法律没有规定或不宜由其他法律规定的程序。如果受组织法体例限制，不便作过细的程序性规定，可在组织法中只作原则性规定，说明具体程序规定，由最高人民检察院另行制定实施细则。

（2）增强程序的强制力与格式的规范化。程序是客观、公正行使职权的重要形式，程序规定必须科学、规范。必须强化程序的强制力，明确规定执行对象应承担的义务和违反程序的法律后果，以防止发生执行的任意性。在提出纠正违法行为时，应采用规范的格式文书，比如《纠正违法通知书》，明确提出必须处理的要求和答复的期限，而不能仅是一般的"意见"、"建议"而已。"检察建议"也应赋予一定的强制力，但强制的方法、程序要有所区别，不能混同。否则，就失去"建议"的原意了。对于纠正侵害人身自由的违法行政强制措施，有必要考虑赋予停止执行的效力。总之，应根据违法对象不同的情况，采用具有程度不同的强制力措施，才有利于发挥检察监督的实效。

（三）检察机关依法独立行使检察权问题

现行人民检察院组织法规定："人民检察院依照法律规定独立行使检察权，不受其他行政机关、团体和个人的干涉，"这一规定并没有涉及把党的机关、国家权力机关与检察机关依法独立行使检察权的关系问题。所以作这样的规定，主要考虑检察机关要接受党的领导和国家权力机关监督的情况，而党在国家政权组织中的核心地位和国家权力机关的监督在宪法中都有明文规定，不能说这个规定有违法治原则。但这一表述，如不作正确解读，确易引起似乎党和国家权力机关不受这一原则的约束，可以任意干涉检察机关行使职权的错觉。有的学者提出应当修改这一规定，确立"检察机关独立行使检察权，只服从法律"的法治国家通行的原则。笔者的看法是，现行规定反映了中国的实际情况，原则上没有错误。主要是没有把党和国家权力机关应依法支持、保证检察机关独立行使检察权，同样不能干预属于检察职权范围内的事务的意思表达清楚，因此，在原条文的后边再增加一段："检察机关处理案件，只服从法律。"意思是，涉及具体处理个案时，有关机关可以提出意见，但最终必须由检察机关依法独立作出决定，一切以法律为准绳，决定权在检察院。

与此有联系的一个问题是，现行人民检察院组织法第 3 条规定，检察委员会在讨论重大案件和其他重大问题时，"如果检察长在重大问题上不同意多数人的决定，可以报请本级人民代表大会常务委员会决定。"问题是其中关于重大案件的处理决定应否报请人大常委决定？笔者认为案件处理属于检察院职权范围，由人大常委会作决定，有违独立行使检察权原则，原规定应予以修改。笔者赞同这样的修订意见：地方各级检察院的检察长如果在重大案件上不同意多数人的决定，应报高检院决定，不再报本级人大常委。但措辞要严密，保持前后一致。明示报请人大常委作决定的"重大问题"，不包括重大案件中的重大问题。

四、关于检察制度改革的初步研究*

检察制度的改革是我国政治体制改革和法制建设中的一个重要问题，同时又是一个新问题。检察制度改革的研究是我们

---

　* 本部分内容是国家重点科研项目《中华人民共和国检察制度研究》的阶段性成果，刊载于《中国法学》1989 年第 1 期，由王桂五、徐益初、赵登举共同撰写。

承担的国家"七五"期间法学研究选题之一《中华人民共和国检察制度研究》中的一个子项目。本书是我们在研究中取得的初步认识，已作为工作建议提供给最高人民检察院参考。现在发表出来，以供法学界同志批评指正。检察制度的改革是一个过程，对改革的认识也是一个过程，这一研究还有待继续深入。

（一）检察制度改革的目的和意义

我们国家正处在厉行改革、振兴中华的伟大时代。经济体制的改革正在深入发展，政治体制的改革也已迈开步伐。检察制度是上层建筑的一部分，属于民主和法制的范畴，它必须适应经济体制改革和政治体制改革的需要而进行必要的改革。检察制度改革的目的和意义，在于完善具有中国特色的检察制度，强化国家的法律监督职能，贯彻以法治国的方针，为发展社会主义商品经济，建设社会主义的民主政治和社会主义的精神文明，提供切实有效的法律保障。

（二）检察制度改革的客观根据和必要性

检察制度的改革，是由我国经济体制改革和政治体制改革的客观进程所决定的，是政治体制改革的一部分，是实现以法治国、建设高度的社会主义民主的需要。

1980年10月25日，邓小平同志在一次重要讲话中指出："党的领导体现在如何制定和实现党的路线、方针政策。党的工作的核心，是支持和领导人民当家作主。……党的组织不是政府，不是国家的权力机关。我们不能实行以党治国的办法。"他又说："不在这些问题上下决心进行改革，党就会同群众处在对立的位置。"邓小平同志所说的改革，就是党和国家领导制度的改革，其中的关键问题是党政分开，实行以法治国。

所谓以法治国，就是党通过领导制定和执行法律，把党的主张和政策变为国家的意志，实现对国家工作的全面领导。以法治国的重要意义，在于通过法律的权威性、稳定性和连续性，保障国家的长治久安，实现国家的现代化。为了实现以法治国，必须强化检察机关的专门法律监督职能，使检察机关真正成为法律的守护者切实保障法律的实施。在国家法律体系已逐步完备的情况下，有法不依，甚至公然破坏法制原则，已成为现阶段法制建设中的主要矛盾。在发展社会主义商品经济中，宏观控制和微观搞活都离不开法律的调整作用和保障作用，因而在一定程度上都有赖于检察制度的加强和健全。

反观我国检察制度的现状，与现实的需要极不相适应。经过三十多年来的努力，我国检察制度的建设已经取得了重大成就，尤其是1978年检察机关重建以来所取得的成就更为显著。但是由于"左"倾错误的干扰和封建主义残余的影响，我国检察制度曾经几起几落，一直处于不稳定和不健全的状态。1979年制定的现行人民检察院组织法，是一部比较好的法律，它正确地规定了检察院的性质，规定了民主集中制的组织原则，以及在适用法律上一律平等和依法独立行使检察权的活动原则，并且作出其他一些重要规定。但是这个组织法也有它的不足之处，主要表现在以下三个方面：（1）没有把列宁关于法律监督的理论贯彻到底，在确定检察机关的性质时运用了列宁的理论，规定检察机关是国家的法律监督机关；而在规定检察机关的职权时，却只局限于刑事监督的职权，事实上是像资本主义国家那样，把检察机关仅仅作为公诉机关来看待，但又没有指挥刑事侦查的权力，形成职能与性质的不协调。（2）在制定1979年人民检察院组织法时，党中央已经决定把工作重点转向社会主义现代化建设，国家已经进入了稳定的经济建设时期但是当时在检察工作上却仍然受着以阶级斗争为纲的影响，没有充分考虑如何为经济建设服务的问题。这主要表现在取消了检察机关参与民事诉讼活动的职能，在一个重要方面脱离了社会主义现代化建设的实际。（3）在制定 1979 年人民检察院组织法时，没有认真总结历史上的经验教训，进行彻底的拨乱反正，因而仍然存在着某些"左"倾思想，保留着 50 年代大批判中的某些观点。这主要表现在全盘否定一般监督，而不是采取分析的态度，吸取其中某些合理的有益的因素，完善我国检察制度；全盘否定了垂直领导原则，而没有弄清楚并不是这一原则本身不正确，而是由于我国现阶段实行这一原则的主客观条件还不具备。由于上述各种问题的存在和其他方面的原因，形成了我国现行检察制度的一些缺陷和弊端：

1. 检察职能比较单一，主要限于参与和监督刑事诉讼活动，不能充分适应发展社会主义商品经济和扩大民主生活的需要，也和检察机关的性质及其在国家机构中的地位不相适应。

2. 缺乏抵抗和排除干扰的机制，仅仅依靠检察干部秉公执法的个人素质不能有效排除各种非法干扰与阻力，因而缺乏应有的权威，不能充分保障依法独立行使检察权。

3. 管理制度尤其是干部管理制度在某些方面已经老化，缺乏民主精神和竞争机制，不能充分调动广大检察干警的积极性，因而显得活力不足。

1983 年对人民检察院组织法的修改，又增加了新的问题，特别是取消铁路运输检察院，削弱铁路运输系统中的法制，是不应有的失误。

（三）检察制度改革的指导思想

党的十三大把马列主义的普遍真理同中国的具体实际相结合，系统地深刻地阐述了社会主义初级阶段的理论，以此作为制定和执行正确路线和政策的根本依据。检察制度的改革和建设，也必须以社会主义初级阶段的理论和根据这个理论制定的基本路线作为指导思想和理论基础。

1. 检察制度的改革要遵循党的十三大提出的兴利除弊的原则。十三大指出，人民代表大会制度，共产党领导下的多党合作和政治协商制度，按照民主集中制的原则办事，是我们的特点和优势，必须予以坚持和发扬。同时指出，在政治体制改革中必须逐步健全社会主义民主，完善社会主义法制，努力克服官僚主义和封建主义的影响。这就是说，在政治体制改革中要兴利除弊，发挥优势，克服弊端。我国的人民检察制度在本质上是无比优越的，它在党的领导下，以保护人民利益（镇压反动和惩罚犯罪也是为了实现这种保护作用）为根本宗旨，在国家机构中处于重要的地位，具有广泛的权力。但是由于主观的和客观的原因，这种潜在的优越性至今未能充分发挥出来。这是造成法制不健全、民主不发展的重要原因之一。改革检察制度的目的，就是创造条件，发挥这种潜在的优越性，为十三大指出的"建设高度民主、法制完备、富有效率、充满活力的社会主义政治体制"服务，为发展社会主义商品经济服务。为此目的，要从我国处于社会主义初级阶段的国情出发，努力肃清封建主义残余对检察工作的影响。同时又不能抄袭资本主义检察制度的模式，仿效资本主义的检察体制。

2. 要正确认识发展社会主义商品经济同建设民主政治和完善法制的关系，其中包括同检察制度改革和建设的关系。专制主义是自然经济的上层建筑，民主政治是商品经济充分发展的产物。法制则以民主为其内容和基础。新中国成立以来，我国社会主义民主之所以得不到充分的发展，除了主观指导上的失误以外，在客观上归根结底是由于受了自然经济和半自然经济的限制，以及产品经济的影响。党的十三大提出了大力发展社会主义商品经济的任务。马克思说过，商品是天然的平等派。商品生产者基于平等地位的等价交换的大发展，必然会大大提高人们的权利观念和民主意识，荡涤封建主义的污垢，推进民主政治的建设，从而为健全法制和健全检察制度创造适宜的政治环境。因此，检察制度的改革必须反映社会主义商品经济的要求，促进权利观念和民主意识的发展，体现民主的制度化和法律化，以适应社会主义商品经济发展的需要。

3. 要把保护和促进生产力的发展，作为衡量检察制度改革和建设的成效的标准。党的十三大，从解决社会主义初级阶段的主要矛盾出发，决定把发展生产力作为全部工作的中心，把是否有利于生产力的发展作为检验一切工作的根本标准。因而检察制度的改革和建设，必须根据这一根本标准研究如何完善检察监督的机制，直接或间接地发挥法律和法律监督在发展生产力中的保障作用、调整作用和管理作用，并以此来衡量检察制度改革的成效。为此目的，在不放松打击刑事犯罪的同时，要把检察机关参与民事诉讼和行政诉讼的活动提到应有的位置上来。

4. 建设具有中国特色的检察制度。党的十三大号召沿着有中国特色的社会主义道路前进。我国检察制度已经形成了自己的若干特色，这包括确定检察机关是专门的法律监督机关，而不是最高监督机关；把民主集中制原则运用于检察体制，各级检察长的产生实行选举制而不是委任制，各级检察院的业务领导实行检察委员会合议制而不是实行一长制；检察机关同公安机关、人民法院办理刑事案件实行分工负责、互相配合、互相制约的原则，而不是"警检一体化"和"审判中心论"，以及把检察职务犯罪作为对国家工作人员实行法律监督的重点等。在检察制度的改革中，要进一步强化我国自己的特色。所谓中国特色就是对中国实际情况的反映，检察制度的改革和建设愈是能反映中国的实际，就愈是能够显示中国的特色。我们要学习世界各国的长处，但必须和自己的实际情况相结合，而不能生搬硬套，淡化和泯灭自己的特色。

（四）检察制度改革的总体设想

检察制度是国家关于检察机关的组织与活动的法律规定的总和，包括检察机关的设置、在国家机构中的地位、职权、行使职权的程序、领导体制、组织与活动的原则等。在此范围内，凡是有缺陷和弊端的，均应进行改革。

为了改革检察制度，首先需要明确它在国家监督系统中的重要地位和特殊功能。在国家监督系统中，居于首要地位的是国家权力机关的监督，而国家最高权力机关的监督则是最高层次的监督。全国人大及其常委会监督宪法的实施，地方各级人大及其常委会保证宪法和法律在本地区的实施，并且分别对本级国家行政机关、审判机关和检察机关实行监督。检察机关的法律监督是国家监督系统中的一个重要方面和重要层次，它既要受本级国家权力机关的领导和监督，又可以对其他部门的监督活动是否合法实行监督，并且具有不同于其他监督的特点：它是专门的法律监督，而不是附带的监督；它对所有法律的实施实行监督，以维护法制的统一，而不限于对某一部门法的监督；它是具有最大强制力的监督，直至追究违法者的刑事责任，而不过问党纪和政纪问题。检察机关作为直接隶属于国家权力机关的专门法律监督机关，它的法律监督职权直接受命于最高国家权力机关，并且是在各级国家权力机关的领导和监督下进行的。同时，各级国家权力机关在进行法律监督工作中也需要通过检察机关取得违法信息，进行调查研究工作，听取检察机关的意见和建议，以便作出相应的决定。各级国家权力机关进行法律监督的有效途径之一，就是直接通过检察机关进行某种带有倾向性的法律监督，或者是委任检察机关进行某种单项的法律监督。检察机关的法律监督实质上是国家权力机关法律监督的一种间接的形式及其隶属下的子系统。关于检察机关的专门法律监督同国家权力机关的法律监督之间的关系，需要由全国人大作出专门的规定，把宪法上的原则加以具体化和制度化。

在明确检察机关在国家监督系统中的地位和作用的基础上，我们设想检察制度改革的总体目标应当是：建设具有高度权威的检察监督系统，并且完善其运行机制，发挥它在维护民主和法制中的重要作用。如果把这个目标加以分解，那就是：

——应当与我国政治体制相适应。检察制度是政治体制不可缺少的有机组成部分，同时又保障在国家工作中贯彻法制原则，严格依法办事。

——应当是功能齐全的，而不是单一的、局部的监督职能。检察机关应当对刑法、民法、经济法以及重要行政法的实施，实行全面的监督。

——应当具有排除干扰的机制，并且要由国家的强制力加以保障，而不至于在干扰面前软弱无力，树立检察监督的高度权威。

——应当是具有活力的，表现为对违法犯罪反应的灵活性，信息反馈的及时性和准确性，工作的高效率，以及具有自我完善的机制，能够吐故纳新。

鉴于我国检察制度还处在幼年时期，在许多方面都需要从头做起，而不是单纯的改革，因此检察制度的改革应当和建设相结合，改革的步骤，应当是统一规划，循序渐进，分阶段进行。

（五）检察职能的改革和完善

检察制度是我国社会主义法制的组成部分之一，它同警察制度、司法制度、监察制度、律师制度等的关系极为密切。检察制度本身，也有它的各个方面、各个层次。因此，检察制度的改革必须从全局出发，着眼于发挥综合功能和整体效应，并且在许多方面要和有关制度的改革同步进行。

1. 通过立法程序，扩大职能范围。在参与和监督刑事诉讼活动的基础上，增加检察机关参与和监督民事诉讼和行政诉讼的职能。检察机关之所以有必要参加民事诉讼，不仅是为了运用法律手段保护商品经济的发展，保护国家和社会的利益，而且是因为在现实的民事纠纷中，由于经济管理体制还没有完全理顺，由于还存在着某种超经济的强制因素，由于还不能彻底贯彻法律面前人人平等的原则，以致有些当事人无力提起诉讼，或者不敢提起诉讼因而需要由检察院代表国家进行干预。在行政诉讼中，由于是"民告官"，双方当事人存在事实上的不平等。作为当事人一方的公民和法人，往往不敢同作为对方当事人的政府机关进行诉讼，因而检察机关更有必要参加诉讼，以保护受害者的合法权益，这是把社会主义民主加以制度化、法律化的一个重要方面。由于检察机关在民事诉讼和行政诉讼中没有自身的利害关系，是基于法律监督的职能而产生的诉讼权利，因而检察机关提起和参与诉讼仍然属于法律监督的性质。

2. 完善监督的程序，增强监督的有效性。这里所说的监督程序，主要是指侦查监督、审判监督和监所监督的法律程序。现行法律中关于监督程序的规定很不完备，只规定检察机关有权对违法行为提出纠正，而缺乏必要的保证措施。当有关机关拒不接受检察机关的意见时，法律上并没有规定进一步的解决办法，因而往往使庄严的法律监督成为无效果、无意义的行动，严重影响国家法制的威信。为了改变这种状况，需要在有关的法律中进一步调整检察机关同有关机关之间的关系，把法律监督的程序加以具体化和规范化，使之具有严格的约束力。对于违反法律程序的一方，应当使他们承担相应的法律责任，以增强法律监督的有效性。

3. 把"检察建议"加以法律化、制度化，以便更加充分地发挥纠正违法行为的作用。"检察建议"是在近年来打击刑事犯罪和经济犯罪的实践中创造的一种检察活动的形式，这就是检察机关把在工作中发现的有关部门在执行法律上的问题、制度上的漏洞，加以分析研究，向有关部门提出改进的建议，以达到堵塞漏洞、纠正违法、预防犯罪的目的，并且收到了良好的效果。但是到现在为止，"检察建议"还只是作为检察工作的非正式手段来使用，处在自发和自在的状态，没有得到国家法律的认可。为了充分发挥"检察建议"的作用，有必要加以制度化和法律化，规定它的内容、程序和效力。这种"检察建议"不仅可以发给发案单位，而且在一定情况下，可以把一些重大的违法事件包括行政部门的违法决定，提交本级国家权力机关去处理，形成具有中国特色的对行政法制的监督制度。

在这个问题上，需要解放思想，拨乱反正，重新研究50年代政治运动中对"一般监督"的批判，不是全盘否定而是有分析地吸取其中的合理因素。一般监督的理论根据是列宁关于法律监督的思想，其主要作用在于保证行政机关的决定的合法性，以维护法制的统一。在国家机关中，行政机关机构最大，人员最多，工作范围最广，经常而大量地涉及同公民和法人的权利义务关系。如果行政机关不严格执法，就谈不上健全的社会主义法制，而行政机关的违法决定事实上又不可能完全避免。检察机关如果站在行政执法活动之外，就不是名符其实的法律监督机关，而只是狭隘的诉讼机关。50年代政治运动中之所以批判一般监督，一是由于指导思想上的"左"倾错误，认为行政机关的决定是事先经过党委批准的，因而监督行政机关决定的合法性就是监督党委，以法抗党。另一个原因，是受了封建时代行政官兼理司法、行政权高于司法权的传统思想的影响，认为检察机关监督行政决定的合法性不仅是"以小制大"实行不通，而且是"以下犯上"，为传统观念所不容。这些思想显然不符合社会主义的民主原则和法制原则，因而是不正确的。党和政府也要在宪法和法律范围内进行活动，一经发现错误也要进行纠正。在一般监督被否定了三十多年之后，在检察实践中又出现了"检察建议"这种纠正违法行为的新形式，其中有些内容就属于原来一般监督的范围，而且涉及的问题比一般监督更加广泛，兼有行政监督和一般监督的性质。我们应当正视这一事实，实事求是地重新评价50年代对一般监督的批判，认真总结经验教训，有所反思和前进。这不是恢复过去的一般监督，而是实现检察机关的法律监督和国家权力机关的监督的有效结合，即检察机关应当具有对行政违法决定的调查权和建议权，而判定和撤销违法决定的权力则属于国家权力机关。检察机关在发现行政机关的违法决定时，有权利和义务向国家权力机关反映信息和提出建议，由国家权力机关进行审查和作出决定。同时也可以弥补权力机关在法律监督中缺少职能部门的缺陷，形成具有中国特色的行政法制监督制度。

4. 加强对国家工作人员职务犯罪行为的监督，建立委托侦查权。鉴于目前"吏治"不清，为政不廉，以权谋私、失职渎职等职务犯罪活动十分严重，必须从指导思想上、组织措施上、技术装备上进一步加强由检察院直接受理侦查的贪污案、渎职案和侵犯公民民主权利案的侦查工作。加强经济检察和法纪检察，并以此作为检察工作的重点和法律监督的核心内容，以防止国家干部由人民的公仆蜕变为人民的主人。但是，检察机关对于这些案件的侦查活动属于诉讼行为和法律行为，而不是"福尔摩斯"，不应当把检察机关变成"第二公安"。如果那样做，就会否定检察机关法律监督的特性。检察机关在侦查活动中应当严格遵守刑事诉讼法的规定，如果需要采取某些特殊手段时，可以委托公安机关进行。为此，需要通过立法程序调整检察机关同公安机关之间的关系，检察机关有权委托公安机关进行某些侦查活动，并在委托的范围内有业务指导权，公安机关则有接受委托和指导的义务。

是否可以把对职务犯罪案件的侦查移交给公安机关呢？这也是不妥当的。因为这一部分工作本质上属于对"官风"、"官纪"、"官邪"的监督，既不同于办理特务间谍案件，也不同于办理其他刑事案件，而是属于澄清"吏治"和司法弹劾的性质，应由检察机关直接办理，而在必要时由公安机关加以协助。

5. 调整检察机关同其他负有监督责任的机关之间的关系，健全国家的监督机制。这里所说的其他监督，主要是指国家监察机关的政纪监督，国家审计机关的财政监督，以及有关机关（工商管理局、税务局等）对执行经济法规的监督等。它们同人民检察院的法律监督既有分工，又有联系，尤其对国家行政机关和行政人员的监督已成为各种监督的结合部，需要对相互之间的关系作出法律规定，加强分工协作，形成监督网络，健全监督机制，力求避免重合和交叉，以便同各种违法乱纪行为进行有效的斗争。尤其是需要把执行和监督经济法规的工商、税务等机关的执法活动纳入检察监督的范围之内，保障其依法行使职权，纠举其中的违法犯罪行为，这是在新形势下调整和强化检察职能的一个重要方面。

（六）领导体制的改革

改革检察机关领导体制的目的，在于根据党政分开的原则，建立全国统一的、具有抗干扰机制的检察领导体制，以确保检察机关依法独立行使检察权。

按照现行法律，地方各级检察院一方面受上级检察院的领导，另一方面受同级国家权力机关的领导。但是在党政不分体制下，地方国家权力机关的领导往往徒具形式，上级检察院的领导也显得软弱无力，地方检察院实际上是受当地党委（政法委员会）的直接领导。这种情况，就造成了检察机关的实际领导体制与宪法规定的不一致，并且导致了国家机关隶属关系上的领导同党的政治领导在观念上的混淆，既削弱了国家权力机关的职权，又不利于检察机关依法独立行使检察权。检察机关领导体制的改革，首先是按照党政分开的原则，改变党对检察机关的领导方式和领导内容，使党的领导由对具体工作的领导变为方针政策的领导，由事务性的领导变为政治性的领导。具体地说，检察机关领导体制的改革主要是：

1. 改善和加强党的领导。党的领导主要是通过党中央领导制定和执行法律来实现，把党的政策和主张变为国家意志，因此切实执行法律就是体现了党的领导。在一定情况下，党还需要通过政策来实现领导，这就需要由检察机关中的党组肩负起政治领导的责任，善于通过组织工作和群众工作实现党的政策。检察机关中的党组织则发挥对领导人的监督作用和对业务工作的保证作用，以完成检察监督的任务。

2. 切实实现国家权力机关的领导作用。在党政分开后，各级人大及其常委会已不能像过去那样主要通过召开会议的方式决定问题，实行领导和监督，而有必要建立日常工作，进行经常的领导和监督。过去通过当地党委协调检察机关和同级政府及其他部门之间的关系，包括检察经费的解决等，今后则应当由同级人大常委会来进行这种协调。与此同时，各级检察院要加强向同级人大及其常委会的请示报告，主动依靠它们的领导。除一年一度的报告工作外，还应将办理重大案件的情况和当地的法制状况，做出有情况、有分析、有意见的报告，以供本级国家权力机关进行决策和实行宏观法律监督时的参考。这也是法律监督机关应尽的责任。

3. 大力加强上级检察院对下级检察院的领导。按照检察机关的性质来说，为了保证依法独立行使检察权，应当实行列宁提出的垂直领导原则，但目前的条件尚不具备。在党政分开之后，可以实行以上级检察院的领导为主，而以地方国家权力机关的领导为辅的体制。这主要体现在以下两个方面：

（1）在干部管理体制上，有必要修改地方各级检察院检察长的任命程序，改由上级检察院于取得同级党委同意后提出候选人，由下级人大选举，再报上级人民检察院提请本级人大常委会批准任命。地方各级人民检察院的正、副检察长、检察委员会委员和检察员，在经同级人大常委会任命后，非经上级检察院的同意不得免职或调动。从干部制度上保证检察机关依法办案，不受非法的干扰和影响。

（2）在检察业务经费的管理制度上，改变现在"分灶吃饭"的办法，由中央财政部单立户头，单列预算。检察机关是实现人民民主专政的重要机关，应当由中央财政保证办案所需的经费，而不应当使其工作受到地方财力的限制：钱多，多办案；钱少，少办案；无钱，不办案。这样做，势必放纵犯罪，削弱人民民主专政。现在已经有不少地方的检察院，因为缺乏经费而影响办案。因此,需要进行财政体制的局部改革,全国检察业务经费经中央财政部核准之后,由最高人民检察院和财政部联合下达,以保证最低限度的需要。

实行以上级检察院的领导为主的双重领导体制,兼顾垂直领导和双重领导两种体制的优点,在一定程度上可以减少目前存在的弊端。这是适合目前情况的,它并不排除在条件成熟时过渡到垂直领导。这些条件主要是:①实行检察官的统一考试和录用制度,干部任免不由当地决定;②全部检察经费由国家予以保证,不受当地制约;③清理"左"的思想,不再把垂直领导视为反对党的领导的"异端邪说"。

(七)领导制度和管理制度的改革

进行检察机关的领导制度和管理制度的改革,其目的在于改变某些已经过时的领导制度和管理制度,实现由经验型的领导和管理到科学化(包括正确的经验)的领导和管理的转变,以提高检察工作的活力和功能。

1. 实行检察委员会合议制与检察长负责制相结合的制度,也就是在业务上实行合议制,在行政工作上实行检察长负责制。新中国检察机关建立以来就有检察委员会的设置,但各个时期的立法对检察委员会与检察长的关系的规定却不尽一致:新中国成立初期检察署组织条例规定检察委员会议以检察长为主席,委员会议意见不一致时取决于检察长;1954年人民检察院组织法规定检察长领导检察委员会,同时把委员会作为合议组织(刘少奇关于宪法草案的报告);1979年人民检察院组织法规定检察长主持检察委员会,委员会意见不一致时实行少数服从多数的原则。一般认为,这是由不完全的民主集中制逐步发展到完全民主集中制。现在,在行政机关实行首长负责制、工厂企业实行厂长(经理)负责制的情况下,检察机关应当实行什么样的领导制度，是继续实行合议制，还是改行检察长负责制？这需要总结以往的经验，并根据检察工作的性质加以确定。检察机关作为国家法律监督机关，它的工作分为两种：一种是以办理案件为中心的业务工作；一种是检察行政工作。在业务工作上，包括办理案件、适用法律的解释等，宜于适用合议制，以保证准确有效地执行法律；在行政工作上，可以实行检察长负责制，以提高工作效率。我国宪法和法律一向是把检察权赋予检察机关，而不是赋予检察长个人。因而在业务上实行合议制更加符合立法精神和民主集中制的原则。检察长和检察委员会的关系，仍按现行法律规定执行：检察长不同意委员会中多数人的意见时，请示本级人大常委会决定。检察长对内领导全院的工作，对外代表检察院。

在检察机关内建立检察委员会，作为实行民主集中制的一种形式，这是我国的创造，也是我国检察制度的一个特色。苏联和东欧社会主义国家原来都是实行并且十分强调检察长负责制，但从 50 年代末开始，他们都先后建立了检察委员会（又译为院务委员会），讨论决定方针政策、干部管理等重大问题。这可以看作我国检察制度在国际上的影响，也是他们在长期实践中感到检察长负责制的弊端而进行的改革。我们要发扬自己固有的优点，而避免重走外国已走过的老路。

2. 运用现代管理科学的理论和方法，改革业务管理制度。这包括：建立由法律专家组成的咨询机构（具有实质性工作内容的机构，而不是荣誉机构），开展软科学的研究，帮助领导层作出正确的决策；建立信息处理机构，广辟信息来源，提高信息处理和信息转化的能力；按照统一、效能和节约的原则，改善和加强指挥系统，提高领导和管理的水平。

3. 改革人事管理制度。研究和制定检察官法，规定检察官的资格、员额、等级、任期、任免程序、考试、考核、奖惩、晋升，以及法律保障等。检察官应该有严格的、高标准的资格要求，包括道德品质、文化程度、专业知识和工作经历等。非有专业知识，并经考试合格的人，不能担任检察官；非有一定检察工龄，并经考试合格的人，不能担任高级的检察官。通过统一的考试制度和录用制度，制止目前大量非专业人员涌进检察机关的现象。检察官的名额应当根据实际需要有法定的限制，改变目前把担任检察官看作政治待遇、互相攀比、平均主义、任用偏多偏滥的现象。建立严格的考核制度，以德才标准和工作实绩作为奖惩和升降的标准，反对任人唯亲。对于领导人员和工作人员，分别实行任期制和常任制，以保持干部的稳定。检察官在任期内，非因犯有严重错误或因健康状况而不能继续工作者，不得免职或调动，保障其依法行使检察权。建立职务分类，把从事执法办案的检察官和从事检察行政管理工作的检察行政官加以区别，所有检察官都必须执法办案。把民主制度和竞争机制引进人事管理工作中来，让群众在人事问题上有更多的发言权，民主推荐干部，评议、监督干部，选举和罢免干部。通过竞争，奖励先进，激励后进，拉开档次，改变"吃大锅饭"的现象，调动广大检察干警的积极性。

（八）组织机构的改革

健全检察机构，是实现法律监督任务的组织保证。随着检察业务的发展，需要进一步改革和完善检察机构。

1. 根据业务分工科学化和规范化的要求，调整和增设内部业务机构。其中主要是：（1）鉴于"刑事检察"的概念不够确切，外延过宽，可以分为侦查监督和审判监督，并分设机构。（2）鉴于法纪检察和经济检察的名称已经沿用成习，并得到党和国家的认可，不宜再作改变。但其工作范围应只限于侦查阶段，侦查终结后由审判监督部门审查起诉，以建立检察机关内部的制约机制。（3）鉴于监所检察的名称不能充分表达其工作内容，可以改为监管改造监督或劳改、劳教监督。（4）随着检察机关对民事诉讼活动和行政诉讼活动监督工作的展开，增设相应的机构。

2. 加强基层检察机构的建设。随着农村商品经济的发展，民事案件大量增加，这些案件又大部分归人民法庭审理。因此，在检察机关参加民事诉讼后，需要设置相应基层机构，以监督民事诉讼活动。同时，可以及时检察纠正某些基层干部非法拘捕、搜查、没收、罚款等违法乱纪行为，保护公民合法权益。基层机构的设置，应当根据工作需要从严掌握，重点设立。各地设立在经济部门和厂矿企业中的检察机构，由于受本单位的领导和供给，没有独立行使检察权的保证，以撤销为宜。

3. 关于专门检察院的设置。应当恢复全国铁路运输检察院，并扩大军事检察院的设置范围至师一级或集团军一级。今后对专门检察院的设置应当经过充分论证，设立之后不再轻易变动，以免造成不良影响。

（九）改变手工业的工作方式，加速检察工作的现代化建设

当前检察机关的工作方式，基本上仍然是自然经济和半自然经济基础上形成和沿袭下来的手工业工作方式，表现为手抄笔录，设备落后，效率很低，远远不能适应新的形势对检察工作的要求和同违法犯罪作斗争的需要，必须加强现代化的建设。这包括办公的现代化，交通和通信设备的现代化，信息处理技术的现代化，侦查技术设备的现代化等等。其中许多方面，又涉及电脑技术的研制和应用，需要从长远考虑，急起直追，迎头赶上。

（十）打破封闭状态，实行对内开放和对外开放

我国检察工作长期处于自我封闭状态，很少和外界接触，限制了眼界，影响了检察工作的发展，特别是影响了检察理论的研究。近年来，在党的开放政策的指导下，情况有了一些改变，但仍然非常不够，尤其是对内开放不够，需要进一步加强。检察工作的开放应当是全方位的：

1. 要对下开放。广大检察干警的民主意识日益增强，十分关心检察工作的改革和建设，要求和领导对话，参与对重大问题的决策。应当珍惜群众的这种热情和积极性，广开对话渠道，必要时召开各级检察人员代表会议，就重大问题作出决议。

2. 要对群众开放。采取各种形式吸收群众参加检察工作，听取群众的批评建议，接受群众监督，并就某些群众所关心的案件和问题同有关群众进行对话，取得群众的理解、信任和支持。

3. 要对舆论界开放。加强检察工作的宣传和报道，举行记者招待会发布检察信息，把法律监督和舆论监督结合起来，以便更加有效地同违法犯罪行为进行斗争。

4. 要对法学界开放。采取多种形式，把实际工作和理论工作结合起来，开展检察理论的研究，为建立有中国特色的检察学而共同努力。

5. 要对外开放，发展国际交往。采取派出去、请进来的方法，学习世界各国检察制度的优点，弥补自己的不足。同时向国外介绍我国检察工作的成就、特色和经验，借以扩大国际影响。

（十一）改善法制环境，以利于检察制度的顺利运行

检察制度的健全有赖于检察机制的改革，而检察制度的顺利运行则有赖于整个法制环境的改善。在革命和战争环境中，

不可能建设完备的法制，因而也不可能有健全的检察制度。在人为地频繁发动的政治运动特别是政治动乱中，更是把法制破坏殆尽。党的十一届三中全会以来，法制建设大大加强，法制环境逐步改善，但是仍然存在不少问题。良好的法制环境，表现为国家的法律能够得到顺利的实施，公民奉公守法，公民的人格、自由和权利得到充分保障，执法机关的活动能够比较顺利地进行，各种违法犯罪行为都能够受到法律的追究和处罚。检察机关执法的状况如何是构成法制环境的因素之一，同时又要受法制环境中其他因素的影响和制约。而整个法制环境的改善，需要全党和全社会的共同努力。其中主要的是：

1. 依靠党和国家的领导，切实克服以言代法、以权乱法的现象。对于非法干扰执法活动的人，党和国家要有严格的约束和制裁的措施。任何干部包括各级党政领导人在内，都不得利用职权干涉有关自己亲友的案件，违者分别给以党纪或法律处分。

2. 强化群众的民主意识和权利观念，克服"怕官"的心理，为了捍卫自己的公民权利，敢于抵制和揭露各种违法乱纪的行为。把检察机关对公民权利的法律保护和广大群众的自我保护结合起来，扩大和加强检察工作的群众基础。

3. 检察机关和其他政法机关要克服"左"的习惯势力和运动遗风的影响，做到严格执法和文明执法，不再用运动的方式办案，以防止政法部门自己恶化法制环境。

4. 依靠舆论监督的支持，批评和鞭挞各种特权思想和违法乱纪行为。

5. 提高人们对检察机关法律地位的认识，增强检察监督的权威性。新中国成立以来，在国家体制上检察机关就是直接隶属于国家权力机关，而和同级政府、人民法院处于平行地位。

但是由于历史的和现实的各种原因，人们总是把它看作同级政府的下属部门，这也是轻视法制的一种表现。一定的权威，总是和一定的政治法律地位相联系的。为了增强检察监督的权威性，必须改变人们的传统观念，并且根据法律规定相应地提高检察干部的任职资格，作为组织保证。

（十二）加强检察理论研究，以指导检察制度的改革和建设

党的十三大要求我国马克思主义者开拓新视野，发展新观念，进入新境界，并且为我们做出了典范。十三大深刻地、系统地阐述了社会主义初级阶段的理论，发展了马克思主义科学社会主义学说。十三大提出民主和专政的各个环节，都应当做到有法可依、有法必依、执法必严、违法必究。这就表明无产阶级专政的实施必须遵守法律，严格依法办事，从而澄清了关于无产阶级专政是否受任何法律限制的政权的疑议，为克服专政问题上的"左"倾思想提供了理论依据。轻视理论，局限于固有的经验，这是以往检察工作中存在盲目性，出现曲折和反复的一个重要原因。检察制度的改革，首先要有理论上的突破。为此目的，要根据上层建筑必须适应经济基础的历史唯物主义原理，研究社会主义初级阶段检察制度改革和建设的理论问题和实际问题，总结检察工作的历史经验和现实经验，从中找出规律性的东西，指导检察工作的实践。开展检察管理学的研究，大力培养专门的管理人才，提高管理水平。加强检察制度史和各国检察制度的比较研究，借鉴古人的和外域的经验，建设具有中国特色的检察理论体系——检察学。

解放思想，更新观念，是发展检察理论研究的关键，也是改革检察制度的前提。思想僵化，观念陈旧，墨守成规、故步自封，就不可能有所前进，有所发展，有所创新。由于长期受"左"的思想和封闭状态的禁锢，有许多已经过时的或者落后

的观念需要加以改变和更新。其中主要是：

要改变长期沿袭下来的革命和战争时期的观念，树立和平经济建设和政治建设时期的观念；

要改变以阶级斗争为纲的观念，树立以发展生产力为中心的观念；

要改变重专政、轻民主的片面专政观念，树立马列主义的科学的无产阶级专政观念；

要改变轻视人格和人权的封建专制主义法律观念，树立以人民民主为核心内容的社会主义法律观念；

要改变重刑事、轻民事的观念，树立全面的法律监督观念；

要改变封闭的观念，树立开放的观念。

五、司法公正

（一）检察官溯源探*

历史上，检察官的设置始于哪一年代？目前国内通行的说法，是起源于法国封建社会末期。而对于设置检察官的具体年代的说法还不很一致。有的说，法王腓力普四世（公元 1285～1314 年）在位时，设置了检察官。[1] 有的说，腓力普四世时，设置的是具有政府公诉人身份的"国王的律师和代理人"，到了 17 世纪路易十四时，才正式定名为检察官。[2] 但是，对于 13 世纪以后在诉讼中有了代表国家行使起诉职权的专职官吏的看法是一致的。其实，负有公诉职能的国王代理人与检察官的职权并无本质区别。

检察官产生的原因，学者们作过多方面的分析。从社会经

---

* 本部分内容刊载于《人民检察》1995 年第 4 期。

〔1〕　金明焕主编：《比较检察制度概论》，中国检察出版社 1991 年版，第 17 页。

〔2〕　王桂五主编：《中华人民共和国检察制度研究》，法律出版社 1991 年版，第 5 页。

济的发展来看，13 世纪的法国，随着商品经济的发展，封建割据状态不能适应经济发展的需要，经济的发展在客观上要求加强中央集权，削弱封建领主的司法权力。国家设置国王代理人（后为检察官），参与有关国王利益的民、刑事案件诉讼，借以强化国王的最高权力和维护司法的统一，以利于经济的发展。从诉讼制度的发展来看，随着社会政治制度的发展，为了有效保障社会秩序，对犯罪的追究方式，已由私人追诉逐渐为国家追诉所代替，诉讼方式也由控告式改为纠问式。这种纠问式存在控诉与审判不分的弊病，集侦查与审判于一身的法官不利于审判的公正。诉讼实践要求实行侦查与审判的分离，因而，专司公诉职权并对审判实行监督的检察官应运而生。根据这一理论推断，在实行纠问式的封建社会以及在此之前实行控告式，主要实行私诉的奴隶社会，没有产生检察官的客观条件，因而不可能有检察官。

最近，笔者重读孟德斯鸠《论法的精神》一书，孟德斯鸠在论述政治体制与司法制度的关系时，引用了一些历史资料，其中提到在古代罗马已有检察官的产生。这就突破了过去认为检察官最早产生于 13 世纪以后的法国的结论。看来对检察官产生的原因和条件还需要作新的探究，根据历史事实作出新的认识。

因笔者手头缺乏必要的系统的历史资料，目前还很难立即对这个问题作出明确的结论。且先将孟德斯鸠关于古代检察官产生的有关论述转录于后，供对此有兴趣的读者作进一步的探寻和研究。

孟德斯鸠回顾了古罗马帝国崩溃、建立罗马共和国后，在政体上出现立法、行政、司法权的划分所发生的变化时说："人民解散了执政府而代之以几个官职。他们设立裁判官，给他们审判私讼案件的权力；他们任命了检察官以便对公罪提出审判；他们设立了市政官，掌理民政；他们设立了财政官，以管理公共财务；他们设立了监察官，给以原属执政官们规定有关公民风尚事项及国家各个不同团体的临时体制的立法权。这样，执政官们的主要特权就剩下主持人民大会，召开元老会议和统辖军队了。"在具体讲到罗马政府中司法权的分配时，又说："瓦烈利法清除了罗马政府中一切和希腊英雄时代的君王们的政府有关联的制度残余。执政官们已不再具有惩罚犯罪的权力了。虽然一切犯罪都是'公'的性质，但是必须把那些对公民彼此间的利害关系较大的犯罪和那些在国家与公民的关系上对国家利害关系较大的犯罪，区别开来。前一种犯罪叫作'私罪'，后一种犯罪叫作'公罪'。公罪由人民亲自审判；如果是私罪，则人民对每一个案件特别任命一个检察官，进行追诉。人民经常从官吏中选派这个检察官，但有时也选派平民来担任。这种检察官即所谓公罪检察官。十二铜表法提到过这种检察官。"这里需要说明的是，瓦烈利法中的"人民"，有特定的含义，它与平民、公民的含义不同，是指元老院议员、贵族和平民。

关于检察官的任命及其职权的划分，孟德斯鸠说："检察官任命所谓主任法官；主任法官则依抽签方式选定其他法官，组织法庭，主持审判。在这里最好也指出元老院如何参加检察官的任命事项，这样，人们可以看见在这种事情上各方权力如何得到平衡。有时候元老院任命一个独裁官，执行检察官的职务；有时候元老院命令由护民官召集人民开会任命检察官；有时候人民委派一个官吏向元老院作关于某一罪行的报告，并要求元老院任命一个检察官，这在狄特·李维的著作中路西乌斯·斯基比欧的审判案里可以看到。"〔1〕 从上述孟德斯鸠的论述中，是否可以得到如下几点启示：

1. 关于检察官产生的年代。在古代奴隶制社会的罗马共和国已有检察官的设置。时间应在公元前 5 世纪前后。其根据是，孟德斯鸠说《十二铜表法》中已提到检察官。《十二铜表法》颁布于公元前 449 年。《十二铜表法》是罗马第一部成文法，由于原文未能保存下来，其主要内容散见于古典作家的著作之中。《十二铜表法》对检察官的职权究竟是如何规定的，现我国翻译的有关资料中，均未提及此事，故无从查考。孟德斯鸠是根据旁波尼乌的《法律起源》一书转述的，该书无中译本，亦无法找到。因此，这个问题还有待于收集资料加以核实并作进一步的论证。

2. 检察官的产生与政制的变化，特别是与行政权、司法权的划分有关。罗马帝国的执政官的权力很大，统揽行政、司法大权。罗马共和国建立，司法权从行政权中分离出来，设立裁判官审判案件；任命检察官专门对有关危害国家利益和其他重大犯罪进行追诉，提出审判。可见，检察官的产生同国家权力的分工和制衡有关。检察官对从法律上维护国家利益和保障司法权的正确行使有重大作用。

3. 检察官的职权。罗马共和国时期的检察官被称为公罪检察官。所谓"公罪"，原文 Parricide，指的是杀父、杀亲人、杀所谓有"神圣"身份的人，以及叛国等重大罪行。对公罪和私罪的区分，并不是完全以侵害个人权益或者侵害公共权益、国家利益为界限。"公民彼此间的利害关系较大的犯罪"，虽称

---

〔1〕 以上引自［法］孟德斯鸠：《论法的精神》，张雁深译，商务印书馆 1986 年版，第 173、181 页。

为"私罪",仍由检察官进行追诉。检察官的主要职权是对犯罪进行追诉,向法庭提出审判。按照孟德斯鸠的说法:"他(指检察官)必须长期在我们神圣的法庭服务,应在本法庭进行检举、追诉和辩论。"由此说明,检察官与法官的分立,古已有之。元老院参加对检察官的任命,是元老院参与司法权的体现,同时也说明,检察官的权力属于司法权力。在某种情况下,检察官还有权任命"主任法官",罗马共和国提供了实例。

孟德斯鸠在《论法的精神》一书中还多处提到古代检察官的产生问题。他在论述《法国民法的起源和变革》一章里,提到法国古代亦有公诉人制度。当时的法律民刑事不分,公诉人也负责对犯罪的起诉。他还说:"我在麻瑶嘉王詹姆斯二世的法律看到它设立了国王检察官的职位;他的职务和我们的今天的检察官一样。可以看到,这种检察官是在我们审判形式发生改变之后才产生的。"由于资料不全,这里只能作为一种研究的线索提出来,以待今后作进一步的研究。

(二)司法公正与检察官*

我国检察机关在司法体制中处于极为重要的地位,检察官如何做到公正司法,为人们所关注。笔者拟就此问题,着重以专题的形式从检察官定位与职权、检察官的素质、检察官的义务和权利保障等几个方面进行探讨。

专题一:检察官定位与职权

检察官是依法行使国家检察权的司法人员,是在国家机构中居于重要地位的司法官员。检察官的职称已经为我国检察官法所确定。该法第2条规定:"检察官是依法行使国家检察权的检察人员。"检察人员的含义较广,在检察机关从事检察工作的人员都可称为检察人员,包括书记员和其他担任专业技术

---

* 本部分内容刊载于《法学研究》2000年第6期。

的人员。检察官则有特定的含义，仅限于有权行使检察权的人员。根据检察官法第 2 条规定，它专指："最高人民检察院、地方各级人民检察院和军事检察院等专门人民检察院的检察长、副检察长、检察委员会委员、检察员和助理检察员。"检察官与检察员不同。检察员是经有权机关批准任命的职务，是检察官的一种。检察官既是一种职务，又有衔级之分。根据检察官法第 19 条规定，检察官的级别分为十二级。最高人民检察院检察长为首席大检察官，二至十二级检察官分为大检察官、高级检察官、检察官。检察官在各级检察院根据级别高低担任相应的检察职务。检察官是多数国家通用的称谓，行使国家检察权或执行公诉职能的人员统称检察官。但由于各国司法体制不同，检察官的性质、地位和职权也有所差异。

检察官是司法官员还是行政官员，各国有不同的认识和对待。概括而言，基本上有三种观点：

（1）检察官是行政官员。检察机关在国家机构中属政府行政组织系统，有些国家的检察机关不单独设置而附属在法院内，但归司法行政部门领导。检察官员虽参与司法活动，有一定的独立行使司法权的权力，有的国家被称为"站着的法官"，但检察长要接受司法部首长的指示，检察官要受司法部的监督。因此，检察官仍属行政官员。日本有的学者认为："检察权不同于司法权，而被视为行使刑罚权的一种行政作用。因此，检察权属于行政权，检察官也不属于司法官员。"[1]

（2）检察官是准司法官员。检察机关在国家机构中虽属政府行政组织系统，但它与行政组织是分开的，单独设置，不完

---

〔1〕〔日〕兼子一、竹下守夫：《审判法》，有装阁 1988 年版，第 295 页，转引自龚刃韧：《现代日本司法透视》，世界知识出版社 1991 年版，第 169 页。

全按行政组织对待，检察官亦不以一般的公务员对待。检察机关虽仍受司法行政部门的监督，检察长要接受司法部门首长的指示，但检察官在司法活动中，有独立行使职权的权力。因此，检察官可视为司法官员。以日本为例，第二次世界大战后，检察制度受到美国法的影响，把原来附设在法院内的"检审局"，从各级法院分离和独立出来，与法院组织相对应自上而下建立"检察厅"，直接归法务省统辖，检察厅成为行政组织的一部分。但后来在检察机关的性质问题上发生了争论。有一种观点认为，检察厅在本质上不同于一般的行政组织。立法上肯定了这种观点，于1983年修改了部分国家行政组织法的法律，规定行政组织中可设置不同于一般行政机关的"特别机关"。检察厅被明确是"特别机关"之一。把检察厅作为"特别机关"的原因，据曾任日本检事总长的伊藤荣树说："是考虑到这是与司法权是独立于行政权之外的问题相关联的，检察厅也要求有独立于法务省和法务大臣之外的强烈的独立性。"[1] 法律并对法务大臣对检察事务指挥监督权加以限制。法律规定法务大臣可以对检察官进行一般性的指挥监督，但对于每一个案件的调查或处分，只能对检事总长进行指挥。也就是说，法务大臣不能直接对检察官办理的案件进行指挥。因此，有些日本学者认为："检察厅一直被认为是行使准司法权的独立的中立的机关。"[2] 我国有的学者亦认为："日本检察官虽属国家行政官员系列，但又不同于其他一般行政官员，而具有司法官的种种特征。"[3]

---

〔1〕〔日〕伊藤荣树：《日本检察厅法逐条解释》（中译本），中国检察出版社1990年版，第7页。

〔2〕龚刃韧：《现代日本司法透视》，世界知识出版社1991年版，第199页。

〔3〕金明焕主编：《比较检察制度概论》，中国检察出版社1991年版，第341页。

　　以上两种观点，主要是针对西方资本主义国家的检察体制情况提出来的。总体上说，无论是大陆法系国家的检察制度，还是英美法系的检察制度，检察组织虽有单独设置与附属于法院之分，但都是行政组织的一部分，要受司法行政部门的管理和监督。又由于检察机关的主要职责是参加司法活动，依司法原则、程序行使权力，行使职权需要有一定的独立性，这就使检察权具有司法权的性质。虽各国赋予检察权的独立性的程度上有差别，但都有一定的独立行使职权的权力上是一致的。这就有别于行政权，接近于司法权。又由于检察权还要受到行政权的牵制，因此，又是不完全的司法权。这一复杂的情况，就使在确定检察官是行政官员还是司法官员的问题发生了困难。单从组织系统和领导关系来说，把检察官定位于行政官员是有一定根据和道理的。而从检察职权的性质和实际作用来说，把检察官定位于司法官员，同样也是有根据的，没有充分的理由可以否定。因此，在这个问题上存在争议也是很自然的。从各国的现实情况看，也许说检察官具有行政和司法双重特点更符合实际些。但笔者认为，强调检察官的司法公正与检察司法性质，更有利于实现司法公正。

　　（3）检察官是司法官员。这种观点主要是针对一些社会主义国家的检察制度提出来的。这些国家的检察机关已完全从行政组织系统中分离出来，在国家体制上与行政机关处于平行的地位，同属于国家权力机关。检察机关独立行使职权，行政机关无权干涉。检察机关与行政机关已无组织上的联系，行政权力不能从组织上对其进行牵制。检察机关依法成为行使司法权的机关，因而检察官是司法官员顺理成章，也是不争的事实。以我国为例，检察机关和国家行政机关都由人民代表大会产生，分别向人民代表大会负责，受其监督。两者在组织上已无隶属关系。宪法明文规定，人民检察院依照法律规定独立行使检察权，不受行政机关的干涉。如果再说它是行政机关的一部分，检察官是行政官员，既无事实根据，亦缺乏法律依据。宪法明确规定，人民检察院是国家的法律监督机关，依法独立行使法律监督权。检察机关全面参与刑事、民事、行政诉讼活动，检察官依照司法原则和司法程序履行司法职能，发挥法律监督的作用。可见，把检察官定位于司法官员，既有法律根据，也是符合客观事实的。

我国的检察官，检察官法将其规定为："检察官是依法行使检察权的检察人员。"这一定义没有明确体现检察官的性质和地位。"检察官是……检察人员"，似乎有点像同义语的反复。需要突出检察官的司法性质，或者说检察官在参与司法活动中，明确其是司法官员，而不是行政官员，这对于保障实现司法公正是有意义的。根据我国的司法体制，检察机关亦是司法机关之一，不是唯有法院才是司法部门；检察官亦是司法官员，检察权与审判权都具有司法性质，两者是互相配合和制约的关系。这一体制上的特点和它所形成的法律关系，不仅不会损害司法公正，恰恰相反，发挥检察权对审判权的制衡与监督作用，更有利于保证司法公正的实现。多年来司法实践的经验，已经雄辩地证明了这一点。

当然，还要注意到另外一方面的情况，我国司法体制上的一些特点并没有为人们所完全理解和认同。传统的观念和习惯的力量还在不断影响着对检察机关性质和地位的把握。对检察权的内容和范围，尤其对法律赋予其法律监督权的必要性、合理性还存在着不同的认识。这些都还有待于从理论和实践上作进一步研究。今天，我们只能根据现行的法律规定来研究检察官的地位和职权以及如何在实现司法公正中发挥它的作用。

　　为了实现司法公正，根据检察官在司法活动中所处的地位和享有的职权，应着重解决以下三个问题：一是坚持检察官的独立地位，依法独立行使检察权，排除一切非法的干扰；二是保持秉公执法的地位，正确认识和处理法律监督与进行公诉等职能的关系；三是实行检察一体原则与检察官独立负责相结合，正确处理集体领导与检察官责任制的关系。具体而言：

　　（1）关于坚持检察官的独立地位。检察官负有同社会上违法犯罪现象作斗争的职责，对违法者必须依法追究其法律责任。由于违法现象错综复杂，有些违法者利用权势和其他手段千方百计进行对抗，发现违法、处理违法是一场严重的斗争，因此，必须赋予检察官有独立行使职权的权力，才能排除这些障碍，使这一司法活动得以顺利进行。过去发生的许多事实已反复证明了这一点。为此，我国宪法和法律作了明确规定，检察机关与审判机关一样，都享有独立行使职权的权力。这就为检察官依法履行其职责提供了可靠的法律保障。我国的检察机关在体制上已与行政机关分开，从组织关系上杜绝了进行干涉的可能，使我国检察机关独立行使职权具备了更有利的条件。但是，法律规定和体制上的改变，并不是说检察官就能够毫无障碍地行使职权。在实践中依然存在着不少非法干扰检察官执法的现象。只有进一步解决这些实际问题，使法律规定得到贯彻执行，才能说检察官公正执法真正有了保障。综观现实情况，需要重视解决以下三个方面的问题：①独立行使检察权与党的领导的问题。中国共产党是执政党，国家机关必须在党的领导下进行工作。这一基本原则已为我国宪法所确立。但在新的形势下必须改善党的领导，实行党司分开。党亦必须遵守宪法和法律，在宪法和法律的范围内活动，必须保证国家的司法机关独立负责地工作，不应干预属于检察权范围内的事。另外，检察机关独立行使检察权，也需要得到党的支持，协助检察机关排除一切非法干扰。党对检察工作的方针、政策性意见以及对某些重大案件的处理意见，只能通过党的组织，依照司法程序进行贯彻，不应直接发号施令，以权压法，以言代法。②独立行使检察权与国家权力机关的监督问题。依照宪法规定，检察机关受国家权力机关的监督。国家权力机关对检察机关及其检察官，有工作监督权、法律监督权、任命和罢免权等，有权对检察机关执行法律的情况进行检查和监督。但是，国家权力机关的监督只能在法定的范围内依法定的程序进行，不应越权行事。如果发现检察机关在适用法律中所作的法律解释与宪法、法律相抵触，有权依法重新作出法律解释。但对于检察机关就个案处理所作的决定，发现有错误，不应直接撤销或变更，只能通过检察机关依司法程序重新审查加以纠正。彭真同志说得好："人大常委会要严格依法办事，一不要失职，二不要越权。不要失职，就是要认真履行宪法赋予的职责；不要越权，就是不要越俎代庖，干扰宪法规定由政府、法院、检察院分别行使的行政权、审判权、检察权。"[1] 国家权力机关应积极支持和保护检察机关独立行使检察权，保证法律的正确实施。③独立行使检察权与行政机关的关系。宪法规定的国家体制虽已在大的方面把司法机关与行政机关彻底分开，但受历史上遗留下来的体制的影响，在某些方面仍有受制于行政机关的问题。如部分人、财、物的支配权，仍掌握在有关行政机关的手里，不能根据司法工作的要求，在人员调整、经费使用，物资配备等方面满足办案的需要。特别是当案件与当地的某些行政机关或个人发生利益冲突的情况下，地方保护主义和部门

---

〔1〕　彭真：《论新时期的社会主义法制建设》，中央文献出版社 1989 年版，第 360 页。

保护主义就会凭借其掌握的行政支配权，干扰办案工作的进行，给司法工作制造种种困难，使司法机关无法做到独立行使职权。因此，必须针对上述问题采取具体措施，改革有关制度，适当扩大司法机关对人、财、物方面的管理权限，为司法机关独立行使职权创造必要的条件。

（2）关于保持秉公执法的地位。秉公执法，不仅是检察官履行职责时的法定义务，而且也是对检察官在执法中地位的要求。检察官在司法活动中应处于什么地位？受传统观念的影响，一般认为检察官的主要职责是代表国家追诉违法犯罪，尤其是在刑事诉讼中，基于由它提起诉讼处于检控者地位，在法庭上担任公诉人的角色，与被告人相对立，是诉讼双方的一方当事人，因而认为，检察官虽是司法官员，但与法官不同，法官主持审判，居中兼听诉讼双方的争辩，可以保持不偏不倚的地位。检察官在诉讼中，总是多从维护其控诉主张出发，极力为驳倒对方而争辩，以期获得胜诉，这就难免不发生偏见，不可能保持客观中立的地位。这种认识不一定很全面。诚然，检察官在诉讼中所处的地位不能与法官相提并论，检察官作为诉讼的一方，提起诉讼，依法对犯罪嫌疑人提出追究其刑事责任的主张，但对犯罪嫌疑人能否定罪处刑，必须由法官根据双方提出的事实和意见最终作出裁断，检察官不能替代法官。检察官受诉讼中地位的限制，用法官的标准来要求检察官是不合适的。检察官在诉讼中的主要任务是依法追诉犯罪，尽力收集证据证明被告人的犯罪事实，提出追诉的主张。受这种职务特点的影响，为追究犯罪而对被告人有利的一面考虑不够，这种情况是可能发生的，但也不是不可避免，而是能够克服的。西方有些国家的刑事诉讼法，明文规定检察官对被告人不利和有利两个方面都应考虑，注意保护被告人的合法权利。如有权为被告人不利的错误判决提起再审。在联合国的有关文件中亦有类似规定。1990 年第 8 届联合国预防犯罪和罪犯待遇大会通过的《关于检察官作用的准则》中明文规定："检察官应始终一贯迅速而公平地依法行事，尊重和保护人的尊严，维护人权。不偏不倚地履行其职能……保护公众利益，按照客观标准行事，适当考虑到嫌疑犯和受害者的立场，并注意到一切有关的情况，无论是否对嫌疑犯有利或不利。""在受害者的个人利益受到影响时应考虑到其观点和所关心的问题，并确保按照《为罪行和滥用权力行为受害者取得公理的基本原则宣言》，使受害者知悉其权利。""如若一项不偏不倚的调查表明起诉缺乏根据，检察官不应提出或继续检控，而应极力阻止诉讼程序。"我们是社会主义国家，检察官更应把维护被告人的合法权利作为自己的职责，检察官在被害人和被告人之间应保持秉公执法的地位。检察官在刑事诉讼中与被害人的地位不同，它是以公诉人的身份提起诉讼，不是基于个人的利害关系，也不完全是因被害人的权益遭受了犯罪的侵害，而主要是被告人的行为触犯了国家的法律，必须依法追究其刑事责任。它是代表国家，为维护法律的尊严，秉公执法。因此，检察官应当处于比刑事被害人更超脱的地位，不囿于恢复被害人权益受损害的范围，而站在客观公正的立场，为维护国家和社会的利益，当然也包含被害人的权益而严格执法，保证法律的正确执行。所谓秉公执法，应当理解为做到既维护国家利益和公共利益，又保护公民，包括被害人的合法权益。检察官在对待被害人与被告人的关系上，既要保护被害人的合法权益，也应依法保护被告人的合法权利，防止只顾一头而不顾其他的片面倾向和偏私现象的发生。在法庭上，既要按诉讼程序要求完成公诉人承担的检控犯罪的任务，还要关注审判活动的进行。发现审判违法，损害被害人或被告人的合法权利，有可能影响公正审判的，应依法实行监督。

我国的检察官在刑事诉讼中具有公诉和法律监督的双重职能，这是由我国检察制度的性质决定的。它与在传统检察制度下，检察官只行使公诉职能是不同的。但这一特点尚未为有些人所理解和接受。总认为检察官在诉讼中行使法律监督职能与公诉人的地位不符合，会干扰诉讼活动的正常进行。可见在诉讼中检察官应否有法律监督职权还有不同的认识。因此，如何正确理解和处理好这两种职能的关系，特别对检察官秉公执法至关重要。检察机关的法律监督职能有广义和狭义两说。检察机关是国家的法律监督机关，它依法行使法定的职权，无论是行使公诉职权，还是对审判活动实行监督，都具有法律监督的性质，这是广义说。这一观点还认为，公诉职能和法律监督职能不是同一层次的问题，提起公诉、支持公诉和对审判活动进行监督，都是实现法律监督职能的不同形式，而法律监督是高一层次的概念，它包含上述两种监督形式。因而把公诉职能和法律监督职能对立起来，认为检察官在诉讼中只限于履行公诉职能，否定检察官有权对审判活动实行监督，进而否定检察官具有法律监督职能，是对我国检察权性质的一种误解。

把法律监督看作检察机关对整个刑事诉讼活动的合法性实行监督，监督对象是有关司法机关和司法人员，监督内容包括立案监督、侦查监督、审判监督和判决执行监督等，不把对刑事被告人提起公诉列为法律监督的内容和范围，这是狭义说。1996 年刑事诉讼法第 8 条规定："人民检察院依法对刑事诉讼实行法律监督。"这一规定所说的法律监督正是指上述的范围，不包括提起公诉在内。刑事诉讼法对公诉职能的行使，另有专条规定。我们这里提出正确理解检察机关具有的公诉职能和法律监督的双重职能，就是从这个意义上说的。检察官依法履行法律监督职能，防止和纠正审判活动中可能发生的违法情况，维护当事人的合法权利，有利于诉讼活动的合法进行。检察官承担公诉和法律监督双重职能，不仅不会妨碍公诉职能的行使，应该说比单纯行使公诉职能，更有利于公诉任务的完成。因为只有在保证诉讼程序合法的情况下才能顺利实现正确追诉犯罪的目的。检察官承担法律监督职责，要求检察官从维护法制的角度出发，对正在进行的诉讼活动进行全面的审视，关心参加诉讼的各方的情况，这就需要检察官站到更为客观公正的立场上，这只能促进检察官保持秉公执法的地位，而不是会受到损害。因此，公诉职能和法律监督职能不是互相排斥的，而是可以做到相互促进，更好地树立检察官的公正执法的形象。有人认为法律赋予检察机关的法律监督权，是指整个机关，只能由检察机关行使，而不是由检察官个人行使，因而提出检察官在法庭上无权就审判活动是否合法直接提出意见。笔者认为这不是检察官有无此权力的问题，而是如何行使法律监督权的问题。法律明文规定："检察官是依法行使国家检察权的检察人员"（检察官法第 2 条），检察权当然包括法律监督权在内。怎么能得出只有检察机关才能行使法律监督权，而检察官无权行使法律监督权的结论呢？无论从法律上还是逻辑上这都是说不通的。检察官根据检察机关或检察长的决定，以检察机关的代表身份出席法庭，当然有权行使法律赋予他的职权，加以限制于法无据。至于检察官在庭审中发现违法情况，是当庭提出，还是闭庭后提出，这是监督的方式方法问题，不应由此对法律监督权的行使范围加以限制或附加其他条件，如果进而否定法律监督权的必要性则更是不对的。

（3）关于实行检察一体原则与检察官独立负责相结合，正确处理集体领导和检察官责任制的关系。"检察一体原则"是有些西方国家检察机关实行的一项组织原则。日本称为"检察官同一体原则",也有的国家称为"检察机关统一不可分原则"。按照这一原则,检察权的行使必须保持整体的统一,所有检察组织被视为一个共同体。因此,检察官的组织系统和检察官行使职权的方法具有与法官、行政官不同的特点。从组织系统来说,各级法院是独立的组织,上下级法院之间不是领导关系。上级法院不能用行政领导方式干预下级法院对案件的审判。而检察系统则不同,上下级检察机关之间是领导关系,地方各级检察机关与中央检察机关构成一体,受中央检察机关的统一领导。检察官办理案件必须接受检察长的领导。从行使职权的方法来看,法官审理案件依法独立行使审判权,不受审判组织以外任何人的干涉。法院院长也不能干涉。检察官虽依法亦享有独立行使检察权的权力,但他要受"检察一体"原则的制约,必须接受检察长的指挥。检察长与检察官是上命下从的关系,必要时,检察长还有替代或调动其职务之权。检察官与普通的行政官员,从上下级的领导关系来说,都要接受上级的领导,执行上级的指示,两者有类似之处,但也不完全相同。检察官有独立行使职权的权力,并不是事事都要得到上级的命令之后才能进行。我国的检察制度虽没有明确规定实行检察一体原则,但从组织机构、领导关系和职权的运作程序上都有与这一原则要求相一致的地方。说明检察一体原则确实反映了检察工作中的一般规律,是做好检察工作必须共同遵守的。因此,我们应当重视对这一原则的研究和运用。

我国检察制度还有一个重要特点是,各级人民检察院设有检察委员会,检察委员会实行民主集中制,在检察长主持下讨论决定重大案件。检察官承办的重大案件,或者在办案中需要采取重大的法律措施，必须经检察委员会集体讨论决定后才能执行。这就与西方国家的检察官的权限有明显的不同。有些国家是把检察官视为各自独立的官厅，所谓独立行使职权，主要是指检察官独立行使职权。相比之下，我国检察官自行决定的权限就小得多。传统的解释是，我国实行的是检察院独立行使检察权，而不是检察官独立行使检察权。换句话说，检察官是在检察委员会的集体领导下和检察长的指挥下独立行使检察权。从实践的情况看，采用这种制度有利也有弊。其好处是有利于正确执法，提高办案质量，有利于加强对检察官的监督。从当前的法制状况和检察官队伍的情况出发，这样做对于加强法制，防止司法腐败无疑是必要的、合适的。但是，不能否认，同时也带来了一些负面影响。由于检察官的具体权限和责任不明确，往往使检察官积极主动性的发挥受到限制，最终影响法律的执行和办案效果。特别是在推行办案责任制和错案责任追究制后，暴露出明显的弊端。一般来说，检察官承办案件，亲自进行调查，最熟悉了解案件的情况，对所办案件如何处理，采取什么措施，最有发言权的应当是检察官本人，但实际上检察官无权个人作出决定，必须提出申请，经过厅、处长、检察长、检察委员会等多个环节，层层审批把关，如果检察官的意见同上级的决定相一致当然没有问题，但遇到上级不采纳检察官的意见，上级的决定检察官亦必须执行。即使后来证明承办检察官的意见是正确的，在当时也无权改变。结果，一旦发生冤错案件，需要追究责任时，就很难分清是谁的责任。当前在实行错案责任追究制中发生重重阻力，其源实出于此。案件经过集体讨论，层层都出过主意，除非个人明确表示不同意见，其决定都是经过大家同意的，应该说，出了问题大家都有一份责任，但如何分清责任的大小，如何落实个人的责任，实为一大难题。

由此而提出两个问题，一个是实行检察一体原则下如何建立检察官独立负责制。检察一体的组织体制会使检察官独立行使职权的权限受到一定的限制，但绝不是说可以放弃建立检察官独立负责制。上级的指挥，组织上的协调，是为了更好地完成检察工作的任务，而并非可以不要或减轻检察官对其所承办的案件应负的责任。也不是根本上不要检察官独立行使职权。任何过分限制检察官独立行使职权的权力，必然导致检察官独立负责精神的压抑，这对于正确执行法律，提高办案质量同样是不利的。因此，必须寻找检察一体原则下的检察官独立负责制，形成两者互相促进，而不是互相排斥。根据我国检察制度的特点，历来注重检察机关集体行使检察权，强调集中统一，更有必要在实现检察官独立负责、充分发挥其积极主动精神方面采取具体措施，建立和完善相应的制度。近年来我国检察机关推行主诉检察官制，赋予主诉检察官一定的独立决定权力，是一个好的实验。

另一个问题是，由实行民主集中制，强调集体领导带来的检察官个人责任不清的问题，影响办案责任制的建立和错案责任追究制的执行。根据历史经验和法律规定，检察机关实行民主集中制，重大案件和重大问题由集体讨论决定，这对于正确执法是需要的，尤其在当前情况下它有利于对检察官个人的监督。但集体领导不能代替或否定检察官的个人责任制，两者不能偏废。不应强调集体领导而放弃办案个人负责制的建立。也不能建立办案个人负责制而排斥集体领导，应当使两者恰当地结合起来，实行在集体领导下的办案个人负责制。集体领导为个人负责办案起指导作用，该由检察官个人承担的责任仍应由检察官自己负责。为此，除提高对建立办案责任制意义的认识外，应研究建立和完善办案责任制的具体办法，明确划分检察官的权限范围及其责任，使之制度化，便于遵守执行。这亦是实现司法公正所不可缺少的。

在建立和完善检察官独立负责制方面，主要从我国的实际出发，总结自己的实践经验，但外国的经验也值得研究和借鉴。因为在实行检察机关或检察官独立行使职权的原则下，都会碰到领导与检察官之间发生矛盾的情况。同样有一个如何认识和正确解决的问题。这里我转引曾担任过日本检事总长伊藤荣树对处理此类问题的一些看法，也许有助于我们对这个问题的思考。他说："对检察官来说，与审判官不同，他们有义务应该服从检察官一体原则，特别是应该服从上司的指挥监督。但是，有一个服从上司的指挥监督与服从自己的良心的调和问题。例如，关于自己完成侦查，确信当然应该起诉的案件，要求上司批准，受到上司作出不起诉处分的指挥时，或者对自己出庭的第一审案件的判决，虽然认为没有上诉理由，而上司作出要提出上诉的指挥时，该检察官是应该服从上司的指挥呢，还是应该按照自己的信念处理，无视上司的指挥呢？"

伊藤荣树认为："当然，在这种场合，检察官应就自己的信念和造成这种信念的理由，充分地向上司陈述意见。上司也要虚心地说明否定检察官处理意见的理由，谋求调整相互的意见，这是首先应持的态度。这种在批准时调整意见的必要性，在一般行政机关当然也是有的，但因为对检察事务来说，最终的处理不是以上司的名义，而是以每个检察官的名义进行的，所以应该说调整意见的必要性格外大。而且，日常发生的上司与检察官的意见分歧，也几乎都是用这种方法解决的。"

他接着说："可是，尽管作了这种调整意见的努力，上司与检察官的意见仍不一致时，怎么办呢？首先，如果上司的指挥违背了法令，就可以不服从这种指挥是当然的。此外的场合，检察官应该向上司要求行使事务承继和移转权。上司在有关处理具体案件的方针上，即使与主办检察官的意见不同，但在应该尊重检察官的良心这一点上是不应该有分歧意见的，所以，对该案件通过上司的亲自处理，或者让其他检察官处理的方法，当可解决上司的指挥监督权和主办的检察官良心的矛盾。"[1]

可见，伊藤荣树的意见是，在上司的指挥与检察官的意见不一致，而检察官拒绝接受上司的意见时，可以由上司接替亲自办理，或者把这个案件交给另一个检察官办理的办法来解决。

但是，还有可能发生另一种情况，即上司拒绝行使事务承继和移转权时该怎么办？伊藤荣树不同意法学家伊东胜的意见。伊东胜在《检察厅法精义》一书中提出，对上司的指挥监督虽然不容许积极的不服从（对起诉命令作出不起诉处分，或对不起诉命令作出起诉处分），但容许消极的不服从（对起诉命令拒绝作出起诉处分，对不起诉命令拒绝作出不起诉处分）。理由是如果消极的不服从也不容许的话，就等于是否定检察官职务的独立性。伊藤荣树则认为："只要上司有指挥权，主办本案的检察官就有应该按照上司的指挥处理的义务，假如在不服从指挥时，无论是积极的不服从还是消极的不服从，从不履行义务，扰乱了检察事务的统制上讲，并没有任何差异，全都是构成惩戒的理由。所以作为主办本案的检察官来说，为保卫

---

〔1〕〔日〕伊藤荣树：《日本检察厅法逐条解释》（中译本），中国检察出版社1990年版，第59页。

自己的良心，就应该辞去其官职。"〔1〕

伊藤荣树还认为："检察官根据检察一体原则，虽然要服从上级的指挥监督，但每个检察官到底是作为独立的官厅来行使有关检察事务的权限的，所以即使没有接受上级的裁决而开始侦查，或者上级指挥作出不起诉处分而决定起诉，根据情况虽然可以成为身份上惩戒的对象，但其侦查和起诉不能认为是违法的、无效的。当然，在起诉书上没有批准印章和官厅印章是不能影响起诉效力的。但是与此相反，即使根据上级的指挥，作出了与自己信念不同的处理，也不准许以依照上级命令为理由而逃避应承担的责任。也就是说，检察官以自己的名义并由自己负责来处理分配给自己的检察事务的，这是根据检察官职务的独立性作出的当然结论。"〔2〕

从上述事例中可以看出，当检察官与上级在案件的处理决定上发生意见分歧不能统一时，有四种办法可供选择。①请求调换工作，让别的检察官接办。②拒绝接受上级的命令，依自己的意见办理，宁可受惩戒。③提出辞职。④放弃自己的意见，按上级的命令办理。由于日本是把检察官作为独立的"官厅"，检察官自己有独立行使职权的权力。检察官以自己的良心作出的决定，或者说检察官没有接受上级的命令，坚持按自己的意见作出的决定，从法律上说也不能认为是无效的。相反，检察官放弃自己的意见，完全按照上司的命令作出决定，由于是以检察官的名义作出的，如果该决定有错误，检察官也不能逃避责任。这是由检察官职务的独立性产生的当然结论。

---

〔1〕　〔日〕伊藤荣树：《日本检察厅法逐条解释》（中译本），中国检察出版社 1990 年版，第 59 页。

〔2〕　〔日〕伊藤荣树：《日本检察厅法逐条解释》（中译本），中国检察出版社 1990 年版，第 44 页。

我国的情况与日本不同，实行检察机关独立行使职权，有关决定是以检察机关和检察长名义作出的。似乎检察官自己可以不承担责任。而实际上工作都是由检察官负责进行的，如果发生错误，不能认为检察官就没有责任的问题。检察官必须对法律负责，对人民负责，认为上级的决定对案件事实的认定或法律的适用有错误，应当坚持原则，不应盲目服从。即使为此受到惩戒处分，甚至丢官弃职，也在所不惜，这才是彻底的秉公执法。如缺乏坚持真理的勇气，专心地执行上级的错误决定，无论这个决定是以集体还是个人名义作出的，都不能推卸责任，该承担什么责任就应承担相当的责任。当然，如何分清责任，如何分担责任，仍是一个值得仔细研究的问题。日本法学家的一些认识和做法可供我们研究中参考。

专题二：检察官的素质

从一般意义上讲，素质是指事物本来的性质。人的素质是指人的某些先天的特性和后天经社会实践获得的知识与能力的综合。既包括先天性的生理素质，又包括后天在社会生活中形成的社会素质。检察官的素质除一般的素质特征外，还应具有与从事检察工作相适应的专业素质。

近年来，提高司法人员的素质，包括检察官的素质，越来越受到党和国家的重视，被作为加强法制，实现依法治国目标的重大措施提出。早在1980年，邓小平同志就提出要大力加强政法、公安人员的政治素质和业务素质，他特别强调，要对法官、检察官、律师进行训练，严格考核。他说："一般资本主义国家考法官、考警察，条件很严格，我们更应该严格，除了必须通晓各项法律、政策、条例、程序、案例和有关的社会知识以外，特别要求大公无私，作风正派。"[1]江泽民同志在多次讲话中，反复强调要努力建设一支高素质的干部队伍，作为完成党和国家各项任务的重要组织保证。在党的十五大报告中专门提出要加强司法队伍的建设，大力提高司法人员的政治素质和业务素质，保证司法机关依法独立公正地行使审判权和检察权。

除了从一般意义上理解提高检察官素质的重要意义外，还应从检察机关和检察官的特殊需要来考虑：（1）基于行使检察权的客观需要。我国的检察机关是国家的法律监督机关，检察工作具有特殊性和专业性，只有高素质的检察官才能正确行使国家检察权，才能保证检察工作的高质量。资本主义国家的检察官，主要行使公诉权，尚且对检察官的素质以司法官的标准提出严格的要求，而我国的检察官不仅行使公诉权，而且行使法律监督权，具有监督法律正确执行的职责，因而对检察官的素质应有更高的要求，才能承担此项重任。（2）确保检察工作适应改革开放和依法治国进程的迫切需要。面对改革开放后在刑事犯罪方面出现的新情况、新特点；国家机关内部腐败现象的存在和发展，在查办贪污贿赂等职务犯罪中出现的复杂性，加上社会上习惯势力和不正之风对检察官的侵袭，检察官必须具有抵制各种不良现象的思想品德。而依法治国方略的确立，又给司法工作者提出了新的要求，尤其是行使法律监督职权的检察官，更负有监督法律正确执行的特殊责任。在此情况下，只有建立起一支高素质的检察官队伍才能胜任。（3）检察官队伍的实际需要。目前检察系统虽已初步建立了检察官的培训、考核、考查等制度，促进了检察官素质的提高，但与法律规定的要求还有相当的差距。特别是有的检察机关受地方和部门保

---

〔1〕《邓小平文选》（第2卷），人民出版社1994年版，第286页。

护主义的影响，少数检察官在办案中滥用职权、徇私舞弊等违法乱纪现象仍时有发生，从另一个侧面反映出检察官的政治素质和思想品德还有待提高。

鉴于提高检察官素质的极端重要性，我国检察官法已把它列为担任检察官的主要条件之一。检察官法第 10 条规定，担任检察官必须具备有"良好的政治、业务素质和良好的品行。"这就使检察官的素质要求有了明确的法律标准，从而为建立一支政治坚强，业务精通，作风过硬，纪律严明的高素质的检察队伍提供了可靠的法律保证。

下边拟对检察官的素质，着重从政治素质（包括品行）和业务素质（包括执法水平）两个方面分别进行阐述。

（1）检察官的政治素质。政治素质是检察官的各类素质中的首要素质。检察官作为国家法律监督机关的司法官员，其工作与国家的政治、经济的管理活动密切相关，要求忠实于宪法和法律，秉公执法，恪守职业道德和纪律。我国检察官法第 10 条第 1 款第 3 项和第 4 项作了明文规定。检察官必须"拥护中华人民共和国宪法"；"有良好的政治素质和良好的品行"。这就为检察官的政治素质确定了基本内容。具体来说：

①检察官必须忠于宪法，具有坚定正确的政治方向。

②检察官必须忠于检察事业，树立全心全意为人民服务的观念。要求检察官热爱检察事业，具有为检察事业不惜奉献自己全部力量的敬业精神。在职务活动中，要有对人民负责，对社会负责的高度责任感，严格依法办事。还要有尊重人、关心人，保护公民权利的观念。既要保护受违法犯罪侵害的被害人的权益，也要依法保护被追究责任者的合法权利。敢于运用法律赋予的法律监督权，依法纠正侵害公民权利，包括诉讼当事人权利的违法行为。

③检察官必须有良好的职业道德素养，清正廉明，秉公执法。

（2）检察官的业务素质。检察官的业务素质是指，检察官履行其检察职权应具有的文化、专业知识水平和工作能力。检察官不仅应当有良好的政治素质，更应当有良好的业务素质，两者缺一不可。检察官仅凭政治素质好，不具备相当的业务素质，是无法完成检察工作任务的。无论检察官的政治觉悟有多高，思想有多进步，道德品行有多高尚，如果不熟悉法律专业知识，缺乏实际运用法律的能力，就难以办好案件。检察官的政治素质高，有利于增强办案中抗各种干扰的能力，为独立公正办案创造必要的外部条件，但能否把案件办好，查明事实真相，分清是非，正确适用法律，还决定于检察官专业水平的高低，靠检察官的"内功"。从一定意义说，实现公正办案的目标，更多地要依靠检察官的业务素质。检察官的业务素质，主要体现为两个方面的内容：

一个方面是指检察官必须具有一定的法律专业知识水平。为此，我国检察官法作了明文规定。根据检察官法第 10 条规定，担任检察官必须具备的条件是："高等院校法律专业毕业或者高等院校非法律专业毕业具有法律专业知识，工作满二年的；或者获得法律专业学士学位，工作满一年的；获得法律专业硕士学位、法律专业博士学位的，可以不受上述工作年限的限制。"

检察官的学历只是反映检察官业务素质的一个侧面，是体现检察官业务素质的一种形式，或者说是检察官业务素质中的一个因素，全面体现检察官业务素质还应包含其他因素。

另一个方面是指检察官必须具有一定的与检察工作有关的其他学科的文化知识水平和工作经验，以及工作能力。一般来说，初任检察官前，应当具有一定的社会阅历和一定的法律工作经历。法律工作经历可通过检察工作见习期和从事其他法律工作取得。检察官的工作能力，主要体现在工作中有一定的创造性精神，有较强的分析、判断和综合能力，依照法律要求调查处理案件，并善于通过办案实践总结经验，不断提高自己的业务水平。检察官应有较广泛的社会知识，具有一定的文字和语言表达能力，才能应付办案中可能出现的各种复杂情况。担任较高职务的检察官，还应具有理论研究能力，结合司法实践，正确理解和适用法律，既要使法律的适用符合于实际，又要在实践中完善对法律的适用，提高执法水平，以适应加强法制的需要。

当前我国正在进行检察制度改革，推行主诉检察官、主办检察官制度，走检察官精英化之路，提高检察官的素质更具有迫切性。根据检察官的法律地位和职权，检察官不仅要有司法官的一般素质，还应有它的特殊要求，主要体现在：①政治责任心。检察官员有代表国家追究犯罪的重要责任，工作稍有不慎就有可能不是放纵犯罪，就是伤害公民。因而，检察官既要有积极追诉犯罪的坚定信念，又要有精心保护公民合法权利的法制观念，不应单纯为完成任务、片面追求效率而忽视办案质量，也不应怕承担错案责任而放弃原则。只有具有高度的政治责任心，以国家和公民的利益为重，才能正确处理打击和保护的关系，维护法律的尊严。才能在诉讼活动中，正确对待与公安、法院的关系，处理好控、辩、审三方的关系，既完成检控任务，又依法发挥法律监督作用，保护公民的合法权利。②较高的法律素养，改革检察制度后扩大了检察官的权力，在其承担的职责范围内，有权独立作出判断和决定，这就必须相应提高检察官的法律素养才能适应工作需要。法律素养不仅是看学历高低，而主要看对法律的认知水准和实际运用。无论是在决定是否起诉和起诉根据时，还是在法庭举证、辩论，阐明起诉和辩驳理由时，都需要有扎实的法律知识和丰富的实务经验，提高运用法律的能力，才能保证正确、合法地履行职责。基于检察体制的特点，检察官与法官不同，检察官独立行使职权要受检察一体原则的制约，当法律原则与上级命令发生矛盾时，就有个如何正确对待上级指挥的问题。而具有较高的法律素养，是检察官坚持原则，依据法理，按案件实情提出正确意见的重要条件。这是做到公正司法的重要基础。③有较强的品德修养。当前我国正处在经济体制转轨时期，社会上腐败之风泛滥，无孔不入，检察官难免受其影响，面对各种利益的诱惑，意志薄弱者就会深陷其中而不能自拔。检察官是反腐尖兵，要抵御种种利诱，立于不败之地，增强自身的抗腐能力是关键。而检察官只有不断增强品德修养，才能提高免疫力，处污泥而不染，秉公执法，恪尽职守而不动摇。

世界各国十分重视检察官的素质。一般对检察官的专业资历和职业道德提出了严格要求，并制定甄选、培训、教育等具体办法。在联合国有关的国际性文件中，亦有明确规定。1990年8月召开的第八届联合国预防犯罪和罪犯待遇大会通过的《关于检察官作用的准则》中规定，"为了确保和促进检察官在刑事诉讼程序中发挥有效、不偏不倚公正无私的作用，在检察官的资格、甄选和培训方面，各国政府应确保获选担任检察官者，均应为受过适当培训并具备适当资历、为人正直而有能力的。"并强调指出："检察官应受过适当的教育和培训，应使其认识到其职务所涉的理想和职业道德，宪法和其他法规中有关保护嫌疑犯和受害者的规定，以及由国家和国际法所承认的各项人权和基本自由。"我们可以从上述规定看到国际上对检察官素质要求的一些共同点和值得重视的侧重点，明确检察官素质必备的条件和要求，无疑有助于完善我国有关的制度。

如何建设一支高素质的检察队伍，日本在录用、培训检察官方面有些独特的做法。它不仅要求充任检察官的人员应具备适当的法律专业学历，还必须具有一定的司法实践经验。除了从其他法律工作者中选任或者从具备法定条件的检察事务官和其他国家行政官员中选考外，主要来源是通过国家司法考试选拔，并为此制定了一整套培训、考试的办法，经过多次考试，层层筛选，才能取得检察官资格。其严格程度是很突出的。每年从 2 万名应试者中录取五百名司法研修生。经过 2 年培训，再从中选拔担任检察官的合适人选。有的学者把这种办法与中国封建社会的科举制度相对比，称为"现代科举制度"。当然，这不能成为培训检察官，提高检察官素质的普遍的做法，也不应是唯一的做法。但是，这种用严密的考试、培训制度来保证检察官的质量的精神，也不是毫无可取之处。

日本培训检察官不是由检察机关单独进行，这一点值得重视。日本实行法曹一元化制度。"法曹"，是法官、检察官、律师、法学学者的统称。日本对法曹的培养，不是由各部门分别负责，而是由专门的机构统一进行。无论是个人志向当检察官、法官还是律师，都必须经过统一的国家司法考试，考试合格者作为司法实习生，进入司法研修所学习 2 年。学习期间，有 4 个月是在司法研修所内学习司法业务课程，其余 16 个月分别到法院、检察厅、律师协会进行实习。余下 4 个月回所进行实习总结和毕业考试。经考试合格后，取得法曹资格。然后，根据本人志愿和有关部门审核，分别担任法官、检察官和律师。[1] 实行这一制度的好处在于，在担任检察官之前，不仅

---

〔1〕 参见董璠:《日本司法制度》，中国检察出版社 1991 年版，第 317 页。

要熟悉检察业务，而且要接触法院、律师的业务工作，使检察官能了解法院和律师等司法业务的全面情况，这无疑有助于开阔检察官的视野，做好今后的检察工作。同时，也可以使担任法官或律师的人员体验到检察厅的实际工作，了解检察官的立场，这对于今后在共同参与司法活动中增进相互了解是有帮助的。归根到底，这种办法对提高检察官的专业知识水平和工作能力，提高检察官的素质是有利的。在如何完善我国司法人员的录用、培训制度方面有值得借鉴之处。

专题三：检察官的义务和权利保障

检察官的义务，是指由法律规定检察官承担的某种必须履行的责任。它表现为必须作出或不作出一定的行为。法律规定的义务，检察官必须履行，不能放弃。

法律义务不同于道德意义或社会学意义上的义务。它是由法律明文规定经国家确认，具有明显的国家强制性。虽义务的履行主要靠义务主体的自觉性，但如果因不履行义务造成严重后果，就要承担法律责任，有可能成为受纪律惩戒的理由。这是法律义务不同于其他义务之处。也就是说法律义务不是可履行可不履行的，要受法律规定的约束。

法律规定检察官应尽的义务，是检察官公正办案的主要保证。也是实现司法公正的重要条件之一。检察权是国家的重要权力，检察官代表国家行使检察权，追究违法，监督执法，关系维护国家法制，关系对国家利益和公民权利的保护，尤其与公民的生命、财产等权益攸关，稍有不慎，就有可能对其造成伤害。因此，有必要对检察官如何行使职权在法律上作出明确规定，对应该作为和不应该作为的界限加以规范，使检察官履行职责有所遵循，不得超越权限，滥用权力，用法律来约束检察官的行为，使其正确、合法地行使权力，是实现公正司法所不可缺少的。

我国检察官法对检察官的义务作了明确规定。该法第 8 条分 6 项规定了检察官的义务。如果仅从现象看，有些内容与公民的义务相同，有些内容与国家公务员的义务大同小异，特别是与法官的义务无多少差别。但从整体上看，它体现了检察官义务的特点。即它是与如何保证检察官履行职责相一致的。根据检察机关的性质和检察官的职权，它的主要职责是监督国家的法律正确执行，与此相适应，检察官义务的设立，必须围绕如何实现这一目标来规定。因此，检察官义务的核心是秉公执法，或者说公正执法。秉公执法是检察官的行为准则，作为法定的义务，它是保护监督法律正确执行的关键。秉公执法又是检察官执法的要求，是检察官执法必须实现的目标。法律规定检察官的 6 项义务，目的只有一个，就是为了实现秉公执法。从实质上理解和把握这一点很重要，有助于提高对检察官法律地位和职责的认识，以便更好地发挥检察官在公正司法中的作用。

检察官的义务与检察官的行为准则有着密切的关系。检察官的义务是检察官履行职责时应当承受的负担，也就是检察官的行为准则，或者说，检察官的行为准则主要是通过检察官的义务表现的。但检察官的义务还不是检察官行为准则的全部。检察官义务的规定，一般较为原则，为建立检察官的行为准则奠定了基础。检察官的行为准则应具有更具体、明确的表现形式。它是检察官在办案中，在执法活动中必须遵守的规则，是禁止性很强的规则。一般是以纪律的形式加以规定。违反了检察官的行为准则，就是违反了纪律，要承担相应的纪律责任，或者是法律责任。违反检察官的义务与违反检察官的行为准则是相一致的，没有履行检察官的义务也就是违反了检察官的行为准则，其后果是相同的，都要承担法律责任。因此，我们应把检察官的义务同检察官的行为准则，检察官的纪律问题结合起来进行研究。

检察官法第 33 条至第 36 条规定了检察官 13 项禁止性行为，并对违法行为的处分原则、权限和程序等作出规定，对检察官的惩戒内容、条件以及有关惩处的程序，以法律的形式固定下来，并公之于众，无疑有利于群众对检察官执法行为的监督，更好地发挥法律的警戒作用，它将有力地保障检察官公正执法。

实践证明，依照法律规定，对违法违纪的检察官进行严肃处理，是克服检察机关内部滋生的腐败现象，保证公正执法不可缺少的重要措施。近年来，检察机关积极落实检察官法，认真开展思想纪律作风整顿，重点解决违法乱纪的问题，取得了一定的成效。1996 年检察系统查处不依法办案，以案谋私，以权谋私等违法乱纪问题，有 644 名违法违纪的检察人员受到查处。其中涉嫌犯罪的 73 人，经侦查起诉，已有 48 人受到刑事处罚。检察官中的违法违纪问题，反映了当前司法腐败带有一定的普遍性，而并非是一时的偶然发生的现象，有其深刻的社会根源和思想根源，绝不是在短期内靠查办几个案件所能完全解决的，而是需要从改革司法制度，健全司法监督机制和提高检察官队伍素质等多方面进行综合整治。但是，加强对检察官的思想教育，加强管理，严明纪律，对已经发生的违法违纪问题，加以严肃处理，仍应是与其他方面的措施相配合使用的不可缺少的一种有效的手段。

检察官的权利是指检察官依法享有的，为履行职务而受法律保护的权利和利益。作为权利享有者，它可以自己作出或不作出一定的行为；也可以要求他人作出或不作出一定的行为。它是从有效地履行其职务出发，与检察官在职务活动中的地位和作用相适应。它不同于一般的公民权利，可以任意放弃，是检察官为履行职务需要的一种法律保障。

检察官能否做到公正办案，能否实现公正司法，与法律能否为检察官提供充分的权利保障关系极大。检察官公正办案，固然主要决定于检察官本身的政治、业务素质等条件，决定于在专业水平和工作能力基础上的主观努力程度如何，但是，在外部为检察官创造一个良好的执法环境，为检察官履行职权提供必要的工作条件，尤其是给予检察官充分的权利保障也是十分重要的。实践证明，这是不可缺少的。

世界各国对检察官的权利保障都十分重视，把它作为一项重要原则由法律明确规定。有关的国际法律文件中对此亦作了充分的肯定。1990 年 8 月第 8 届联合国预防犯罪和罪犯待遇大会通过的《关于检察官作用的准则》，作了如下一些规定：

"检察官作为司法工作的重要行为者，应在任何时候都保持其职业的荣誉和尊严。

各国应确保检察官得以在没有任何恐吓、阻碍、侵扰、不正当干预或不合理承担民事、刑事或其他责任的情况下履行其专业职责；

如若检察官及其家属的安全因履行其检察职能而受到威胁，有关当局应向他们提供人身安全保护；

检察官的服务条件、充足的报酬，在适用的情况下其任期、退休金以及退休年龄均应由法律或者颁布法规或条例加以规定；

对检察官违纪行为的处理应以法律或法律条例为依据，对检察官涉嫌已超乎专业标准幅度的方式行事的控告应按照适当的程序迅速而公平地加以处理。检察官应有权利获得公正申诉的机会。"

该文件还指出，制定上述各项准则，其目的在于："确保和促进检察官在刑事诉讼程序中发挥有效、不偏不倚和公正无私的作用，各国政府在其国家立法和实践中应尊重并考虑这些准则的规定。""在制定这些准则时，考虑的主要是公诉检察官，但它们同样可以酌情适用于特别任命的检察官。"

日本对检察官的身份保障，由日本检察厅法作了专条规定。该法第 25 条规定："检察官除前三条的场合外，不得违反其意愿而使其失去其官或被停职、减少薪俸数额。但是，受到惩戒处分的场合不在此限。"所谓前三条规定的情况是指：（1）已到法定退休年龄；（2）因身心故障，职务上缺乏效率和其他原因不适宜于执行职务时，依法定程序免去其官；（3）因检察厅废除和其他原因成为剩余人员时，依规定支付半薪，等待缺位。

关于检察官身份保障的必要性，前日本检事总长伊藤荣树认为："为要公正地实现司法权，公正妥当地行使检察权是不可缺少的前提。为此，检察厅法一方面规定每个检察官为各自独立的官厅，同时限制法务大臣对检察官的指挥监督权；另一方面规定检察官的身份保障比一般国家公务员优厚，以保证检察官的独立性。在这个意义上，也可以说检察官的独立官厅制及限制法务大臣的指挥监督权和检察官的身份保障是一辆车上的两个车轮。"[1]

伊藤荣树先生从公正实现司法权、独立行使检察权与检察官身份保障的关系上阐明检察官身份保障的意义，并形象地把检察官身份保障比做一辆车上的两个车轮之一来说明其重要性，

---

〔1〕〔日〕伊藤荣树：《日本检察厅法逐条解释》（中译本），中国检察出版社 1990 年版，第 101 页。

含义深刻。这对于我们正确理解检察官身份保障在公正司法中的重要意义极有启发性。

日本检察厅法对检察官身份保障的规定，其内容可概括三项：（1）原则上不得违反其意愿使其失官；（2）原则上不得违反其意愿而被停止职务；（3）原则上不得违反其意愿而被减少薪俸、数额。这几项规定的身份保障程度明显优于一般国家公务员。这是与检察官的独立性相适应的。也就是说，检察官除了有依法应受惩戒处分的事由和其他法律规定的事由外，检察官独立行使检察权受法律保障，不应有"失去其官"、"停职"，"减少薪俸数额"的危险。

我国检察官法是以检察官的权利保障形式加以规定的，其内容不限于检察官的身份保障。该法第9条从8个方面规定对检察官的权利保障。依其内容主要包括4点：（1）职务保障权。是取得检察官资格和身份后应享有的权利。检察官非因法定事由，非经法定程序，不被免职、降职、辞退或处分，这就为检察官解除后顾之忧，有利于大胆履行其职责；（2）司法保障权。是为保障检察官依法行使法律监督权所必须享有的权利，即给予检察官履行职责应具有的职权和工作条件；（3）人身和财产保障权。是指检察官的人身、财产和住所安全受法律保护的权利。由此要求执法相对人及有关人员承担不得侵害检察官上述权利的义务，如有违反，应负法律责任；（4）工作待遇保障权。是指检察官有获得劳动报酬，享受保险、福利待遇等权利，国家应保证检察官享有与其职务、级别相应的工资、保险、福利待遇。除依法受惩戒处分外，任何单位和个人不得随意扣减检察官的工资及各种津贴，以及剥夺其享有的保险、福利待遇等权利。

检察官享有"非因法定事由，非经法定程序，不被免职、降职、辞退，或者处分"的权利，对检察官进行处分时，必须严格按法律规定的事由和程序执行。这就是说，法律没有明文规定为免职事由的，或者提出的事实和理由不符合法律规定的，都不应成为检察官被处分的理由和根据。

现在需要探讨的一个问题是，检察机关在建立办案责任制和实行错案责任追究制时，如何与检察官法中关于检察官的权利保障的规定相一致，不至于因追究检察官的错案责任而损害受法律保障的检察官应享有的权利。并如何从国外对司法官员的职务行为实行免责的规定中借鉴和吸收有益的经验。

为了保证检察机关独立公正地行使检察权，提高办案质量，保护公民的合法权益，建立错案责任追究制和办案责任制是必要的。但是，在追究检察官的错案责任和对检察官进行惩戒处分时，应严格按照国家赔偿法和检察官法的有关规定执行，充分注意检察官职权的特点，正确理解和掌握上述法律中关于对检察官的权利保障的有关规定的精神，合理解决在处理一些具体问题上发生的矛盾和冲突的问题。在执行中，对法律只有原则规定或规定不够明确的作些补充性的规定是需要的，但必须与法律规定保持一致。违背法律规定或离开法律规定，任意作扩张解释是不对的。特别是在解释错案的标准和追究错案责任范围等问题上应持慎重态度，不应另立错案标准和任意扩大追究责任的范围。这个问题如果处理不当，非但不能达到减少错案，提高办案质量的要求，反而将严重挫伤检察官的工作积极性，不利于同违法犯罪的斗争。

为了公正司法，对于徇私枉法，玩忽职守，造成错案的违法乱纪的检察官必须严肃处理，依法给予应得的惩戒处分。同样，为了公正司法，必须给予依法行使职权的检察官以充分的权利保障，非因法定事由，不受追究。即检察官的职权行为不违法，应享有豁免权。两者应做到兼顾。关键是要划清界限，分清责任。依据法律规定的精神，结合实际情况，应正确认识和处理好以下几个问题：

（1）明确错案的标准和错案与检察官的责任的关系。什么是错案？通常是指司法机关所办案件，在认定事实、适用法律上有错误。为什么会发生错案，其原因很复杂，有的是客观原因，有的是主观原因，也有两者兼而有之，而且认定错案的目的不同，在错案标准的掌握上也会有差异。有的主要是为总结办案工作的经验教训，在错案标准的掌握上可能要宽一些。有的是为了解决赔偿责任或者进行惩戒处分，就应从严掌握。如果将总结办案经验教训确定的错案标准运用于追究检察官的责任就不一定合适。不区分造成错案的原因，不分清错误的性质，一律作为追究责任的根据是不妥的。建立办案责任制，确立错案标准可以根据有关法律规定自行确定。但涉及赔偿责任和受惩戒的责任只能以国家赔偿法、检察官法等有关法律规定为准。有些案件追究责任以法院的终审判决或再审判决为准，一般来说是可行的，但是，还应根据有关法律规定结合案件情况作具体分析后来确定，切忌简单化。不能把法院宣告无罪的判决都当作错案的标准，作为追究责任的唯一根据。对"无罪判决"还应区别情况，作进一步的分析。一般来说，无罪判决有三种情况：①经法院查明没有犯罪事实；②法院认为情节显著轻微，危害不大，不认为犯罪的；③法院认为证据不足，指控犯罪不能成立。这三种情况检察机关作了起诉处分，如果判决事实认定正确，检察工作中有错误是肯定的，应当从中吸取经验教训。但是否以此为根据，检察机关都应承担错案责任并负赔偿责任，或者成为对有关检察官的惩戒理由，追究其责任，则应分析个案的具体情况来确定，不能一概而论。例如，公安机关侦查的盗窃案件，犯罪嫌疑人经检察机关批准逮捕，审查起诉后向法院提起公诉，法庭上查明主要证据失实，指控犯罪缺乏证据证明，法院以"没有犯罪事实"作了无罪判决。被告人以此提出错误羁押的赔偿申请，检察机关是否要承担错捕的赔偿责任？笔者认为，如果公安人员在收集证据中有违法行为，因而使证据失实的，应当承担赔偿责任。但如果侦查人员并无违法取证行为，是因公民自己的原因，故意作虚伪陈述，检察机关在审查批捕和审查起诉中没有发现而造成错误的，就不应承担赔偿责任。国家赔偿法第 17 条规定，因公民自己故意作虚伪供述而被羁押的，国家不承担赔偿责任。又例如，检察机关以贪污罪向法院提起公诉（被告人已被逮捕羁押），经法庭审理认为，检察院认定的事实属情节轻微，不能认定为犯罪。即以犯罪事实不能成立宣告无罪判决。被告人以错捕为由提出赔偿申请，检察机关应否承担赔偿责任？笔者认为，如果被告人确实没有犯罪事实而被逮捕羁押的，检察机关应当承担错捕的责任。但如果被告人有违犯法纪行为，而是因检、法两家对是否认定有犯罪有分歧意见，就不应承担赔偿责任。根据国家赔偿法第 17 条第 3 款规定，"有依照刑事诉讼法第 11 条（修改后刑诉法改为第 15 条）情形之一，不追究刑事责任的人被羁押的，国家不承担赔偿责任。"本案属于刑事诉讼法第 15 条第 1 款第 1 项中规定的：情节显著轻微，危害不大，不认为是犯罪的，应适用本条规定，不承担赔偿责任。

我们还可听一听参加起草国家赔偿法的立法机关同志的意见：

对于情节显著轻微，危害不大，不认为是犯罪的行为人被羁押的，应否承担国家赔偿责任，立法过程中有过不同意见。有的同志提出，既然情节显著轻微，危害不大，不认为是犯罪，就是无罪，无罪的人受到羁押，应当有权请求国家赔偿。国家赔偿法没有采纳该意见。主要考虑到如下一些因素：①行为人有比较严重的违反行政管理法律规范的行为，比如投机倒把、走私，尚未构成犯罪的，尽管不够追究刑事责任的条件，但行为人触犯了国家经济行政管理法律规范，应当受到行政处罚，对该种行为赔偿不太合适。②行为人的行为虽然尚未构成犯罪，但行为并非不具有社会危害性，比如，小额盗窃，轻微的流氓行为，轻微伤害，对这些行为，司法机关审理后认为尚未严重到需要用刑罚手段加以惩罚的程度，依照刑法第 10 条（新刑法为第 13 条）"情节显著轻微，危害不大"的规定精神，不作为犯罪处理，是正确的。但是，不能再请求国家赔偿。③在某些时候，司法机关出于教育人、改造人的考虑，将一些可以挽救的初犯、偶犯在审查教育后，令他们具结悔过，不作犯罪处理……此种情况不作为犯罪处理，是对行为人的宽大，为此，不能请求国家赔偿。[1]

至于因证据不足，指控犯罪不成立而作的无罪判决能否作为负赔偿责任的根据？应当看到，这种判决与"没有犯罪事实"或者"情节显著轻微不认为犯罪"为根据的判决完全不一样。对这种情况，国家赔偿法既没有把它列为应负赔偿责任的理由，也没有把它排除在应负赔偿责任之外的规定。也就是说法律没有明文规定，如果实务中把它作为负赔偿责任的理由是于法无据的。由此可见，一律以法院的无罪判决作为错案的标准，或者一律作为负赔偿责任的理由和根据是不合适的。凡是涉及国家赔偿责任的，涉及检察官受惩戒处分的，都应当以法律明文规定为根据。

---

[1] 胡康生主编：《中华人民共和国国家赔偿法释义》，法律出版社 1994 年版，第 57 页。

（2）明确检察官受惩戒处分应以检察官有无违法行使职权行为为条件，而不能一律以有无错案或办案中有无错误为标准。上边已经提到，造成错案的原因很复杂。有些是由检察官以外的原因发生的，在当时情况下，主办检察官没有可能发现的。有些是因检察官工作能力弱，业务水平不强，经验不足所致。有些是因检察官主观上有过错造成的。因此，发现检察官在办案工作中有错误或确认为错案，还必须对错案的成因进行分析。有些问题主要是通过总结经验教训，加强教育，健全制度等方法来解决。需要追究个人责任的，应限于检察官在行使职权时有违法行为，而且这种行为已达到法律规定应负赔偿责任或受惩戒责任的程度。一般来说，对检察官追究违法责任的，应当具备以下三个条件：①客观上要有违反检察官禁止性规定的行为。即检察官法第33条中所列的13种行为。只有具有其中某一种或者某几种行为的，才能依法受到惩戒；②主观上要有过错，即检察官违反禁止性规范的行为是出于故意或者过失。这里的故意是指检察官明知自己的行为违反检察官禁止性规范，会引起违禁后果的发生，却希望或放任这种行为和后果的发生。这里的过失是指检察官因为思想上疏忽大意，或者行为不谨慎而导致违禁行为及其后果的发生；③违反禁止性规范的行为情节达到足以处分的程度。如果行为的情节轻微，可不给予法律或纪律处分，采用其他的教育方法处理。

（3）明确检察官在法律上享有免责权。适当借鉴外国为保障司法独立为司法官员规定的免责条款，结合我国司法实践情况，合理确定检察官的免责条款。检察官除法律明文规定的以外，应免除在履行司法职责时的不行为或不当行为而承担的民事或其他责任。我国检察官法第9条中规定："非因法定事由，非经法定程序，不被免职、降职、辞退或者处分"，实际就是检察官的职务保障权，是检察官享有免责权的另一种表现形式。也就是体现了除法律明文规定检察官应受惩戒处分的事由外，不得把法律没有规定的事由作为对检察官进行处分的根据。但这条规定过于原则，应根据实际情况，具体确定受免责的内容。应明确规定检察官依法履行其职责的行为不受追究。检察官除法律规定外，不承担民事、刑事和其他责任。这有利于检察官在办案中独立行使检察权，不因怕犯错误而对工作产生消极影响。增强对检察官的权利保障，归根结底，对实现公正司法也是必要的。

1998 年 7 月，最高人民检察院发布《人民检察院错案责任追究条例（试行）》，就追究检察官错案责任的原则、范围、责任和程序等作出具体规定。

（1）明确错案的标准。是指检察官故意或者重大过失造成认定事实或者适用法律确有错误的案件，或者违反法定诉讼程序而造成处理错误的案件。

（2）限定错案的范围。特别是列举了包括违反诉讼程序造成错误处理应当追究责任的各种情形。

（3）专门规定免责条款。明确指出，具有因法律规定不明确或者对事实的性质、适用法律认识、理解不一致；或因当事人过错或者客观原因使案件事实认定出现偏差等情形的，不追究检察官的责任。

（4）错案责任的认定。划分不同责任主体间错误责任的分担。这些规定的贯彻执行将有利于正确把握和追究检察官的错误责任，值得重视的是，条例明确把检察官违反法定诉讼程序造成处理错误的案件列入错案追究的范围，有违法行为的检察官应承担责任。这对于保障公民的合法权利，维护司法公正无疑是具有重要意义的。

（三）司法公正与司法人员 *

实现司法公正，不仅要有合理的司法体制和完善的司法制度，而且要依靠司法人员主持正义，严格依法办事。古语云："徒善不足以为政，徒法不能以自行。""制而用之存乎法，推而行之存乎人。"好的法律制度能否实现，关键在于执法之人。当前依法治国基本方略的提出，在建立一套完备的法律体系和制度之后，如何使法律得到正确实施，除依法行政外，极为重要的一块是司法。司法是对当事人争议和纠纷的依法裁决，如何在处理中做到不偏不倚，秉公而断，实现司法公正，很大程度上决定于承担司法职责的司法人员，决定于司法人员正确运用法律。因此，研究司法公正不能不研究司法人员的问题。司法人员一般是指有侦查、检察、审判、监管职责的工作人员。笔者拟按专题形式对法官的公正司法问题，着重就法官的定位与职权、素质、义务和权利保障等问题做些探讨。

专题一：法官的定位与职权

法官依法行使国家审判权，是在国家机构中居于重要地位的司法官员。法官是世界各国通用的称谓，在人们心目中享有崇高的地位和声誉。法官在司法活动中处于什么样的地位和应具有哪些职权，一方面要有国家法律的明文规定，从体制、制度上体现公正，防止偏私。另一方面，还要求法官本身的正确把握和自觉遵守，恪尽职责。对法官的正确定位与赋予其相应的职权，是实现司法公正的根本保障。法官在办案中严守法律确定的地位和正确行使法律赋予的职权，在当事人之间保持不偏不倚的客观态度，依法裁决，是实现司法公正必然的要求。

（1）现代国家都实行司法权（审判权）独立的体制，法

　＊　本部分内容刊载于《中国法学》1999 年第 4 期，原标题为《论司法公正与司法人员》。

官是审判权的执行者，应当具有独立的法律地位。这不是为了突出法官个人的权威，而是行使审判权本身的要求。是历史经验的总结，司法实践的需要。

古代国家司法和行政职能无严格区分，封建君主统揽行政和司法大权，行政长官管理司法，君主和行政长官有最终决定权，无法官独立可言。到了资产阶级革命时期，建立"三权分立"的国家体制，把司法从行政中分离出来，实行司法独立，法官才有了独立的地位。法官审理案件，不受行政的干涉，依法作出裁判。实践证明，从体制上实行司法独立，法官独立，是实现司法公正的组织保证。

根据马克思主义的国家学说，社会主义国家的体制没有采用"三权分立"的架构，而是按国家职能分工，分别设置司法和行政机构。司法和行政统属国家权力机关，司法独立行使职权，行政无权干涉。在此体制下，法官同样具有独立的地位。我国宪法和法律明确规定，人民法院独立行使审判权，不受行政机关、社会团体和个人的干涉，体现了司法独立原则。但是，按过去习惯的解释，我国实行的是法院独立，而不是法官独立。这种解释使法官的地位和职权在审判活动中受到一定的影响。

司法独立、法院独立、法官独立，几种提法虽略有区别，但其内容和要求基本相同，其目的都是为了约束行政权力，实现司法公正。司法独立是指从国家体制上把司法和行政分开，司法不受行政权干预。法院是主要的司法机关，法院独立，也就是司法独立，两者没有实质的区别。都是强调独立行使司法权，反对行政权的干预。

法院独立与法官独立，实际是反映法院组织整体与成员的关系。宪法上确立了法院独立的体制以后，如何实现法院独立，作为法院组织的成员，当然离不开法官，法院独立只有通过法官的具体执法活动才能实现。两者在实质上是一致的。过去我们讲法院独立，强调法院整体独立，不采法官独立的提法，主要是从当时法官的素质、水平的实际情况出发，为保证办案质量和执行民主集中制原则等方面考虑，在特定情况下，有一定的合理性，但忽视了发挥法官独立行使职权的能动作用，给司法实践带来的弊病也是明显的。其根据还在于对司法机关的性质和法官的特点认识不足。应当看到，司法机关不同于行政机关，法官不同于行政机关的公务员。不能以一般公务员那样对待法官。行政机关的公务员处理公务，必须在行政首长的领导下进行，按首长的旨意办事。法官审理案件的情况有所不同，依据的只有法律，而不是首长的指示。在认定案件事实和适用法律时，法官必须依法定程序，在其职权范围内有独立作出决定的权力。法外的干预，用行政手段限制法官权力的行使都是不合适的。

总之，法官的地位决定于国家体制和司法体制。赋予法官独立的地位和相应的职权是实行司法独立的具体体现。明确法官的法律地位和职权，增强法官排除一切外部干扰的能力，为法官创造一个良好的执法环境和条件，是实现司法公正所不可缺少的。

但是，对法官独立不应作绝对化的理解，法官独立不是天马行空，可以不受任何约束，一切都由自我决定。以为法官独立可以排斥任何合法的制约和监督的想法和做法也是错误的，这不是法官独立的本意。法官要对他所承办的案件负责，依照法律独立作出决定，他有权拒绝来自法外的干涉，但必须接受法律的监督。现代国家在建立司法独立体制的同时，都有一套与之相配合的司法监督的制度和措施，这对于保障司法公正同样是不可缺少的。法官亦是人，不是神，没有始终不犯错误的神话。法官虽经严格挑选和任命，但无法保证每个法官都是高水平的，都有足以抵制社会不良影响的能力。因此，对法官执法情况实行监督是必要的。西方一些国家一般是由司法行政部门通过对法官的任免、执法进行监督。如德国法官法规定，法官应受行政上的职务监督，但以不侵犯其独立审判为限度。职务监督，包括制止法官违法执行职务及督促法官合法迅速执行职务。法国成立最高司法会议，负责对法官的人事任免、调动和纪律惩戒。也有的国家由总统或议会通过不同的方式进行监督。如英、美等国。我国现行的司法制度对法官的管理不再由政府的司法行政部门负责，主要由法院自行管理。根据我国宪法和法律规定，对法院的监督，包括对法官的监督，主要实行国家权力机关监督和检察监督。国家权力机关通过对法官的任免，对审判工作的评议，开展执法检查，受理公民申诉等方式进行监督。近年来，人大在司法监督方面取得了明显的成效，证明这种监督方式是必要的。检察监督是通过检察机关参加诉讼活动依法对审判活动实行监督。检察机关主要采取抗诉、纠正违法和查办法官腐败构成犯罪予以追究等方式进行。由此可见，对法官既要赋予其独立的地位和相应的职权，同时也应辅之以必要的监督，才能保证司法公正的实现。

（2）法官在诉讼中应保持中立的地位。法官主持审判，听讼断狱，应处于什么地位，历来为人们所关注。从历史上出现的多种诉讼形式和审判方式，基本上形成以控、辩、审三方的格局。在不同的诉讼形式下，法官的诉讼地位不尽相同，但无论采何种形式，实践证明置法官于中立的地位，是实现司法公正的最佳选择。形成控、辩、审三方的诉讼结构，当事人地位平等，法官居中而断，既是诉讼规律的客观反映，也是当事人的自然要求。法官保持中立的地位，不但有利于体现程序公正，也有助于达到实体公正的目的。当事人发生权益争议，求诉于法庭，要求就争议事实的是非曲直作出裁断，双方都希望法官不偏不倚，秉公而断，如此才能取得当事人的信任，有利于息讼服判，有利于树立法官的公正形象。

现代国家所采诉讼形式，尤其在英美法系国家，十分重视保持法官的中立地位，认为这是实行"自然公正原则"或"正当程序"不可缺少的条件。英国著名法官丹宁说："一名法官要想得到公正，他最好让争诉双方保持平衡而不要介入争论。假如他超越此限，就等于是自卸法官责任，改演律师角色。"[1] 大陆法系国家的诉讼制度，虽比较强调法官的职权作用，为了弄清案件真实情况，必要时法官可依职权进行调查询问，但坚持法官中立地位的立场并无变化，法官必须遵守诉审分离，不告不理原则，不能取代起诉人，主动追诉。

我国的司法制度和审判方式受历史上形成的习惯和传统观念的影响，法官行使职权的方式方法不尽合理，体现法官的中立地位不够明确。在刑事审判中，由于在相当长的时间里，检察制度和律师制度很不健全，不少案件没有公诉人出庭支持公诉也设有律师出庭辩护，而由法官独自审理。因而，逐渐形成法官在庭审中包揽过多，承担部分举证，出示证据的责任，把法官置于控诉者的地位，审讯被告人，与被告人直接发生冲突。法官的错位，对树立其客观、公正的形象十分不利。在民事审判中习惯于采用先调查后开庭的做法，由法官包揽调查取证，透明度又不高，极易造成法官和当事人的对立情绪，难于保持法官的中立地位。

---

〔1〕 〔英〕丹宁勋爵：《法律的正当程序》，刘庸安等译，群众出版社1984年版，第52页。

　　近年来，我国人民法院积极推行审判方式改革，针对我国过去在审判活动中没有正确发挥庭审功能的弊病，借鉴外国实行"对抗式"的有益经验，审判方式实行由"审问式"向"诉辩式"转变端正了法官在庭审中的地位，明确了当事人在庭审中的权利义务。在民事审判中，实行"谁主张、谁举证"，把举证责任还给当事人，法官当好裁判员角色，负责对证据的审核、确认。在刑事审判中，明确公诉人负举证责任，法官不再承担调查、出示证据的责任，主要职责是正确引导控辩双方举证活动的进行。在兼听控辩双方争辩意见的基础上，对案件的事实、证据作出认定，依法裁决。修改后的刑事诉讼法对审判程序作出相应的改变，调整控、辩、审三方在庭审中的地位和职责，明确各自的权利和义务，突出了法官的中立地位，这是我国诉讼制度上的一大进步。

　　但是，对如何确立和发挥法官的中立地位和作用，在理论上还有不同的认识，实践中也有不同的做法。同样实行现代审判方式，在英美法系和大陆法系国家，对法官在庭审中的要求就不完全一样。在当事人主义审判模式下，法官处于居中公断人的地位，既不亲自进行调查取证，也不主动干预控、辩双方的活动，以第三方的身份听取双方的争辩，对双方提出的证据及其证明理由进行评断和确认，最后作出裁决。正如美国法学家埃尔曼所说："在普通法的对抗制中，'真相'即所争议的事实的发现，基本上留给当事人，传统上，法官扮演的角色是一位公断人或不偏不倚的仲裁人。"[1] 在职权主义审判模式下，法官基本上处于中立的地位，但比较强调发挥其积极的作用，

---

　　[1]　[美]埃尔曼：《比较法律文化》，贺卫方、高鸿钧译，生活·读书·新知三联书店1990年版，第117页。

不完全是一个消极的仲裁人。在法官主导下进行双方当事人的举证和辩讼，必要时，法官为了弄清事实真相，有权主动进行调查。对这两种审判模式下法官的地位和作用，各有评说，孰优孰劣，难有定论。

我国的审判模式过去受职权主义的影响较深，因而适当吸收当事人主义的一些做法，保持法官在诉讼中的中立地位是必要的，但对法官的中立要有正确认识，不能一强调"法官中立"，就认为法官在任何情况下都不应具有主动调查的责任。笔者认为，纠正在司法实践中过于职权主义的大包大揽的做法是需要的，但对于当事人主义的一套做法也不能全部照搬，把法官塑造成完全消极的仲裁人，实际上并不利于全面保护当事人的权益，无助于真正实现司法公正。应在坚持诉审分离原则，尊重当事人处分原则和强调当事人举证责任等前提下，适当保留法官必要的调查职权，以充分发挥法官在查明事实，分清是非性质中的积极作用。

（3）理顺法官与内部组织的关系。我国法院的体制与西方国家不同，法官是法院组织的成员，不是独立的机关，法官行使审判权要受法院内部组织的制约。或者说法官不是行使审判权的唯一主体，除由法官行使审判权外，还可以由其他组织（如审判委员会）行使。这样，就发生了法官与内部组织的关系问题。

由于我国强调集体行使审判权，在长期司法实践中，法官的权力较小，对负责审理的案件几乎无独立作出决定的权力，很多案件必须经审判委员会讨论决定或经院长、庭长审批，结果形成法官只负责审理事实，如何适用法律则由审委会决定的"只审不判"的现象。或者是先经审委会对案件的定性和适用法律提出决定性的意见后，再由法官开庭审理和宣布的"先定后审"的现象。有人戏称，中国的法官是"审讯员"，而不是"审判员"，只有审讯的义务，而无判决之权。这些不符合诉讼规律和诉讼原则的做法，对法官权力的种种限制，势必影响法官在诉讼中的地位和损害其公正的形象。

过去在司法实务中法院不赋予法官完全的独立作出判决的权力，主要有两条理由。①实行民主集中制的需要。案件经集体组织的审查、议决，有集思广益之效，保证适用法律的正确；②认为我们法官的水平、素质还不高，案件都交给法官独立作出决定，怕办不好。由法律水平较高，办案经验较丰富的资深法官和各级领导多层把关，可以减少和防止失误，保证案件质量。这些想法和做法，根据当时法官队伍的状况不能说没有一点道理，确实对法官正确执法起过一定的作用。但是它带来的负面影响也是很明显的。上述审判工作中出现的"只审不判"、"先定后审"等现象就是突出的表现。如果不对这些问题及时加以纠正的话，不仅无法培养、锻炼出一支高水平的、符合时代要求的法官队伍，也因违背程序法基本原则的精神而无法达到真正的司法公正的目的。由于具体承办案件的法官不具有作出判决的权力，这就很难提高法官的责任心，激励自己为实现正义，维护法律的威信而努力。正因为判决是由集体作出的，一旦判决发生错误，就很难分清责任，说是集体负责，实际上又是谁都不负责任。因此，只有还法官与其承担的职责相应的地位和完整的权力才是唯一的出路。

在现行司法体制下，审判委员会还拥有一定的审判权，不能完全实行法官独立行使审判权。笔者认为，即使维持现行司法体制基本不变，也必须大力加强法官在审判中的地位和赋予他们对所负责审理的案件的决定权。除在法定条件下由审判委员会行使的职权外，法官应拥有一切案件独立行使审判的权力。法院领导依法对法院的工作实行监督，但不应限制和收回本应属于法官依法享有的审判权力。法官不仅有权抵制来自法院以外的非法干预，还包括法院内部组织的不当干预。法官只服从法律，依法作出判决。绝大多数案件的判决，应当由法官或由法官组成的合议庭公开审判，根据亲自审理获得的心证和经合议庭评议后独立作出判决。经审判委员会讨论决定的应限于极少数案件，是独立行使审判权的例外。送审判委员会讨论决定的案件，还应当是先经法官开庭审理后，认为应由审判委员会决定的案件才提交审委会议决，而不是先经审判委员会决定后再开庭审理。应当实行严格的法官责任制，除审判委员会作出的决定，由审委会负责外，其他由法官自行作出的判决，由承办的法官负担责任。

此次修改刑事诉讼法对法官和合议庭的职权作了重大的修改，明确了法官和合议庭具有独立的审判权。即一般案件都应由法官和合议庭经开庭审理和评议后作出判决。这就为纠正过去法官和合议庭很少直接作出判决的现象提供了法律依据。法律还对审判委员会审议的案件范围和有关程序作了相应的改变。即对于疑难、复杂、重大的案件，合议庭认为难以作出决定的，由合议庭提请院长决定提交审委会讨论决定。应当明确的是：提交审委会的限于疑难、复杂、重大的案件，而应否提交的决定权在合议庭，不再是院长；对于疑难、复杂、重大案件，合议庭能够作出判决的也可以不提请院长提交审判委员会讨论决定，而有权进行作出判决。这就从组织上、程序上为法官独立行使审判权提供了有力的法律保障，无疑有利于发挥法官在实现公正办案中的作用。

专题二：法官的素质

一般而论，法官审理案件，有明文规定的实体法和程序法可资遵循，只要依法审判，做到公正审判似乎不难。其实不然，法官本人的素质如何，对是非的评断，法律的运用关系极大。法官素质的高低，直接影响审判工作的质量。故各国在挑选和任用法官时，对法官素质的要求都比较严格，以保证审判公正，维护法院的威信。从一定意义来说，法官的素质对司法公正具有举足轻重的作用。

我国正处在改革开放新时期，社会主义市场经济的发展，法院审判的领域不断拓宽，案件类型日益增多，涉及的问题复杂，专业性强，使审理案件的难度增加，不提高法官的素质就难以适应形势发展需要。法院实行审判方式改革，法官责任制的建立，增加了提高法官素质的迫切性。无论从形势需要和法官的职业特点来看，都要求法官必须具有较高的素质。我国法官法把法官素质作为担任法官的条件之一加以规定，要求法官必须具备"有良好的政治、业务素质和良好的品行"。这就为提高法官的素质提供了法律依据。

下面分别就法官的政治、业务、职业道德素质谈些看法。

（1）法官的政治素质。强调法官的政治素质，似乎与要求法官在诉讼中保持中立的地位有矛盾。在实践中确实存在政治势力对审判的干预影响对个案的审判。但法官良好的政治素质，正是保证独立审判，坚持正义的重要保证。

西方国家的法官制度，名义上禁止法官参加政治活动，但由于法官的出身、学校教育，所处社会地位等影响，其政治倾向性仍是明显的，不能不作用于对个案的审判。我国法学家龚祥瑞教授曾对英国的法官状况作过详细的考察。英国的法官75%出身于上等及中上等家庭；76%毕业于牛津和剑桥大学；23%曾任过下议员或为下议员候选人。英国有的学者认为，身为议员而被提名为法官者有碍于他办案的公正性。龚祥瑞则认为："法官的政治性是强是弱，并不取决于他是否身居官职或议员，而取决于他本人的政治主张。所谓司法独立只不过意味着司法工作不受执政当局的影响，并不能使审理个案的工作不受法官本人的政治思想的影响。"[1] 可见，法官的政治立场不同程度地受国家本质和执政当局的影响，但法官的政治素质与执政当局对法官的政治要求并非一回事，法官能否主持正义，主要取决于法官本人的政治素质。一个有良好的政治素质的法官，有可能超越执政当局的政治偏见，秉公而断，作出公正的审判。这样的法官在历史上不乏其人。因此，强调法官的政治素质是十分必要的。

根据我国宪法和法律规定，法官的政治素质主要体现为：拥护宪法，并忠实地执行宪法和法律；忠于人民，全心全意为人民服务。法官必须依法维护国家利益，公共利益和公民的权益，为维护宪法和法律的尊严，尽职尽责。法官必须具有为人民无私奉献的精神，处处为群众着想，为群众排忧解难。法官必须不断提高自己的政治思想觉悟，加强品德修养，坚定地抵制法外的干涉，不受社会上腐败毒素的侵蚀，依据事实和法律，秉公办案。

对法官的政治立场与司法公正的关系要作全面的理解。不能一讲法官的政治素质，就简单地理解为要求法官承担政治任务，甚至要求法官离开本职工作，为中心任务服务。法官办案只服从法律，法律体现人民的意志，严格执法，符合人民的利益，就是最大的政治。但也不能一讲司法公正就完全否定对法官政治素质的要求，认为强调法官的政治立场，会损害公正办案。其实，法官的政治坚定性，有助于排除非法干扰，增强独

---

〔1〕 引自龚祥瑞：《西方国家司法制度》，北京大学出版社 1993 年版。

立处断的能力。法官的政治敏锐性，有助于掌握法律的本质和基本精神，联系案情实际，正确适用法律。这两种思想片面性都应当避免，一切向法官提出离开法律的政治要求和要求法官不问政治孤立办案都是不对的。都不利于达到司法公正的目的。

（2）法官的业务素质。体现在以下几个方面：①法官有较丰富的法律专业知识，是精通审判业务的专家。近年来我国的法官队伍经过教育培训，考试考核，法律专业水平有了很大提高，但与法治要求还有相当的差距。应当把具备相当的法律专业知识，作为担任法官的必备条件。有些国家对法官的任职资格和条件作了严格规定。如美国要求大学本科毕业，再在法学院学习3年，取得法律专业博士学位，并从事律师工作6年后才能担任法官。德国入选法官须经过两次考试，一次是在法学院毕业后，合格者再接受为期2年的培训，再次考试合格才被任命为见习法官。[1] 日本选拔法官的条件更为严格，前后须经过3次司法考试。第一次是针对没有大学学历的人，每年有2千人参加，平均合格率为56%；第二次考试每年有2万人参加，平均合格率为2%左右。约有5万名合格者进入最高法院司法研修所学习2年，最后通过第三次考试，其中1/5被任命为法官或检察官，其余大部分当律师。[2] 日本的办法有利有弊，取得法官的资格要耗费过多的时间和精力，但严格的考试无疑有利于保证法官的业务素质，尤其是要求在司法研修所学习期间，轮流到法院、检察厅、律师事务所实习，熟悉各部门业务，提高实际工作能力。这种对司法人员实行统一培训，分别任职，并注重实际能力的锻炼提高的办法值得我们借鉴。那

---

〔1〕 〔德〕罗伯特·霍恩等：《德国民商法学导论》，中国大百科全书出版社1996年版，第36页。

〔2〕 龚刃韧：《现代日本司法透视》，世界知识出版社1993年版，第270页。

种认为什么人都可以担任法官，只强调政治条件，忽视专业条件，降低对法律专业水平的要求的想法和做法都应当彻底抛弃和纠正。②法官应有较强的业务能力和工作经验。面对错综复杂的案件，诉讼双方提出的证据和互相争辩，法官必须具有相当的综合分析能力，才能对案情进行符合实际的判断，正确认定事实和证据，适用法律，作出公正的裁决。随着审判方式的改革，加重了法官个人的责任，更需要法官具有独立处断的能力。法官业务能力的提高，主要不是依靠本本，而是依靠实践，只有通过实践锻炼，工作经验的积累才能获取。因而，对法官的业务素质，不能只看学历，书本知识必须与实际相结合才能发挥效用。这也是为什么刚毕业的法律系学生，必须从事一段实际工作后才能担任法官的原因所在。

（3）法官的职业道德素质。法官的职业道德，集中体现为法官的品行。我国法官法规定，法官必须有良好的品行，这是法官职业道德的制度化。其主要内容可概括为：刚正不阿，公正无私，遵纪守法，清正廉洁。法官具有较高的道德素质，才能抵制资本主义、封建主义和其他腐朽思想的影响，抵抗社会上各种歪风邪气的侵袭。在当前实行市场经济的条件下，办案没有干扰，没有压力，不受关系网，不受人情、金钱的纠缠几乎是不可能的。法官有了刚正不阿的品德，才能不为压力所屈服，不为金钱、利益所诱惑，做到无私无畏，秉公而断。法官要经得起考验，必须加强自身的思想道德修养，严以律己，遵纪守法，才能做到公正廉洁，一心为民。

当然，建立一支高素质的法官队伍，辅之以建立和完善各项规范法官行为的制度，加强对法官的制约和监督，定期进行教育整顿也是必要的。

专题三：法官的义务和权利保障

法官的义务是指法官在执法活动中承担的某种必须履行的责任，表现为必须作出或不作出一定的行为。法官忠实地遵守和履行其法定的义务，是公正办案的重要保证。我国法官法对法官的义务和权利作了专章规定，并把义务列在权利之前，体现了对法官义务的重视。法律规定法官必须严格遵守宪法的法律；维护国家利益、公共利益和公民的权益；保障诉讼参与人的诉讼权利；审判案件必须以事实为根据，法律为准绳，秉公办案，不徇私枉法等。法官的义务主要靠法官自觉遵守，但也要靠法律本身具有的强制力的保障。当法官的行为违反法律规定，其严重性达到一定程度时，就要受到法律的惩戒。为此，我国法官法在"惩戒"一章中，对法官的行为作了更为明确的禁止性规定。这样既有利于法官的自律，又有利于社会、公众的监督，并作为对法官惩戒的法律依据。如果法官的行为违反了禁止规定之一的，就要受到纪律处分。构成犯罪的，追究刑事责任。

当前司法腐败已成为人们关注的热点问题，对法官违法办案，裁判不公的现象反映强烈，对法官的贪赃枉法尤为不满。发生在法官身上的腐败行为值得引起高度重视。西方哲学家培根说："一次不公正的裁判，其恶果甚至超过十次犯罪。因为犯罪虽是无视法律——好比污染了水流，而不公正的审判则毁坏法律——好比污染了水源。"审判权是终极性权力，法官对案件的裁决具有最终确定的效力，任何机关和个人都无权改变。一旦发生枉法裁判，社会的公平和正义就会丧失。因此，对少数违法的法官给予严肃的处理是完全必要的，尤其是对那些贪赃枉法者，必须从严惩处，才能取信于民，恢复法院的声誉。只有惩前毖后，以儆效尤，才能起教育后人的作用，非此不能提高法官队伍的素质。近年来法院开展了集中教育整顿工作，健全了违法责任追究制度，严肃查处了一批违法违纪人员。事实证明，加强检查监督，严明纪律，促进法官遵守和履行义务，对于实现司法公正是不可缺少的措施。

法官的权力是指法官在履行其职务时依法享有法律保护的权力，作为权力的享有者，它既可表现为自己作出或不作出一定的行为；也可以表现为要求他人作出或不作出一定的行为。但法官的权力，具有与一般权利主体不同的特点，侧重在为法官公正、有效地履行其职务应享有的法定权利，具有职务（权利）保障的性质。

世界各国的立法一般都为法官行使职权的需要而作出职务保障性的权利规定。包括赋予法官独立作出裁决权、免责权、申诉权、薪俸权、人身安全权、参加培训权等。我国法官法对法官的权利作了专条规定，这无疑为法官履行职务，行使权利提供了法律保障。其中尤以保障法官独立行使职权不受非法干涉和非因法定事由和依法定程序，不被追究和处理最为重要。

我国对法官的职务保障，从我国的实际情况出发，借鉴外国的有益经验，法官法作了明文规定。尤其是对法官的追究和处理，明确规定："非因法定事由，非经法定程序，不被免职、降职、辞退或处分。"这就是说，对法官的追究和处理只能依法定的事由，经法定的程序进行。这就为法官独立行使职权解除了后顾之忧，是最有力的身份保障。

近年来，司法机关推行错案责任追究制度，严肃查处法官裁判不公、违法办案等违法乱纪行为，作为从制度上保证独立，公正地行使审判权的一项重大措施无疑是十分必要的。但是，在确定错案的标准和追究责任的范围时，有个与法官的权利保障相协调的问题值得研究。有的学者提出要防止走入"错案追究制"的误区的看法，值得引起重视。[1] 什么是错案，是否事实认定有误，适用法律不当，不分其性质、程序都认定为错案，作为追究法官责任的理由和根据。确定错案应有个明确、统一的标准。实际工作中造成错案的原因很复杂，有的是法官的违法行为所致，也有的与法官的业务水平，工作能力有关，是否不加区别一律"有错必究"？错案追究与法官依法享有非依法定事由不被追究的权利，两者发生冲突应如何理解和解决。

办案是法官的主要工作，任何一个办案高手也不能保证他所办的案件万无一失，百分之百的准确无误。以有无错误作为追究责任的标准是否科学？把办案的结果作为确定追究责任的唯一标准是否恰当？能否不以办案结果为准，而是以法官的行为违法性为界限更符合实际，或者说把两者结合起来考虑较为合适。

笔者认为，从维护法官的权利保障角度出发，追究法官因行使职权不当的责任应坚持以下三点：

（1）坚持法有明文规定。严格执行法官法规定，非因法定事由，非经法定程序，法官不被免职、降职、辞退或者处分。惩戒法官，必须按照法官法第 30 条规定的 13 项事由进行。根据其违法的性质、程度作出相应的处分。构成犯罪的，依法追究刑事责任。法官需要免职的，必须符合法官法第 13 条规定的 9 项内容。法官需要辞退的，必须符合法官法第 38 条规定的 5 项内容。对法官作出任何组织处理，都必须以法律有明文规定为根据，超出法律规定的范围，法律无明文规定的，不能作为追究法官责任的根据和理由。

---

〔1〕 王晨光：《法律运行中的不确定性与错案追究制》，载《法学》1997 年第 3 期。

（2）追究法官的责任必须坚持法官有违法性行为，主观上有过错。如果错案的发生不是因法官的违法行为造成的，或者法官在主观上没有过错，不应追究其责任。因其他原因造成的错案，可以通过总结审判工作的经验教训，提高法官的业务能力，加强对法官的教育和考核等途径和方法加以解决。把追究法官责任的范围明确限定在有违法行为，以体现对法官的职务保障。并注意区分行为性质，分清是非轻重，做到处理恰当。

（3）坚持给予法官充分的职务保障权利。这是法官职业特点的需要，又是法官独立行使职权的需要，符合国际惯例。各国的法官都不同程度地享有"免责权"，即法官在法律规定的特定条件下，因履行司法职责的不行为或不当行为，有不被追究、不承担某种民事责任的权利。多数国家还规定，法官受弹劾，只限于叛国罪、贿赂罪或其他严重罪行，而不得涉及失职行为。我国法官法的有关规定，都体现了对法官职务保障的特殊要求，理应得到正确、充分的贯彻执行。总之，既要对法官的违法行为严肃处理追究其应当承担的责任。又要不损害法官应享有的职务保障权利，为法官独立公正办案创造良好的执法环境。

第七部分
日本检察机关的职权*

一、日本检察厅法第 4 条释义

日本检察厅法第 4 条规定："检察官对于刑事案件进行公诉，要求法院正确适用法律，监督判决、裁定的执行；对于属于法院权限内的其他事项，认为职务上有必要时，要求法院予以通知或者陈述意见；作为公益代表人，从事其他法令规定的属于其权限的事务。"

（一）本条和第 6 条规定检察官应有的职权，即检察业务的范围，换言之，是检察权的内容

1. 刑事方面：（1）进行公诉；（2）要求法院正确适用法律；（3）监督判决、裁定的执行。

2. 属于法院权限内的其他事项，认为职务上有必要时，要求法院予以通知或者陈述意见。

3. 作为公益代表人，从事其他法令规定的属于其权限的事务。

---

* 本部分内容摘自［日］伊藤荣树：《日本检察厅法逐条解释》，徐益初、林青译，朱育璜校，中国检察出版社 1990 年版。标题是译者所拟。

上述 1 至 3 项构成检察业务的内容，即检察权的内容，但狭义的解释，仅指第 1 项的内容。

"公益代表人"这个词，法律上虽然只用于第 3 项，但检察官在第 1、2 项中也同样是公益代表人。

（二）对于刑事案件进行公诉

检察官对被疑案件是否应当提起公诉作出判断，决定提起公诉，或者不提起公诉。在提起公诉时，有支持、完成公诉的权限（公诉权）。

我国不实行私人追诉，而实行国家追诉主义。除了刑事诉讼法第 262 条规定唯一例外的准起诉程序以外，国家法律不承认检察官以外的人有公诉权（检察官起诉独占主义），而且法院在没有公诉的情况下，不准许作出科处刑罚的裁判（不告不理的原则）。所以，正确行使国家刑罚权的第一步，是专属于检察官的。这意味着在赋予检察官的权限中，公诉权是非常重要的。

作出不起诉处分，也是公诉权的内容。在缺乏诉讼条件，被疑事实不构成犯罪，没有犯罪嫌疑或者犯罪嫌疑不充分的情况下，作出不提起公诉的处分是理所当然的，但我国对于有犯罪嫌疑的，也不是必须都提起公诉，刑事诉讼法第 248 条给予检察官以起诉犹豫的权限（起诉便宜主义）。不过，起诉便宜主义在少年法中有限制性规定，该法第 45 条第 5 款规定，家庭法院移送检察官需要给予一定刑事处分的少年案件，只要认为有犯罪嫌疑的，原则上应当提起公诉。该法第 42 条规定，检察官对少年案件进行侦查后，认为有犯罪嫌疑时，除根据上述第 45 条第 5 款规定提起公诉的以外，必须移送家庭法院。在上述情况上，检察官不准许采用起诉犹豫处分。

严格地说，起诉犹豫的权限和上述的将少年案件移送家庭法院的权限，未必能说是当然的公诉权内容。但至少可以认为，它是与行使公诉权有密切关联的权限，而被包含在检察厅法第4条"对刑事案件进行公诉"的内容之内。

在提起公诉后，应当支持公诉直至作出终局裁判而完成公诉，在这个期间，有特别必要时，还可以撤回公诉。这也是行使公诉权的一个方面。

"进行公诉"的含义，还应解释为包括与行使公诉权有密不可分关系的侦查犯罪的内容。

（三）要求法院对刑事案件正确适用法律

检察官对于刑事案件有要求法院正确适用法律的权限。即在对请求保释作出决定时陈述意见；对审判程序中认定事实和适用法律陈述意见；通过控诉、上告、抗告、准抗告等要求对违法或者不当的裁判予以更正；请求再审或提出非常上告等。此外，检察官不只限是原告人，而且是公益代表人，所以要求正确适用法律也是他的义务。从这个意义上说，检察官也可以为被告人提出上诉或非常上告，根据情况，还可以提出无罪或撤销公诉的理由。

（四）监督刑事判决、裁定的执行

检察官对刑事案件的判决、裁定的正确执行有指挥监督的权限。即指挥拘传状、逮捕状的执行，指挥宣告刑罚的判决、裁定的执行。其中特别是对宣告刑罚的判决、裁定执行的指挥监督权，是检察官独占的。

（五）对于属法院权限内的其他事项，认为职务上有必要时，要求法院通知或者陈述意见

检察官作为公益代表人，对于法院适用法律不仅体现在刑事一个方面，而且应当对法院予以广泛的关心和注视，共同努力使法律得以实施。从这个意义上说，检察官在必要时，对于

刑事以外的事项，也有要求法院通知或者陈述意见的权限。如接受少年保护案件审判结果等的通知；向家庭法院通告触法少年或虞犯少年，或者在下一项中将要提到的，在人事诉讼事件中接受事件和期日的通知，以及陈述意见等。

（六）作为公益代表人，从事其他法令规定的属于其权限的事务

其他法令（包括最高法院规则）规定的属予检察官权限的事务，如以下所列。不过，其中也有不少是与上述 5 个方面难以完全区分的。

1. 恩赦法。在判决的原本上附记恩赦的权限（第 14 条）。

2. 人身保护法。有接受对拘留人所发命令的旨意的通知的权限和审问时出席的权限（第 13 条）。

3. 宗教法人法。在撤销主管官署对宗教法人的认证或者根据法院的解散命令予以解散时，有选任清算人的请求权（第 49 条第 2 款）。

4. 公职选举法。（1）因总主持人、出纳责任人等选举犯罪，有提起当选无效诉讼的权限（第 211 条）；（2）选举争讼的出庭权（第 218 条）。

5. 律师法。有担任律师协会或者日本律师联合会的资格审查会和惩戒委员会委员的权限（第 52 条第 3 款、第 69 条）。

6. 公证人法。（1）阅览公证人证书原本的请求权（第 44 条第 4 款）；（2）对公证人进行惩戒处以罚款的命令执行权（第 84 条第 1 款）。

7. 民法。（1）禁治产宣告或者准禁治产宣告的请求权和撤销其宣告的请求权（第 7 条、第 10 条、第 13 条）；（2）管理失踪人财产的处分请求权和撤销其处分的请求权（第 25 条）；（3）变更失踪人财产的管理人的请求权（第 26 条）；

（4）命令失踪人财产的管理人制作归其管理的财产目录的请求权（第27条第2款）；（5）对财团法人捐助行为的补正请求权（第40条）；（6）选任法人临时理事或者特别代理人的请求权（第56条、第57条）；（7）选任和解任法人清算人的选任请求权（第75条、第76条）；（8）撤销不合法婚姻的请求权（第744条第1条）；（9）对亲权或基于亲权的财产管理权丧失的宣告请求权（第834条、第835条）；（10）监护人的解任请求权（第845条）；（11）在请求废除或撤销推定继承人后，审判确定前，已开始继承时，有遗产管理的处分请求权和对家庭法院选任的管理人制作财产目录的命令请求权（第895条）；（12）延长继承的承认或放弃期间的请求权（第915条第1款）；（13）保存继承财产的处分请求权和对家庭法院选任的管理人制作财产目录的命令请求权（第918条第2款、第926条第2款、第940条第2款）；（14）关于有请求分割的继承财产，对家庭法院选任的管理人有制作财产目录的命令请求权（第943条第2款、第950条第2款）；（15）在继承人不明时，对继承财产管理人的选任请求权和对家庭法院选任的管理人有制作财产目录的命令请求权（第952条第1款、第953条）；（16）发出查寻继承人公告的请求权（第958条）。

8. 民事诉讼法。对罚款的裁判和对滥用控诉所作出的缴纳金的裁判的执行命令权（第270条之二第1款、第384条之二第5款）。

9. 关于民事诉讼程序的因条约等的实施而采用的民事诉讼程序的特例等的法律。被告知执行承诺或不承诺的决定的权限（第15条）。

10. 人事诉讼程序法。（1）在婚姻或者收养关系无效、撤销之诉，离婚或者撤销离婚之诉，认领非婚生子女之诉或者为确定其父为目的之诉中，作为诉讼一方的权限（第 2 条第 3 款、第 26 条、第 32 条第 2 款、第 4 款）；（2）婚姻事件，收养关系事件或亲子关系事件中，出庭陈述意见的权限和接受事件、期日通知的权限（第 5 条、第 26 条、第 32 条第 1 款）；（3）婚姻事件，收养关系事件或亲子关系事件中对事实和证据方法的提出权（第 6 条、第 26 条、第 31 条第 1 款）；（4）在请求撤销不合法婚姻事件中的诉讼参加权（第 19 条、第 22 条，参照民法第 744 条）。

11. 非讼事件程序法。（1）对非讼事件有陈述意见、审问时出庭的权限和接受事件、审问期日的通知的权限（第 15 条）；（2）法院或其他机关应检察官的请求作出裁判时（相当于前述 7：（5）、（6）、（7）行使的权限），有接受通知的权限（第 16 条）；（3）对罚款事件有陈述意见的权限和对罚款的裁判有即时抗告权（第 207 条第 2 款、第 3 款）；（4）罚款裁判的执行命令权（第 208 条第 1 款）。

12. 刑事补偿法。关于刑事补偿的请求有向法院陈述意见的权限（第 14 条）。

13. 破产法。（1）对宣告破产、确定撤销废止破产决定或者确定撤销破产决定时，有接受通知的权限（第 144 条、第 145 条第 2 款、第 156 条第 2 款）；（2）指挥破产者强制到庭状的执行的权限（第 148 条第 3 款）；（3）指挥执行或解除破产者对财产的监守的权限（第 149 条第 2 款、第 151 条第 2 款）；（4）接受撤销强制和解的通知的权限（第 337 条第 1 款）。

14. 少年审判规则。对移送家庭法院审判的少年案件，有接受审判等结果的通知的权限（第 5 条第 12 款）。

15. 监狱法。巡视监狱的权限（第 4 条第 2 款）。

16. 监狱法施行规则。接受刑事被告人或被监管的人逃跑和逮捕的事实通报的权限（第 57 条第 2 款）。

17. 缓刑人保护观察法。受理保护观察所所长撤销缓刑申请的权限（第 9 条）。

18. 更生紧急保护法。对于是否需要更生保护，有对保护观察所所长陈述意见的权限（第 4 条第 3 款）。

19. 国际侦查协助法。外国提出请求协助侦查时，有协助侦查的权限（第 1 条至第 12 条）。

20. 关于逮捕拘禁外国船舰船员援助法。有关逮捕、拘禁、引渡外国船舰船员的各种权限（第 1 条至第 11 条）。

21. 基于实施日本国和美利坚合众国之间的相互协助和安全保障条约第 6 条关于设施、区域，以及合众国军队在日本国的地位的协定而制定的刑事特别法。对于依据日本国法令应是有罪的案件以外的刑事案件进行协助的权限（第 18 条、第 19 条）。

22. 基于实施在日本国的联合国军队行使刑事裁判权的议定书而制定的刑事特别法。对于依据日本国法令应是有罪的案件以外的刑事案件进行协助的权限（第 10 条、第 11 条）。

23. 基于实施在日本国的联合国军队地位的协定而制定的刑事特别法。对于依据日本国法令应是有罪的案件以外的刑事案件进行协助的权限（第 10 条、第 11 条）。

24. 基于实施和平条约而制定的刑事判决再审查等法律。在决定开始再审时的陈述权限，请求扣押、搜查等处分的权限和即时抗告权（第 4 条）。

除此以外，法令上只承认检察总长才具有的权限有：认为有违反《禁止私人垄断和确保公平交易的法律》的犯罪时，要求公平交易委员会进行调查并将调查结果向其报告的权限（第 74 条）；只承认东京高等检察厅检察长和该检察厅的检察官才具有的权限有：根据《逃亡犯罪人引渡法》，对逃亡犯罪人拘禁和引渡的审查请求等各种权限；只承认地方检察厅检察长才具有的权限：根据《指定司法警察职员等应急措施法》、《关于指定执行司法警察官员和司法警察官职务的人的条款》、《麻醉药品取缔法》（第54条第4款）、《渔业法》（第74条第5款）和《鸟兽保护和狩猎的法律》（第20条之四），就指定特别司法警察职员进行协商的权限；只承认地方检察厅检察官才具有的权限有：根据《检察审查会法》，以抽签选定检察审查委员时，有出席的权限（第13条第3款）。

二、日本检察厅法第6条释义

日本检察厅法第6条规定："检察官对任何犯罪都可以进行侦查。检察官和根据其他法令有侦查权的人的关系，依照刑事诉讼法的规定。"

（一）本条规定了本来属于检察官的职权，即构成检察业务一部分的犯罪侦查权的范围和检察官与其他侦查机关的关系

（二）犯罪侦查权

依检察厅法的这个规定，刑事诉讼法第191条第1款规定："检察官在认为必要时，可以自行侦查犯罪"。这就是说赋予检察官侦查犯罪的权限是没有限量的，在实行上大体是任意性的。刑事诉讼法第189条第2款规定："司法警察职员在认为有犯罪时，应当侦查犯人和收集证据"。（亦参照警察法第2条第1款），这表示第一线的侦查责任在于司法警察。在现行的法律上，检察官的侦查责任，与司法警察的侦查责任相比，虽然是属于第二线的，但在其他侦查机关不积极进行侦查，或因其能力不充分而无力实施完全的侦查时，检察官根据"对任何犯罪都可以侦查"的规定，自行侦查，这在正确实现国家的刑罚权上，是极为重要的。从这个意义上说，侦查在检察权的内容中，应当

说依然占很大的比重。

（三）检察官职权的独立性

检察官是每个人独立的机关，每个检察官独立从事第 4 条和第 6 条规定的事务，即检察业务。第 4 条和第 6 条的主语用"检察官"，就是表示这个意思。检察官根据检察官一体原则，必须服从上级的指挥监督，但每个检察官作为独立的机关有行使检察业务的权限。如果没有接受上级的裁决而开始侦查，或者上级指挥作不起诉处分而决定起诉，根据情况虽然可以成为身份上受到惩戒的对象，但其侦查和起诉不能认为是违法的、无效的。没有裁决印章、官厅印鉴的起诉书等的起诉等效力当然不受影响。与此相反，根据上级的指挥，作出了与自己的信念不同的处理，就不准许以依照上级的命令为理由而逃避应承担的责任。检察官是以自己的名义并由自己负责来处理分配给自己的检察业务的，这是根据检察官职权的独立性作出的当然结论。

作者主要著作及论文索引
（1980—2004）

一、著作类

1. 《中华人民共和国刑事诉讼法释义》（合著），群众出版社 1980 年版。

2. 《刑事诉讼证据学基础知识》（合著），法律出版社 1983 年版。

3. 《中华人民共和国刑事诉讼法宣传讲话》（合著），法律出版社 1985 年版。

4. 《外国刑事诉讼程序比较研究》（副主编），法律出版社 1988 年版。

5. 《中国法学——过去、现在与未来》（合著），南京大学出版社 1988 年版。

6. 《刑事诉讼法》（专著），四川人民出版社 1988 年版。

7. 《刑事诉讼法学研究概述》（专著），天津教育出版社 1989 年版。

8. 《现代中国法概论》（合著），［日］法律文化社 1989 年版。

9. 《中华人民共和国检察制度研究》（副主编），国家"七五"哲学社会科学重点项目，法律出版社 1991 年第一版，中国检察出版社 2008 年第二版。

10. 《现代中国刑事法论》（中方主编），［日］法律文化社 1992 年版。

11. 《中国刑事诉讼程序研究》（副主编），法律出版社 1993 年版。

12. 《刑事诉讼法新论》（合著），中国人民大学出版社 1993 年版。

13.《检察官的素质》（合著），山西教育出版社 1995 年版。

14.《新刑法单位犯罪的认定与处罚》（合著），中国检察出版社 1997 年版。

15.《有中国特色的马克思主义法学》（合著），群众出版社 1998 年版。

16.《中国当代法学争鸣录》（合著），湖南人民出版社 1998 年版。

17.《中国特色社会主义法制通论》（合著），社会科学文献出版社 1999 年版。

18.《刑事侦查程序研究》（合著），中国人民大学出版社 2000 年版。

19.《司法公正干部读本》（合著），中共中央党校出版社 2001 年版。

20.《与时俱进的中国法学》（合著），中国法制出版社 2001 年版。

21.《刑事诉讼法教程》（副主编）（中央党校函授教材），中国城市出版社 2001 年版。

22.《现代实用刑事法律词典》（合著），北京出版社 1990 年版。

23.《中华人民共和国法律通解》（合著），吉林人民出版社 1993 年版。

24.《中国法律大辞典》（诉讼法卷）（合著），中国检察出版社 1995 年版。

25.《中国人权百科全书》（合著），中国大百科全书出版社 1998 年版。

26.《法律辞典》（合著），法律出版社 2003 年版。

二、论文类

1.《自由心证原则与判断证据的标准》，载《法学研究》1981 年第 2 期。

2.《法院院长审批案件与审判独立》，载《人民司法》1981 年第 6 期。

3.《论口供的审查与判断》，载《北京政法学院学报》1982 年第 3 期。

4.《论共犯的举发》，载《法学》1982 年第 12 期。

5. 《以辩证唯物主义为指导研究证据理论》，载《法学研究》1983 年第 1 期。

6. 《试论第二审程序的审理方式》，载《法学研究》1984 年第 1 期。

7. 《试析检察人员出席二审法庭的地位和任务》，载《法学杂志》1984 年第 2 期。

8. 《论上诉不加刑原则》，载《法学研究》1985 年第 4 期。

9. 《检察学研究问题三议》，载《检察学研究论集》1986 年。

10. 《论建立具有我国特色的刑事审判监督程序》，载《法学研究》1986 年第 3 期。

11. 《论追诉时效的适用》，载《政法论坛》1986 年第 3 期。

12. 《论共同被告人供述的类别及其证明力》，载《政治与法律》1987 年第 2 期。

13. 《论全面充分发挥检察机关法律监督职能的作用》，载《中国法学》1987 年第 4 期。

14. 《刑事诉讼中的再审与复权不能混》，载《法律学习与研究》1987 年第 6 期。

15. 《略论发展与完善我国的刑事证据制度》，载《法学研究》1988 年第 2 期。

16. 《中国刑事诉讼法实施状况和问题》，载〔日〕《法学家》1988 年第 6 期。

17. 《死刑案件必须有死刑复核程序的审查监督》，载《法律学习与研究》1989 年第 1 期。

18. 《免予起诉存废之我见》，载《法学研究》1989 年第 3 期。

19. 《法律监督解》，载《人民检察》1989 年第 6 期。

20. 《论列宁法律监督论在我国检察制度中的应用》，载《法学研究》1990 年第 1 期。

21. 《论我国刑事诉讼中几个辩证关系》，载《中国法学》1990 年第 1 期。

22. 《论检察机关干预自诉的问题》，载《人民检察》1990 年第 8 期。

23. 《检察机关法律监督的性质和职权不宜改变》，载《人民检察》1990 年第 11 期。

24. 《对巨额财产来源不明案件的证据和举证责任的思考》，载《现代法学》1991 年第 1 期。

25. 《人民民主专政理论与我国检察制度》，载《政法论坛》1991 年第 3 期。

26. 《对建设中国特色社会主义检察制度的几点思考》，载《检察理论研究》1992 年第 1 期。

27. 《论刑事申诉》，载《法学研究》1992 年第 2 期。

28. 《对贪污贿赂犯采取拘留措施的立法完善》，载《人民检察》1992 年第 3 期。

29. 《试析我国刑事诉讼结构的特点及其完善》，载《法学评论》1992 年第 3 期。

30. 《关于修改第二审程序的几点意见》，编入《刑事诉讼法修改与完善》，中国政法大学出版社 1992 年版。

31. 《论毛泽东刑事司法思想》，编入《毛泽东法制思想论集》，中国档案出版社 1993 年版。

32. 《谈改革开放与刑事诉讼法》，载《检察理论研究》1993 年第 2 期。

33. 《再论免予起诉》，载《人民检察》1993 年第 3 期。

34. 《论人民群众监督》，载《明镜》1993 年第 4 期。

35. 《我对检察员在庭审中的地位与作用的认识》，载《检察理论研究》1993 年第 4 期。

36. 《论对刑事诉讼规律的认识与运用——改革与完善刑诉制度的理论思考》，载《法学研究》1993 年第 6 期。

37. 《话说"纠问式"》，载《人民检察》1994 年第 2 期。

38. 《刑事诉讼法学研究述评》，载《中国法学研究年鉴》1995 年。

39. 《无罪推定原则与我国刑事诉讼法》，编入《诉讼法学论丛》，法律出版社 1995 年版。

40. 《论补充侦查》，载《检察理论研究》1995 年第 1 期。

41. 《检察官溯源探》，载《人民检察》1995 年第 4 期。

42. 《侦查监督理论与实践若干问题探析》，载《政法论坛》1995 年第 6 期。

43. 《论中国反贪污机构设置的完善及其职权的强化》，载《人民检察》1995 年第 11 期；编入《第七届国际反贪污大会文集》，红旗出版社 1996 年版。

44. 《刑事诉讼与人权保障》，载《法学研究》1996 年第 2 期。

45. 《不起诉刍议》，载《人民检察》1996 年第 12 期。

46. 《被告法人诉讼主体再探讨》，载《法学家》1997 年第 2 期。

47. 《司法公正与司法体制改革》，编入《诉讼法论丛》（第 1 卷），法律出版社 1998 年版。

48. 《也谈法治与程序》，载《检察日报》1998 年 11 月 16 日第 3 版。

49. 《析检察权性质及其应用》，载《人民检察》1999 年第 4 期。

50. 《论司法公正与司法人员》，载《中国法学》1999 年第 4 期。

51. 《检察理论的开拓者——王桂五检察思想研究》，编入《检察论丛》（第 4 卷），法律出版社 2002 年版。

52. 《从我国检察机关的发展变化看检察机关的定位》，载《人民检察》2000 年第 6 期。

53. 《司法公正与检察官》，载《法学研究》2000 年第 6 期。

54. 《修订〈人民检察院组织法〉的若干理论思考》，载《人民检察》2004 年第 12 期。

55. 《实践中探索中国特色的检察制度——借鉴苏联检察制度的回顾与思考》，载《国家检察官学院学报》2005 年第 1 期。

56. 《历史不能忘记》——1995 年 9 月 5 日在南下服务团（北京）团史研究会召开的纪念抗日战争胜利 50 周年会议上的发言。

57. 《深切怀念　难忘教诲——纪念团长张鼎丞百岁诞辰》，载《战友》1998 年第 2 期。

58. 《法苑拾遗　奉献余热——十多年来离休生活回顾》，原载《夕照满天——福建省南下服务团团史研究会"老有所为、老有所学"研讨会专集》，中国文史出版社 2004 年版。

59. 《我投身革命，参加南下服务团的思想基础》，原载中国人民解放军华东随军服务团（北京）团史研究会编：《半个世纪的脚步——记南下服务团在京战友的成长与奉献》，1999 年印。

三、译著

1. 《刑事鉴定的理论与实践》（合译），群众出版社 1986 年版。

2. 《日本检察厅法逐条解释》（合译）（副主编），中国检察出版社 1990 年版。

四、报刊记者访谈与笔谈及其他

1. 《论第一部检察院组织法的诞生》，载《检察日报》1999 年 6 月 25 日第 1 版。

2. 《制定细则，协调尤为关键——读修改后的刑事诉讼法如何适用》，载《检察日报》1996 年 12 月 30 日第 3 版。

3. 《理论要在实践中丰富和发展》，载《检察日报》1996 年 7 月 16 日第 3 版。

4. 《严格文明才能公正》，载《检察日报》1998 年 9 月 25 日第 3 版。

5. 《完善机构　强化职权》，载《中国检察报》1995 年 10 月 5 日第 2 版。

6. 《政法名流介绍》，载《中国检察报》1995 年 8 月 13 日第 2 版。

7. 《法律人物介绍》，载《法制日报》1998 年 7 月 23 日第 1 版。

作者后记*

1978 年来，我调入中国社会科学院法学研究所，时已年届五旬，在刑法研究室从事刑事诉讼法研究，1989 年底依院里规定离休。离休后，我仍受原单位返聘，继续做本专业的研究工作，直至 2001 年。十多年来，我承担、完成了多项研究课题和其他科研工作，是我实践老有所为、奉献社会的主要表现，现将我在这一时期的主要科研活动作一简要回顾。

一、科研工作总的情况

我参加的科研工作大体可分为以下几方面：

1. 参加国家院、所的科研项目，承担有关专题的研究。先后有：（1）国家社科基金项目《刑事诉讼制度研究》，由原法学所副所长张仲麟主持，我承担证据、第二审程序、审判监督程序的研究。本课题是在我离休前承担，离休后继续完成的。完成专著《刑事诉讼法新论》（1993 年中国人民大学出版社出版），出版后得到诉讼法学界的好评，曾获得国家图书奖。（2）国家社科基金项目《刑事侦查制度研究》，亦由张仲麟主持，我承担侦查监督和补充侦查程序研究，完成专著《刑事侦查程序研究》

＊ 本部分内容摘自《夕照满天——福建省南下服务团团史研究会"老有所为、老有所学"研讨会专集》，中国文史出版社 2004 年版。原文题目为《法苑拾遗　奉献余热——十多年来离休生活回顾》。——编者注

（2000年中国人民大学出版社出版）。（3）中国社科院重点研究项目《司法公正研究》，由诉讼法室主任肖贤富主持，我承担司法体制与司法官员部分的研究，并参加初稿的统改、定稿工作，完成专著《司法公正干部读本》（2001年中共中央党校出版社出版）。（4）中国社科院重点研究项目《法人犯罪研究》，由刑法室主任陈泽宪主持，法人犯罪在我国刑法中称单位犯罪，是新刑法规定的新的犯罪主体，我承担这类犯罪的诉讼主体问题研究，完成专著《新刑法单位犯罪的认定与处罚》（1997年中国检察出版社出版）。（5）在中国社科院中国特色社会主义理论研究中心规划下，法学所承担中国社科院重点研究项目《有中国特色的社会主义法制研究》，由法学所副所长王保树主持，分为总论、立法、司法、行政多个部分，我承担司法体制部分研究，完成专著《中国特色社会主义法制通论》（1999年社会科学文献出版社出版），被中国社科院列为新中国成立50周年推荐书之一。（6）法学所重点项目《中国人权百科全书》，由法学所所长王家福、刘海年任主编，我承担有关诉讼人权保障的条目（1998年中国大百科全书出版社出版）。（7）法学所项目《法律辞典》，由法学所副所长信春鹰任主编，是一部集7300条、300多万字的大型辞典，主要由法学所研究人员集体编写，我承担诉讼法部分词条的撰写（2003年法律出版社出版）。

2. 参加讲授专业课和编写教材工作。多次为中国社科院研究生院法学系的研究生讲授刑事诉讼法课。并参加院、校博士研究生论文评阅和论文答辩会。还被邀请为中共中央党校函授学院编写法官教材《刑事诉讼法教程》，担任副主编，负责撰写刑事诉讼法的基本原则和诉讼主体部分（2001年中国城市出版社出版）。1992年，接受邀请赴日本立命馆大学讲授中国刑事法课。事情经过是这样的：日本立命馆大学与法学所合作，作为中日法学交流项目，编写一套《现代中国法丛书》，在日本出版，后被列为立命馆大学外国法教材。其中《现代中国刑事法论》由我与立命馆大学法学教授井户田侃编著，中国学者论述中国法的内容，日本学者在篇后作些评述。此次校方邀请教材作者亲自为学习中国法的日本大学生讲课，以增进学生对中国法的理解。以上所说讲课、编写教材等活动，一般不列为科研成果。但是，我认为要完成这些工作，除了要准确阐明学科理论的基本内容外，还须充分掌握学科研究的发展动态，系统了解相关前沿问题的研讨情况，并有所评述，同样需要付出艰辛的努力，如果没有自己科研成果的基础，也是很难做好的。

3. 参加所外的科研项目和学术活动。我前后二届被聘为中国法学会诉讼法学研究会顾问，参加学会的一些学术活动，并对与专业有关的专题进行研究，发表多篇论文。参加科研项目有两个：一个是中国法学会组织的国家社科基金项目《有中国特色马克思主义法学研究》，由原会长王仲方任主编。按学科分工，我承担撰写马克思主义诉讼法理论中的司法机关职能和当事人诉讼权利保障部分，完成专著《有中国特色的马克思主义法学》（1998 年群众出版社出版）。另一个是中国法学会组织的《20 世纪中国法学的回顾与 21 世纪中国法学的展望》，由罗豪才任主编，按学科分工。我承担撰写 20 世纪中国刑事诉讼法学的发展和改革开放以来刑事诉讼法学的主要成就部分，完成专著《与时俱进的中国法学》（2001 年中国法制出版社出版）。发表的论文，主要有：《刑事诉讼与人权保障》（《法学研究》1996 年第 2 期）；《司法公正与司法体制改革》（《诉讼法论丛》（第 1 卷），1998 年）；《论司法公正与司法人员》（《中国法学》1999 年第 4 期）。

4. 参加检察理论与实务研究。1996 年被聘为最高人民检察院研究室顾问，多次参加有关检察理论、法律修改与制定、检察业务中法律的运用、解释等咨询、研讨活动，并就检察理论与实践中的一些热点问题发表多篇论文。主要有：《对建设中国特色社会主义检察制度的几点思考》（《检察理论研究》1992 年第 2 期）；《论中国反贪污机构设置的完善及其职权的强化》（《人民检察》1995 年第 11 期，编入《第七届国际反贪污大会文集》）；《析检察权性质及其应用》（《人民检察》1999 年第 4 期）；《从我国检察机关的发展变化看检察机关的定位》（《人民检察》2000 年第 6 期）；《论司法公正与司法人员》（《中国法学》1999 年第 4 期）等。

这个时期共参加完成专著（包括辞典、教材）十多本，论文（包括文章、短评）二十余篇。

二、这一时期科研活动的特点

1. 参加集体项目居多，缺少独立承担的项目。形成这种状况，既有客观原因也有主观因素。从客观上说，国家社科基金资助的项目，都是研究理论与实践中重大问题的课题，申报时与院校之间竞争激烈，由资深的研究员领衔，组织一批有研究能力的人员，申报成功率高，研究人员受益面也大，而适合个人申报的项目不多，如果个人提出选题，获准较难，何况当时规定离退休个人不能独立申报项目，参加集体项目是返聘的主要理由。从个人来说，参加集体项目，按分工承担部分专题，任务较轻，又有个集体依托，无论是资料收集、情况交流、相互切磋都比较有利。还有个情况是，诉讼法研究室以返聘的名义要我参加研究的项目其实只有少数几个，我参加完成的研究项目，多数是属于所里或其他研究室以及所外的项目，是在被邀请时自己决定承担的。这些项目研究的内容，大多与我的专业有关或是我比较熟悉的，我想既然有求于我，社会需要我，又是我力所能及的，我就都允承下来，这也是形成集体项目多的原因之一。

2. 项目涉及范围宽，研究内容较为分散。离休前我的专业是刑事诉讼法学，离休后，承担的项目，研究内容大体上都与刑事诉讼法学相关，但由于每个项目研究重点不同，展开研究往往需要涉及多个相邻学科，比如司法体制问题的研究，虽刑事诉讼法的执行与司法体制有密切关系，但司法体制涉及国家体制、政权结构等问题，属于宪法学研究的范围。而在对现行中国司法体制进行评价和提出改革思路时，有个遵循什么样的法制理论和法制指导思想问题，又涉及法理学研究的范围，这就迫使我必须去研究对我来说并不十分熟悉的其他相关学科的理论以及在不同理念下形成的多种体制模式，作出分析与评说，才能为我所研究的课题提出的论点增加扎实的论据。这样随着承担的项目不同，促使我扩展研究领域，去了解、熟悉本专业以外其他学科的理论与实践问题，而对近年来诉讼法专业中一些争论激烈的热点问题，也是自己很有兴趣研究的，却无暇顾及，留下遗憾。

3. 研究时间充裕，研究条件受限制。离休后，没有行政事务的干扰，研究时间多了，可以专心致志搞研究，这是有利的一面，但也有不利的一面，诉讼法学属于应用型学科，研究项目的实践性很强，需要通过调查研究，了解司法实践情况，但项目的经费很少，一般都需要行政经费或其他资金的支持，不在职的离休人员无法享受，因而搞调查研究受到极大限制。在职时，还能参加司法实务部门召开的有关业务会议，参加学术团体召开的各种学术理论研讨会，甚至有机会参加一些国际性的学术交流活动，通过参加这些活动，扩大接触面，人员来往，观点交锋，可以获取大量信息，及时掌握国内外的理论动向和实际情况，这对于项目的深入研究是大有帮助的，甚至是必不可少的。但离休后，这些机会逐渐丧失，虽说研究所有较好的图书资料库，可以从书面材料中得到补救，但在及时性、实践性上是无法比拟的。因此，我所承担的项目，虽尽力弥补条件不足带来的困难，为此付出了较大的精力，最后总算完成了，自己仍觉得里面有不甚满意之处。

三、几点体会

1. 老有所为与老有所学的关系。离休后，继续为人民服务，干点有益于社会的工作，本是一个老党员应尽的责任。我多年来的体会，要做好老有所为，也决非易事。老有所为不能离开老有所学，两者是紧密联系，互相促进的。虽说像我这样继续从事离休前所学专业的研究，似乎是驾轻就熟之事，其实不然，如果不抓紧学习，就很难适应工作要求，保证研究质量。老有所学是老有所为必备的条件，而老有所为又是推动老有所学的动力。时代在前进，当前我国社会正处于大变革时期，经济社会制度的转型，在政治、法律等方面也发生深刻变化，出现了许多新的情况和新的问题，如果不掌握新的理论知识，是很难作出正确解释的。老年人圄于过去的经验，加上参加社会活动的减少，认知能力逐渐衰退，易于产生保守思想，要使老年人思想适应时代变化，与时俱进，必须老有所学，尤其是从事理论研究的，要在理论上有所创新，抓紧学习更是不可缺少的。也只有在实践老有所为中，才能深切感受到老有所学的迫切性、重要性，从学习中汲取营养，弥补不足，才会使老有所为结出硕果。

2. 理论与实践的关系。这是理论研究中必须认真对待的一个问题。理论源于实践，是实践的升华，高于实践、能对实践起指导作用。理论也只有吸收实践经验才得以发展。因此，对课题的研究，不仅要钻书本，还必须深入实际调查研究，从实践的角度对课题要求研究的问题进行理论分析。唯有面向实际，才能使研究具有现实意义。近年来在研究中碰到的问题，一是如何正确对待西方的法制理论。西方发达国家在实行市场经济中形成的法制理论与实践，有些法制理念和法律制度具有普遍性，有的甚至已成为国际上通行的规定，在我国法制改革中可以借鉴，为我所用，但应结合中国国情，检验其可行性，并在实践中求得发展、完善。同时还应注意其特殊性，外国的法制理论及其法制模式，是在不同历史条件下产生、发展起来的，受其特定的历史传统、思想文化的深刻影响，不能完全搬用。比如，不能用"三权分立"的理论重构我国的法制模式。二是关于如何正确对待我国现行法制的问题。随着改革开放的深入，原有的法制已很难适应，改革势在必行。对西方法学中权力制衡、权利保障、程序优先等法治理念的引入，如何吸收其合理成分成为研究的重点。除了阐明其理论内涵外，关键是要通过实践找到适合我国国情的方式方法，以避免盲目移植产生"南橘北枳"现象。对原有的法治理念及其原则、制度采全盘否定的做法是不可取的。比如提出司法公正，批判过去"重实体、轻程序"的思想是对的，但也不能一切以"程序优先"为准则。如果在办案中，只追求办案过程在程序上的完美，不看实质，结果在实体上是个冤错案，就不能说已达到了司法公正的要求。我认为应坚持实体与程序并重，两者的结合，既接受了新的理念，又完善了原有合理的规定，才能实现为大众所能接受的公正。我以在政法部门工作的切身感受，阐明理论必须与实践相结合的意义。这也许是发挥有实践经验的老年人的一点长处吧！

3. 锻炼身体与老有所为的关系。有个健康的身体是实践老有所为的重要条件。人步入老年，精力逐渐衰退，这是自然规律，无法抗拒。但只要重视锻炼身体，找到适合自己身体状况的锻炼方式，持之以恒，推迟这一进程的发展，继续承担力所能及的工作，是能够做到的。我自幼体质较弱，年轻时患有多种疾病，甚至有时不能坚持正常工作，深受其苦。后来为了防病，提高自身对疾病的抵抗力，我就一直比较重视锻炼身体。从病中休养时学会了打太极拳，一直坚持至今，从未间断，虽打得不是很规范，却受益匪浅。我有较严重的肺气肿，呼吸不畅，不适合做运动量大的运动项目，我就选择做体操、步行等适量的活动方式，直至现在，我仍基本坚持每天一小时左右的步行。伏案时间一长，感到头昏脑涨，到户外活动一番，顿觉精神爽快。我所以能在晚年继续承担一些研究工作，按计划要求完成任务，这是同我坚持锻炼身体，保持了较好的精神状态分不开的，这也称作我在老有所为中的一点体会吧。

图书在版编目（CIP）数据

论检察/徐益初著．—北京：中国检察出版社，2013.9
（专家论检察丛书）
ISBN 978 - 7 - 5102 - 0887 - 4

Ⅰ.①论…　Ⅱ.①徐…　Ⅲ.①检察机关 - 工作 - 研究 - 中国
Ⅳ.①D926.3

中国版本图书馆 CIP 数据核字（2013）第 088351 号

论 检 察

徐益初/著

出版发行：中国检察出版社
社　　址：北京市石景山区香山南路 111 号（100144）
网　　址：中国检察出版社（www.zgjccbs.com）
电　　话：(010)68682164(编辑)　68650015(发行)　68636518(门市)
经　　销：新华书店
印　　刷：北京嘉实印刷有限公司
装　　订：北京博丰伟业装订有限公司
开　　本：720 mm×960 mm　16 开
印　　张：28.25 印张
字　　数：325 千字
版　　次：2013 年 9 月第一版　2013 年 9 月第一次印刷
书　　号：ISBN 978 - 7 - 5102 - 0887 - 4
定　　价：62.00 元